U0611024

LEXICAL
ARGUMENT
STRUCTURE

TRANSITIVITY
ALTERNATION

SEMANTIC
CONSERVATION

张旭红　曹一轩——著

A STUDY ON SEMANTIC CONSERVATION IN LEXICAL ENTRIES
AND TRANSITIVE ALTERNATIONS

词汇入构项与及物交替式的语义守恒研究

辽宁人民出版社

图书在版编目（CIP）数据

词汇入构项与及物交替式的语义守恒研究 / 张旭红，曹一轩著. -- 沈阳：辽宁人民出版社，2025. 10.
ISBN 978-7-205-11473-2

Ⅰ. H030

中国国家版本馆CIP数据核字第2025LW0733号

出版发行：辽宁人民出版社
地址：沈阳市和平区十一纬路25号　邮编：110003
电话：024-23284325（邮　购）　024-23284300（发行部）
http://www.lnpph.com.cn
印　　刷：辽宁新华印务有限公司
幅面尺寸：170mm×240mm
印　　张：22.25
字　　数：300千字
出版时间：2025年10月第1版
印刷时间：2025年10月第1次印刷
责任编辑：王　增
装帧设计：G-Design
责任校对：耿　珺
书　　号：ISBN 978-7-205-11473-2

定　　价：65.00元

目 录

第一章
绪论

在探索语言深层次结构与意义的道路上，动词交替现象一直是一个引人入胜且极富挑战性的研究领域。作为语言学研究的前沿，它涵盖了动词如何通过变化的句法结构表达丰富多变的含义，展现了语言的灵活性和复杂性。本报告致力于呈现我们在这一领域的最新研究成果，特别是围绕词汇入构项和及物性交替之间的语义关系及其在句法结构与语义解释间动态互动的研究。通过深入分析和批判性思考，我们的研究不仅挑战了现有的语法和语义理论，还为理解语言运作的复杂机制提供了新的视角。我们的目标是揭示语言中隐藏的规律性和变异性，探索动词在不同语境下的语义变化及其背后的原理。

希望此研究能够为语言学界的同行学者和研究者提供宝贵的洞见，激发更多的思考和讨论。同时，我们也希望这些研究成果能够为未来在动词交替领域的研究开辟新的路径，推动语言研究向更深层次发展。在此，我们诚挚地邀请各位学者和研究者共同期待我们的研究发现，让我们一同探索语言学这一迷人领域的更多奥秘。

1.1　项目完成情况简介

本项目专注于探讨动词交替现象，旨在深入理解动词在不同句法结构中的变化及其语义影响。这一研究对于丰富和深化我们对语言结构和功能的理解具有重要意义。接下来，我们将简要地介绍一下本研究项目从始至终的研究进展、遇到的挑战以及未来的研究方向。我们相信，这些发现和见解将为我们的学术领域带来新的启示，并对相关语言学理论的发展做出贡献。

（一）阶段性成果及内容简介

本项目研究历时 4 年，这期间，我们“词汇入构项与及物构式质量守恒及习得研究”课题组共完成并公开发表了 5 篇阶段性论文成果，其中包括 4 篇 CSSCI 检索期刊论文以及 1 篇中文核心期刊论文。下面简要介绍上述阶段性成果的发表情况及主要研究内容和发现：

1.《“概念主义”背景下的语义客体反思》，发表在《外语学刊》2023 年第 6 期。

该论文作者为主持人和项目第一参加人。本研究重点审视 Katz 的语义客体观，并对其可表达性原则的可行性以及应用范围等问题展开探究。进一步提出，语义客体内容是语言主观使用和研究的前提和基础，它至少是语言主观性描写所不能规避的事实。语义本体观是本研究项目研究的立足点。

2.《方位交替式中的格式塔转换》，发表在《外语学刊》2021 年第 6 期。

该论文作者为项目第一参加人和主持人。本研究从方位交替式的形成、方位交替式的直接宾语、方位交替式的介词与间接宾语以及方位格动词原子语义等方面，探讨了格式塔转换与方位交替式的形成和语法化之间的必然联系，旨在实践并验证本研究项目提出的语义守恒假设。同时指出，人类对语言的感知来自“生活体验”。人类心智活动与语言使用之间的映射关系很可能是语法石化模式的关键成因。

3.《“状态受事性”的拓扑知觉研究》，发表在《外语学刊》2020 年第 6 期。

该论文作者为主持人和项目第一参加人。本文以拓扑知觉论为理论依据，对动词直接宾语论元的状态受事性展开拓扑知觉研究，旨在为受事性假设提供一个客观的理论支撑。我们的研究表明，首先，受事论元的状态变化与方位变化分属于不同性质的几何变化，前者属于欧几里得几何范畴，后者属于拓扑几何范畴；其次，从人类视知觉加工顺序来看，基于拓扑不变性的状态变化表征发生在先，而基于欧几里得几何性的方位变化表征发生在后，从这个意义上来看，状态施事性更具普遍性。受事性问题是本文探讨交替式生成机制的关键概念。

4.《关于“结构二重性”的反思》，发表在《学习与探索》2021年第3期。

该论文作者为主持人和项目第一参加人。本文反思了“结构二重性”概念，指出结构二重性并非人类语言的绝对共性，而是一个统计趋势。就结构而言，人类语言的独到之处在于其有机整合句法操作与其成分要素语义操作的复杂机制。对于这一语言观的重新审视，一方面有助于更新陈旧的语言知识、纠正错误的语言观念，另一方面它还将为一些语言难解之谜的探索打开一扇天窗。

5.《英语句法构式习得研究》，发表在《英语广场：学术研究》2021年第26期。

该论文作者为项目第二参加人。文章指出，深入理解句法构式对于语言习得非常重要。通过学习句法构式，学习者可以更有效地理解语言的意义，因为这些构式结合了句法和语义的多功能性，从而帮助学习者在语言学习上取得更高效的成果。构式习得也是本项目研究关注的一个话题。

这些论文涵盖了从概念主义背景下的语义客体反思到英语句法构式习得的多方面研究，反映了本研究项目的深度和广度。本研究项目的最终成果将以题为《词汇入构项与及物交替式语义守恒及其可学性研究》的专著形式呈现。最终成果是在阶段性成果基础上完成的。

（二）关键词微调

本项目获批合同书中的题目为“词汇入构项与及物构式的质量守恒及习得研究”。我们的研究聚焦于动词原子语义与及物交替式生成语义的关系问题。这一问题处于句法与语义交界的关键领域。考虑到“质量守恒”一词在学术领域通常用来指物理学概念，而在本项目研究中，“质量守恒”只是被用来类比动词及物交替过程的“语义守恒”。此外，原题目中的“及物构式”具体指的是“及物交替式”。鉴于上述考虑，我们将项目最终成果的题目调整为《词汇入构项与及物交替式的语义守恒研究》，以便更准确地反映本项目的研究内容。题目中的“词汇入构项”具体指的是动词的论元结构；“习得”具体指的是“贝克悖论”，也称“可学悖论”——一个“柏拉图问题”的语言特例。

1.2 选题背景

本研究项目的灵感源自对可学悖论，也被称为“贝克悖论”的深入研究。这个悖论是由 Steven Pinker 在 1989 年基于 Chomsky 的“柏拉图问题”（Plato' Problem）提出的。我们从中体会出了一个重要的道理：即使我们所观察的现象，表面上看起来似乎并没有什么明显的规律可循，但当我们更加深入地思考它时，我们就会发现，自然界的发展始终是遵循着自己的客观法则的，语言也不例外。这一发现促使我们思考：如果某一现象难以用现有理论解释，那很有可能是因为我们未能觉察到更深刻、更普遍的原则。在这样的背景之下，我们的研究团队决定专注于语言研究，尤其是动词交替现象的研究，并将其视为自然现象的一种抽象（符号）体现。

与生成语法中用于描述一个词汇单位的全面信息（包括其拼写、发音、词性、语法和语义特征等）的术语“词汇入口”（lexical entry）不同，在本研究项目中，“词汇入构项”（Lexical Argument Structure）也称“词汇论元结构”（不同理论中，它也被称为次范畴框架、次范畴、格框架、词型、theta- 网格），指语言中的一个词汇单位（本项目中涉及的是动词，它也可以是其他词类的词汇单位，如形容词和名词）与其相关的论元或句法角色之间的关系的描述。具体来说，每个动词都有一个特定的论元结构，它规定了该动词可以接受的论元的数量（如一价动词、二价动词、三价动词等），以及这些论元在句子中的位置（如主语、直接宾语、介词宾语等）和角色（如施事、受事、主体、目标、收益、工具等）。由此可见，词汇入构项包含了词汇单位的语法和语义信息，用于确定词汇单位在句子中的使用方式，以及与其他成分如何组合以形成句子的结构和意义。这些信息在句子构建和语义解释中起着关键作用。

“及物交替”（Transitivity Alternations）是语言学中另一个重要概念，涉及动词是否需要宾语来完成其意义的问题。“及物交替式”（Transitivity Alternatives）是动词及物交替的产物，属于一种介于句法—语义交界处的跨语言普遍句法构式，表示某个动词可以在不同的句法结构中表现出及物和非及物两种用法。这种现象通常由于动词的含义或论元结构的变化而产生。举例来说，及物动词通常需要一个宾语，而非及物动词则不需要宾语。

然而，随着研究的深入，学者们发现（如 Pinker 1989，Levin 1993 等），在某些特定句法构式中，相同句法范畴的动词在及物交替中的句法行为却不尽相同。以动词 *touch*，*hit*，*cut*，*break* 为例，这 4 个动词均属于及物动词范畴。这决定了它们应该有着相同的论元结构形式，因此它们均可以出现在及物构式中，例如：

（1）*Terry touched Bill's shoulder.*

（2）*Terry hit Bill's back.*

（3）*Terry cut Bill's arm.*

（4）*Terry broke Bill's finger.*

但事实上，这 4 个动词在特定构式中的交替表现却不完全相同。具体来说，学者们（Levin 1993 等）发现 *cut* 和 *break* 可以出现在中动结构中，如：

（5）*The bread cut easily.*

（6）*The vases break easily.*

而 *touch* 和 *hit* 却不能。例如，英语本族语者不会使用下面的句子：

（7）**Cats touch easily.*

（8）**Door frames hit easily.*

与中动交替不同，在体位提升构式中，*touch*，*hit*，*cut* 可以交替，而 *break* 却不能。例如：

（9）*Terry touched Bill on the shoulder.*

（10）*Terry hit Bill on the back.*

（11）*Terry cut Bill on the arm.*

（12）**Terry broke Bill on the finger.*

例（12）不符合英语语法（这也是本项目研究所要设法解释的一个研究问题，即“为什么及物交替对动词的授权不同？”）。下面是上述4个及物动词的交替授权情况汇总表：

	Break	*cut*	*hit*	*touch*
及物交替	授权	授权	授权	授权
中动交替	授权	授权	不授权	不授权
体位提升交替	不授权	授权	授权	授权

针对上述问题，在本研究中，我们将重点放在四种双价构式，它们是致始交替、中动交替、意动交替和两种三价构式上，它们是方位格构式和予格构式。这些构式在学术界备受关注，并且已经通过大量的语料库研究得到验证。选择这些构式作为研究重点的原因有两个：首先，这些构式在学术界备受关注，并且已经通过了大量的语料库研究验证。其次，我们选择的这几种构式都涉及及物性的转换和使动性的后果，即状态改变的问题。因此，它们之间的行为差异能够最大限度地显示出动词在构式中的语义特征差异。最后，为后续研究留下拓展空间。正如Boas（2002ab, 2003ab）所指出的，只有当语义类别被精确地定义，各种构式的分布被细致地观察之后，我们才能准确地确定动词的论元范畴。为了达到这个目标，采用基于语料库的自下而上的研究方法是必不可少的。这意味着，如果我们希望将这种方法应用于解释其他类型的构式加工过程，后续还需要进行大量的基于实证的语料库研究。

我们的研究表明：在词汇入构项和及物交替式的组合及解构过程中，自然科学中的“质量守恒”这一基本法则扮演了关键角色。在我们构建的语义模型中，动词入构项的原子语义与及物交替式生成的语义之间存在一种平衡。这种平衡类似于化学中可逆反应的反应物和生成物之间的化学平衡，遵循着语义守恒原则。这表明，尽管句法结构可能发生变化，但关键的语义元素和关系保持不变。这一发现为解开可学悖论提供了一种全新的视角和可能性。

综上所述，通过将语言学与自然科学原理相结合，我们开辟了一个新的视角来理解语义组合和及物交替式。我们的观点是，作为一种抽象的客观现实，语言必然服从自然界的法则。因此，语言学研究可以从其他自然科学领域（如数学、物理学和化学）的发现中汲取灵感。这种跨学科的方法不仅深化了我们对语言本质的理解，还为确定语法关联的语义成分提供了一个基于本体论的新框架。

1.3　研究目标

在探索语言学深层结构与意义的旅程中，本研究突破传统界限，引入了一种独特而创新的跨学科方法论。通过将自然科学的原子论和质量守恒等原理巧妙融入语言学研究，我们不仅开辟了新的研究视角，而且赋予了语言学研究新的活力。这种方法论的创新，特别是在探索及物交替现象这一复杂语言现象时，不仅揭示了语言学与自然科学之间的深刻联系，而且为理解语言的普遍原则和机制提供了新的理论支撑。本研究的特色不仅体现在理论的深度和广度上，也展示了各学科研究成果与语言理论探索的完美结合，标志着对语言本质理解的一个重要进步。本研究的核心目标是采用跨学科的方法，结合语言学与自然科学原理，以达成以下几点。

（一）提供全新理论视角和方法

本研究旨在探索语言单位（动词入构项）在构成语言结构时的相互作用和整合，特别是这一过程中遵循的自然科学基本原则和机制。我们希望开发一个创新的理论框架，将自然科学的原理应用于理解词汇入构项和及物交替式之间的关系。这包括深入分析动词入构项的原子语义，并探究这些语义在不同句法结构中如何表现出及物性的变化。

（二）基于本体论，提供一个确定语法关联语义成分的参考框架

本研究关注于如何根据本体论——语义作为客观存在的观点——为识别和确定与语法结构相关联的语义成分提供一个理论框架。我们将探讨如

何从语义的本质特性出发，确定哪些语义元素在构成特定的句法结构时起着关键作用，以及这些语义元素是如何借鉴自然科学中的相似映射方法映射到句法结构上的。

（三）基于语义守恒假设，为可学悖论提供一个解决方案

本研究通过探讨词汇入构项和及物交替式中的“语义守恒”规律——即尽管句法结构可能发生变化，但动词的基本语义保持一致——来提供语言的可学性的新理解。我们将运用这一概念来解释和解决可学悖论，这一悖论是语言习得领域的一个重要问题，涉及如何在没有完美输入的情况下学习语言。

总体来说，这三个目标共同构成了一个全面的研究计划，旨在从理论的角度深入探索语言学中的关键问题，特别是语言的结构、语义和习得之间的复杂关系，同时融入自然科学的原理和方法，以提供更全面和深入的理解。

1.4 研究问题

动词交替指的是动词可以表现出的不同的论元实现模式，通常是由于动词含义或论元结构的变化而产生。当前，关于这二者的关系的话题在语言学领域，尤其是语法理论和语义学中十分热点。究其原因，首先，它是挑战现有理论体系，实现创新突破的关键。词汇入构项与及物交替式的关系本质上就是句法结构与语义解释之间的关系。科学合理地理解这一关系问题的实质，对于建立更准确的语言理论至关重要。本研究项目旨在回答以下三个方面的具体问题:（1)语义的本质属性: 本体论视角还是概念论视角? 本研究旨在探讨语义的本质属性：是否可以将语言中的意义视为独立于人类心理状态的客观实体（本体论视角），或者意义是否仅存在于人类的心理概念和认知框架中（概念论视角）？（2）动词及物交替的句法行为多样性：为什么及物交替对动词的授权不同？本研究探索为何同属一句法类别的动词在进行及物性交替时，会展现出不同的句法行为。本问题着重分析这些句法差异的内在语义驱动因素，以及如何从语义角度解释这种多样性。

（3）词汇入构项与及物交替式的内在联系：探究句法结构与语义间的动态关系如何？本研究将深入探讨词汇入构项与及物交替式之间的根本关系，着重分析动词的语义特性如何影响其在不同及物性构式中的句法表现，以及这些变化背后的语义逻辑是什么。这三个研究问题是按照从广泛的理论探讨到具体的语言现象的顺序排列的，旨在帮助读者或研究者逐步深入理解本项目的研究主题。第一个问题提供了一个理论基础，探讨语义本质的哲学观点。它为后续更具体的语言学问题奠定了理论基础。在建立了语义的理论基础之后，第二个问题转向具体的语言学现象，即动词的及物性变化。这是从理论到应用的自然过渡。最后，第三个问题结合前两个问题的理论和实证分析，探讨具体的语言学现象之间的关系，即词汇入构项与及物交替式的联系。

1. 语义的本质属性：本体论视角还是概念论视角？

在语言学和哲学领域，关于语言意义的研究大致可以分为两个主要方向：本体论（Ontological）和概念论（Conceptual）。这两种理论框架提供了不同的视角来理解和解释语言中的意义。本体论是一种哲学范畴，专注于探讨现实世界中存在的各种实体及其属性。在语言意义的研究中，语言本体论关注的是同样作为客观现实的语言是如何与现实世界的对象、事件和情况相联系的。它强调语言意义的“外在性”，即意义存在于语言使用者的外部世界。语言本体论主张语言表达的意义直接关联到现实世界的实体（如物体、事件、属性等）。在语言本体论视角下，语句的意义通常与其真值条件相关联，即确定该语句为真或假所需的现实世界条件。概念论则聚焦于心理表征和思想过程。它探讨的是语言如何表达和构建我们的心理概念和思维模式。概念论将语言的意义视为与言语使用者的心理状态和概念直接相关。它强调语言意义的“内在性”，即意义存在于言语使用者的心智中。概念论可能伴随着个体主义的观点，即意义是个体心理过程的产物，不一定与外部世界的实体直接关联。

简而言之，本体论关注的是语言与客观现实的关系，而概念论关注的是语言与个体心理过程的关系。本体论者可能更关注语句的真值条件，而概念论者可能更关注表达和理解语句时的心理状态。那么，意义究竟属于本体论范畴还是概念论范畴呢？我们的答案倾向于前者。本项目研究采取的意义立场是 Katz 版的语言柏拉图主义，主张，句子连同构成它们的语义结构和由该结构所决定的语义特征均属于永恒的、不朽的、先于个体认知而独立存在的客观现实。正如 Katz 所指出的，Chomsky 为代表的概念主义者所提出的逻辑真理背后的语法原则实际上反映的是人类心智或神经处理的特定模式。因此，这些原则仅能决定人类利用其语言能力来认定某些陈述为真，但并不能保证这些陈述在客观事实上的真实性。这是因为个人的主观判断并不总是等同于客观事实。换句话说，Chomsky 的语法原则不能完全排除两种可能：一是人们天生倾向于将某些偶然的陈述视为必然的真理；二是人们将非必然真理的陈述误认为是必然的真理。我们回答这一问题的目的是确立本研究项目的语言哲学立场，为后续的及物交替式生成机制的研究，尤其是动词原子语义的确定提供一个较为合理的本体论框架。

2. 动词及物交替的句法行为多样性：为什么及物交替对动词的授权不同？

我们的文献综述表明，首先，关于动词入构项，尽管目前的研究，包括转换生成语法和构式语法，已取得一定成果，但仍然遗留许多疑难问题。以及物动词的方位交替为例，为什么同属于方位类的动词在句法表现上却有很大的差异，这个问题就没有得到很好的解释。举例来说，方位动词如 *spray*（装填）、*pour*（倾泻）和 *fill*（装满），它们在词汇入构项中的信息似乎相同：都描述了运动方式，涉及一个运动的发起者、被转移的实体和接受该实体的容器。然而，这些动词在句法行为上却表现出显著的不同。例如，*spray* 既可以用于内容式，如 *to spray pesticide onto the roses*，也可以用于容器式，如 *to spray the roses with pesticide*. 而 *push* 仅适用于内容式，如 *to push desks into the classroom*. 但却不能用于容器式，如 **to push the classroom with desks*. *fill* 则正好相反，它仅适用于容器式，如 **to fill the jar with water*，而不能用于内容式，如 *to fill water into the jar*. 那么，诸如此类的现象背后的根本原因究竟是什么呢？什么原因导致这两种句法形式可以互相替换呢？它们之间是否存在某种衍生关系？这些问题涉及一个基本的探讨：词汇入构项与及物交替式关系本质的探讨。

3. 词汇入构项与及物交替式的内在联系：探究句法结构与语义间的动态关系如何？

词汇入构项与及物交替式之间的关系涉及语言学中的几个核心领域，包括词汇语义学、句法学和语言认知。词汇入构项包含了一个词汇（尤其是动词）的基本语义和句法信息。这些信息指导了该词汇如何在句子中与其他元素结合，包括它的及物性（即是否需要宾语）。及物交替式是指一个动词如何在不同句法结构中展现出及物和非及物两种用法。这种交替不仅仅是句法现象，还深深根植于该动词的语义特性。我们的研究表明，动词入构项与及物交替式之间的关系体现了本体论概念范畴在句法之间的映射。动词入构项基于存在、动力物理学、几何物理学、人类意志的原子语义，举例来说，空间（Space）和时间（Time）、关系（Relation）、拓扑性（Topological Invariance Reaction）、大范围优先（Large-Scale Priority）、受施性（affectedness）种类（Kind）/类别（Category）、致使（Cause）、改变（Change of state）、事件（Event）、过程（Process）、状态（State）、实体（Substance）、属性（Attributes）/性质（Properties）、量（Quantity）、必然性（Necessity）和可能性（Possibility）、本质（Essence）和存在（Existence）、意志（will）和计划（plan）等，均会影响其在句子中的句法角色和结构，包括是否需要一个宾语。某些动词的语义允许它们在不同的句法结构中自由交替，而其他动词则可能受到更多限制。这反映了语义特性对及物性交替的影响。我们的后续研究表明，就像化学反应遵循物质的质量守恒一样，特定的语义元素和关系（比如几何和动力物理学的基本概念）总是通过一致的句子结构来表达。在给定的语法和语义框架下，句子的语义内容与其结构之间存在一种固定且持久的联系。这种关系在不同句法变化中保持不变。即使句子的结构发生变化，关键的语义成分和它们之间的关系仍然稳定。这种语义与结构之间的一致性可能是由语法规则或习惯所维持的，确保了语义表达的清晰和一致性。

1.5 思路和方法

在这一部分，我们将详细介绍项目的核心思路、方法论框架以及实施步骤。首先，我们将从项目的理论基础和设计理念开始，这些是理解我们方法论的关键。随后，我们将详细阐述具体的实施策略。我们相信，通过这些细致入微的策划和实施，本项目能有效应对所面临的挑战，实现预定的目标。具体来说：本研究采用了一种渐进和多层次的方法。

第一步，对现有文献的批判性综述，是本研究项目的基石，它为我们提供了对词汇入构项驱动路径、构式中心路径、词汇—构式中心路径对及物交替现象理解的深度和广度。通过全面而批判性地审视现有的文献，我们能够建立一个坚实的理论和研究基础。具体来说，这一步骤涉及以下几个方面：

1. 文献收集与分析：我们系统地收集和分析了百余份中、英文相关论著和学术论文，涵盖了词汇语义学、句法学、认知语言学等多个领域。这包括了经典理论、最新研究成果以及边缘但有启发性的观点。

2. 关键问题和理论缺口的识别：通过深入的文献审视，我们识别出该领域中的关键问题和现有理论的缺口。这包括了对于及物交替现象的不同理解和解释方式，以及在现有研究中未充分探索或解决的问题。

3. 理论框架的建立：基于文献综述，确立题目，构建了一个理论框架，该框架整合了不同研究的见解，并提出了新的视角和假设，以指导我们后续的研究工作。

4. 跨学科视角的融合：考虑到语言现象的复杂性，我们特别强调跨学科视角的重要性，将语言学、哲学、心理学、物理化学等不同领域的理论和方法相结合，以更全面地理解及物交替现象。

综上所述，对现有文献的批判性综述不仅为我们的研究项目打下了坚实的基础，而且为揭示及物交替现象的本质提供了重要的理论和方法论支持。通过这一步骤，我们能够确保我们的研究方向和方法论的创新性和实用性，为解决这一领域中的关键问题和理论挑战提供了新的思路。

第二步，理论框架建构：这一步骤的目标是创建一个全面而综合的理论框架，使其融合各种语言学理论和方法，并探索将这些理论应用于具体语言学问题和技术解决方案的可能性。这一步骤的实施包括以下几个关键方面：

1. 深入理解关键理论：我们深入研究了 Katz 的语义本体论，Pinker 的语法关联子系统，Levin & Rappaport 的动词类别化和论元结构理论，Goldberg、Croft、Bybee 的构式语法，Charles Fillmore 的词汇—构式语法，Partee 的语义—句法界面研究，Lucien Tesni è re 的配价语法和依存语法等。这些理论为我们提供了语言学研究的多维视角和深刻洞察。

2. 跨学科学习：项目团队还系统地学习了物理化学的配价理论和质量守恒定律，将自然科学的概念和原理引入语言学研究中。这种跨学科的融合为我们提供了新的研究工具和视角。

3. 理论框架的构建：结合上述理论，我们构建了一个综合的理论框架。这个框架不仅整合了不同理论的核心要素，还为理解及物交替现象提供了新的解释方式。在理论框架的搭建构成中，我们通过对 Katz 的客观语义观的深刻反思，确立了本项目研究的语义哲学立场，这为后续研究奠定了坚实的理论基础。通过对 Pinker 语法关联子系统的深入解读，为后续研究提出了细粒度的探究目标。

4. 持续的理论更新和改进：随着研究的深入和新发现的出现，我们的理论框架始终处于更新和改进之中。这包括对新理论的吸收和旧理论的重新评估，以确保我们的框架始终处于最前沿的状态。

总的来说，第二步的理论框架建构是一个动态且不断进化的过程。通过这一步骤，我们不仅能够更深入地理解及物交替现象，还能在读这些现象的观察中不断地更新我们的理论框架。

第三步，从基础到应用的扩展。在确立了语义本体论的哲学立场后，这一步我们对词汇入构项与及物交替式语义守恒假设展开论证。主要包括以下几个方面：

1. 提出词汇入构项与交替式的语义守恒假设：这一步是研究的核心，

着重探讨了词汇入构项和及物交替式在语义层面的守恒原则。这意味着在我们的研究路径中，及物交替式的意义被看作是一个稳定的系统，它与动词入构项的原子语义的解构与组合均受质量守恒的制约。我们首先从语义的组合与解构入手，详细探讨了不同类型的及物交替式，包括使役与始动交替式、中动交替式、意动交替式、方位格交替式和予格交替式。接着，研究深入到语义标记和原子论概念，以及基于原子论的语义组合原则，最后探讨了语义守恒的假设。

2. 探索词汇入构项原子语义的来源。这一步聚焦于词汇入构项的原子语义，探讨配价与配价载体，尤其是动词作为配价载体的角色，以及动词子类的分类和特点。

3. 探讨决定及物交替式的生产语义的主要因素：包括句法与语义框架、直接宾语的性质（如受施性、抽象性、可数性等）、事件结构和几种构式的一般语义。

第四步，假设验证。这一步是研究项目中的关键环节，旨在实证检验提出的理论假设。这一步涉及的关键方面如下：

1. 方位交替式中质量守恒原则的检验：在这部分，研究重点是检验方位交替式中语义守恒的现象，即不同句法结构在保持核心语义不变的情况下如何变化。

2. 致使及物交替式中质量守恒原则的验证：此部分着重于验证致使及物交替式，如使役动词和相关结构，在保持其基本含义的同时如何进行结构上的变化。这需要深入分析致使动词的句法和语义特性，以及它们如何在不同语境下展现质量守恒。

3. 其他普遍的及物交替式中质量守恒原则的验证：除了方位和致使交替式之外，还需要考察其他类型的及物交替式（例如作格、中动、意动、予格等）中语义守恒的现象。这部分的验证可能包括跨语言的比较研究，以及对特定语言中这些现象的深入分析。

4. 通过解读可学悖论验证我们提出的假设的可行性：我们的假设强调，即使在句法结构发生变化的情况下，语义元素和关系仍然保持稳定性，这与儿童在语言习得中展现出的直觉性理解和应用语言规则的能力相吻合。这种稳定性使得儿童能够在有限的输入中有效地识别和学习语言的复杂结构，从而克服了可学性悖论。

第五步，探讨本项目提出的语义守恒假设对高校外语教学的启示。本项目提出的语义守恒假设为高校外语教学提供了一种新的视角，强调了深入理解语义和语境在语言学习中的重要性。这不仅可以提高学生对语言结构和功能的理解，也能激发他们的批判性和创造性思维，从而更有效地掌握外语。

就具体研究方法而言，本课题属于语言问题的跨学科基础研究范围，正如我们的课题“词汇入构项与及物交替式语义守恒及习得研究”所反映的，它是一个句法—语义接口问题的研究。鉴于此，本文将采用分析哲学方法之一的日常语言的分析方法。分析哲学是一种注重语言分析、逻辑论证和概念清晰度的哲学方法。在这个框架下，日常语言分析可能专注于探究语言的普通用法和概念的日常含义，以及这些如何影响哲学问题的理解和解决。见图 1。

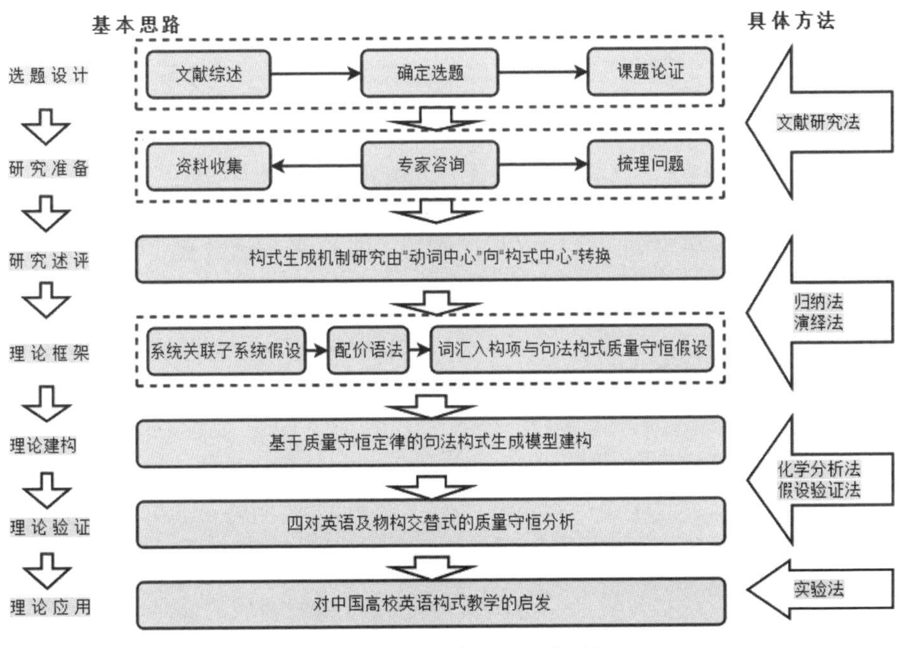

（图 1：具体研究方法示意图）

具体来说：

1. 文献回顾：收集和分析现有的研究和文献，以了解研究领域的现状、主要理论、关键发现和存在的知识空白。

2. 概念分析：对关键概念和理论进行详细分析，以确保它们在研究中被清晰和准确地使用。

3. 假设提出：基于文献回顾和理论框架，提出可被检验的假设或研究问题。

4. 归纳与演绎、溯因推理的形式化研究方法：这指的是使用归纳（从特殊到一般）和演绎（从一般到特殊）的推理方法，以及追溯原因和效果的逻辑推理。这种结合方法有助于构建严谨的论证，并从不同角度探索问题。

5. 论证结构上采用引论、本论及结论的基本方法：这是一种常见的论文结构，包括引言（引论）部分阐述研究的背景和目的，主体（本论）部分进行详细分析和论证，结尾（结论）部分总结研究结果和意义。

6. 提出问题的解决对策：在研究的最后阶段，基于前面的分析和论证，提出解决所研究问题的方法或建议。

1.6 内容框架

本研究项目旨在基于可逆反应质量守恒定律，深入探究及物交替式的生成机制，着重研究句法—语义界面领域，以解析及物交替式的结构和意义之间的相互关系及平衡。除了业已公开发表的5篇阶段性研究成果论文外，本项目的最终研究成果将以题为《词汇入构项与及物交替式的语义守恒研究》的专著形式呈现。该专著将全面介绍我们课题组4年来的研究成果和创新，具体内容主要涵盖以下6个主要方面。

第一章绪论。介绍本项目研究背景、研究问题、思路和方法，以及项目研究的目的和意义等内容，旨在为后续研究做好铺垫。

第二章研究现状及发展趋势。梳理并综述相关领域的文献，揭示及物交替现象研究中的未解决问题。我们发现，目前的研究主要围绕三种路径：

管约论框架下的词汇入构项驱动路径、构式语法框架下的构式驱动路径、认知语法框架下的词汇—构式中心路径。这些路径各有优势和不足。鉴于此，我们从这三个方面对及物交替现象的研究现状及发展趋势进行批评性综述和预判，旨在为本研究项目的质量守恒假设提供理论和经验支持。

第三章理论框架。理论框架是确定分析问题的理论基础。它确保了研究的深度、严谨性和创新性。我们选择了 Katz 的语义本体论（Linguistic Ontology）和 Pinker 语法关联子系统假设作为理论支撑，前者强调语言意义的客观性和普遍性，后者强调人类大脑对语言的处理能力。这种选择结合了语言学、哲学、逻辑学和认知科学的视角。

首先，在我们的研究中，我们深入反思和论证了 Katz 的语言柏拉图主义和语义非还原主义理论，从而确立了本项目研究的语言哲学立场——Katz 的语义本体论。这一立场主张，语言中的意义是客观存在的，不依赖于个体使用者的心理状态。这意味着语言的意义在某种程度上是独立的和固定的，可以被所有说同一语言的人共同理解和使用。Katz 作为语言哲学家，其语义理论强调语言的形式结构，类似于柏拉图的理念论。他认为意义是一种抽象实体，存在于一个非物理的领域，这些抽象实体构成了人类语言和思维的基础。在这一框架下，语言的意义被看作是一个由普遍、恒定的原子语义（即语义标记）组成的有限集合。我们选择这一立场的理由是多方面的。首先，语言本体论强调意义的客观性，为理解和分析语言结构，尤其是及物交替构式的生成机制提供了坚实的基础。在这种观点下，语言的意义被视为独立于个人心理状态或文化背景的客观存在，赋予了交流和理解以普遍性。

其次，本研究中的核心概念——词汇入构项的原子语义，以及其与语法可见的语义成分的比较和人们对这些语义元素的感知和概念化，都需要一个合理且连贯的理论框架支持，而 Katz 的语义本体论恰好满足这一需求。此外，语义本体论提供了一个稳定的框架，有助于理解和预测语言的使用，这对语言学习、翻译和跨文化交流等领域非常重要。最后，语义本体论可以解释人类语言使用的创造性，因为即使在新的和未知的情境中，人们依然能够理解和产生意义，这是因为人类对客观意义的感知基于固定的、独立存在的规则和结构，如几何物理学、动力物理学以及人的心理现象。这种理解对于解决儿童语言的可学性问题，特别是柏拉图问题的一个特例——贝克的可学性悖论，提供了有力的答案（详见第五章内容）。

最后，就 Pinker 语法关联子系统假设的选择而言，我们主要出于以下考虑：首先，作为一位实验心理学家和认知科学家，Pinker 的工作主要集中在语言的认知和心理方面，特别是语言习得和语言处理的机制。Pinker 的理论强调了大脑中专门用于处理语言的子系统。这些子系统包括了语法处理的机制，它们能够解析和构建句子的结构。这为我们诠释语义本体论假设，即尽管语义是不依赖人的认知而存在的客观现实，但它却能被人类大脑所感知并概念化，提供了认知科学的证据。根据语法关联子系统假设，人类的语言能力包括一系列内在的、先天的规则，这些规则帮助我们理解和产生语言。Pinker 认为，语言习得是一种本能，人类大脑天生具备学习和使用语言的能力。其次，从方法论上来讲，Katz 的工作则结合了语言学、哲学和逻辑学，因此他采用的是更形式化和抽象的逻辑分析方法。Pinker 的工作融合了心理学、认知科学和语言学，因此他偏向于实证的、基于认知科学的方法，而将这两种方法有机结合起来，理论提供对世界的深入理解和预测，实践则是这些理论在现实世界中的应用和检验。理论和实践之间的紧密联系是知识进步和技术创新的关键所在，这也正是本项目研究的努力方向。

第四章原子语义与交替式意义的质量守恒。第三章确立了我们的语言哲学立场后，在此基础上，我们展开了第二个问题的研究，即词汇入构项与及物交替式之间的关系本质问题的探讨。

首先，我们审视了现有的语义组合原则的定义，并发现其中存在着一些局限（详见 4.1 节）。为了解决这些问题，我们首先对语义标记（即语法关联语义）与原子和化学属性进行了类比分析，在此基础上，提出了一个新的基于原子论的语义组合原则的定义。根据这一定义，一个整体的语义是由其组成部分的最小、不可分割的语法可见元素构建而成的，这些元素遵循特定的语法规则。这意味着，虽然这些组成元素可能需要重新排列，但在整个系统中不会引入新的语义元素。这一定义为我们的“质量守恒”假设提供了一个重要的理论支撑。

其次，从封闭性、可逆性、语法关联性语义与化学守恒中的参见质量、化学平衡与语言单位横向组合等方面论证了及物交替式与化学可逆反应的质量守恒的可比性。简而言之，我们的研究表明，在化学中，封闭系统指的是一个不与外界交换物质的系统，只能进行能量交换。在这种系统中，质量守恒定律得以应用，即系统中的总质量保持不变。在语言学中，类似的封闭性可以理解为一个语言结构或句子在特定语境下的完整性和自足性。及物交替式恰恰展示了这种封闭性，因为它在特定的语法结构内变换角色和功能，但总体意义保持不变。可逆反应中反应物和生成物可以互相转化，且在一定条件下能达到化学平衡状态。在语言中，动词的及物和不及物用法可能在特定语境下可以互换，但总体意义仍然相似或相同。在化学反应中，反应物的原子在反应前后保持不变，这体现了化学守恒的概念。在语言中，及物交替式可能保持了某些核心语法成分的不变性（如主语、宾语的角色、原子语义成分），尽管其表现形式可能有所改变。在语言中，及物交替式类似地展示了不同语法元素（如主语、宾语、动词）的动态平衡和组合，尽管形式上有所变化，但整体意义和结构保持一致。鉴于上述分析，我们原创性地提出：在我们的语义模型中动词入构项的原子语义与及物交替式生成语义之间的平衡极其类似于在可逆反应中，反应物和生成物之间的化学平衡。这种平衡关系本质上遵循质量守恒原则。这意味着，就像在化学反应中反应物的总质量等于生成物的总质量一样，动词入构项的原子语义在转化为及物交替式的语义时，其总体意义保持不变。这种观点为理解语义组合和及物交替式提供了一个全新的视角，将语言学与自然科学的原理相结合，从而提供了对语言现象更深入的理解。

最后，从本体论范畴映射的角度出发，探讨本体论范畴，包括实体范畴、几何物理学范畴、动力物理学范畴、人类意志范畴在语言中的映射，为如何确定语法关联的语义成分和及物交替式概念结构这一难题提供一个基于本体论的参考框架。通过现有文献的分析整理，我们发现，对动词语法关联语义的研究成果不少，但基本都是一些零散的研究，很少有人在某一个框架下，或者为这类研究制定出一个相对合理的框架。这样的成果很难不让人怀疑这些语义从何而来。换言之，我们怎么才能知道哪些语义才是语法可见的，哪些又是语法不可见的呢？语法为什么要对它们顾此失彼呢？事实上，这也是我们决定采取语言本体论哲学立场的一个重要原因。因为站在这一立场上，上述问题均可以得到合理的解释。如果意义是一种可以被个体所感知的抽象的客观存在，那么本体论恰恰为我们感知和理解客观存在的抽象物质提供了重要的理论框架。它不仅帮助我们界定认识的范围和局限性，还指导我们在科学、哲学和其他领域中有效地处理抽象概念。因为本体论所涉及的就是对存在本质、结构和分类的研究，它帮助我们理解不仅是物理实体，还包括抽象概念和实体的性质和存在方式。

第五章可行性验证。在这一部分中，我们从 4 个方面验证了本项目研究提出的理论假设的可行性。

首先，我们选取了方位格交替式，并在格式塔转换和拓扑视知觉这两个与本体论结构性思维相吻合的心理学理论框架下，对其生成语义和原子语义间的守恒展开了研究，其中包括基于格式塔转换的图形性、介词—宾语的原子语义探究和基于拓扑视知觉的受施性探究，在这一分析过程中，我们不仅对典型的方法交替作出了合理的解释，同时对多种“边缘”的交替形式也作出了合理的解释。例如 Nemoto（引自，1995:262–264）提出的 *Felix loaded the truck with some books./ Felix loaded the truck with books*（特殊性：为什么 with- 宾语用 some 不合法？）和 **Doug cleared some of dishes from the table / Doug cleared dishes from the table*（特殊性：为什么 verb- 宾语用 some 不合法？），以及 Gropen et al.（1991:162）的 *A vandal sprayed the sculpture with paint*（特殊性：为什么 verb- 宾语 *the sculpture* 并未发生整体状态改变，但这句话却是合法的？）。

其次，我们又从其他常见及物交替式质量守恒的论证、语言创造性与质量守恒关系的论证，以及对语言可学性，特别是可学性贝克悖论与质量守恒关系的论证等三个方面进一步验证了我们提出的及物交替式的语义守恒的可行性。

第六章结论。这一部分通过对整个项目研究的内容回顾，预测了本研究项目的潜在优势、研究中存在的问题和不足，以及对本项目研究可持续发展的预判。由于课题组成员均为英语语言学专业出身，对时空物理学、动力物理学、化学等自然科学的一些概念存在理解上一知半解的情况，这势必导致部分应用研究的力不从心。加之项目研究时限等客观原因，我们的研究还存在着很多需要完善和改进的地方。

然而，即便面对挑战，我们的研究还是为及物交替式生成机制的研究提供了一个基础，供后续研究者参考和借鉴。这不仅使得批评者更容易找到评估和批判的依据，也促进了对研究成果的持续改进和完善。我们所采纳的跨学科研究路径固然充满挑战，但同时也孕育着巨大的机遇。我们坚信，无论这些探索和尝试最终的成果如何，它们在推动学术前沿、丰富知识体系、激发新的研究思路方面都具有重要的意义和价值。通过这样的跨学科尝试，我们不仅可以深化对特定学科的理解，还能促进不同领域之间的知识和方法论的交流与融合，从而为未来的研究打开新的视角和可能性。

1.7　目的及意义

本项目的研究重点在于探索和阐释语言，尤其是语义方面，如何遵循类似于自然科学中的基本原则和规律。这种视角对语言学的传统方法论提出了挑战，同时也开辟了新的研究路径。本项目的出发点是将语义视为一种客观现实，这意味着像其他客观实体一样，语义和作为其载体的语言都应当遵循某种自然法则，比如本项目提出的“语义守恒”原则、动词配价原则等。具体而言，我们这一观点建立在将语言视为自然现象的理论前提基础上。在我们的框架下，语言不仅是一种社会沟通工具，它更是一种可以用科学方法加以研究的自然对象。因此，语言的结构和功能，特别是其语义方面，也同样会受到与其他自然现象相同的基本原则和规律的制约。

基于这一观点，本项目主张，语言学研究可以借鉴其他自然科学领域（如物理学和化学）的研究成果。这不仅是因为所有这些领域都在探索客观现实的规律，而且还因为不同领域之间的规律可能存在某种相互关联或相似性。这种跨学科的方法有助于提高语言研究的精确度和深度，特别是在理解语言的普遍原则和机制方面。通过将语言学和自然科学的方法和理论结合起来，可以更全面地理解语言作为一种复杂系统的本质。同时，我们也承认，尽管语言是一种自然现象，但它也深受文化、社会和心理等因素的影响。因此，虽然语言学可以从自然科学中汲取灵感和方法，但也必须考虑到语言的这些特殊和独特方面。接下来，我们将从以下两个方面进行阐述：（一）为什么选择及物交替式作为研究课题？（二）为什么选择原子论作为本课题的理论基础？下面我们先来回答第一问题。

1.7.1 及物交替现象作为研究课题的目的和意义

动词交替现象，作为人类思维和交流的基础，其结构与意义之间的关系在语言学、认知科学和自然语言处理等多个领域至关重要。这一现象体现动词在不同句法结构中展现不同的论元实现方式，通常与动词的语义含义或论元结构的变化有关。该问题目前在语法理论和语义学领域备受关注，挑战现有的语言理论框架，并催生理论创新。在本研究中，我们将重点放在四种双价构式（致使交替、中动交替、意动交替）和一种三价构式（位置格构式）上。这些构式在学术界备受关注，并且已经通过大量的语料库研究得到验证。选择这些构式作为研究重点的原因有两个：首先，正如 Boas（2002ab, 2003ab）所指出的，只有当语义类别被精确地定义，各种构式的分布被细致地观察之后，我们才能准确地确定动词的论元范畴。为了达到这个目标，采用基于语料库的自下而上的研究方法是必不可少的。这意味着，如果我们希望将这种方法应用于解释其他类型的构式加工过程，后续还需要进行大量的基于实证的预料研究作为基础。其次，我们选择的这几种构式都涉及及物性的转换和使动性的后果，即状态改变的问题。因此，它们之间的行为差异能够最大限度地显示出动词在构式中的语义特征差异。

就为什么选择及物交替式（transitivity alternation）作为研究课题这个问

题而言，我们的选择主要是出于以下几个方面的考虑：

（一）通往“柏拉图问题”之窗

语言领域的“柏拉图问题”（Plato’s Problem）[①]是语言研究的三大终极目标之一[②]。这个问题是关于人们的语言知识是如何获得的问题，即语言习得的问题，它实质上是个认识论的问题，是关于人们是如何认识世界的思考。Chomsky（2002）在 *Knowledge of Language: Its Nature, Origin, and Use* 一书中开宗明义地提出了语言领域中的“柏拉图问题”和“奥威尔问题”（Orwell’s Problem）这对悖论。具体来说，所谓语言中的“柏拉图问题”用罗素的话来说就是：“人与世界的交道是短暂的、个人性质的，而且是极其有限的。既然人类在其短暂的一生中与世界的接触如此之少，那么他们的知识为何却是如此之丰富呢？”（*“How is it that given so little evidence, a man knows so much?”*）而所谓“奥威尔问题”提问的是：“现实中的证据是如此丰富，但为什么人却似乎知之甚少呢？”（Chomsky，2002：37）很显然，这对悖论是关于法则和现象到底谁是第一性的问题。Chomsky 倾向于前者，认为“柏拉图问题”更具科学性。也就是说，作为语言工作者，我们只有深入了解“柏拉图问题”，才能对人类科学的发展做出贡献。当然，“柏拉图问题”和“奥威尔问题”实质上所反映出的是一个问题的两个侧面。它们所反映的都是现实，Chomsky 的选择只是出于哪个应该作为科学的立足点的考虑。

那么，及物交替式与“柏拉图问题”又有何干呢？为什么透过它我们就可以走近这个古老的问题呢？本项目的理论框架是建立在 Katz 语义本体论和 Pinker 语法关联子系统假设之上的，我们的目标是探索语言的意义及其在语法结构中的体现。我们采纳 Katz 的语义本体论（Linguistic

①“柏拉图问题”这一古老的问题原本是由视觉中的行星天体运动与欧洲传统天文学所笃定的天体匀速圆周运动原则不相符合的事实所引发的。换言之，它原本是为天文学家提出的一个问题，即应该选取何种符合原则的数学模型来拯救现象，这就是所谓“柏拉图问题”。

②Chomsky 认为，任何从事语言研究的人都不可避免地要回答下面这三个方面的问题：1）语言知识是由什么构成的，即语言的内部结构是怎样的问题；2）语言知识是如何获得的，即语言习得的问题；3）语言知识是如何被运用的，即语言的使用问题。

Ontology）作为哲学基础，该理论认为语言中的意义是客观存在的，独立于个人心理状态，并可被使用同一语言的所有人共享和理解。Katz 的理论强调意义作为抽象实体存在于非物理领域，为人类语言和思维提供基础。在此框架中，语言意义被视为由普遍、恒定、跨语言文化适用的原子语义标记组成的有限集合。选择语义本体论作为理论支撑有多方面考虑。首先，它强调意义的客观性，为理解语言结构特别是及物交替构式生成机制提供坚实基础。在这种视角下，语言意义被视为独立于个体的客观存在，赋予交流和理解普遍性。这种普遍性类似于物理转换和化学反应中的质量守恒原则，对意义的组合与解构过程有重要影响。其次，词汇入构项原子语义作为本项目的核心概念，需要一个合理的理论框架支持其与语法可见的语义成分的比较研究，以及对人类感知和观念化这些语义元素的假设，Katz 语义本体论为此提供了理想的框架。这归因于人类对客观意义的感知基于固定的、独立存在的规则和结构，为儿童语言的可学性问题，特别是“柏拉图问题”提供了解决方案。

本项目的另一个理论基础来自于 Pinker 在探讨语言的可学性时提出了“语法关联子系统假设”，这是对贝克悖论——柏拉图问题的一个特例的——一个重要回应。贝克悖论提出，由于儿童接收到的语言输入是有限的，理论上他们无法仅凭这些数据学习到一门语言的全部复杂规则。Pinker 的语法关联子系统假设为此提供了一种解释。我们接受语法关联子系统的概念，但不赞同 Pinker 的语言天赋论。语法关联子系统假设将语言视为心智的产物，与 Pinker 不同的是，我们的质量守恒假设则将语言视为不依赖于人的心智，但却能够被人类心智所感知的独立存在的抽象现实。换言之，我们主张，天赋应该是人对语言这种抽象现实基于本体论的感知和认知能力，而不是 Pinker 所说的对语言结构的基本理解的特定语法模块（即 Chomsky 所说的语言知识）。在我们看来，语法关联语义与非关联语义并非儿童与生俱来的语言心智模块，而是他们在语言习得过程中，潜意识地感知或习得到的。那么，为什么儿童会在很短的时间内就能使用语言呢？按照我们的假设，由于儿童对语言输入的感知和处理能力是先天的。这意味着儿童具有一种内在的、普遍的能力来识别和解释语言的基本要素，例如声音、节奏和语调模式。天赋的感知能力使得儿童能够适应各种语言环境，并从中学习。他们能够从环境中提取关键的语言特征，并在此基础上构建他们的语言系统。事实上，我们的假设暗示了一种更普遍的认知结构，而不是特定的语言结构。这种结构使得儿童能够处理和理解各种类型的信息，包括语言。在这种视角下，语言习得不仅仅是一种内在的机制，也是一个社会化的过程。儿童通过与周围环境的互动来学习语言，利用他们的天赋感知能力来解释和模仿他们所听到和看到的语言用法。不仅如此，这种假设也解释了语言习得的灵活性和创造性。儿童不仅能学习语言规则，还能创造性地使用语言，因为他们具备理解和模仿语言用法的基本能力。总的来说，我们的假设依然可以为儿童语言迅速习得提供一个合理的解释框架。这种假设转移了重点，从特定的语言知识转向更为普遍和基本的认知和感知能力，这些能力是语言习得的基础。此外，本项目还将人类感知和处理语言的能力放置在本体论的框架下进行解读，它可以提供独特的视角来理解这一能力。本体论，特别是语言哲学中的本体论，关注的是存在的本质、分类及其相互关系。在将人类感知和处理语言的能力放置于本体论框架下进行考察时，我们可以提供更深入的理解和洞察。这种方法允许我们从哲学和概念性的角度审视语言，深入探讨人类如何通过语言感知和表达自己及周围世界。将这个本体论思想应用到语言习得和处理上可能会有以下几个方面的优势：

1. 概念的分类和结构。本体论帮助我们理解语言中概念的分类和结构，以及这些概念如何映射到现实世界。例如，通过考察“时间”这一概念及其在不同语言中的表达，我们可以理解时间的基本本体结构，以及人类如何通过语言将时间的连续流分割为易于理解的部分。

2. 语言的普遍性与特定性。从本体论的角度，我们可以探讨语言的普遍性和特定性，如颜色的表达。基本颜色词的普遍存在展示了语言的共性，而特定文化中独有的颜色词反映了语言的个性。

3. 处理语义信息。本体论指导我们理解人类如何深入地处理语义信息，特别是在理解和组织复杂概念方面。例如，探讨家庭角色和关系的概念，以及这些概念在不同文化中的变化和适应，展示了本体论在理解社会结构和语言表达中的应用。

4. 语言与思维的相互作用。本体论框架下，我们可以探讨语言和思维之间的相互作用。例如，研究方向和空间关系的不同表达方式及其对空间认知和记忆的影响，揭示了语言结构如何影响人类的感知和思维方式。

5. 语言的抽象与符号性。本体论还帮助我们理解语言的抽象和符号性。语言不仅是对现实世界的映射，更是能够表达复杂、抽象概念的符号系统。例如，情感和心理状态的语言表达反映了语言如何使我们能够讨论、思考和交流非物质的、内在的人类经验。

综上所述，本项目通过本体论的深入应用，为我们提供了对语言结构、功能和语义的全新视角。我们的研究不仅揭示了语言作为一种自然现象的复杂性和多样性，还强调了语言在人类感知和表达世界中的核心作用。本项目的成果不仅丰富了我们对语言本质的理解，也为未来的语言学研究和应用提供了宝贵的理论支持和研究方向。期待未来在这一领域的更多突破和发展，为揭示语言的深层结构和本质做出更大的贡献。

（二）通往构式理解机制间协调运作之窗

及物交替式，尤其是方位交替式为什么会引起学术界如此广泛的关注呢？其根本原因就在于，作为自然语言中最普遍的一种句法现象，方位交替式远非表面看上去那么简单。事实上，对于一个语言研究者来说，要想对这一看似顺理成章的交际过程作出系统明确的阐释，特别是对于其内部的成分要素的组合规则，即哪个微类的方位动词授权进出哪类交替式的理据性问题作出合理阐述，却是一件相当艰难复杂的工作。这也是为什么时至今日，方位交替式的消解仍然是自然语言处理中最难解的课题之一。具体来说，它的难度主要表现在以下两个方面：一方面，就动词入构项而言，现有研究成果，无论是转换生成语法还是构式语法，尚不能很好地解释为什么同属方位类的动词其句法表现却大相径庭。以方位动词 *load*（装填）、*pour*（倾泻）、*fill*（装满）为例，这三个动词作为词汇入构项的信息完全相同，它们均是对运动方式的说明，均涉及一个运动发起者、待转移的实体（或称内容）、接受该实体的容器。然而它们的句法行为却并不相同。动词 *load* 既可以进入内容式，也可以进入容器式（如 *to load water film into the camera/*to load the camera with film*），但 *pour* 却只能进入内容式（如 *to pour water into the glass/*to pour the glass with water*）；而 *fill* 只能进入容器式（如 *to fill the glass with water/*to fill water into the glass*）。另一方面，就方位交替式本身而言，交替现象背后的本质特征是什么？为什么这两种形式可以交替？它们之间是否存在衍生关系？如果存在衍生关系，那么孰是主体孰又是派生体？是构式决定动词的句法行为，还是动词语义决定着它们所授权进入的构式？等等诸如此类问题的回答，都需要研究者调用多维度的语言知识，比如说，语音知识、词汇知识、句法知识、语义知识、上下文的语境知识，以及人们对世界的感知，如影响、因果、主动力、拮动力、物质等动力物理学概念和时空维度等几何物理学的微概念知识。

总结来看，句法交替现象以其在语言学中的普遍性和复杂性，一直是学术界深入探讨的重要课题。通过对这一现象的研究，我们不仅能够更好地理解句法、语义和认知等多种因素在语言使用中的相互作用，而且能够为不同理论假设提供验证的平台。尽管诸如 Langacher 的构式语法、Fillmore 的格语法和 Goldberg 的构式理论等对于句法交替现象提供了有价值的见解，但它们在解释及物交替式的具体机制上仍然面临挑战。因此，未来研究中，对时空、动力学等多维度知识的整合仍然具有重要意义。目前，句法交替式的深入研究仍处于发展阶段，希望未来的研究能够为理解这一复杂现象提供更加全面和精确的理论框架。

（三）句法、语义、认知等不相容的理论假之验证平台

由于方位交替式研究体现了句法、语义、认知等多种因素在语言使用中的相互作用，因此它为一些关于句法、语义、语用不相容的理论假说提供了一个验证的平台。长期以来，人们从哲学、逻辑学、语言学、计算科学、人工智能等众多领域对回指现象展开了多角度、全方位的研究。仅以语言学领域为例，随着各种理论及流派的推陈出新，回指研究呈现出了诸子百家、

各抒己见、孰是孰非、众说纷纭的局面。纵观文献，尽管各种不同视角的研究都有其独到的见解和贡献，但是由于方法和理论自身的局限性，在对于一些及物交替现象，例如方位交替式、始动交替式、意动交替式、中动交替式等的诠释中，它们又都遇到了不同程度的困难。正因如此，方位交替等现象始终是语言学研究的热点和难点问题。学者们从理论上和实证上进行不同的研究，提出了多种不同的理论假说和解释模型，其中不乏一些颇具影响的理论。自 20 世纪 70 年代，即以 Lakoff 的概念隐喻论为代表的认知语言学诞生以来，以 Chomsky 为代表的语言模块性假设遭到学术界的诟病。在这个大背景下，构式语法应运而生了，其直接来源包括格语法、框架语义学、格式塔语法、认知语法，以及中心驱动短语结构语法。与 Chomsky 句法理论相反，构式语法将研究焦点集中于句法构式上，认为句法结构是单层次的，结构本身就有自己独立的意义，并主张将形式和意义、结构和功能紧密结合，同时将其视为不可分割的形义配对体。目前这方面著名的理论主要包括:（1）Langacher 的构式语法。该语法通过三个基本单位组成（音位单位、语用单位、象征单位）对语用在人类心智中的表征进行了描述。象征单位就是音位单位和语义单位的配对体。在 Langaker 看来，语法涉及数个词素和更大表达式的组合，以组别形成复杂的象征结构，这些象征结构就是语法构式。（2）Fillmore 的构式语法主张将句法和语义研究结合起来，提出了著名的格语法理论。该理论从分析语义格角色入手，深入探究潜在的、具有普遍性的深层语言结构，以此来解释语言表层结构的生成问题（王寅，2011）。按照论元与名词短语间的内在联系，Fillmore 区分了施事格、工具格、宾格、受格、位置格等。（3）Goldberg 的构式语法在 Langacher 的理论基础上，提出“词素”也是形义配对体。在对句法、语义、语用进行分析时，她将构式作为语言的基本单位，并构建了一套以构式为中心的语言理论。尽管如此，由于句法交替现象涉及多级语言知识及丰富的真实世界知识，在当前自然语言处理的水平下，要想有效地整合所需的这些知识仍然不是件容易的事情。目前，句法交替式生产机制的研究，特别是及物交替式的研究仍然处于起步阶段，基于时空、动力学的模块消解领域仍然留有很大的研究空间。

在深入探究及物交替现象的过程中，我们得以窥见语言学研究的广阔天地。此项研究不仅挑战了传统的语法理论，促进了理论上的革新，还为我们理解人类语言的深层结构和意义提供了新的视角。虽然目前的研究还处于起步阶段，诸多理论和假设仍需进一步验证和完善，但它们无疑为未来的语言学研究开辟了新的道路。从“柏拉图问题”的角度出发，我们的探索不仅仅局限于语言现象的表层，更深入到语言习得、语义本体论以及心理认知等多个层面。通过这些多维度的探讨，我们更加清晰地认识到语言不仅是一种社会沟通工具，更是一种能被科学方法研究的自然现象，它反映了人类对世界的认识和理解。综上所述，及物交替现象作为研究课题，不仅对于语言学领域具有重要的理论价值和实践意义，也为认识人类语言的本质、推动语言学科的发展提供了宝贵的资源和灵感。

1.7.2　原子论作为本研究基础的目的及意义

原子论（Atomism）是本体论的一个特定领域或案例，它提供了一种解释物质世界的本体论观点。它假设所有事物都是由不可分割的最小单位（原子）组成的。在古希腊哲学中，原子论者如德谟克利特和伊壁鸠鲁认为这些原子是实体的基本构成部分，通过它们的运动和组合解释了物质世界的多样性。原子论者通过将物质归结为原子的运动和组合，对如何理解物质实体的存在和变化提供了一种视角。这对本体论中关于实体如何构成和存在的基本问题提供了答案。随着科学的发展，本体论的讨论也逐渐包含了对基本粒子、力量、场等的考量，这些都是原子论思想的现代延伸。原子论对后来的自然哲学和科学产生了深远影响。例如，现代物理学中的原子理论和分子理论部分地源自古代的原子论。

本研究选择原子论的基本观点作为语言及物交替构式生成机制的研究主要出于以下几个方面的考量。首先，我们认为及物交替式的构造与物质结构之间具有极强的可比性。其次，当前主要语言学流派对及物交替生成机制问题的研究还存在着不少的分歧和争议。现有研究成果也存在着各种各样令人不甚满意的地方。最后，本着科学研究所倡导的百家争鸣各抒己见的包容精神，本项目组基于原子论的核心思想，大胆地提出了一个原子语义与及物交替式间质量守恒的研究路径，但由于水平的限制，我们对语言这一复杂界面问题的粗浅看法很可能是标新立异有余，自圆其说不足。这就有待于识者的指正和批评了。下面我们将对上述考量进行分别论证。

（一）探讨及物交替式与物质结构的可比性

及物交替式的构造与物质结构之间具有极强的可比性。原子论是物理学和化学的基石，它是对作为物质最基本单位的原子，以及原子如何组合成分子和其他更大的结构这一事实的描述。根据道尔顿提出的近代原子论的基本观点，物质是由极小的、不可再分割的粒子——原子组成的。不同元素的原子具有不同的原子质量和性质，化学反应就是由不同元素的原子之间的重新组合引起来的。本项目的研究对象是语言中的及物交替构式，从句法形式上来说，及物交替式是指在不同的句法结构中，动词和其宾语之间的关系发生变化的现象，比如在主动语态和被动语态之间的转换。显然，在于对基础建构板块的识别方式上，及物交替式与原子论的基本主张存在着极大的可比性。二者本质上都是组合—解构性质的。与原子论的基本主张相仿，我们将语言中的句子分解为最基本的句法单位（如词素、短语）。事实上，原子论之一基本思想早已在当代主流句法研究中，如转换生成语法框架下的句法研究，得以充分体现。但研究表明，在特定的及物交替式中，并非所有及物动词均可以与其宾语进行重组。究其原因，我们认为，传统语法中的语法范畴，如名词、动词、形容词等词性和主语、谓语、宾语等语法成分，并非是构成更大语言表达式的终极成分，换言之，它们并不是不可再分的组成要素（原子），因为它们本身仍然存在着内部结构，这种内部结构不仅体现在句法方面，它同时也体现在语义方面。从句法上来讲，参与交替的并非动词的词式，而是动词的句法属性，即它是否具备及物性。不过，及物性只是一个动词进入及物交替的必要但不充分的条件，它还需要满足及物交替式对其语义的原子属性的要求。以中动式为例：

（1）*John cuts the bread. / This bread cuts easily.*

（2）*John hits the wall. / *This wall hits easily.*

我们看到，上述例句中所涉及的 2 个动词 *cut* 和 *hit* 均具有及物性属性，但这并不能保证它们都能在中动构式中进行交替，**This wall hits easily.* 不合法。这说明仅仅满足句法条件还不够，它们还需要满足语义条件才能进行交替。根据 Levin（1993）的研究，中动构式的核心语义是“效果”［+effect］，基于守恒原则，它的生成与解构都必须有［+effect］这一语义特征的参与。cut 恰恰是个单纯表达效果的动词，这说明它具备了进入中动构式的充分必要条件。而 *hit*（+motion, +contact）的原子语义中并无［+effect］这一特性，因此它只具备进入中动式的必要条件，而不具备进入该构式的充分条件。必要充分条件揭示了例（1）的合法性，和例（2）的不合法性。鉴于此，本项目提出了基于原子论的语义组合原则，旨在为及物构式生成过程中发挥决定作用的概念结构和它们的组合方式的研究提供一个相对成熟的、科学的理论框架。

（二）实现跨学科的理论创新

综合文献研究显示，生成语法和构式语法是两个主要的语言学学派，它们长期以来一直受到及物交替式问题的困扰，特别是方位构式的语法化问题。生成语法派自 20 世纪 50 年代以来一直坚持认为，形式化描述语言要素之间的关系是解决这一问题的唯一途径。他们将语言知识描述为词库的组合规则，将词汇入构项和句法规则严格分离，这导致了对边缘结构如方位构式、始动交替式、意动交替式等的范畴化问题无法合理解释。与此不同，构式语法派主张语法和语义是以意义配对形式的数据结构，采用基于构式的形式化模型，消除了深层语言模块，但对词汇入构项的描述过于简单。尽管构式语法学者不断努力，但学术界对构式交替的生成机制一直没有达成共识。以方位格交替式（locative alternation）为例，load 类动词既可以进入 *to load film into the camera*（内容格构式），也可以进入 *to load the camera with film*（容器格式），但 *pour* 类动词却只能进入 *to pour water into the glass*（内容格构式）；而 *fill* 类动词只能进入 *to fill the glass with water*（容器格式）。我们的文献综述表明，目前两大语法流派均未能对上诉构式的生成机制作出合理的解释。鉴于此，学者们（Jackendoff，1987；Carter，

1976；Talmy，1988；Boas，2008）纷纷指出，构式语法对词汇入口的语义要素描写不仅不够充分，而且还过度简化了它们的整合过程。尽管学者们（如 Levin 2015，2017，2018；Pinker 1898，2007；Goldberg 2006; Iwata 2006，2008; Boas 2008，2017，2018）在构式框架下不懈耕耘，但学术界对构式交替的生成机制始终未能达成共识。鉴于此，我们选择了 Katz 的语义本体论作为理论基础，这一框架强调语言中的意义是客观存在的，不受个体心理状态的影响，从而确保了我们的研究具有普遍性和一致性。其次，我们基于原子论重新定义了语义的组合方式，强调了整体语义是由最小的语法可见单元按照语法规则构建而成的，这一定义为我们的研究提供了清晰的理论基础。再次，我们引入了可逆反应质量守恒原则，将物理、化学中的质量守恒概念应用于语言研究。这一原则帮助我们解释在特定语法和语义框架下，语义和句子结构之间的不变关系，类似于物质质量在化学反应中的不变性。最后，我们提出借助几何物理学、动力物理学和人类心理学中的普遍概念来确定原子语义的标准。这一方法有助于解决那些语义成分在语法中发挥作用的问题，同时也将加深我们对人类感知语义方式的理解。

1.8 研究结果与创新

在语言学的发展史中，不同理论流派虽然采用了各自的理论框架，但本质上都在探索如何整合语言的基本元素和单位。合理地解释这一问题对于理解“语言是如何成为语言的”至关重要，而合理解释本身是一个极为复杂的问题。本研究项目旨在基于可逆反应质量守恒原则，探索及物交替式的生成逻辑。该研究位于句法和语义交界处，专注于研究及物交替式的结构和意义如何实现对应和平衡。我们主要关注 3 个方面的问题：一是语义的本质属性是什么；二是为什么同一句法类别的动词在及物交替中的句法行为却不尽相同；三是词汇入构项与及物交替式之间的本质关系。除了已发表的 5 篇论文外，本项目的最终研究成果将以《词汇入构项与及物交替式的语义守恒研究》专著形式呈现。本书将从 9 个主要方面介绍我们的主要研究成果：

1. 发现了三个相关的基本研究路径。通过大量的文献分析和整理，我们发现，目前学术界针对及物交替现象的研究主要是围绕3种路径展开的：管约论框架下的词汇入构项驱动路径、构式语法框架下的构式驱动路径、认知语法框架下的词汇—构式中心路径。这些路径各有优势和不足。它们不仅为本项目研究提供了必要的背景和框架，还有助于我们识别本研究领域的缺口和新的研究机会。正是在这些研究成果的启发下，我们逐步形成了本项目的研究问题：意义的属性是什么？原子语义与及物交替式生成语义的关系是怎样的？为什么及物交替体对动词的授权不同？这些问题确保我们的研究目标具有清晰的方向和界定的范围，为我们的后续研究设计奠定了基础，并影响着我们的研究方法选择、文献收集和分析策略，激发新的思考，推动理论的创新和发展，引导我们探索未知的领域，提出新的假设和理论。

2. 确立了语义本体论的哲学立场。通过对Katz版的语言柏拉图主义和语义非还原主义的反思和论证，我们首先确立了本项目研究所采取哲学立场——Katz的语义本体论立场（Linguistic Ontology）。该立场主张，语言中的意义是客观的，不依赖于个别使用者的心理状态。这意味着语言的意义在某种程度上是独立的、固定的，但却是可以被所有使用相同语言的人所共享和理解。作为一名语言哲学家，Katz的语义理论注重语言的形式结构与柏拉图的理念论相似。他主张，意义是一种抽象的实体，它们存在于一个非物理的领域。这些抽象实体不受物理世界的限制，但却构成了人类语言和思维的基础。在这个框架中，语言的意义被视为一个由普遍的、恒定的、跨语言文化适用的原子语义（即语义标记）所组成的有限集合。我们对这一立场的选择主要出于以下考虑：首先，语言本体论立场强调语言中的意义具有客观性，这为语言结构，尤其是及物交替构式生成机制的理解和分析提供了一个坚实的基础。在这种观点下，语言意义不仅仅依赖于个体使用者的心理状态或文化背景，还被视为独立于个体的客观存在，使得交流和理解具有普遍性。正是这种普遍性，使得意义的组合与解构过程呈现出客观物质在物理转换和化学反应中所遵循的质量守恒原则。

3. 提出了原子语义的概念。本项目研究中，词汇入构项原子语义是一个核心概念。从这个概念与语法可见的语义成分的可比性论证，到对人们是如何感知和观念化这种语义元素的假设，我们都需要找到一个言之成理、顺理成章的理论框架来支撑，而 Katz 的语义本体论当仁不让地成为了我们的最佳选择。此外，由于意义被视为固定的和客观的，语义本体论为我们提供了一种稳定的框架来理解和预测语言使用。这一点对于语言学习、翻译以及跨文化交流等领域尤为重要。最后，语义本体论能够解释人类语言使用的创造性。即使在新的和未知的情境中，人们也能理解和产生意义，这是因为人类对于客观意义的感知是基于本体论指导下几何物理学、动力物理学，以及人的心理现象的固定的、独立存在的规则和结构的，这对于儿童语言的可学问题，尤其是可学性的贝克悖论提供了一个很好的解决方案。

4. 重新定义了语义组合原则。在我们的研究中，我们首先审视了现有的语义组合原则的定义，并发现其中存在着一些局限（详见 4.1 节内容）。为了解决这些问题，我们提出了一个新的、基于原子论的语义组合原则的定义。根据这一定义，一个整体的语义是由其组成部分的最小、不可分割的语法可见元素构建而成的，这些元素遵循特定的语法规则。这意味着，虽然这些组成元素可能需要重新排列，但在整个封闭的系统中不会引入新的语义元素。为了验证这个新定义，我们提出了集合论类比，即通过集合论的原理，特别是元素与集合的关系，来分析语言学中的语义组合。我们将语义原子（如词汇项）视为集合论中的元素，而更复杂的语义结构（如及物构式）则被视为集合。正如集合论能够准确地定义元素（词汇项）如何组合成集合（语义结构），语义原子组合同样能够定义原子语义是如何组成一个作为封闭系统的构式意义。这同时也表明，集合论不仅为语义原子组合提供了一个坚实的理论基础，而且还揭示了语言结构的复杂性和动态性。

5. 提出了质量守恒假设。在上述研究的基础上，我们展开了本项目的第三个问题的研究，即词汇入构项与及物交替式之间的关系本质问题。基于我们提出的语义组合的原子论定义，我们原创性地提出：在我们的语义模型中动词入构项的原子语义与及物交替式生成语义之间的平衡极其类似于在可逆反应中，反应物和生成物之间的化学平衡。这种平衡关系本质上遵循质量守恒原则。这意味着，就像在化学反应中反应物的总质量等于生成物的总质量一样，动词入构项的原子语义在转化为及物交替式的语义时，其总体意义保持不变。这种观点为理解语义组合和及物交替式提供了一个全新的视角，将语言学与自然科学的原理相结合，从而提供了对语言现象更深入的理解。根据该假设，在既定的语法和语义框架内，语义内容与句子构造之间存在一种稳定且恒定的联系。它类似于化学中反应物质的质量守恒原则。例如，特定的语义关系，如时空物理学和动力物理中的一些基本概念间的关系以及人类意志（比如目的、计划、意向等）总是通过特定的句子结构来传达，这种联系在不同的句法变换中保持固定。即使在句法结构上有所变化，关键的语义元素和语义关系依然保持稳定。这种一致性很可能是由语法规则或惯例保证的，从而确保了语义表达的清晰度和连贯性。在此基础上，对可学悖论作出了回答。

6. 提出了一个确定原子语义和及物交替式概念结构的本体论框架。通过现有文献的分析整理，我们发现，对动词语法关联语义的研究成果不少，但基本都是一些零散的研究，很少有人在某一个框架下，或者为这类研究明确一个或多个相对合理的框架。这样的成果很难不让人怀疑，这些语义从何而来？换言之，我们怎么才能知道哪些语义才是语法可见的，哪些才是构成复合意义的最小语义单位（原子语义）呢？语法为什么要对它们顾此失彼呢？事实上，这也是我们决定采取语言本体论哲学立场的一个重要原因。因为站在这一立场上，上述问题均可以得到合理的解释。如果意义是一种可以被个体所感知的抽象的客观存在，那么本体论恰恰为我们感知和理解客观存在的抽象物质提供了重要的理论框架。它不仅帮助我们界定认识的范围和局限性，还指导我们在科学、哲学和其他领域中有效地处理抽象概念。因为本体论所涉及的就是对存在本质、结构和分类的研究，它帮助我们理解不仅是物理实体，还包括抽象概念和实体的性质和存在方式。具体来说，本体论至少可以为我们提供以下几个方面的指导：

（1）确定存在的种类。本体论在帮助我们区分和理解不同种类别的存在方面起着核心作用，这对于我们如何感知、认识和描述我们的世界至关重要。本体论使我们能够区分和理解物理实体，如自然界中的对象和现象，包括它们的属性、行为和相互关系。例如，本体论可以帮助区分生物与非生物实体，理解物质的不同形态（固态、液态、气态）等。本体论还涉及抽象概念的分类，如数学对象（数字、形状、公式）、道德价值（正义、诚信、责任）和理论构建（科学理论、哲学观点）。这使我们能够理解这些概念在我们的认知和语言中是如何构建和运用的。本体论还帮助我们区分和理解各种心理状态和个人经验，如情感、感知、信念和愿望。例如，它可以解释个人情感如何影响我们的认知和决策过程。本体论探索了概念与物理实体之间的关系，例如，抽象概念如何代表或从物理实体中抽象出来，以及这些抽象是如何在不同文化中被理解和表达的。本体论还研究了语言和思维在形成和理解这些存在中的作用。例如，它探讨了我们如何使用语言来描述和沟通关于物理和抽象实体的知识，以及这些描述如何影响我们对它们的理解。本体论提供了连接不同学科的框架，例如，将自然科学中的物理实体概念与哲学和数学中的抽象概念结合起来，以及将这些概念与心理学和语言学中的心理状态和语言表达联系起来。综上所述，本体论通过区分不同种类的存在，提供了一个全面的框架来理解我们周围的世界和我们自身的内在世界。这不仅有助于我们更深入地理解世界的多样性和复杂性，而且也为跨学科的研究和理解提供了基础。

（2）探讨感知和认识的可能性。本体论在探讨感知和认识的可能性方面提供了重要的视角，它强调了人类在感知和理解世界时的局限性，特别是在处理抽象概念（如时间、空间、道德规范）时。这意味着我们对现实的理解往往受限于我们的感知能力，这种局限性可能导致对某些实体的误解或不完整理解。就感知和认识之间的关系而言，本体论主张感知不仅是认识过程的起点，同时也受到已有知识和认识框架的影响。例如，在语言学中，我们如何感知和理解一个词或短语，很大程度上取决于我们对语言结构和语义的先验知识。本体论分析了各种认识方法的适用性和局限性，包括直观、逻辑推理、经验观察和科学实验等。不同类型的存在可能需要不同的认识方法来充分理解。例如，感知一个物理对象可能依赖于直观和观察，而理解一个抽象概念则可能需要逻辑推理。本体论还探讨了认识过程中的主观性和客观性问题，指出人的感知和理解受个人经验、文化背景和认知结构的影响，这可能导致对同一现象的不同理解。本体论的这些探讨在跨学科研究中尤其有价值，比如在语言学、心理学、哲学和认知科学等领域。在语言学中，本体论可以帮助解释语言的感知和理解过程，以及语言如何影响我们对世界的认知和解释。

（3）分析概念与现实的关系。本体论在分析概念与现实的关系方面提供了深刻的见解，特别是在考察概念是否具有与物理实体相同的客观性，以及探讨语言和思维在形成和理解这些概念中的作用。本体论探讨概念是否存在客观的实在性，或它们是否主要是心理构造的产物。这包括分析概念如何映射到或从物理现实中抽象出来，以及在不同文化和语言背景中概念可能存在的变异。本体论还考察概念与物理实体之间的关系。例如，物理实体如何影响我们形成关于它们的概念，以及这些概念如何帮助我们理解和操作物理世界。语言不仅是表达思想的工具，也在概念的形成和发展中发挥着关键作用。本体论探讨语言如何影响我们对现实的理解和概念的构建，包括语言如何限制或拓展我们的认知范围。思维过程在概念的形成和理解中扮演重要角色。本体论分析思维如何影响概念的构建和应用，以及概念如何影响思维过程和决策。在不同文化和语言中，相同的概念可能有着不同的表达和理解方式。本体论研究如何跨越这些差异，理解概念在不同文化和语言背景下的共性和特殊性。本体论的这些探讨促进了哲学和认知科学的融合，提供了一个跨学科的框架来理解人类认知和语言的复杂相互作用。

（4）提供认识论的框架。本体论在提供认识论框架方面起着关键作用，因为它与认识论——即关于知识和理解的学问——紧密相连。本体论帮助我们界定关于不同类型存在的知识可能达到的深度和准确性。它探讨了我们对物理世界、抽象概念和心理状态的理解可能达到的限度，指出了人类认知的局限性和潜能。本体论在认识论框架中揭示了知识的多种来源，如感觉经验、理性思考、直觉、记忆和沟通。它还区分了不同类型的知识，如事实性知识、程序性知识、直观知识等。本体论为理解真理的本质和确定证据的标准提供了框架。这包括探讨不同类型知识对真理的要求，以及如何评估和验证知识的有效性和可靠性。本体论帮助我们理解概念和实体的认识过程，包括我们如何形成关于它们的理解，以及这些理解如何受到我们先验知识和信念的影响。在认识论方面，本体论促进了科学和哲学的融合，特别是在理解科学理论、假设和模型的基础上。这帮助我们理解科学实践中的理论构建、假设测试和模型验证。本体论在认识论框架中强调了批判性思维和逻辑推理的重要性。它提供了评估论证、分析概念和理解复杂问题的工具。

总之，本体论通过提供对存在的种类、属性和我们与它们的关系的深入理解，为我们感知和理解客观存在的抽象物质提供了重要的理论框架。它不仅帮助我们界定认识的范围和局限性，还指导我们在科学、哲学和其他领域中有效地处理抽象概念。句法构式这一研究领域的学者所面临的巨大挑战就是如何确定哪些意义成分（或称语义模板）才是语法相关的语义元素。针对这个挑战，在 Pinker 语法关联子系统研究工作的启发下，本研究项目尝试性地提出了基于几何物理学、动力物理学、人类心理现象的普遍概念来确定原子语义的标准。存在的本质范畴是本体论中用于解释和分类存在本质或基本特性的概念。它们是本体论的核心部分，旨在揭示构成现实世界的基本元素。不同的哲学体系可能有不同的分类，但一些常见和广泛讨论的要素是共通的，如实体、属性 / 性质、种类 / 类别、关系、事件、过程、状态、致使、改变、量、空间和时间、可能性和必然性、本质和存在等几何、物理学的概念。这些范畴的具体定义和它们之间的关系在不同的哲学体系中也有所不同。例如，在亚里士多德的哲学中，实体、形式、质料、目的、动因等概念占据了核心地位，而在现代哲学中，人们可能会更多地关注概念如时间、空间、事件和过程。至于如何穷尽那些非关联的语义特征的问题，就像 Fillmore（1970：123）所指出的那样：这里要区分语言学家和词典编纂者所能做出的不同类型的语义观察，语义学家能作出的语义观察是那些对语法产生重要影响的语义成分。而那些因人而异的、最终可能是不明确的语义观察则应该留给词典编纂者们去探索。

7. 完善了 Gropen（1992）提出的直接宾语的"受事性"原则（affectedness）。在研究方位交替式生成机制时（参见 5.1 节），我们探讨了 Gropen（1991）在语义结构理论中提出的直接宾语"受事性"原则。这个原则着重于宾语在动作或事件中的角色，即作为动作的接受者，特别是宾语在动作或事件中所经历的变化或受到的影响。如果宾语在动作中经历了显著的变化或受到了显著影响，我们认为它具有高度"受事性"。相反，如果宾语几乎未发生变化或受影响，则具有低"受事性"。在方位交替中，"影响"或"改变"涉及两种情况：一是运动方式导致的物理位置变化和"纳入"，即"移入/移出"；二是由于"回应"某物而引起的状态变化，即"置于表面"（Pinker，2007：44）。我们的文献分析表明，现有受事性概念并未对"影响"或"改变"及其这些概念的辨别依据等问题作出明确说明。鉴于此，我们在陈霖的拓扑视知觉的理论框架下，通过拓扑不变性（如大范围优先性、贯通性）和拓扑性改变（如孔洞性、覆盖、附件性）的相关属性出发，为"受事性"这一原则提出了理论支撑。

8. 解答了可学性悖论：可学性悖论是指在无限的语言可能性中，儿童如何能够在有限的时间内有效地学习其母语的问题。我们提出的语义守恒为解释儿童如何在有限的时间和信息条件下学习复杂的语言系统提供了一个可能的框架。总的来说，通过依赖于某些基本且共通的语义结构，儿童能够有效地克服潜在的可学性悖论，实现语言习得。

（1）共通的语义结构：语义守恒的假设是，所有语言在某些基本的语义结构上是共通的。这意味着尽管不同语言在词汇和语法结构上可能存在显著差异，但它们在表达基本概念和关系时遵循某些普遍的语义原则。

（2）简化学习过程：如果所有语言在基本语义层面上具有共通性，那么儿童在学习语言时不需要从零开始掌握每一个新概念。相反，他们可以依赖于这种固有的、共通的语义框架来解释和理解他们所接触到的语言现象。

（2）直觉和语言习得的自然性：我们提出的语义守恒假设儿童天生具有理解和使用这些共通语义结构的能力，这使得语言学习过程更加自然和高效。解释了儿童能够相对容易地习得语言的原因。

（4）预设的语言能力：这一理论暗示儿童出生时就带有一种预设的、对基本语义结构敏感的能力。这种能力帮助他们理解语言输入，并从中快速学习和构建复杂的语言系统。

9. 合理地解释了方位交替的“特例”现象。为验证“质量守恒”假设的可行性，我们选取了方位格交替式，并在格式塔转换和拓扑视知觉这两个与本体论结构性思维相吻合的心理学理论框架下，对其生成语义和原子语义间的守恒展开了研究，对这一交替过程中生成的多种“特例”均作出了合理的解释。例如，我们基于大面积优先和贯通性解释了 Nemoto（引自，1995:262–264）提出的 **Felix loaded the truck with some books./ Felix loaded the truck with books;* 和 **Doug cleared some of dishes from the table./ Doug cleared dishes from the table.* 利用“附件性”解释了 Gropen et al.（1991:162）的 A vandal sprayed the sculpture with paint.（详见 5.1 节内容）此外，我们又从其他常见及物交替式质量守恒的论证、语言创造性与质量守恒关系的论证，以及对语言可学性，特别是可学性贝克悖论与质量守恒关系的论证等三个方面进一步验证了我们提出的及物交替式的语义守恒的可行性。

综上所述，本研究项目通过深入探索及物交替式的生成逻辑和语义守恒原则，开辟了语言学研究的新领域。我们的研究成果不仅丰富了现有的语言理论，也提供了全新的视角来解读语言的复杂性和动态性。本项目的创新之处在于将语言学与自然科学的原理相结合，特别是将化学中的质量守恒原则应用于语义学的研究，从而在语言的句法和语义层面上找到了一种新的平衡和对应关系。通过对多种及物交替式的详细分析和探讨，我们不仅为长期困扰语言学家的可学悖论提供了一个解释方案，还对语言的本质属性、动词在及物交替中的句法行为差异以及词汇入构项与及物交替式之间的本质关系提供了深刻的洞见。此外，我们的研究还强调了认知心理学和语言本体论在理解语言现象中的重要性。

本项目的最终成果《词汇入构项与及物交替式的语义守恒研究》专著将全面展示我们的研究成果和理论贡献。它不仅标志着本项目的完成，也为未来的语言学研究提供了宝贵的理论资源和实践指导。我们期待这一研究能够激发更多的学术讨论和研究，推动语言学理论和应用的进一步发展。

第二章 及物交替现象的研究现状及发展趋势

在近四年的研究过程中，我们团队对百余份中、英文相关论著和学术论文进行了系统深入的研究，其中包括英文资料百余份、汉语资料 50 余份。研究综述的时间跨度至少 30 年。通过对这些丰富的学术资源的分析，我们获得了深厚的学术养分，这不仅增强了我们团队的理论基础，也丰富了我们的研究视野。在我们对文献的细致梳理中，我们注意到，学术界对于及物交替现象的研究主要集中在以下三个不同方法上，我们将其概括为：

1. 生成语法框架下的词汇入口—驱动路径。在这个路径中，研究集中于如何通过生成语法的视角理解及物交替现象。特别关注的是词汇入口（lexical entry）如何影响及物性的表达和变化。这种方法强调了词汇项在句法结构生成中的驱动作用，探讨如何从词汇的属性出发来解释及物交替的现象。

2. 构式语法框架下的构式中心路径。在构式语法框架下，及物交替现象的研究着重于构式本身的角色和功能。这个路径探讨了各种构式如何共同作用于及物性的表现，强调构式在语言表达中的中心性。此方法侧重于分析特定的语言构式如何塑造及物性的表达和理解。

3. 认知语法框架下的词汇—构式中心路径。在认知语法框架下，研究关注于词汇项和构式之间的交互作用。词汇—构式路径强调如何从认知的角度理解及物交替，特别是词汇项如何与构式结合，从而形成特定的语义和句法模式。这个视角将及物交替现象视为词汇和构式相互作用的结果，重视心理认知过程在语言结构形成中的作用。

在上述三个探索及物交替现象的研究路径中，词汇入口—驱动路径为后续路径的发展奠定了基础，并提供了批判的靶子。这种方法不仅引入了及物交替现象的初步理解，而且通过其特定的理论假设和解释框架，激发了后续构式语法框架和认知语法框架下路径的发展。这些后续路径在对生成框架提出的观点进行反思和批判的同时，也建立了自己独特的理论和研究方法，从而进一步丰富了及物交替现象的理解和分析。本质上来看，构式中心路径和词汇—构式中心路径都是建立在构式语法的核心理念基础上的，即主张语言结构（句法和语义模式）是由固定的、意义完整的构式组成的。这意味着，无论是简单的词汇项还是复杂的短语或句子，都可以视为构式。构式语法框架下的构式中心路径更加关注于构式本身的属性和功能，强调语言表达中构式的中心地位和作用。而认知语法框架下的词汇—构式路径则着重于词汇项与构式之间的动态交互，探讨这两者是如何结合以形成特定的语义和句法模式。构式中心路径倾向于从更广泛的语言数据和现象出发，分析和归纳构式在不同语言环境中的一般性规律。相比之下，词汇—构式路径更多地集中在认知过程对构式选择和使用的影响，强调认知因素在语言结构发展中的作用。这两个路径虽然关注的焦点和理论视角有所不同，但它们在理解语言结构和使用的机制上是互补的。构式中心路径提供了对构式如何在语言中发挥作用的宏观视角，而词汇—构式路径则提供了对个体如何在认知层面处理和使用这些构式的微观视角。

总体来说，这三个路径虽然在理论重点和方法上有所区别，但都致力于深化对语言结构和语义生成机制的理解，为构式语法提供了丰富和多元的视角。通过这些文献的分析，我们不仅对及物交替现象有了更全面的理解，还识别出了该领域的关键研究趋势和未来的研究方向。这些发现为我们的研究提供了宝贵的指导，并为我们的理论和实证研究打下了坚实的基础。下面我们将对上述三个路径进行批评性的综述。

2.1 词汇入口驱动路径

词汇入构驱动路径（lexical entry-driven approach）来自生成语法。审视语言学的发展史，我们可以看到不同理论流派虽然采纳了各自独特的理论框架，但它们的核心目标都在于理解语言要素与单位如何有效地结合的根本原理和运作机制。对于这一问题的恰当解释是揭示语言是由什么构成的这一谜题的关键，而这种解释本身便是一个极其复杂和具有挑战性的问题。20 世纪 50 年代，Chomsky 的《句法结构》（1957）标志着一场语言学革命的诞生。时至今日，转换生成语法仍是语言学界的主流研究方法。原则与参数理论（PPT）将英语本族语使用者头脑中的语言知识描述为词库（lexicon，也称心理词典 ,mental lexicon）的组合规则。该词库包含着一个词汇入口（lexical entry），即基础部分（base）的词库中的词（lexical items）或短语以及该词或短语的信息。它详述了一个词汇被合法使用时所必需的各种不同类型的信息，其中至少包括一个音系表达、一个意义表达式，以及一个范畴表达式。由此可见，词汇入口是 TG 的语法基础和灵魂。它验证了 Bloomfield（1933）的断言，词库是语言官能的一个独立成分，是其语法层级式模块的基础组成部分。以 Chomsky（1981）的原则与参数框架为例，通过短语结构规则的 X- 阶标理论，词汇入构项在该理论模块的各个层面上都有其表征形式。具体来说，该框架下的语法模块由四个表征层和与之相对应的三个规则系统所组成：α – 移动（“Move α”）规则系统将 D- 结构表征转换为 S- 结构表征；删除规则（deletion rules）、过滤器（filters）、音系规则（phonological rules）等规则系统将 S- 结构表征转换为语音表征（PF）；回指规则（rules of anaphora）、量化规则（rules of quantification）、控制规则（rules of control）等规则系统将 S- 结构表征转换逻辑表征（LF）。此外，该语法系统中还设有一些独立的模块，它们限制着上述规则的应用条件，如邻接原则（subjacency）、界限原则（bounding）；限制着 S- 结构表征的合法性，如 θ – 准则（theta criterion）、过滤器等；以及限制规则合法性的模块，如 X- 阶标理论（X’ –theory）等（参见下图）。

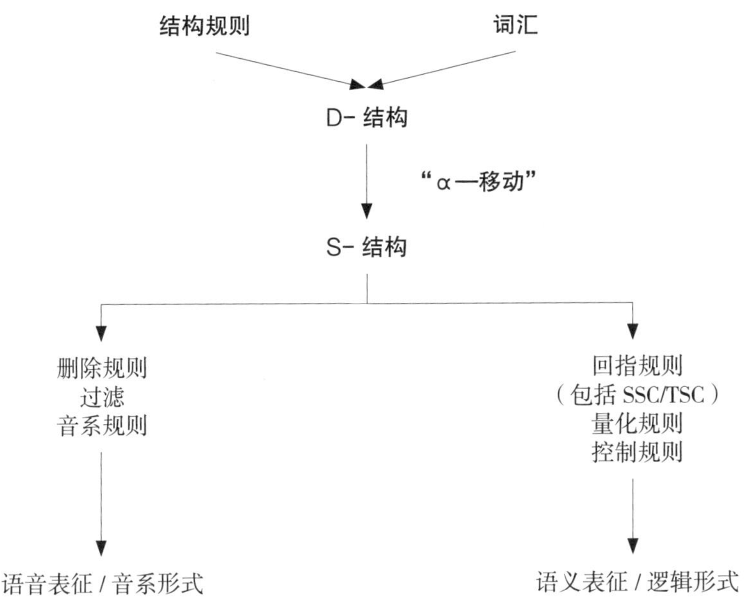

（图 2：X- 阶标理论示意图）

在这一原则与参数框架下，每一个短语的核心语都有其自身的词汇入口，该词汇入口以心理词典（Lexicon）的形式存储在我们的头脑中，这种心理形式包括该入构项在句子中可以出现的位置的信息。以 NP 为例，核心语名词 boy: [N], girl: [N]。就 VP 而言，该词汇入构项还显示什么短语能够 / 必须出现在核心语的前面，什么短语能够 / 必须紧随其后，句法学家将这两项要求分别称作选择和 C- 选择。以核心语动词 love 的词汇入构项为例，*love*: [V, selects NP subject, C-selects NP direct object]（简写为：*love*: [NP subject, NP direct object]）。当上述三个核心词汇入构项通过 α - 移动，将其 D- 结构表征投射到 S- 结构时，在这一层面上，不同的移动规则和解释原则将这些词汇入构项组合成不同类型的结构式，如 *the boy/girl loves/doesn't love the girl/boy; does//doesn't the boy/girl love the girl/boy,* 等等。在这一过程中，不符合语法的句子，如 *boy/girl loves*，*the girl/boy loves* 被相应的限制合法性的规则系统所排除。

在处理词汇入口和及物交替这种复杂关系时，生成语法借助题元角色

（Thematic Roles）和连接规则（linking Rules）来解释在句法生成过程中。以方位构式（Locative Construction）的两种交替构式，即内容格构式和容器格构式为例，spray/load 类动词（参见 Rappaport and Levin 1988, Levin and Rappaport Hovav 1991, Gropen et al. 1991）可以同时出现在这两个替换构式中，如：*He load newspaper onto the van./ He loaded the van with newspaper. She Sprayed pesticide onto the roses./ She sprayed the roses with pesticide.* 其原因在于内容格构式中，直接宾语 *newspaper* 和 *pesticide* 代表的是主体角色（Theme），而容器格构式中的直接宾语 *the van* 和 *the roses* 代表的是目标角色（Goal）。这种解释遭到了学界的诟病。Anderson （1971）指出，这种解释忽视了两种替换构式的语义差别。容器格构式侧重"全部"的意思，即货车被报纸全部装满，玫瑰被喷满了杀虫剂。而内容格构式则无此侧重，它所侧重的是动词行为本身。简而言之，通过论元角色的替换匹配的描写是不能对此作出合理的解释的。不仅如此，当我们把用 *spray/load* 替换成 *pour* 和 *fill* 时，情况变得愈发复杂。而这些情况都不是论元角色所能解释的问题。针对上述问题，Pinker（1989）指出，生成语法的论元角色理论忽视了这样一个事实：论元结构的变体形式所反映的是动词的不同语义类别。动词是由不同的微语义自然类组成的，这些微自然类让我们能够对它们是如何与某类论元结构模式匹配的。为了找出这些自然类，他建议对动词语义学进行更细粒度（finer-grained）的分析，即利用"概念结构"对动词的意义进行深入的解构。

综上所述，词汇入口—驱动的研究路径在处理及物交替问题上主要存在着两个方面的潜在问题。一方面，它可能无法有效地处理跨语言的普遍句法规律。词汇的句法和语义特征均由词汇入构项所列明的信息决定。这可能导致对句法结构的研究过于依赖词汇入口的具体特性，如次范畴化（subcategorization）信息。事实上，某些固定短语结构或成语可能不遵循标准的次范畴化模式，它们属于不能直接由词汇入口特性驱动的句法现象。此外，GB 理论可能需要为每个动词详细指定其带有哪些类型的宾语，这导致词汇列表变得异常庞大且复杂。如果每种语言的句法差异都需要通过修改词汇属性来解释，这可能导致理论过于复杂，以至于无法有效地处理跨语言的普遍句法规律。另一方面，它可能无法有效地捕捉由更广泛的语法原则所驱动的句法变化。这种方法对词汇入口的过度依赖可能会忽略更普遍的句法规则或模式。该框架将词汇入口和句法规则严格分离开来，同时利用各种规则系统来描写句法的生成方式（也就是Hockett所说的“blending”的问题）。这些名目繁多的限制规则在一定程度上确实保障一些常见句法的合法性，但是，面对诸如及物与不及物交替这类规则性现象时，词汇入构项方法可能无法有效地捕捉由更广泛的语法原则所驱动的句法变化。该理论方法可能需要为每种特定情况设置复杂的词汇规则，从而增加理论的复杂性和不透明度。不仅如此，GB理论的许多假设和原则具有很高的抽象性，难以通过语言数据直接验证。举例来说，理论中的某些概念，如空类别（empty categories）、痕迹（traces）等，虽然在理论上重要，但在实际语言使用中难以找到直接证据。这说明转换生成框架下现有的词汇入口所包含的信息还不够精确或者充足。正如Boas（2008:117）所指出的，Chomsky框架中词汇入口所捕获的信息是不充分的。究其原因，Boas（同上）指出，生成框架在深层结构中将词汇入口与句法严格分离开来的主张是有问题的。因为这样做的后果是，我们无法对一些习语式的固定结构的归属作出判读，即不知道它们到底应归属于“词库”，还是归属于由句法规则所生成的句式。以laugh为例，我们很难断定这个表达式到底应该归属于词汇入口［NP subject］还是［NP subject, NP object］，因为*Someone laughed*和*Someone laugh his head off*（笑掉大牙）都是合法的英语表达式。退一步说，假定*Someone laugh his head off*是某个普遍句法规则生成的，那么，这条规则应该同样也能生成*Someone *spoke / *talked / *cried his head off*，而这在英语中却是不合法的表达式，这最终导致了它对更抽象的句法规则和结构的忽视。

国内基于生成理论的相关研究寥寥可数。其中基于格语法理论的研究主要有杨成凯（1986）、魏屏（1987）、俞如珍（1990）、程琪龙（1995）等。基于框架语法的研究主要有潘艳艳（2003）、冯志伟（2006）、陶明忠、马玉蕾（2008）等。刘宇红（2011）、张焕香、高平（2011）、武仲波（2015）

等对这二者进行了比较研究。

2.2 构式中心路径

构式中心路径（constitute-centered approach）初见于 Goldberg（2006）的构式语法（ Construction Grammar，简称 CXG），强调语法结构的构建和理解基于构式（constructions）的使用，而不仅仅依赖于抽象的语法规则。构式是一种具体的语言结构，可以包括词汇、短语或句子，用于表达特定的语义和语法含义。Goldberg 构式语法关注语言中的多样性和灵活性，认为语法结构是通过使用构式来构建的。下面我们来看一看，在增加了构式意义之后，词汇入口在 Goldberg 构式语法中是怎么发挥作用的。我们以下面的句子为例来进行说明：

He talked himself blue in the face.

根据 Boas（2008）的研究，Goldberg 对词汇入构项的描述所采用的概念主要来自于 Fillmore 框架语义学（Frame Semantics）和 Lakoff 的理想化认知模型（Idealized Cognitive Models）。就这个例句来说，动词 talk 的入构项被表述为：talk< talker >，其中 talker 是一个凸显的角色，它是动词 talk 的框架语义的关键角色。之所以这么描述，是因为在 Goldberg 看来，talker 这个角色是框架语义学中与动词相关的、必须使用的，而且在场景描写中起着焦点作用的角色。在构式语法中，这种词汇入构项与句法信息（如通过构式在句法与语义间投射）无关，它只与人们的世界与文化知识有关。而构式的意义则是基于构式本身的抽象语义角色（或称论元角色）之间的关系决定的。就前面的例句而言，它是一个致使构式，它将“X 致使 Y 变成了 Z”这一层特质意义（CAUSE-BECOME）匹配到“Subj V Obj Xcomp”结构形式。在这一匹配过程中，除了与主语（Subj）相匹配的由动词入构项所提供的施事角色（agent）融入了构式语义角色外，其他角色，如与直接宾语（Obj）相匹配的受事（patient）、与斜格宾语（Xcomp）相匹配的后果—目标（result-goal）等，均由构式提供。而动词入构项所提供的施事角色（talker）之所以能融进构式语义角色，则是因为它可以被识解为这个构式的抽象的施事角色的一个具体实例，也就是说，这两个角色兼容了。简而言之，词汇入构项在构式语法中的作用已经严格地受到了限制，它不再像TG语法框架下那样决定着这个句法生成的语义了。

构式理论反对将“词库”与“句法”相割裂的做法，主张二者均属于以意义配对形式的数据结构。此外，该理论还反对将语言形式“核心化”与“边缘化”的做法。从研究路径来看，构式语法派别林立，其中代表性的流派包括：Filmore和Kay代表的伯克利构式语法、Kay和Sag代表的基于符号的构式语法、Steels代表的变动构式语法、Langacker的认知语法、Croft的激进构式语法，以及Goldberg的认知构式语法。尽管不同门派所使用的形式化手段、对心理合理性与动机对语言作用的看法不尽相同，但概念和建构基础大同小异。简而言之，这些学派继承了生成理论的思想核心，将语言要素间关系的形式化阐释作为解释语言结构二重性的唯一手段。不同的是，它们的形式化是基于“构式”而不是“词库”展开的。它们不再需要各种独立的深层语言模块来分别满足形式与意义的要求。相反，它们采用的是一个基于符号的构式语法模型。以*He talked himself blue in the face*为例，这个句子涉及了一种状态改变。构式语法（Goldberg，2006）认为，这层含义显然不是单独从词汇入口*talk*的词义中解码出来的，而是从该句子中的一个独立的、表示后果的构式中解读出来的。也就是说，是“X致使Y变成了Z”构式把表示这一状态改变的论元添加给了*talk*，而*talk*作为词汇入构项的信息仅仅为：*talk< talker >*。不难看出，构式语法对词汇入构项的作用进行了严格限制。

就研究不足而言，构式语法对词汇入构项的描述过于简单化。Boas（2008）指出，构式语法必须在动词入构项中纳入一些更具特性的语义和句法信息，否则一个动词在各种不同构式中的分布情况是无法得到预测的。以动词*load*，*pour*，*fill*为例，这三个动词作为词汇入构项的信息完全相同，它们均被描写为*load<loader>*、*pour<pourer>*、*fill<filler>*，但它们的句法行为却不尽相同。以方位格交替式为例，*load*类动词既可以进入*to load film into the* *camera*（内容格构式），也可以进入 *to load the camera with film*（容器格式），但 *pour* 类动词却只能进入 *to pour water into the glass*（内容格构式）；而 *fill* 类动词只能进入 *to fill the glass with water*（容器格式）。目前构式语法尚不能对上诉构式的生成机制作出合理的解释。鉴于此，学者们（Jackendoff，1987；Carter，1976；Talmy，1988；Boas，2008 等）纷纷指出，构式语法对词汇入构项的语义要素描写不仅不够充分，而且还过度简化了它们的整合过程。究其原因，我们认为，首先，构式语法很大程度上依赖于语言使用中的实证数据，这可能导致该理论在处理及物交替式时过于依赖具体语境和使用实例，而不够关注普遍的语法规则或更深层的句法—语义机制。其次，构式语法强调语言的灵活性和多样性，但在此过程中，可能忽视了语言系统内在的规则性。对于及物交替式这样的复杂现象，这种方法可能无法充分解释其句法和语义之间的系统关系。最后，构式语法的一个关键特点是强调构式的独特性和特定语境的相关性，但这可能导致其在处理及物交替式时难以形成广泛适用的理论框架。尽管学者们（如 Levin，2015，2017，2018；Pinker，1898，2007；Goldberg，2006; Iwata，2006，2008; Boas，2008，2017，2018）在构式框架下不懈耕耘，但学术界对构式交替的生成机制始终未能达成共识。

我们的文献综述表明，事实上，Goldberg 的构式语法在很大程度上受益于 Steven Pinker（1989），比如，她认为应当从构式这个整体的角度而不应从动词来研究句子中的题元结构。再如，她认为构式具有独立于词义的特有意义，句子所表达的意义并不是简单地将每个词语的意义相加起来，构式意义是句子意义的重要组成部分。我们认为，以“构式”为中心研究语言势必优于以“动词”为中心的研究，目前现有的构式语法也在不同的程度上证明了这一观点。但问题是，上述构式理论并没有对构式的成因、意义与句法构式的关系、语言表达式的选择与人性的关系作出合理的解释。基于上述原因，Pinker 从一个全新的物理学和几何学的角度为我们作出了相对令人信服的解释。Pinker 本人并未将自己的语言研究归类为构式语法，事实上，语言构式并不是他的研究目的，他研究语言的真正目的在于发现人性的本质。根据 Pinker，语言是语言，思想是思想，语言所真正展现的是物理现实和社会生活的抽象概念，即时、空、动力学的基本概念（如“事件”“因果”“改变”“意图”，以及“主动力”和“拮动力”等几何学和物理学中的基本概念）。语言并不是一种模拟介质而是一个数字介质，正是这个原因决定了尽管语言是人类用于表达思想和情感的媒介，但它并不能等同于思想和情感的本身。而就二者的关系而言，其研究旨在证明语言为我们洞察人性敞开了一扇天窗。Pinker 的语言思想可以概括为：人类心智可以通过多种途径来识解同一个指定的场景；每一种识解都是围绕着几个基本几何学和物理学概念建立起来的；这些概念可以被隐喻性地扩展到其他领域，比如我们可以像统计物体一样统计事件（例如 9·11 事件到底算作一起事件，还是北塔楼和南塔楼的被袭这两起事件），或者将空间作为时间的隐喻（比如我们常说 3 小时的车程）；每一种概念都具有一些人类所特有的怪癖，这使得它们能够在某些特定事件的推理过程中大显身手，不过，它们一旦被滥用，就会造成荒谬和混乱。

国内学界基于构式理论的研究始于 2000 年，截至 2019 年 1 月，CNKI 收录相关论文 3199 篇。根据蔡莹等（2016）统计，截至 2015 年，CNKI 上共可检索到 1389 篇相关论文，其中 2007 年前仅有 86 篇论文。从这个统计数字可以看出，构式语法研究呈上升趋势。从研究动态看，理论研究大体分为理论自身研究和理论应用研究。理论自身研究又可大致分为国外理论推介（例如，陆俭明，2004；王寅，2006；梁君英，2007；刘国辉，2007）和理论反思（例如，刘丹青，2001；严辰松，2006；张韧，2007；邓云华、石毓智，2007；刘玉梅，2010；侯国金，2013；文旭，2017；王寅，2018；张克定，2018；司卫国，2018；吴长安，2018；吴海明，2018；原野，2010 至 2018 等）。就应用研究而言，截至 2019 年 1 月，通过“构式”“英语习得”两个关键词，我们在 CNKI 上检索到 121 篇相关论文。成果主要集中在 2014 年之后。从数字上可以看出，尽管构式语法研究呈上升趋势，但它在英语习得及教学中的应用研究还刚刚起步。已有研究主要集中在构式教学模式和母语迁移两个方面。代表性成果包括：符纯（2013）关于构式对中国学生英语句子理解影响的实证研究；高航（2017）的语块在二语习得中作用的实证研究；钟书能等（2017）关于中国英语学习者英语虚拟位移构式习得的实证研究等。

在总结上述关于构式语法的研究成果和发展情况时，我们可以看到，该领域的研究已经取得了一定的进步，并逐渐成为语言学研究的一个重要分支。构式语法通过其独特的视角和方法论，为我们理解语言的复杂性和多样性提供了新的工具和思路。它的发展不仅丰富了我们对语言结构和意义之间关系的理解，而且为语言习得、教学以及跨文化交流等领域的研究提供了新的视角和方法。

虽然构式语法在理论自身的发展和应用研究方面都显示出活力，但仍有许多问题和挑战需要克服和解决，尤其是在动词交替式、词汇入构项的描述以及理论的实证基础等方面。国内学界对构式语法的研究虽然起步较晚，但近年来呈现出迅速发展的趋势，显示出广阔的研究前景和潜力。

最终，我们期待构式语法能够在未来的研究中继续发展和完善，进一步提高其理论的精确性和实用性。同时，我们也希望更多的学者加入到这一领域的研究中，共同推动构式语法理论的进步和应用，为理解语言的本质和推动语言学研究的发展做出更大的贡献。

2.3 词汇—构式模型

词汇—构式模型（Lexical-constitutional Model，简称 LCM）（Ruiz de Mendoza and Mairal，2008；Mairal and Ruiz de Mendoza，2009；cf. Butler，2009）是在构式语法框架下的一种广义的语言意义构建模型，它在论元结构（第一层）、语用暗示（第二层）、言外之意（第三层）和话语（第四层）等层次上提供意义表征。LCM 虽然本质上关注的是意义建构，但它包含了一些绑定到其他类型概念结构上的逻辑结构变量，而这些概念结构则可以投射到语法表征中。由于这一特点，LCM 中的语言表征可以根据 CxG 框架下的形式—意义配对来探讨（CxG; 参见 Gonzálvez-García and Butler，2006）。

尽管 LCM 和 CXG 在处理语言的形式和意义上有着相似之处，但它们在理论侧重点、构式的定义和作用以及词汇与结构的关系等方面都有所区别。CxG 更多地关注构式本身如何在语言中携带和传递意义，而 LCM 试图在词汇和构式之间建立更为直接的联系。

在 CxG 中，Levin 将同一动词的句法交替式看成是两个相连但不同的构式（参见 Iwata，2008）。因此，交替概念也就成了一种附带现象（epiphenomenal），也就是 Goldberg 等（2003）提出的基于语言表面形式的一般化模式（surface generalizations）。这个模式是指观察到的、在实际语言使用中出现的模式，它们反映了这些构式运作和相互关联的方式。一般化是通过观察单一表面论元结构形式（而非其他假设相关形式）来构建的。例如，在这种视角下，［*NP/SUBJ*［*VP/PRED NP/OBJ*$_1$ *NP/OBJ*$_2$］］被称为予格构式（dative construction），它暗示了一个“给予”的概念。而这个潜在的“给予”概念就是 **John sent Shanghai a package* 为什么不合法的原因，因为这个构式需要一个“给予者”、“一个物品”和一个最终成为该物品“拥有者”的“接收者”，但 *Shanghai* 实际上是 *a package* 这个物品的“目的地”（destination）而非其“拥有者”（possessor）。在这种情况下，正确的构式选择应该是致使—运动（caused-motion）构式，即 *John sent a package to Shanghai* 这种构式不暗示“给予”的概念。致使—运动构式包括一个“运动”的“致使者”、运动的“对象”和运动的“目的地”，它可以用来传达“拥有物的转移”的概念，如 *John sent a package to Peter*。根据构式路径假设，构式直接将介词短语的“所指”（designatum）描述为运动的目的地，并且只要目的地是一个可以拥有物品的实体，那么它就可以通过暗示激活“给予”的感觉，因为一旦物品到达一个接收者那里，它就落在那个接收者的控制范围内，但前提“目的地”必须是一个可以占有对象的实体。

LCM 继承了 CxG 的语言表面形式的一般化模式。但在处理如何将词汇结构整合到构式特征中的方式问题上采用了不同的做法。Goldberg 的 CxG 通常假设词汇—构式整合（fusion）仅仅是一个由“语义连贯”（Semantic Coherence）原则和“对应原则”（Correspondence principles）所约束的“概念一致性”的问题（Goldberg，1995，2003，2006）。如果动词的参与角色和构式的论元角色兼容，那么“语义连贯原则”则可以赋予它们进行融合的机会。“对应原则”可以通过多种方式重写（Goldberg，2006），其目的是使得编码词汇结构及其话语功能保持一致，从而使参与角色在话语中占据重要地位。“对应原则”强调的是在语言结构中，词汇和语法结构应当与它们在话语中的功能相一致。换句话说，CxG 认为语言的意义不仅仅依赖于单独的词汇，还依赖于这些词汇是如何结合在一起的。该理论主张语言的形式结构，如词汇和句法结构，应与其语用功能，即话语中的作用和意义，保持协调。在 CxG 理论下，语言的使用不仅仅是词汇和语法规则的简单组合，还需要考虑语境和话语的目的。比如，在一个句子中，特定的语法结构，如被动语态、焦点结构等，被选用是为了强调或突出句子中的某个角色或信息。这就意味着，语言使用者在构造句子时，会根据想要表达的意义或强调的内容，选择相应的语法结构和词汇。

不同于 CxG，这条“对应原则”在 LCM 中，只是一条默认原则，即主张词汇和句法结构的选择与其语用功能相协调是毋庸置疑的。因为它的语义模型是在论元结构、语用暗示、言外之意和话语等四个层次上提供意义表征的。鉴于此，LCM 并没有将该原则作为在论元—构式层面（第一层）上发挥特殊作用限制因素。不过，“语义连贯”（Semantic Coherence）原则在 LCM 中得到了继承和发展。该原则在 LCM 中的具体应用是通过确保语言表达在不同层级上保持意义的一致性和连续性来实现的。LCM 模型结合了词汇意义和句法结构，考虑了从单词到短语，再到句子和文本的各个层面，以确保整体上的语义连贯。下面是一些具体应用的例子：

（一）词汇层面的连贯性

在 LCM 中，单个词汇的选择是基于其语义贡献和与上下文的兼容性。例如，选择特定的动词或形容词时，要考虑它们是否能够与句子中的其他成分（如主语、宾语）在意义上形成连贯的整体。

（二）构式层面的连贯性

在更高的层次上，LCM 分析如何通过特定的语言构式（如被动语态、因果关系句式等）来构建连贯的意义。例如，一个因果关系的句子结构应该清晰地展示事件之间的逻辑联系，从而维持语义的连贯性。

（三）句子间的连贯性

在多个句子组成的文本中，LCM 确保每个句子在意义上与前后句子相连贯，形成一个整体的叙事或论述。这可能涉及使用连贯的过渡词汇、保持时态和视角的一致性等策略。

（四）语境适应性

LCM 还考虑到语境因素对语义连贯的影响。这意味着在特定的交际场合下，语言的使用应当适应该场合的需求和期望，从而确保整体上的语义连贯。

（五）意义的深层结构

在分析复杂句子或段落时，LCM 关注于揭示隐藏在表面结构下的深层语义结构，如隐含的假设、推理和意义的细微差别。通过这些应用，LCM 在各个层面上处理并维持语义的连贯性，从而使语言表达更加清晰、有逻辑性，且易于理解。

综上所述，LCM 提供了一个统一的意义构建的解释，其中所有的概念整合操作都受到明确的约束。LCM 的一个核心目标就是确定语言使用者在上述每四个层级中通过结合推理和非推理活动来建立意义表达时可用的可能性范围，并将概念结构从一个层级融入到下一个层级中。无论概念整合是发生在一个层级上还是跨层级上，该过程都会受到许多许可或阻碍因素的限制。它侧重于将词汇意义和句法结构整合在一个统一的模型中，并特别关注于如何从词汇意义出发，通过不同层级的语言结构（如词素、词、短语、句子等）达到复杂的语言表达。不同于 CxG 对“构式”的定义，即，固定的形式—意义对应单位，强调形式结构与其固有的语义和语用功能的直接关联，在 LCM 中，“构式”不仅是形式结构，它同时还包括了与这些结构相关的操作过程，如推理、语境适应等。CxG 强调词汇和句法结构之间的互动，但更多的是从构式本身出发来理解和分析语言现象。在 LCM 中，词汇被视为语言结构的基础，它与更高层次的语言结构（如短语、句子）紧密相连，共同构建意义。以 *break* 的交替为例：

（1）*John broke the window.*

（2）*The window broke.*

（3）*John broke the window open.*

例(1)中，*break*用在一个简单及物结构中，动词直接作用于一个宾语(the window)，表达了直接导致的行为。例（2）中，*break* 用作不及物动词，没有直接宾语。这种用法强调了事件的发生而不是行为的执行者。例（3）中，*break* 与附加成分（open）一起使用，表达了造成特定状态的行为。LCM 的分析方法如下：第一步，分析动词的核心语义：确定动词 *break* 的核心语义，即“导致某物体的完整性被破坏”。第二步，考虑构式的贡献：分析不同构式（及物、不及物、使役等）是如何影响或修改这个核心意义的。在不同的句法结构中，动词的意义可能会有所扩展或特殊化。第三步，语义和语用的适配：考虑动词在特定构式中的使用如何适应或满足语境的需求，包括说话者的意图、交流的目的等。通过这种方法，LCM 不仅分析了动词本身的意义，还考虑了构式如何与这个意义相互作用，以及这种互动如何影响整体的语义表达。这使得 LCM 能够全面地解释及物交替现象，揭示出在不同语境和构式中动词意义的变化和适应。

由于模型的复杂性、语言的多样性，尤其是语义的微妙性等具体原因，LCM 在处理及物交替问题时同样也遇到了一些问题和挑战。具体来说，首先，及物交替涉及动词在不同语境下的多种用法，这可能导致其语义变得非常复杂。LCM 需要精确地捕捉和分析这些语义变化，这可能是一个挑战。其次，LCM 在处理及物交替时需要对不同的构式进行明确的界定和分类。然而，构式的界限有时可能模糊，特别是在面对那些在语法和语义上都比较灵活的动词时，当然，这也是当前各大语言学派在处理相关语言现象的共同难题。此外，语境和语用因素在及物交替中起着重要的作用。LCM 需要能够有效地分析语境信息和说话者的意图，这在数据不足或上下文信息不明确的情况下可能较为困难。最后，在 LCM 中，需要协调动词的形式（如及物和不及物）与其功能（如导致性、体验性等）。然而，同一动词在不同构式中可能承载多重功能，使得这种协调变得复杂。总的来说，LCM 在处理及物交替问题时面临的挑战主要源自语言的复杂性和语义微妙性，以及理论模型本身的应用和实现上的需求。解决这些问题需要细粒度的语言学研究和可能的跨学科合作。

我们通过词汇—构式模型和 LCM 在中国知网上只检索到 4 篇文章，其中两篇是龙磊、卢卫忠先后于 2019 年 1 月发表在《现代外语》上的“基于词汇构式模型的级差含义否定研究”和 2019 年 11 月发表在《外国语》上的“词汇构式模型 : 构式语法家族的新成员”，另外 2 篇是四川外国语大学的硕士论文。数据表明，LCM 中中国学术界还没有引起学者的关注，或者只是刚刚起步。

综合上述分析，我们可以看到词汇入构项与及物交替关系的研究在不同理论框架下展开了多样化的探讨。从生成语法的词汇入构驱动路径，到构式语法的构式中心路径，再到词汇—构式模型，每一种方法都试图以其独特的视角解释语言中的及物交替现象，揭示词汇入构项与句法结构之间复杂的相互作用。

生成语法强调词汇入口的核心作用，但面临着处理跨语言普遍性和捕捉广泛语法原则的挑战。构式语法则通过将语言视为基于构式的组合，试图提供更为灵活和综合的语言分析。而词汇—构式模型进一步将语义的微妙性和构式的灵活性纳入考量，试图在词汇和句法结构之间建立更为直接的联系。

在综合考察了词汇入构项与及物交替关系研究的多种理论路径后，我们发现，各种理论框架，包括生成语法的词汇入构驱动路径、构式语法的构式中心路径以及词汇—构式模型，都反映出语言学研究的多样性和语言本身的复杂性。每种理论都试图从其独特的角度解释及物交替现象，揭示词汇入构项与句法结构间的复杂相互作用。虽然这些理论框架在处理及物交替问题时都显示出各自的优势，但也都面临着各种挑战。例如，生成语法强调了词汇入口的核心作用，但在处理跨语言普遍性和广泛语法原则方面遇到挑战。构式语法则提供了更灵活和综合的语言分析，而词汇—构式模型则进一步探讨了语义的微妙性和构式的灵活性。这些理论框架彼此之间具有互补性。虽然它们在处理及物交替问题时都有局限性，但每种理论都为理解语言的深层结构和运作机制提供了宝贵的视角和理论工具。这些研究成果不仅对于语言学领域的学术探索具有重要意义，也为我们自身的研究提供了宝贵的参考和启示。期待未来在这些理论框架的基础上，通过不断的探索和完善，能有更多的突破和发展，从而更全面地揭示语言的本质和功能。

第三章
理论框架

本章旨在探讨词汇入构项与及物交替式的意义守恒。我们的研究聚焦于一个核心的语言哲学问题：意义的本质属性及其所属的哲学范畴。这一问题不仅涉及语义学的基础理论，也触及更为广泛的哲学讨论，特别是本体论和认知论之间的辨析。本研究的首要任务是确定我们的研究立场：是采纳关注存在和现实结构本质的本体论立场，还是倾向于聚焦于知识本质的认知论立场。这一选择关乎我们如何理解意义的性质，以及我们认为它在语言结构中的作用方式。

在本章中，我们将深入探讨 Katz 的语义本体论，并对其进行详细的分析和反思。我们的目标是明确我们的语义哲学立场，并基于这一立场构建我们对及物交替式和词汇入构项意义守恒问题的理解框架。我们将考察意义是否独立于人类思想存在，以及这种存在方式是否可被人类准确感知和理解。我们将探讨客观主义和心理建构主义的观点，以及这些观点如何影响我们对语言现象的理解。通过对这些哲学观点的分析，我们希望能够更深入地理解及物交替现象，为我们的研究提供坚实的理论基础。

3.1　语义本体论——Katz 的语义标记

在本部分，我们将集中探讨 Katz 的语义本体论，特别是他关于语义标记的理论。Katz 的理论在语义学领域具有里程碑意义，它对我们理解及物交替式和词汇入构项的语义守恒提供了关键的视角。我们的目标是深入解析 Katz 的理论框架，特别是他关于语言意义的客观存在和语义标记的概念。这不仅涉及语义学的核心问题，也关系到如何在句法—语义界面上理解语言的结构和功能。

简单来说，Katz 的语义本体论主张语义是语言的一个独立而客观的组成部分，它存在于一种非物理的、普遍的领域中。语义标记作为他理论的核心，指的是语言中的最小意义单位，这些单位构成了语言表达的基础。在本章中，我们将详细分析 Katz 的语义标记概念，探讨它们如何在语言中体现，并分析这一理论对及物交替现象的解释能力。通过深入研究 Katz 的理论，我们希望能够为理解语义的客观性、及物交替的语义守恒原则以及词汇入构项的语义复杂性提供一个更为深刻的理论视角。值得反思的是，我们的文献综述显示，Katz 的语义学理论在国内的语言学界几乎没有引起关注和讨论。通过在 CNKI 上使用“Katz 语义论”“Katz 新内涵主义”“Katz 柏拉图主义”等关键词进行检索，仅找到 7 篇相关文章，而通过“成分分析—语义学”关键词也只检索到 42 篇论文。

3.1.1 非还原主义

在 20 世纪初期，受数理逻辑的推动，结构主义语言学派逐渐兴起。这包括了 Saussure 的结构主义语言学、Bloomfield 的描述性语言学、布拉格学派，以及以 Chomsky 为代表的生成学派。结构主义语言学的核心遵循的是组合原则（principle of compositionality），也称为 Frege 原则，被视为语言哲学的基本原则。简言之，组合原则意味着整体的意义是由部分的意义的函数构成的（注：我们的研究也是在生成学的框架下进行的，以组合观作为理论基础。但我们对组合原则的解读与这里所说的 Frege 原则有所不同。详见第四章 4.1、4.2 节内容）。在 20 世纪 60 年代，转换生成语法作为主流语言学派，其体系中缺乏关于意义的综合理论。这个缺陷导致了严重的过度生成问题。比如，依据短语结构核心规则（SNP VP），不只是“张三吃苹果”符合语法规则，“苹果吃张三”也被认为是合法的句子。在这种情况下，Katz 等人（Katz & Fodor,1963; Katz & Postal,1964）基于语言的柏拉图主义，提出了一个整合的语义描述，助力生成语法走出了困境。然而，尽管作为生成语法框架下唯一的，且是对概念结构本身进行系统描述的意义理论（区别于布鲁纳的“概念获得”和皮亚杰的“概念发展”），Katz 的语义学理论的发展经历了从最初的西方学界的激烈讨论到近年来的渐渐被忽视。

总体来说，Katz 语义本体论主要由两大部分组成：一是语言的柏拉图主义（Platonism），主张语言既不是社会的、心理的、文化的、生理的现象，也不依赖语言使用者而存在，相反，语言在本质上是永恒的、不变的、客观的结构。二是非还原主义（Non-Reductionism），主张意义（meaning or sense）并非是其所指（reference）所能代替的。换言之，抽象意义上的概念结构是不能被还原成现实世界中的所指物的。一些 20 世纪 70 年代著名的概念主义（conceptualism）语义学家对 Katz 所持的非主流语言观及其语义论的实用价值展开批判，提出语言柏拉图主义和非还原主义从根本上是站不住脚的，其语义理论建构存在严重的缺陷，其所能解释的语言现象也是微乎其微的。尽管 Katz 本人（1972,1977,1981,1982，1985）及其支持者对上述质疑作出了一一的辩护，但鉴于其所采取的非主流的语义本体论立场（当代主流语言学流派均采取概念主义立场），后续的据理力争并未给 Katz 语义论带来新的活力。下面我们将首先简要地梳理一下 Katz 语义论的主要内容。

Katz 的语义理论是生成框架下第一个语义理论，其本质是解构性的（decompositionality）。它最早出现在 Katz & Fodor（1963），改进版本相继出现于 Katz & Postal（1964），Katz（1972）。为了方便起见，我们将其简称为 Katz 理论。Katz 语义论主张，句子连同构成它们的语义结构和由该结构所决定的语义特征均属于永恒的、不朽的、先于个体认知而独立存在的客观现实。20 世纪，这一语义观曾一度引起西方学界的广泛关注和辩论，然而国内学界却鲜有问津。本文重新审视了 Katz 的语义客体观，并对其可表达性原则的可行性以及应用范围等问题展开探究。提出，语义客体内容是语言主观使用和研究的前提和基础，它至少是语言主观性描写所不能规避的事实。根据 Katz 的观点，语义理论的目标是对人类的语义能力作出合理的解释。这种能力包括对发生那些“非语言环境”中抽象出来的表达式的产生和理解。这里所说的“非语言环境”是指它不包括任何形式的指称（referring）能力，如人类对客观对象正确命名的能力、识别综合真实陈述和综合假陈述的能力，以及执行其他诸如此类的指称任务的能力。在这方面，Katz 遵循了语言学的传统，将意义研究从主流还原论的桎梏中解救出来。

本节我们将对 Katz 语义理论的哲学基础展开研究，旨在重新审视 Katz 所倡导的“非还原主义”和“语言柏拉图主义”语义观的可行性问题，进而确立本研究项目的哲学立场。我们的研究表明，无论 Katz 语义论的最终命运如何，但它至少应该唤起当代认知心理学家们对语义这一客观事实的关注。因为根据主观思想与客观事物的辩证统一关系，要想对人类语言现象作出科学合理的描写，Katz 柏拉图主义所聚焦的语义客观内容至少是一个不容规避的事实。我们的文献综述表明，Katz 语义本体论的核心原则主要包括以下五个方面的内容：

（一）语义的客观性

Katz 的这种语义观强调，语义并非仅是主观感知的产物，它更具有客观存在的属性。这意味着语言的意义不是由个别人的认知或感觉决定的。例如，单词“苹果”所指的是一种特定的水果类型，这个意义是独立于任何个体的感知而存在的。不同的人可能对“苹果”有不同的感觉或联想，但这并不改变“苹果”作为一个语言符号所代表的基本概念。这个观点涉及以下几个方面的内容：

1. 语义与心智的关系。尽管语义本身具有客观性，但它需要通过人类的心智来感知和解读。例如，当我们听到句子“太阳东升西落”时，我们的心智能够理解这个句子所表达的意义，尽管这个“意义”并不是一个物理实体。

2. 语言的心理实在性。Katz 的理论强调，尽管语言不是一个物理实体，但它在心理层面上是实在的。这意味着语言是人类心智活动的一部分，是我们思考、感知和交流的工具。例如，我们使用语言来表达情感、交流思想和构建知识体系，尽管这些活动都发生在心智层面，但它们对我们的日常生活具有实际且深刻的影响。

3. 语言与物理实体的区别：按照这种观点，语言的存在与物理物体如桌子或椅子的存在是不同的。物理物体在空间中占据位置，具有质量和形状，而语言则以一种抽象的形式，即符号的形式，存在于人类的心智中。

综上所述，Katz 的观点提出了一种理解语言本质的方式，即语言是一种抽象但客观存在的实体，它独立于个体的主观感知，但需要通过人类的心智来被感知和理解。这种理解强调了语言的心理实在性，即语言作为人类心智活动的一部分，对我们的认知和交流有着重要的影响。

（二）意义的组合性

Katz（1972）的语义理论中的组合原则强调了语言结构在构建语义中的作用。它主要包括以下几个方面的内容：

1. 基本概念：组合原则认为，一个句子的整体意义不仅由其单个词汇的意义决定，还取决于这些词汇如何结合在一起。在这个框架下，意义被看作是自下而上构建的，从最基本的词汇单位开始，逐渐构建成更复杂的短语和句子。举例子来说：

（1）*The cat sat on the mat.*

（2）*On the mat sat the cat.*

这两个句子由同样的几个基本词汇单元组成：*a, cat, sat, on, the, mat*。每个单词都有自己的基本意义，例如，*cat* 指的是一种动物，*sat* 指的是坐的动作，而 *mat* 指的是一种铺在地上的物品。但是，这些词汇组合在一起时，它们的意义不仅仅是单个词汇意义的简单叠加。句子中的词序和语法结构帮助确定了各个词汇之间的关系，从而形成了两个完整的、描述特定情境的意义：“那只猫坐在了那张垫子上”和“那张垫子上坐着那只猫”。

2. 层级结构的重要性：在组合原则中，层级结构非常重要。例如，先将形容词和名词组合成名词短语，然后将动词和名词短语组合成句子。在句子 *Tom's cat is sleeping on the mat* 中，*Tom's cat* 首先构成一个名词短语，然后与 *is sleeping on the mat*（一个由介词短语和动词构成的更大的短语）结合，形成了一个完整的句子。这个句子的意义不仅取决于单词的意义，还取决于这些词汇如何组合在一起，以及它们之间的语法关系。

3. 语义和句法的相互作用：组合原则强调了语义和句法之间的紧密联系。句法结构（词语如何组合形成短语和句子）在确定在整个句子的意义中起着关键作用。

综上所述，Katz 的组合原则揭示了从单词到短语，再到整个句子的语义是如何通过词汇的组合和句法结构逐步构建的。这一原则在语言学和语言理解的研究中非常重要，因为它说明了语言如何通过结构化的方式表达复杂的意义。

（三）非经验主义方法

Katz 主张用非经验主义（nonempirically）的方法来研究语言，这意味着在分析语言时，重点不仅仅放在可观察的语言使用上，而且深入探讨语言的内在规则和结构。这种方法倾向于使用逻辑和形式化的工具来理解语言，而不是单纯依赖经验或观察。这种方法强调，要理解语言，我们需要超越表面的语言使用，深入到语言的内在规则和结构。以下是对 Katz 的非经验主义方法的详细介绍：

1. 关注语言的深层结构：在 Katz 的非经验主义视角下，语言学研究应当关注语言的深层结构，即那些不直接显现在表层语言使用中的规则和原则。例如，考虑句子的生成语法，即使两个句子在表面上看起来相同，它们也可能源于不同的深层语法结构。例如：

（1）*John is easy to please.*

（2）*John is eager to please.*

例（1）和例（2）在表面结构上相同，但它们都遵循着不同的深层语法规则，即涉及动词短语的嵌套和主语的位置。例（1）中位于主语位置上的 *John* 并非 *please* 的实施者，而是它的受施者这里真实的实施者被隐去了（相当于 *John is easy to be pleased by someone else*）。例（2）中 *John* 扮演了 *please* 的实施者，而受施者被隐去了（相当于 *John is eager to please someone else*）。

2. 逻辑和形式化的工具：Katz 的方法强调使用逻辑和形式化的工具来分析语言。这意味着在理解语言结构时，更多地依赖于形式化的语言模型，如句法树形图、形式语法等，而不是仅依赖于语言使用的直接观察。例如，通过构建形式化的句法树来表示句子结构，可以帮助我们揭示句子中不同成分之间的层级和功能关系。

3. 超越经验主义的观点：与经验主义方法相比，Katz 认为单纯依赖经验和观察是不足以完全理解语言的。经验主义方法可能过分依赖语言数据的收集和描述，而忽略了语言背后更为深层的规则。例如，在研究语言习得时，非经验主义方法可能会探讨儿童如何使用内在的语言学感知能力来习得语言，而不仅仅是描述他们的语言表现。

4. 理论建构：Katz 的非经验主义方法强调理论的建构和验证。这意味着在研究语言时，要构建能够解释语言现象的理论模型，并通过逻辑推理和形式分析来验证这些模型的有效性。

总之，Katz 的非经验主义方法强调在语言研究中深入探讨语言的内在规则和结构，使用逻辑和形式化的工具来理解语言，而不是单纯依赖经验或观察。这种方法使我们能够更深入地理解语言的本质和复杂性。

（四）词型

Katz 在他的语义理论中对“词型”（word-types）这一概念给予了深入的探讨。他认为词型的意义远非简单的标签或符号，而是构成语言表达的复杂实体。一个“词型”指的是语言中的一个具体的词汇单位，比如一个单词或一个固定短语。每个词型都具有独特的语义属性，这些属性定义了它在语言中的意义和用法。词型不仅包括词汇的字面意义，还包括与其相关的语法功能和语义特性。例如，单词 *book* 作为一个词型，它的基本语义属性是指一种可阅读的物品，通常是由一系列印刷页面组成。然而，*book* 的语义属性不仅限于这个基本定义，还可能包括与之相关的动作，如 *book a flight* 中的 *book* 意味着预订，以及在不同语境下的特殊含义，如 *an open book* 中的 *book* 比喻一个人很容易被理解。

1. 词型的语义和语法属性：在 Katz 的理论中，理解一个词型的意义需要考虑其语义和语法属性。例如，动词 *run* 可能表示身体运动，但在不同语境中它还可以表示机器的运转，如 *the engine runs*；或竞选，如 *run for*

office. 同时，它的语法属性（如时态、语态）也会影响其在句子中的具体意义。

2. 语义属性和关系：Katz 强调，理解一个词型的意义需要考虑它在更广泛的语言表达中的作用。这意味着要分析这个词型如何与其他词型相互作用，以及它们共同构成复杂表达式的方式。例如，形容词“红色”的意义不仅仅在于它描述了一种颜色，还在于它如何与名词（如苹果）结合来形成更具体的表达（如红色的苹果）。

3. 词型在句子中的作用：理解一个词型的意义也涉及理解它在整个句子中的作用。这不仅包括它的直接意义，还包括它如何影响或被整个句子的其他部分所影响。例如，动词 *walk* 在句子 *She walked fast into her room* 中，其意义与副词 *fast* 和短语 *into her room* 的结合有关。

4. 复杂表达式之间的语义关系：Katz 的理论还涉及到分析不同复杂表达式间的语义关系，比如短语、句子，甚至段落之间的关系。这些关系可能包括因果、对比、时间顺序等，它们共同构成了语言表达的丰富和多维度的意义。

综上所述，词型概念强调了语义的复杂性和深度。在 Katz 的视角下，理解一个词型的意义不仅仅是识别它所代表的单个概念或对象，而且要理解它在语言表达中的广泛作用和与其他词型的复杂关系。

（五）分析性

在 Katz 的理论中，分析性（analyticity）指的是，如果一个句子的整体意义可以完全由其构成部分的意义推导出来，那么这个句子就被认为是分析性的。这种句子的特点是，它的意义是内在的，由它的各个组成部分直接决定，而不需要额外的语境信息。举例来说，考虑句子“所有的未婚男子都是单身汉”。在这个例子中，句子的意义直接来自于其组成词汇的字面意义。根据“未婚男子”的定义，他们必然是“单身汉”，因此这个句子是分析性的。再比如，“三角形有三条边”。这个句子的意义完全来自于“三角形”这个词的定义。

1. 分析性与综合性的区别：与分析性句子相对的是综合性（synthetic）句子。综合性句子的意义不仅仅取决于其组成部分的意义，还可能依赖于语境或使用方式。例如，*John is at the bank.* 这个句子就是综合性的，因为 *bank* 既可以指“银行”，也可以指“河岸”，其具体意义取决于语境。

2. 内在意义的重要性：在分析性句子中，意义的内在性是关键。这意味着这类句子的意义是透明的、自我包含的，不需要额外的解释或背景知识。这些句子往往反映了语言中的逻辑或定义关系，如同义词的定义、数学真理等。

3. 逻辑和语义分析的应用：分析性句子的概念对于逻辑和语义的分析非常重要。它帮助语言学家和哲学家区分那些其意义完全由字面上的词汇组成决定的句子，与那些需要额外信息才能理解的句子。

总之，Katz 的分析性概念强调了句子意义的内在决定性，这与那些需要依赖于语境或额外信息的综合性句子形成了鲜明对比。通过这种区分，Katz 的理论能够更深入地探讨语言的内在结构和意义。

上述观点被整合在 Katz 语义论的“柏拉图主义”和“非还原主义”之中，它们是在对语言唯名主义（linguistic nominalism）和概念主义的批判基础上提出来的①。在《语言与其他抽象客体》一书中，Katz（1981）首先批判了以美国结构主义语言学家哈里斯为代表的语言唯名主义和以生成语言学家 Chomsky 为代表的语言概念主义。就前者而言，Katz（1981:22）指出，这一理论流派错误地将共相(即普遍和一般)还原成了个别事物(殊相)的“名称”，因为他们所谓的语言符号只不过是指在相似性的基础上，用普遍适用的符号来指称与时空相关的特殊情况而已，其实质就是对宇宙万物的命名。换言之，他们否认语义内容的共相客观存在，主张只有那些可被人类所感知的语言符号才是真实的。在 Katz 看来，采取这种唯名主义立场的后果就是“将

① 卡茨将当代语言论分为三类：唯名主义、概念主义，和其本人主张的语言柏拉图主义。其分类依据是它们对普遍性问题的解决方案。唯名主义主张语言学是关于物质的、非心智的对象；概念主义主张语言学是关于物质的，但却是心智的（神经生理的）；柏拉图主义主张语言学是关于非物质性的抽象客体，因为是非物质性的，所以这种抽象客体本质上并不是心智的。

语法等同于话语所产出的噪音列表”（Katz, 1981:2）[①]。由于意义既无法被简化成话语的生理特征，又无法从操作上或行为上加以界定，因此它在结构主义的分类语法中实际上根本没有得到应有的关照。

就语言概念主义而言（这里所说的语言概念主义不止包括 Chomsky 转换生成语法，它还包括所有那些将语言定位为社会现象、心理现象、文化现象、生理现象，或者将语言视为依语言使用者方可存在的语言学理论流派，例如，奎因的语言哲学观、塞尔间接言语行为论、格莱斯的会话含义论、莱考夫的隐喻论等），Katz 认为（Katz, ibid.），表面来看，相比于唯名主义，概念主义者所采取的心理学立场给予了意义应有的研究可能，意义也因此成为语法的一个组成部分。这也使得其更具解释力。然而，深入考察概念主义的语义观，我们会发现，它只是改变了结构主义语言学的本体论框架和语法的分析范式，即用概念语法取代了分类语法。而其所采取的哲学立场与唯名主义并无本质上区别。首先，这二者均属于经验研究，均将语言的本原问题还原为人的可感知的主观知识和使用知识。对于他们来说，除了经验现象，没有什么是真的（客观的），也只有经验现象才能被科学研究。因此，他们所建立的自然语言论必然是关于经验现象的理论（无论声学现象还是社会现象、心理现象、文化现象、生理现象），或者是围绕着感知这些经验现象的心智官能、心智状态，或语言使用者的语言能力的研究，而不是语言本身的研究。其次，唯名主义和概念主义语言学家所采取的还原主义（reductionism）的立场，均用可感知的所指掩盖了意义的客观存在。正如 Katz（1982）所指出的，自罗素建议将意义处理成所指以来，还原主义者便想方设法地采用一些他们认为在哲学上更为体面，或在科学上更易处理的形而上学的概念来规避“意义”所具有的一般涵义。例如，将意义简化为行为控制—刺激，意象，验证方法，定式，真值条件，可能世界的延伸、使用，或者各种言外行为潜能、言后行为潜能等还原主义语法体系。

① 该理论流派将自然语言视为一种声学现象，主张语法分析就是通过对话语进行切段和分类（taxonomy）来获得隐藏在语料背后的语法规律。

鉴于此，Katz（1982：174）尖锐地指出："本世纪的哲学语义学史很可能被（还原主义者）写成一部在形而上学启发下为规避'意义'的普遍涵义（共相）而不断努力的奋斗史。"

在本节中，我们全面审视了 Katz 的语义本体论，特别关注了他关于语言意义的客观存在、语义标记的概念，以及他对于分析性和非还原主义方法的强调。通过深入探究 Katz 的理论框架，我们可以看到，尽管他的观点在当代语言学界可能已不再占据主流地位，但他对语言本质和意义的独特见解仍具有重要的启示作用。

Katz 的理论不仅挑战了语言学中的传统观念，也为我们理解及物交替式和词汇入构项的语义守恒提供了新的视角。他的非还原主义方法和强调语义的客观性，为我们深入理解语言的复杂性和多维性提供了重要的理论支撑。此外，他对分析性和语义组合性的讨论，揭示了理解语言意义的深层逻辑和结构。

尽管 Katz 的理论在某些方面可能存在争议，但它对于推动语言学理论的发展和深化我们对语言本质的理解无疑做出了重要贡献。他的观点为我们提供了一种超越经验主义和传统方法的新视角，使我们能够从更深层次上探索语言的内在规则和结构。通过对 Katz 的语义本体论的深入研究，我们可以更好地理解语言作为一种独立存在的抽象系统，以及它在人类认知和交流中的核心作用。

3.1.2　语言柏拉图主义

在本章接下来的部分，我们将转向探讨 Katz 的另一个关键理论支柱——柏拉图主义的语义观。这一理论不仅深刻影响了我们对语言学的理解，而且为我们研究及物交替式和词汇入构项的语义守恒提供了关键的理论基础。我们将深入解析柏拉图主义如何在 Katz 的理论框架中得以体现，以及它如何为语义学提供了一种独特的视角。

简而言之，Katz 的柏拉图主义主张，语言和其意义是一种超越具体个体心智状态和社会实践的客观存在。这种观点将语言视为一种抽象的、理想化的实体，其结构和规则独立于任何个体的具体使用。在这一部分中，我们将详细探讨柏拉图主义对于语言学的基本假设、它在解释语义结构方面的作用，以及这种理论如何帮助我们更好地理解语言的普遍性和复杂性。通过深入研究 Katz 的柏拉图主义语义观，我们旨在揭示语言学作为一种抽象科学的深层特质，以及这种观点如何促进我们对语言内在规律的理解和研究。这不仅是对 Katz 理论的进一步阐释，也是对我们研究项目哲学立场的深化和延伸。

如前所述，唯名主义和概念主义所采用的还原主义立场遭到了 Katz（1981）的严厉批判，其核心问题的实质就是还原主义立场不能充分描写必然真理（necessary truth）。以转换生成语法为例，Chomsky 的语言观强调语言的本质是内在于人类大脑的普遍性语法结构。所有语言都共享一些普遍的语法原则，这些原则内在于人类的生物学和认知结构，是由人类大脑中的内在语法能力所驱动的。因此语言习得是基于先天的语法能力，而不是仅仅依赖于经验。与此针锋相对，Katz 的语言观强调语言的本质是建立在经验主义基础上的，即语言是基于人类的感知、经验和社交互动而产生的。他认为，语言的意义是通过词项之间的关系和它们与世界之间的对应关系构建的，强调语言和经验之间的直接联系，而不是依赖于普遍的语法规则。由于 Chomsky 把语法视为关于语言使用者天性的理论，因此其理论体系中并没有描写必然真理所必需的强制性概念[①]。Katz 指出，Chomsky 逻辑真理背后的语法原则描写的是人类心智或神经加工的规律，所以它只能决定人类凭借自己的语言能力将那些陈述“判断”为真，而不能“决定”它们“事实”为真（主观判断不等于事实）。换言之，Chomsky 的语法原则既无法排除人类天生就把一系列偶然陈述想象成必然的可能，也无法排除人类把非必然真理的陈述想象成必然真理的可能。鉴于此，Katz（ibid）断言，Chomsky 的理性主义充其量也只是提供了一个与人类认知加工规律“必然相

① 比较而言，该语法体系中那个关于人类在评价其信仰的真实性时所受的自然或生物限制的概念就算是其中最强制的一个概念了。

关”（necessary relative）的理念。这样的理性主义缺乏一个必然真理的真正概念——一个绝对的而非相对的概念。它不应该是对生物认知能力的描述，而是对现实的某种特征所进行的描述（Katz，1981：6）。

Katz 版语言柏拉图主义主张语言与世界之间存在一种抽象的关系，类似于柏拉图的观点，即现实世界与理念之间存在着对应关系。举例来说，假设我们考虑一个简单的词项，如 *cat*。根据 Katz 版语言柏拉图主义，这个词项不仅仅是一种语言符号，更是一种抽象概念或概念，它对应于现实世界中的所有猫。这个概念包含了所有猫的共同特征，比如有四条腿、尾巴、毛皮等。这种抽象的概念在柏拉图哲学中被称为“理念”或“形式”。我们再来进一步考虑一个句子：

The cat is chasing a mouse.

在 Katz 版语言柏拉图主义中，这个句子的意义不仅仅是由单词 *cat*、*chasing* 和 *mouse* 的组合所确定的，而且是由这些单词所代表的抽象概念之间的关系所决定的。具体来说：*cat* 代表了所有猫的共同特征和概念。*chasing* 代表了一种抽象的动作或行为，不仅仅限定于特定的猫或老鼠。*mouse* 代表了所有老鼠的共同特征和概念。这个句子的意义在于描述了一个抽象的情境，其中一个猫正在进行一种抽象的动作，即追逐一只抽象的老鼠。这种语言意义的构建依赖于词项代表的抽象概念之间的关系，而不是简单地将词项的字面含义相加。Katz 语言柏拉图主义的关键观点是，语言的意义是由抽象概念和概念之间的关系所决定的，而不仅仅是词项的字面含义的组合。这个理论强调了语言的抽象性和语义的复杂性，认为语言是一种反映现实世界和抽象概念之间关系的工具，而不仅仅是一种传达信息的工具。因此，Katz 语言柏拉图主义提供了一种不同于传统逻辑语义学的视角，强调语言的深层抽象结构和意义的多层次性。

总结来说，Katz 的柏拉图主义理论为我们理解语言的本质和结构提供了深刻的洞见。根据这一理论，语言本身是一种客观存在的结构，独立于任何个体的主观知识和意志。这种观点区分了“语言”与“语言知识”，强调了语言作为一种普遍和恒定的实体，与语言知识——一种个体层面上的、易变的认识形式——之间的本质区别。因此，当我们讨论“语言变迁”时，实际上是指“语言知识”的变迁，而非语言本身的变化。Katz 的观点挑战了还原主义语法的局限性，揭示了其无法充分描述语言真理的根本原因在于它所关注的是个体对语言的主观理解，而非语言作为一个客观存在的实体。通过这样的理论框架，Katz 不仅为语言学研究提供了新的视角，也为理解语言的普遍性和复杂性提供了强有力的理论支持。

3.1.3 语义标记和辨义成分

接下来，本节我们将深入探讨 Katz 的语义学理论中的两个核心概念：语义标记（semantic markers）和辨义成分（distinguishers）。这两个概念在 Katz 的理论体系中发挥着关键作用，它们不仅是理解语言意义结构的基础，也是分析及物交替式和词汇入构项意义守恒的重要工具。我们将详细分析语义标记的定义和功能，探讨它们如何帮助我们识别和区分语言表达中的各种意义层次。同时，我们还将讨论辨义成分的概念，分析这些成分如何在语义层面上为词汇或短语提供独特性和具体性。通过对这两个概念的深入分析，我们期望能够更加全面地理解 Katz 的语义理论，以及它对于我们研究项目的意义和应用。

对 Katz 和 Fodor 来说，意义是一种理论建构（theoretical construct），用来解释一定范围内的语义事实，从而使我们能够展现一个字典词条的语义结构和词条之间的语义关系。也就是说，一个词项的各种不同意义之间以及不同词项的各种不同意义之间的语义关系均由语法标记和辨义成分之间的形式关系来表示（Katz 和 Fodor，1963:186）。下面是 Katz 和 Fodor 的例证（图 3）（Katz，1963:186）：

Katz 和 Fodor（1963：185–186）指出，“语义标记和辩义成分被我们用作将词项所包含的一个意义分解为其原子概念的手段”（*The semantic markers and distinguishers are used as the means by which we can decompose the meaning of one sense of a lexical item into its atomic concepts*）。透过文中的例证，我们可以看出他们的主张，即一个词汇项的解读（reading）是由这些原

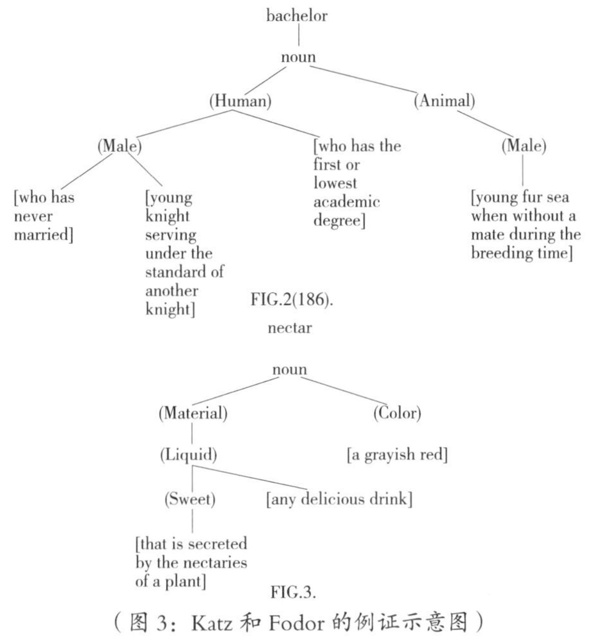

（图 3：Katz 和 Fodor 的例证示意图）

子概念（语义元素）的集合论（set-theoretical）产物构成的。而相比于辩义成分，语义标记则构成了 Kate 元语义理论的基本、首要元素。如图 3 所示，Katz 和 Fodor 引用 bachelor（单身汉）为例。他们指出，树形图中，从顶部到底部的每条路径都应该对应着 bachelor 这个词的意义（sense）。括号（ ）中的原子概念为语义标记，方括号［　］中的为辩义成分（distinguisher）。至于语义标记和辩义成分之间的区别，（Katz 后来提出，这种区分存在内部不一致的问题）语义标记代表着语义理论中的概念区别，但两个非同义词的语义标记可能会完全相同的，但它们的外延却不会相同。事实上，我们的文献综述表面，这对概念的区分在 Katz 语义理论中并未发挥出其应有的作用——无论是在早期版本中还是在后期版本中。Katz（1972:73）明确指出："就当前的目的出发，我们不区分语义标记和辩义成分。后者被视为前者的特殊情况。"（*For present purposes, we make no distinction between semantic markers and distinguishers. The latter are treated as special cases of the former.*）这里我们暂不对这个问题进行评述，我们将在第三节 Pinker 语法关联子系统的建构中进行评述和论证。

在后续论著中，Katz（1964a, 1964b, 1966）提出了复杂语义要素（complex semantic elements）的概念。Katz 指出，与语音和句法特征不同，语义标记“具有内部结构，一个语义标记可以成为其他语义标记的组成部分，因为它们旨在在其形式结构中来反映它们所表征的概念结构”（Katz，1967：p. 167–8）。接下来，我们将讨论复杂标记的概念的一些含义。复合标记出现在两种情况下：一是处理反义关系、否定和矛盾关系时（Katz，1964a）；另一个是处理更复杂的语义结构，如关系、谓词预测等。这些情况不能用简单的集合论运算来描述，比如类的并集和乘积（Katz，1964b，1966，1967）时。遗憾的是，Katz 并没有做出任何技术定义，只通过示例引入这种复杂的语义标记。下面是 Katz（1966 年，第 167 页和 1967 页，第 169–70 页）对 chase（追逐）语义表征作出的分析。

chase:（（*Activity of X*）（*Nature:*（*Physical*））（（*Motion*）（*Rate:*（*Fast*））

（*Character:*（*Following Y*））））,（*Intention of X:*

（*Trying to catch*（（*Y*）（*Motion*））））.

这个 chase 包含两个语义标记，由逻辑合取连接，这里合取用逗号表示。这两个语义标记本身也都是复杂标记的。现在我们来看看这些复杂标记中所包含的不同类型的成分标记的情况。X（活动）的属性是由语义标记（物理）限定的。这里我们清楚地看到构成 chase 成分语义标记——［属性为：（物理）］、［速率：（快速）］和［角色：（跟着 Y）］、［X 的意图：试图捕捉（Y）（运动）］等。这些成分语义标记与其他成分语义标记按照一定语义投射规则相结合，还可以构成无数其他动词。不仅如此，正是这些语义标记决定着语言中存在着各种对立关系，比如释义（paraphrase）、歧义（ambiguity）、矛盾（contradiction）、暗示（implication），以及 Katz 本人未曾详细说明的关系，如，极性对立（生 / 死）、关系对立（穷 / 富）、多元分类对立（豪宅 / 洋房 / 经济适用房）、对立对立（上 / 下）、等级对立（寸 / 尺 / 丈）、倒转对立（偶然 / 必然）等。

Katz 语义论遭到的另一个诟病是，它所能描写的语言现象微乎其微，主要是对一些结构整齐的词句的解释，而对于同义、反义等以外的非二元对立的关系的描写却是无能为力的，因而极大地缩小了语义学的研究范围。而语义学理论则是建立在对这样一些被他称为现象的语料研究之上：释义、歧义、矛盾、暗示等。Katz 总共给出了 15 种这样的语义现象的列表（1972：第 5–6 页），这些仅仅是为了阐释他的论点，而不是说自然语言中只存在这些语义现象需要研究。正如其他结构主义语言学家那样，Katz 假设，一个短语或句子的意义取决于它的组成词项的意义以及这些词项之间的关系。大致来说，一个语义理论必须包括两个组成部分：一个是字典，它给出每个单词的语义表征（即意思）；另一个是“投射规则”系统，它根据组成部分的意思来确定短语和句子的意思，同时考虑到单词之间的语义关联。对于语义关联的刻画，Katz 采取的是 Chomsky（1965）所描写的那种深层结构语法的语法关系。

我们的综述表明，释义关系只是 Katz 本人在建构理论过程中所选取的实例。除了释义关系外，他还选取了歧义关系、矛盾关系、蕴涵关系等 14 种语言现象（Katz，1972:5–6）。事实上，这 15 种语言现象也只是他用于阐述其语义观的例证而已，并非穷尽所能。正如 Leech（1987:150–153）所指出的那样，语言中存在着各种对立关系，例如极性对立（生 / 死）、关系对立（穷 / 富）、多元分类对立（豪宅 / 洋房 / 经济适用房）、对立对立（上 / 下）、等级对立（寸 / 尺 / 丈）、倒转对立（偶然 / 必然）等，这些对立关系均可以用于成分分析之中，但前提条件是我们必须用找出毫无歧义的语义标记将这些对立关系标识出来。下面我们选择意念构式（Katz 语义论未提交过的语言现象）为例，验证一下成分分析法的应用问题。

A. *Carla hit at the door.*

B. *Margaret cut at the bread.*

C. * *Janet broke at the vase.*

D. * *Terry touched at the cat.*

根据莱文（1993:9）的研究，*hit* 类动词的语义结构为通过“移动”而“接触”；

cut 类动词的语义结构为通过“移动”某物与另一实体发生“接触”而导致这一实体发生“状态改变”；*break* 类动词的语义结构为单纯“状态改变”；touch 类动词的语义结构为单纯“接触”。我们用逻辑表达式将它们表述为：

A.*hit* = *MOTION*（*x*,（*CONTACT*（*x*,*y*）））

B.*cut* = *MOTION*（*x*,*y*,（*CONTACT* *y*, *z*,（*CAUSE* *y*, *z*,（*CHANGE* *z*））））

C.*break* = *CAUSE*（*x*,（*CHANGE*（*x*,*y*）））

D.*touch* = *CONTACT*（*x*,*y*）

借助上述语义结构，这 4 个运动类动词在例子中 4 个意动构式中的不同句法表现就可以得到解释了：意念构式的语义标记是只聚焦运动（MOTION）。根据上述 4 个动词的语义结构，break 和 touch 语义结构中不存在运动这一语义标记，因此它们的出现是不合法的。而动词 hit 和 cut 的语义结构中存在运动这一语义标记，因此它们的出现是合法的。尽管莱文并未明确说明这些语义特征的普遍性问题，但一个不置可否的事实是，上述动词中的语义标记，如运动、接触、致使、改变等均与社会、心理、文化、生理等语用因素无关。尽管我们可以感知到它们的存在，但它们并不依赖于我们的感知而存在。此外，Pinker（1989）的语法关联子系统还将动词进一步划分为微类（如 load 类、fill 类、pour 类），其所依据的也是这些抽象的客观语义。换言之，也许人们对这些语义特征的普遍性问题看法未必一致，但它们确实被人们所感知，而且也确实决定着人们关于语言结构和语言使用的知识。

不同于对概念的获得和发展的研究，Katz 语义论是对概念结构本身所展开的一次系统研究，就这一点而言，Katz 语义论不仅是首创，而且是原创。遗憾的是，囿于历史原因，它并未得到应有的发展和完善。尽管该理论体系还处在萌芽阶段，还存在各种各样的有待完善和改进的细节问题，但这并不影响它的学术价值。无论 Katz 语义论的最终命运如何，但它至少应该唤起当代认知心理学家们对语义这一客观事实及其内部结构的重视。因为要想对人类语言现象做出科学合理的描写，无论对于哪一个流派的语言学家来说，语义的客观内容都至少是一个不容规避的事实。

Katz 语义论的重要性在于它对概念结构的系统性研究，这一研究虽然还处于初期阶段且存在诸多待完善的细节，但其创新性和学术价值不容忽视。这一理论为我们提供了一个独特的视角，用以审视语言的深层结构和意义。Katz 的贡献不仅在于他对语义本质的探索，更在于他对语义研究方法的开创。尽管 Katz 语义论未能得到广泛的发展和应用，但它对于当代语言学和认知心理学的影响不容小觑。它强调了语言研究中对语义客观内容的重视，为后续的语言理论提供了宝贵的思想资源。Katz 的工作提醒我们，对人类语言现象的科学研究应当超越表面现象，深入探讨语义的客观结构和内在逻辑，这是任何语言学派都无法回避的关键任务。因此，Katz 语义论不仅是语言学史上的一个重要里程碑，更是对语言学未来研究方向的重要启示。

3.1.4 可表达性原则

本节我们将重点探讨 Katz 语义理论中的另一个关键概念——可表达性原则。这一原则在 Katz 的理论框架中扮演着重要的角色，提供了一个理解和解释语言意义多样性的基本工具。我们将详细讨论可表达性原则的含义、如何在语言分析中运用它，以及它在识别和解释及物交替式及词汇入构项意义守恒中的作用。通过深入分析可表达性原则，我们希望能够更清晰地理解语言意义的构成，以及如何通过这一原则来更好地理解和解释语言现象的复杂性和多样性。

可表达性原则（principle of effability）是 Katz （1972: 18–24）对自然语言的本质提出的另一个重要的看法。这种看法在某种意义上来说，与 Tarski 在《形式语言中的真理概念》（*The Concept of Truth in Formalized Languages*）（Tarski，1956：164）中对自然语言的论断不谋而合：

日常语言（不同于各种科学语言）的一个特点就是它的普遍性。如果某种语言中的一个单词不能在另一种语言中得到翻译，那么这是不符合语言精神的：我们可以断言，任意一件事情，只要我们可以有意义地谈论它，那么我们也就能够用日常口语来谈论它。〔*A characteristic feature of ordinary language* （*in contrast to various scientific languages*）*is its universality. It would not be in harmony with the spirit of this language if in some other language a word occurred which could not be translated into it: it could be claimed that if we can speak meaningfully about anything at all, we can also speak about it in colloquial language.*〕

根据“可表达性原则”，任何命题都可以用自然语言的句子来解释。Katz 认为，“可表达性原则”比迄今为止的任何提议都更接近于表达自然语言的本质。这是因为它不仅强调了语言作为一种工具的功能性，而且还揭示了语言作为人类心智和认知活动体现的深层价值。即使像 Chomsky 的创造性原则（principles of creativity）、适宜性（appropriateness）和刺激匮乏原则（stimulus free）等关于自然语言的重要提议，也没能回答这样一个关键问题：是什么使得我们的自然语言如此独具匠心的？具体来说，为什么只有自然语言才具备为任何思维形式提供语句的能力？又是什么特性使得它在人工语言（一种从自然语言中寄生地获得表达力的语言）以及动物交流系统（尽管它们与自然语言有着惊人的相似之处，但显然是不具备可表达性能力的）中表现得卓尔不群？

简而言之，下面我们来探讨非还原主义的问题。针对非还原主义的质疑，Katz 提出了可表达性原则：作为抽象客体的语言具有可表达性——任何一个命题都可以通过任意一种人类语言的某个语句形式表达出来[①]（Katz，1977：209）。这里抽象客体指的就是那些既不依附于时空也不依赖于个体心智而独立存在的语义特征（Katz，1981：22）。换言之，尽管它可以被心智所感知，但它的存在并不预设个体的心智。下面我们举例说明作为抽象客体的语义特征是如何在下列语句中发挥作用的。首先让我们看看下面这对互为释义关系的句子：

① 这里请注意，卡茨提出是如“HUMAN”/“ANIMATE”/“MALE”等语义标记经常因其为英语形式而遭到诟病。这其实是对卡茨这一“可表达原则”的误解。上述这些语义标记只是以英语为例，而不是说只有英语形式才能起到元语言的作用。

（1）李四卖给张三一本书。

（2）张三买了李四（卖）的一本书。

（1）和（2）就是被 Katz 视为同义现象的一对例句，即尽管它们的使用场景不同，但它们所表达的意思是完全相同的。其原因就是这两个句子的语言结构表明，它们的认知内容是完全相同的。尽管它们的形式不同，但不同的形式只是给了它们不同的用途，例如，作为不同问题的回答，（1）是对李四作了什么的回答，而（2）是对张三作了什么的回答。但 Katz 主张，通过对类似于这样的关系现象进行反思，我们可以确定地说，尽管这些例子用法上存在着差异，但它们的意义并无两样。

我们前面提到，Katz 语义论（1972）将意义视为一种理论构建。具体来说，例（1）与例（2）中的动词“买”和“卖”描写的是发生在两个人（$person_1$，$person_2$）之间的一场交换。这场互换现象实质上是两个时间（t_1，t_2）上的事态变化。具体来说，在 t_1 时段上，李四（$person_1$）拥有书，张三（$person_2$）拥有钱；在接下来的 t_2 时段上，情况发生了改变，李四（$person_1$）拥有了张三（$person_2$）的钱，张三（$person_2$）拥有了李四（$person_1$）的书。至此为止，“买”与“卖”就成了同一个关于“拥有”的事件，它们之间唯一的区别就在于语义在角色（购买者，出售者）与句法功能（主语；斜格宾语）的搭配方式上。下面动词 buy 的词汇入构项在 t_1 时段上的状态的形式化描写（转引自 Savin 1973:222）：

$$\left(\left(\left(\text{possesses}\begin{matrix}\text{[direct object]}\\ \times\\ \langle(\text{physical object})\rangle\end{matrix}\right)\text{of}\begin{pmatrix}\text{[object of preposition } \textit{from}\text{]}\\ \times\\ \langle(\text{human})\text{ and }(\overline{\text{infant}})\rangle\end{pmatrix}\right.\right.$$
$$\left.\left(\left(\text{possesses}\begin{matrix}\text{[object of preposition } \textit{for}\text{]}\\ \times\\ \langle(\text{money})\rangle\end{matrix}\right)\text{of}\begin{pmatrix}\text{[subject]}\\ \times\\ \langle(\text{human})\text{ and }(\overline{\text{infant}})\rangle\end{pmatrix}\right)\right)$$

（图 4：动词 buy 的词汇入构项在 t_1 时段上的状态的形式化描写）

图 4 表达式中变量 x 是一个范畴化的变量。x 的每次出现都同时对应着两个范畴：一个是上面方圆括号中的语法函数，分别为［direct object］，［object of preposition from］，［object of preposition for］，［subject］，另一个是下

面尖括号中的选择限制，分别为 <physical object>，<human) and ($\overline{\text{infant}}$) >，< ((money) >,<human) and ($\overline{\text{infant}}$) >。投射规则将这样一个范畴化的变量 x 解释为一条指令：满足方括号和尖括号所述条件的句子组成部分的语义表征替换变量 x。

举例来说，在最后一个范畴化变量中，x 将被 buy 的主语的语义表征所取代，前提条件是主语必须包含语义标记(human)，而不是语义标记(infant)。否则的话，假如句子主语不符合这些语义上的选择限制，那么这个句子在语义上就是得不到任何解读的异常句。从上述的分析中我们可以看到，这两个句子的基本释义关系是由“买”和“卖”这两个动词的语义标记，如“时间”、“交换”、“拥有”、“物理客体”(在本例句中指的是书的客观本质)、“人类”(在本例句中指的是李四和张三的客观本质)等决定的。而这些语义标记与社会、心理、文化、生理等语用因素均无瓜葛。尽管我们可以感知到它们的存在，但它们并不依赖于我们的感知而存在。换言之，无论是否有人在交际中使用到它们，它们都是客观存在的，并为人们的感知提供着可能性。这就是柏拉图主义者所界定的抽象的语言客体——永恒的、不变的、客观的结构，也是被当代语言学所想方设法规避的语义事实。

上述关于“买”“卖”等语义特征的理论建构方式出现在 Katz 的 *Semantic Theory*（1972）中。与早期（Katz & Fodor, 1963）将语义标记定义为原子单位的做法相比，这种定义体现了语义标记自身的内部结构。这种定义方法不仅更加接近事实，而且极大扩展了它的应用范围。就以例（1）、例（2）为例，早期的原子语义标记法无法描写李四在 t_1 是书的拥有者，而在 t_2 是钱的拥有者这一事实。而结构化的语义标记法则将所有这些信息保存在语义结构中。Savin（1973）指出，Katz 的理论可以完全自由地将任何语义特征与任何句法属性相匹配。这在一定程度上解决了格语法（Fillmore, 1968）对动词的极端主张所带来的问题，即动词的句法性质完全是由它们的意义决定的。如前面的“买”“卖”所示，买和卖的意义并未差别，换言之，它们的差别与语义无关，而是与句法功能受接受的不同语义角色分配有关，当然此外还与其他某些次要的语法差异有关。事实上，遭到学术界普遍质疑的语义分析法主要是早期的原子定义法。Katz 的 *Semantic Theory* 出版的主要目的就是为了回应和改进学术界对其早期理论细节上的质疑和批评。然而由于我们前面提到的历史原因，学术界对于 Katz 后期的辩护和技术改进并未给予足够的关注和论辩。

总而言之，Katz 的语义论，尤其是他提出的可表达性原则，对于理解自然语言的本质和结构具有深远意义。通过深入分析“买”和“卖”的语义标记及其在不同句法结构中的表现，Katz 展示了如何在理论上建构语义特征，从而揭示了语言中的深层语义关系。尽管 Katz 早期的语义分析方法遭到质疑，但他对原始定义的改进和对后期技术的改善，特别是他对语义标记的结构化处理，为我们理解语言提供了更精确的工具。这种理论上的精细化不仅扩大了语义分析的应用范围，也更接近语言的客观事实。遗憾的是，由于历史和学术背景的原因，Katz 的后期工作并未受到足够的关注和探讨。然而，无论学术界如何评价 Katz 的理论，它无疑为语言学和认知科学领域提供了宝贵的视角和深刻的洞见，值得我们深入研究和反思。

3.1.5　本项目采取语义本体论立场的理据

在探究语言的深层结构和意义时，立场的选择对研究的方向和深度具有决定性影响。本项目选择了语义本体论作为我们理论框架的基石，这一选择不仅是基于对语言现象深刻理解的追求，也源于对语言作为客观存在实体的哲学认知。语义本体论提供了一个坚实的基础，使我们能够从更广阔的视角审视语言，探讨其内在的逻辑和结构。在这个立场下，我们视语言中的意义不仅仅是主观体验的产物，更是存在于人类心智之外的客观现实。这种认识使我们能够超越个体差异和文化背景的限制，探索语言作为一种独立现象的普遍规律和模式。综上所述，本研究将立足于 Katz 对语义本体论如下几个方面的承诺：

第一，他的柏拉图主义语言学，即意义是独立于物理世界和心智的抽象物体。在这种观点中，除了精神领域和物质领域之外，还存在着第三个领域——意义领域。尽管意义以客体形式存在，但它的存在是可以被人类所感知的。语言学家的任务就是透过现象发现这些客体的存在形式和规律。

第二，关于语义与指称。Katz 的框架区分了语义和语言表达的指称。只有表达式的语义与它的意义有关，而指称与意义无关，它只与表达式所指的世界中的对象有关。

第三，关于解构语义学。Katz 的重要贡献之一就是他对语义的解构方法。他认为，复杂的含义可以被分解成更简单、更原始的组成部分，而这些组成部分又可以以各种方式组合起来，从而使得广泛的语言现象得以合理的解释。

第四，关于语义标记和辩义成分。在分解框架中，Katz 引入了语义标记和辩义成分的概念。语义标记是意义的共同特征，而辩义成分是区分意义的特征。这对概念后续被 Pinker 发展为语法关联和语法非关联语义成分，前者成分对动词句法行为做出合理解释的基础。

第五，关于形式结构在语义理论中的重要性，提倡使用形式逻辑来阐明语言表达的意义。倡导原子论、化学在语义学研究中的应用。

本研究主张，Katz 的观点和理论对语义学领域产生的影响是重要的、持久的，他所做的工作为句法 – 语义界面的研究开创先河，任何围绕语言意义本质所展开讨论的研究，都不能也无法忽视 Katz 所做的上述贡献。我们之所以采取 Katz 的语义观，是因为将这个本体论思想应用到语言处理和习得上可能会有以下几个方面的优势。

（一）本体论框架为理解和处理语义信息提供了深刻的指导

研究项目采用的本体论框架为理解和处理语义信息提供了深刻的指导，尤其在理解和组织复杂概念方面显得尤为重要。通过本体论，我们不仅能够识别和分类特定概念，如家庭中的各种角色和关系，还能深入探讨这些概念在不同文化中的变化和适应。例如，本体论使我们能够理解印度扩展家庭概念的重要性及其在家庭结构中的作用，以及汉语中复杂的称谓体系如何反映家族成员之间的社会和文化关系。此外，本体论还揭示了人类如何在语言中表达和理解这些复杂社会关系，及其在抽象和具体层面之间的切换和处理方式。这种理解不仅对于语言学的研究至关重要，而且还对人类学、社会学和跨文化交流等领域提供了宝贵的洞见。总的来说，本体论为我们提供了一个理解和分析复杂概念的有力工具。

（二）有助于我们理解语言中概念的分类和结构

本体论可以帮助我们理解语言中概念的分类和结构，以及这些概念如何映射到现实世界。以时间概念的表达为例：假设我们关注的是“时间”这一概念在不同语言中的表达。在本体论的框架下，我们不仅关注时间这一概念本身，还关注与其相关的一系列子概念和它们之间的关系。在大多数语言中，时间被认为是一个连续的、一维的、不可逆的流。这是时间的基本本体结构。时间可以被分割成不同的单位，如秒、分钟、小时、天、周、月、年等。这些单位反映了人类如何将时间的连续流分割为更易于管理和理解的部分。在语言中，时间既可以以绝对方式（如具体的日期和时间点）表达，也可以以相对方式（如“昨天”“明天”“一个小时后”）表达。这展示了时间概念在语言中的多样性和灵活性。许多语言利用空间方向的比喻来描述时间（如“前进的时间”“回顾过去”）。这种比喻显示了人类如何借助于更直观的空间概念来理解和表达更抽象的时间概念。不同的语言和文化可能会有不同的时间观念。例如，某些文化可能强调循环性的时间观（如季节的循环），而其他文化则可能强调线性的时间观（如历史的线性进程）。综上所述，通过本体论的视角，我们不仅能理解“时间”这一概念在不同语言中的表达和分类，还能深入探讨这些概念是如何反映和塑造我们对现实世界的理解的。这种深入的理解有助于我们更全面地把握语言的复杂性和丰富性，以及语言是如何作为人类认知和交流的工具的。

（三）有助于我们区分语言的普遍性和特定性

从本体论的角度，可以探讨语言的普遍性和特定性是如何在人类的语言处理中体现出来的。比如某些语言概念和结构可能在多种语言中普遍存在，而其他则是特定于某些语言或文化的。以颜色的表达为例。颜色作为一种普遍的感观经验，其在不同语言中的表达揭示了语言的普遍性和特定性如何在人类的语言处理中体现出来。现有研究表明，在多种语言中，有一组基本颜色词被普遍使用，如红、蓝、绿、黄等。这表明在不同文化和语言中，人类对颜色的基本区分具有普遍性。语言学家们（如 Kay & Berlin，1969 *Basic Color Terms: Their Universality and Evolution*）还发现，当语言发展颜色词汇时，通常遵循一定的发展序列。例如，如果一个语言有七种颜色词，那么这七种颜色的发展顺序通常依存为：只有黑色和白色（或暗色和亮色）—增加红—增加绿色或黄色—既有绿色又有黄色—增加蓝色—增加棕色—增加紫色、粉色、橙色和灰色。这种现象表明，在语言进化过程中，对颜色的识别和命名具有一定的普遍模式。虽然有一些基本的颜色词是普遍存在的，但不同语言和文化也可能发展出独特的颜色词。例如，在日语中，传统上有两个不同的词汇来描述天空和大海的蓝色:「青」(あお，ao）和「蒼」（そう，sō）。「青」（あお，ao）这个词在现代日本语中通常被翻译为“蓝色”，但它的传统含义更为广泛，可以用来描述从绿色到蓝色的一系列颜色。因此，在古代日本，天空和大海都可能被称为「青」，尽管它们的颜色在现代视角看来可能更接近于蓝色。「蒼」（そう，sō）这个词更具体地用来描述深蓝或青绿色，类似于大海的颜色。这个词在文学和诗歌中经常用来描绘大海或深邃的蓝天。这些词汇可能在其他文化中没有直接对应。这个例子展示了日本文化中对蓝色的细致区分，反映了语言和文化是如何影响颜色词汇的使用和感知的。这种细致的颜色区分在很多其他语言中是不常见的，突显了日本语言和文化的独特性。在不同的文化中，同一颜色可能具有不同的象征意义。例如，白色在一些文化中象征纯洁和清澈，在其他文化中则可能象征哀悼和丧失。这种象征意义的差异反映了颜色词在特定文化语境中的特定性。人类在感知颜色时所使用的基本颜色词汇是相似的，反映了我们共享的生物学和认知结构。但在具体命名和使用颜色词时，文化和语言的特定性开始显现，体现了语言是如何受到特定社会和文化环境的影响。在理解和使用颜色词时，语境的重要性凸显了语言的特定性。不同语境下，相同的颜色词可能具有不同的含义或引发不同的联想。在跨语言交流中，颜色的普遍性和特定性都可能成为沟通的关键。理解对方语言中颜色词的特定用法和文化含义对于有效交流至关重要。通过这个例子，我们可以看到，本体论提供了一种框架，通过它我们可以探索语言中的概念（如颜色）是如何在不同语言和文化中既表现出普遍性又体现特定性的。这种理解有助于我们更深入地把握语言的复杂性和多样性，以及语言如何作为表达和交流的工具。

（四）有助于我们探讨语言和思维的相互作用

在本体论的框架下，我们还可以探讨语言和思维之间的相互作用。例如，人类是如何使用语言来组织和表达复杂的概念和想法的，以及这些过程如何影响我们对现实世界的理解。本体论，作为一种关注实体及其属性和关系的哲学分支，为我们提供了一个理解语言如何影响和塑造思维的有力工具。下面我们以方向和空间关系的理解为例进行阐释。在一些语言中，如英语、汉语中，方向通常是相对于说话者的位置表达的（例如，“左边、“右边”）。这种表达方式依赖于个体的位置和视角。然而，在其他语言中，如澳大利亚原住民社区使用的一些语言，方向则是基于绝对方位来表达的（例如，“东”“西”“南”“北”）。无论说话者的位置如何，这些方向的参考点是恒定的。使用相对方向表达的语言的使用者在导航和空间定位时可能更依赖于个人视角和即时环境。使用绝对方向表达的语言的使用者则可能更擅长于空间导航和地理定位，因为他们习惯于考虑更广阔的空间环境。不同的空间表达方式确实影响了人们的空间认知和记忆。例如，使用绝对方向系统的语言的使用者在记忆和描述空间布局方面表现出更高的精确度。从本体论的角度来看，空间和方向的概念在不同文化和语言中是如何被构建和理解的，揭示了语言如何塑造我们对世界的感知和思维方式。

语言不仅是沟通工具，也是一种思维模式的反映，这种模式影响着我们如何理解和与周围的世界互动。总而言之，通过这个例子，我们可以看到，本体论提供了一个框架来理解语言结构如何影响和塑造人类的空间感知和思维方式。这种理解在地理学、心理学、语言学以及认知科学中都是非常重要的，特别是在研究跨文化交流和认知差异时。

（五）有助于我们理解语言的抽象和符号性质

本体论还可以帮助我们理解语言的抽象和符号性质。语言不仅仅是对现实世界的直接反映，它也是一种抽象的系统，可以用来表达那些超越直接经验的概念。语言不仅仅是对现实世界的直接映射，更是一个能够表达复杂、抽象概念的符号系统。以情感和心理状态的语言表达为例。考虑一下情感和心理状态（如爱、恐惧、快乐、忧郁）在语言中的表达。这些概念是高度抽象的，它们不像物理对象那样可以直观地感知。语言通过词汇和短语将这些抽象的情感和心理状态转化为可交流的符号，例如，“快乐”“悲伤”“愤怒”等词汇。这些词汇不仅描述了情感本身，还包含了文化上对这些情感的理解和评价。不同文化和语言在表达情感时可能有不同的方法。例如，某些文化可能有特定的词汇来描述特别细腻的情感状态，而这在其他文化的语言中可能没有直接对应。某些情感表达在特定文化中可能被视为正常，而在其他文化中则可能被视为不合适或过于直接。语言通过词汇、语法和句法结构来构建和组织这些抽象概念。例如，比喻和隐喻是语言中常用的工具，用来描述那些难以用直接语言表达的复杂情感和心理状态。从本体论的视角看上述情况，语言不仅是描述现实的工具，也是构建和理解我们内心世界的手段。语言的抽象和符号性使我们能够讨论、思考和交流那些非物质的、内在的人类经验。通过这个例子，我们可以看到，本体论提供了一个框架来理解语言如何作为一个抽象的符号系统，不仅反映了现实，也创造了对现实的新的理解和解释。这种理解对于语言学、心理学、哲学以及跨文化研究等领域都是极其重要的。上述分析表明，将人类感知和处理语言的能力放在本体论的框架下可以提供一种深入理解这一能力的方法。它允许我们从更哲学和概念性的角度审视语言，进而理解人类如何通过语言感知和表达自己和世界。

总结来说，语言本体论立场在我们对语言结构的理解中扮演着关键角色，特别是在探索及物交替构式的生成机制上。这一立场突出了语言中意义的客观性，为交流和理解的普遍性提供了基础。它揭示了意义的组合与解构过程，体现出物理转换和化学反应中的质量守恒原则。在本研究中，词汇入构项的原子语义成为核心概念，而 Katz 的语义本体论为我们提供了坚实的理论支撑。语义本体论为我们理解和预测语言使用提供了稳定的框架，对语言学习、翻译及跨文化交流具有重要意义。此外，本体论的视角还揭示了人类语言使用的创造性，解释了人们如何在新奇和未知的情境中理解和产生意义。这种理解基于人类对固定、客观意义规则和结构的感知，为解决儿童语言可学性的问题，特别是贝克悖论，提供了有力的理论基础。因此，语义本体论不仅在理论上富有洞见性，也在实践应用中显示出其重要性。

3.2 语法的语义观——Pinker 语法关联子系统

在这一节中，我们将转向探索另一个关键的理论基础——Steven Pinker 所提出的语法关联子系统。Pinker 的理论为我们理解语言的结构和功能提供了独特的视角，特别是在探讨语法与语义之间的互动关系方面。本节将深入分析 Pinker 的语法关联子系统理论，探讨它如何揭示语法结构与语义内容之间的密切联系，并评估其在解释及物交替现象和词汇入构项意义守恒方面的应用价值。

简而言之，Pinker 的理论特别强调语法结构不仅仅是语言的表层现象，还能深刻地与语言的意义和用法相关联。在这个理论框架中，语法被视为一种系统，它通过各种关联子系统与语义相互作用，构成了语言的核心。我们将探讨 Pinker 如何定义这些关联子系统，以及它们如何影响语言的表达和理解。通过详细分析这一理论，我们将进一步丰富我们对语言及物交替和词汇入构项的理解，为探讨语言的复杂性提供更全面的视角。

Pinker 在探讨语言的可学性与认知关系时提出了“语法关联子系统”假设，这是对贝克悖论——柏拉图问题的一个特例的——一个重要回应。贝克悖论提出，由于儿童接收到的语言输入是有限的，理论上他们无法仅凭这些数据学习到一门语言的全部复杂规则。Pinker 的语法关联子系统假设为此提供了一种解释。我们接受语法关联子系统的概念，但不赞同 Pinker 的语言天赋论。语法关联子系统假设将语言视为心智的产物，与 Pinker 不同的是，我们的质量守恒假设则将语言视为不依赖于人的心智，但却能够被人类心智所感知的独立存在的抽象现实。换言之，我们主张，如果说有什么是天赋与人的，那它应该是人对语言这种抽象现实基于本体论的感知和认知能力，而不是 Pinker 所说的对语言结构的基本理解的特定语法模块（即 Chomsky 所说的语言知识）。

在我们看来，语法关联语义与非关联语义并非儿童与生俱来的语言心智模块，而是他们在语言习得过程中，潜意识地感知或习得到的。那么，为什么儿童会在很短的时间内就能使用语言呢？按照我们的假设，由于儿童对语言输入的感知和处理能力是先天的。这意味着儿童具有一种内在的、普遍的能力来识别和解释语言的基本要素，例如声音、节奏和语调模式。天赋的感知能力使得儿童能够适应各种语言环境，并从中学习。他们能够从环境中提取关键的语言特征，并在此基础上构建他们的语言系统。事实上，我们的假设暗示了一种更普遍的认知结构，而不是特定的语言结构。这种结构使得儿童能够处理和理解各种类型的信息，包括语言。在这种视角下，语言习得不仅仅是一种内在的机制，也是一个社会化的过程。儿童通过与周围环境的互动来学习语言，利用他们的天赋感知能力来解释和模仿他们所听到和看到的语言用法。不仅如此，这种假设也解释了语言习得的灵活性和创造性。儿童不仅能学习语言规则，还能创造性地使用语言，因为他们具备理解和模仿语言用法的基本能力。总的来说，我们的假设依然可以为儿童语言迅速习得提供一个合理的解释框架。这种假设转移了重点，从特定的语言知识转向更为普遍和基本的认知和感知能力，这些能力是语言习得的基础。此外，本项目还将人类感知和处理语言的能力放置在本体论的框架下进行解读，它可以提供独特的视角来理解这一能力。因为本体论，特别是语言哲学中的本体论，关注的是存在的本质、分类及其相互关系问题。

3.2.1 语法关联子系统假设

我们在上一节中提到 Katz 在理论建构初期提出了两个对立的原子概念，即语义标记和辩义成分。而至于它们之间在功能方面的区别，Katz 本人并未给出系统的阐释。只是在文献中零星地发现他对这一问题的看法，而且还不甚一致：早期的文献中，Katz 提出，语义标记的功能在于标记语义理论中的概念区别。举例来说，两个单词可能会共享同一个或多个语义标记。换言之，它是负责界定各种语汇关系（如同义关系、反义关系、上下意关系、蕴含关系等）的语义信息。由于 Katz 语义学的目标就是描写词汇关系，语义标记也因此成为 Katz 语义论的核心概念，也称语义原素（semantic primitives）。回到两个单词的例子，尽管它们共享着某些语义原素，但它们的外延是不会相同的，否则它们就不是两个独立的单词了。言外之意，辩义成分是那些负责识别词项的特质语义信息。简而言之，Katz 认为一个单词的一部分意义是与其他词汇共享的，另一部分是该单词所独有的。在他看来，这是个语义常识。事实上，我们的文献综述表面，这对概念的区分在 Katz 语义理论中并未发挥出其应有的作用——无论是在早期版本中还是在后期版本中。在后续发展过程中，这对概念区分并未得到坚持，Katz 承认这种区分存在内部不一致的问题，并在 1972 年的《语义理论》中明确声明的："就当前目的出发，我们不区分语义标记和辩义成分。后者可视为前者的特殊情况。"（Katz，1972：75）换言之，在遭到学术界的诟病后，Katz 最终放弃了这对概念的区别，而将二者均视为语义标记，唯一不同的是，前者被其视为首要原素，后者则被其视为词语语义原素。这一对概念在 Pinker 语法关联子系统的语义论中得到了进一步澄清和发展。从某种意义上来说，它与 Katz 的上述观点有异曲同工之妙。本研究提出的词汇入构项与句法交替式质量守恒观就是在这一假设的启发下提出来的，是对其语义观的进一步完善和发展。由于 Pinker 本人并未对语法关联子系统作出系统的阐释和建构，接下来的章节中，我们将通过文献整理和文本分析的方法，系统地阐释一下这一假设，并在此基础上，完成本课题的研究。下面我们将从以下四个方面进行阐述：（一）语法关联子系统假设；（二）语法关联与非关联语义成分；（三）语义一致性；（四）本项目采取语法关联子系统的理据。

Pinker 的语言思想可以粗略地概括为：首先，人类心智可以通过多种途径来识解同一个指定的场景；其次，每一种识解都是围绕着几个基本几何学和物理学概念建立起来的；再次，这些概念可以被隐喻性地扩展到其他领域，比如我们可以像统计物体一样统计事件，或者将空间作为时间的隐喻；最后，每一种概念都具有一些人类所特有的怪癖，它们一旦被滥用，就会造成荒谬和混乱。上述思想在其语法关联子系统假设（Grammatically Relevant Subsystem Hypothesis，简称 GRSH）中得到诠释。GRSH 是 Pinker 于 1989 年的《可学性和认知：论元结构的习得》（*Learnability and Cognition: The Acquisition of Argument Structure*）中首次提出的。原文如下：

> ……也许存在着一个语义要素和关系的集合，它们比那些认知可及和文化凸显的差别要小得多，不过动词的意义却是围绕着它们组织起来的。各种语言加工，包括将动词扩展到新论元结构的词汇能产规则在内，都只对这些部分语义表征敏感，即它们的组成要素处于这个集合之中。这个集合由具有认知内容的符号组成，如“因果关系”和“位置”，但并非所有具有认知意义的概念都是这个特权语义机制的成员。因此，像“黄油”（butter）这样的动词就包含了“黄油”的信息和“因果关系”的信息，但只有“因果关系”部分可以触发或阻止词汇规则或其他语言加工的应用。我称之为“语法相关子系统”假说。（Pinker，1989:194）
>
> *...Perhaps there is a set of semantic elements and relations that is much smaller than the set of cognitively available and culturally salient distinctions, and verb meanings are organized around them. Linguistic processes, including the productive lexical rules that extend verbs to new argument structures, would be sensitive only to parts of semantic representations whose elements are members of this set. The set would consist of symbols that have cognitive content, such as "causation" and "location," but not all cognitively meaningful concepts are members of this privileged semantic machinery. Thus a verb like to butter would specify information about butter and information about causation, but only the causation part could trigger or block theapplication of lexical rules or other linguistic processes. Let me call this the " Grammatically*

Relevant Subsystem " hypothesis.（Pinker，1989:194）

根据语法关联子系统假说，动词的意义包括两种不同类型的语义特征（semantic features）：语法关联特征（grammatically relevant components of meaning）和语法非关联特征（grammatically relevant components of meaning）。[注：许多不同术语被用来区分这二者的关系：Katz & Fodor（1963）的semantic marker 相对于 distinguisher; Grimshaw（1994）的 semantic structure 相对于 semantic content ；Wunderlich（1997）的 semantic form 相对于 conceptual structure；Mohana & Mohanan（1999）的 Semantic structure 相对于 conceptual structure 等]

综上所述，Pinker 的语法关联子系统假说为我们理解动词意义的多层次性提供了一种新的视角。通过区分动词意义中的语法关联特征和语法非关联特征，Pinker 揭示了动词语义与语法结构之间复杂的互动关系。这一理论不仅增强了我们对动词如何影响句法结构和如何通过语言表达特定概念的理解，而且为诸如及物交替这类语言现象提供了更深刻的洞察。尽管 Pinker 的理论在学术界尚未得到系统性的阐释和广泛的研究，但它对于揭示语法与语义间的复杂联系仍具有重要的理论价值。本研究项目将在 Pinker 的理论框架下进一步探索词汇入构项与句法交替式的质量守恒观，从而更全面地理解及物交替现象的内在机制和特性。接下来的章节将继续深入探讨语法关联子系统假说的各个方面，包括语法关联与非关联语义成分、微观语义结构成素，以及动词子类的特点和作用，以丰富并完善我们对该理论的理解。

3.2.2 语法关联与非关联语义成分

在探索语言学中语义成分的角色和影响时，我们必须考虑两种不同的视角和方法：语言学家和词典编纂者的工作。虽然这两个领域的目标在某些方面是相交叉的，但它们在关注点和方法上却有着本质的不同。语言学家关注的是那些对语言的句法和结构产生重大影响的语义成分，即那些可以明显影响语法结构的基本意义元素。与此相对，Fillmore（1970：123）指出，词典编纂者则关注于语言的丰富性和多样性，以及个体在使用语言时的独特性。这种方法涉及对语言中更具体、更细致的语义细节的探索，这些细节往往取决于不同使用者的理解，并且它们的界限可能并不总是明确的。本节将深入探讨这两种方法，特别是它们如何影响我们对语法关联与非关联语义成分的理解，以及这些成分在语言理解和表达中的作用。通过比较和对比这两种方法，我们可以更全面地理解语言学家和词典编纂者是如何解析和利用语言中的语义成分的，以及这些成分是如何在不同语境下被使用和理解的。

首先，所谓语法关联语义成分（即语义特征），指的是一组数量有限的语义特征，它们决定着一个动词的意义和构式意义之间兼容性的语义特征。简而言之，这类语义特征对语法可见，并影响该动词的句法论元结构的可能性，即语法关联的语义成分（grammatically relevant components of meaning），举例来说，做动词用的 *to butter X = to cause butter to go on X*。因此，它可以出现在使役句中，如，*He butters the bread* 抹黄油要用工具，比如餐刀，但我们却不能说 *He butters the knife*（当然可以用方式状语表达 *He butters the bread with knife*）。为什么呢？原因是使役结构句倾向于人的预期结果。虽然摸黄油的意思是“让黄油去往某物之上”，而 *He butters the knife* 也符合黄油的上述用法，但是，黄油放在刀上是为了达到目的的手段，而不是目的本身。关于这一问题，我们将在“构式与图式化意义”中进行详细阐释，这里暂不作说明。语法关联语义特征包括运动（motion）、接触（contact）、效应（effect）、有生命 / 无生命（animate/inanimate）、人类 / 非人类（human/nonhuman）可数 / 不可数（count/mass, ）、有界 / 无界（bounded/unbounded）、0/1/2/3 维度（dimensionality），等等。

Pinker 的这种语义观与 Fillmore 的动词核心意义决定其句法行为的主张不谋而合。Fillmore（1970：123）在《关于撞击和打破的语法》（*The Grammar of Hitting and Breaking*）中，选择其在《格语法》中的一个案例，即 Hitting 和 Breaking 这两个动词的词汇意义及其它们与句法结构的关系，并强调了其一贯坚持的观点：动词的核心意义可以独立于动词配价的可能性，因为语义格存在与否本身就可以对意义有所贡献。因此，在动词 *break*

的三种用法中，如我（用石头）打碎了窗户、石头打碎了窗户、窗户被打碎了，每一种用法对受影响的窗户都有相同的结果，它们的区别仅仅在于是否提到了一个是施为者或一个工具（Fillmore，1970：123）。简而言之，一个动词的核心意义决定了它的语法行为，例如：

（1）*The boy broke/hit the window with a ball.*

（2）*The boy hit the window./*The window hit.*

（3）*I hit his leg./I hit him on the leg.*

（4）*I broke his leg./*I broke him on the leg.*

动词 break 和 *hit* 都有及物用法，但由于它们的核心语义不同，导致它们在论元结构中的表现却是不同的：*break* 代表着状态改变（change of state）；而 hit 则代表着对表面的接触或撞击（contact with a surface）。**The window hit* 不合法的原因就在于此，hit 的核心语义中并不包括状态改变，而这个被动构式则恰恰表达的是窗户的状态改变。同理，**I broke him on the leg* 不合法的原因在于，*break* 的核心语义中并不是对表面的接触，而这个身体部位占有提升构式则恰恰表达的是身体（大腿）表面的接触。

此外，Pinker 的动词语法关联意义和非关联意义的区分，与 Katz 的语义标记和辩义成分的区分也十分接近。Pinker 语法关联语义成分对应于 Katz 的语义标记。但它们之间存在一个根本不同点：Katz 所关注的则是词汇关系（lexical relations），如前所述，同义关系、反义关系、上下义关系等。而 Pinker 关注的是词汇的使用规则（lexical rules）。尽管目标有所差异，但 Pinker 以及持有类似观点的其他语义学家们（例如 Grimshaw，1994; Wunderlich，1997; Mohanan and Mohanan，1999，等等）均笃信，与语法关联语义成分集合应构成语言普遍性和语言习得研究的主要焦点。其目的是建立：

一个元素集合，这个集合在概念上是可解释的，它不仅比可能的动词集合要小得多，而且在所有语言中被使用，被儿童用来明确表达并泛化动词的意义，以特定的语法方式来使用（例如，被词汇化为封闭类词素），并用来区分受不同词法规则约束的动

词狭义类别。（Pinker，1989：169）

...a set of elements that is at once conceptually interpretable, much smaller than the set of possible verbs, used across all languages, used by children to formulate and generalize verb meanings, used in specifically grammatical ways（*for example, being lexicalized into closed-class morphemes*）*, and used to differentiate the narrow classes that are subject to different sets of lexical rules.*（Pinker，1989:169）

其次，我们来看看语法非关联语义成分的情况。所谓语法非关联语义成分，指的是一组数量无限的独特的感知和概念的语义特征，这些特征在语法中是不可见的，即语法非关联的语义成分（grammatically irrelevant components of meaning），例如，*drip*，*dribble*，*pour*（滴、淌、泻）和 *spill*（洒）之间以及 *drench*，*douse*，*soak*（湿透、浸泡、浸湿）和 *saturate*（浸透）之间的细微特征差别（Pinker，1989； 另见 Davis，2001；Hale & Keyser，1993；Mohanan & Wee，1999；Rappaport Hovav & Levin，1998）。这些特征对动词的句法属性没有贡献。比如：特定的运动方式（例如倒注与滴注）、事件实现程度（例如几乎与勉强）、实体的特定形状（例如圆锥形与突出物）、实体的特定颜色（例如红色与蓝色）、时间环境（如早晨与傍晚）、空间环境（如室内与室外）、事件实现的程度（如 almost vs. just barely）、特定的运动方式（如 pouring vs. dripping）、实体的特定形状（如 conical vs. with a protrusion）等（详见 Talmy，1983，1985，1988，1991），它们使动词能够编码各种微妙的区别。

至于如何穷尽这些非关联的语义特征的问题，就像 Fillmore（1970：123）所指出的那样："这里要区分语言学家和词典编纂者所能作出的不同类型的语义观察，语义学家能作出的语义观察是那些对语法产生重要影响的语义成分。而那些因人而异的、最终可能是不明确的语义观察则应该留给词典编纂者们去探索。"举例来说，动词 *twist, spin* 和 *rotate, hit, smite* 和 *slap*，它们在语法上有明显的相似之处，但是如何在每一组动词中对它们进行区分，这就是词典编纂者应该去操心的事情了。就二者的区别而言，除了是否语法可见外，还有两个因素与语法关联和语法非关联方面之间的区别密切相关。

首先，语法关联系统中的许多语义特征反复地出现在一些无论是语系还是地理上都毫无关系的语言中，它们具有相当高的可靠性，而语法非关联的知觉和概念特征则是更具特殊性和跨文化迁移性的。这种对比揭示了语言的两个重要方面：一方面是作为人类共有特性的普遍语法结构，另一方面是文化和环境对语言特征的独特影响。这也说明了为什么语言既有普遍的规律性，又有丰富的多样性。

其次，研究表明，语法关联的语义特征对意识的影响似乎不如语法非关联的知觉和概念特征显著。这可能是因为这些特征与个体的直接体验和文化背景更紧密相关。相比之下，语法关联的语义特征可能更为抽象，不那么直接影响到意识层面。这表明，通常需要非常仔细的语言分析来揭示看似奇怪的词汇句法行为背后的语义动机。Pinker 提出的假设认为，语法关联和非关联的意义成分在大脑中是分离的。这意味着它们可能由部分不同的神经网络介导。根据这一假设，这两种成分可能会因脑损伤而独立地受到不同程度的影响。这种观点得到了 Pinker 和其他试验心理学家（如 Kemmerer）的研究支持。根据 Pinker 语法关联子系统假设的强势观点，语法关联和语法非关联的意义成分在头脑中是分离的。它们可能是由部分不同的神经网络介导的。因此，这两种成分可能会因脑损伤而独立地发生不同程度的损伤［这种观点得到了 Pinker（2007）、Kemmerer（2000）等试验心理学家的一系列研究的验证］。

综述所说，作为一名著名的认知心理学家和语言学家，Steven Pinker 的工作对我们理解语言和心灵做出了重大的贡献。语法关联子系统假设是 Pinker 在支撑语言处理和习得的心理结构的更广泛的背景下提出的。本研究所采纳的观点如下：

（一）语言处理的模块化视角

模块化理论认为，人脑由多个专门的模块组成，每个模块负责处理特定类型的信息或执行特定的认知功能。这些模块相对独立，各自有专门的处理机制和规则。Pinker 认同思维的模块化观点，认为不同的成分或模块负责不同的认知功能。而语法关联子系统就是这样的一个模块，它是专门用于处理和生成语法结构的模块。Pinker 还指出，语言习得的过程也支持模块化理论。儿童在语言学习过程中，表现出对语法结构的敏感性，这表明他们的大脑中有专门负责语法学习和处理的模块。此外，模块化理论还有助于解释特定类型的语言障碍。例如，某些人可能在语法理解上存在困难，但在词汇理解上表现正常，这可能表明他们的语法关联子系统受到了影响，而其他语言处理模块则保持正常。总之，Pinker 的模块化视角强调了语言处理中不同模块的作用，特别是语法关联子系统在理解和生成语法结构方面的专门功能。这一视角为理解语言处理的复杂性提供了有力的理论支撑，并对语言习得和障碍的研究产生了重要影响。

（二）关于心智语法

Pinker 对于“心智语法”（Mental Grammar）的观点是认知科学和语言学领域的一个重要贡献。心智语法是指人脑内部的一套无意识的规则和程序，这些规则和程序允许我们生成和解释句子。心智语法是指人类大脑内的一个内在系统，它包含了一套复杂的语言规则和结构。这个系统是无意识的，人们在使用语言时，并不需要有意识地思考这些规则。在心智语法中，语法关联子系统是一个核心组成部分，负责处理语法信息。这包括确定词汇在句子中的作用（如主语、谓语、宾语等），以及理解和应用语法结构（如时态、语态、句子结构等）。

当我们听到句子“小狗追赶着球”时，心智语法允许我们立即理解这个句子的结构和意义。我们无须有意识地分析每个词汇和语法规则，就能理解“小狗”是主语，“追赶”是动作，“球”是被追赶的对象。这个过程是自动且无意识的。

1. 语言感知：根据 Pinker 的观点，人类使用心智语法来感知语言。这意味着当我们听到语言时，我们的大脑自动地使用心智语法来解析语言的结构和意义，而这个过程并不依赖于我们的意识决策。

2. 语言习得：心智语法也在语言习得中发挥关键作用。儿童能够快速学习和掌握他们母语的复杂语法规则，这表明他们拥有天生的、无意识的心智语法系统，帮助他们理解和生成语言。

3. 普遍语法: Pinker 的心智语法观点与 Chomsky 的普遍语法理论相呼应，后者认为所有人类语言共享某些基本的语法原则和结构。综上所述，Pinker 提出的心智语法是一种深刻的内在语法机制，它无意识地指导着我们的语言生成和解析过程，是我们语言能力的基础。这一概念为理解人类语言能力的本质和语言习得机制提供了重要的理论基础。

4. 综合来看，通过他的研究，Pinker 为我们理解语法在心智中的表示和处理提供了重要的见解，展示了语法关联子系统的复杂本质及其在我们语言能力中的重要作用。基于上述讨论，这些思想也为本项目的研究提供了坚实的理论基础和出发点。Pinker 的理论不仅丰富了我们对语言和心智的理解，也为后续的研究者提供了宝贵的理论资源和启示，为继续探究语言和心智的关系奠定了基础。

3.2.3　语义一致性

Pinker（2007）深入探讨了语义的一致性。在《思想本质：语言是洞察人类天性之窗》中，Pinker（2007:3）开宗明义地指出：

> 语义学关注的是词语与思想之间的关系，同时也涉及词语与其他人类关心事项的关系。语义学研究词语与现实之间的联系，即说话者如何共同构建对真理的理解以及他们的思想如何与现实世界中的事物和状况紧密相连。
>
> *Semantics is about the relation of words to thoughts, but it also about the relation of words to other human concerns. Semantics is about the relation of words to reality—the way that speakers commit themselves to a shared understanding of the truth, and the way their thoughts are anchored to things and situations in the world.*

这段话强调了语义一致性的核心——在不同语境中保持词语和短语意义的稳定性和连贯性。“语义一致性”（semantic consistency）是指即使在不同语境下使用，词语和表达也应保持其基本意义的一致性和连贯性。这是有效沟通的基石。例如，考虑“自由”（freedom）这个词。无论我们在讨论政治、哲学还是日常生活，“自由”这一词汇保持着其基本的意义和内涵，尽管具体的语境和应用可能有所不同。

在《思想本质：语言是洞察人类天性之窗》中[①]，Pinker（2007）从“语言与思想”“语言与现实”“隐喻之隐喻”“语言与社团”“语言与群体”“语言与社会关系”等六个方面分析了人类如何使用语言来表达思想和感受，并强调了语言结构如何反映和塑造我们的思维方式。

（一）语言与思想

考虑“自由意志”的概念。这个术语在哲学和日常生活中被广泛使用，反映了人们如何理解行为和决策的自主性。通过语言表达“自由意志”，我们不仅描述个体的能力，也折射出对于个人责任和道德选择的深层思考。再比如“因果关系”的概念。我们常用语言表达因果关系，如“因为……所以……”。这种表达方式不仅传达了事件之间的逻辑联系，还揭示了我们对事件发展和相互作用的深层理解。通过语言，我们可以表达复杂的逻辑思维，比如科学原理或日常生活中的推理。

（二）语言与现实

词汇“互联网”反映了现代社会中技术的发展和其对生活方式的影响。这个词语不仅描述了一个技术实体，还隐含了信息共享、全球连通性等现实世界的变化。再比如“气候变化”一词不仅代表了科学现象，还反映了人类活动对地球环境的影响。这个术语在政策制定、环保活动和社会意识形态中扮演关键角色，体现了语言如何与全球重大议题紧密相连。这方面

① 《思想本质：语言是洞察人类天性之窗》（*The stuff of thought: Language as a window into human nature*）是由本项目主持人翻译，由浙江人民出版社 2015 年 8 月出版发行的。本书受到了社会一致好评，并已于 2023 年 10 月与 Pinker 其他 4 部译著一起整套再版发行。

的例子比比皆是，在多种语言中，颜色词汇的使用反映了语义一致性。尽管不同文化可能对颜色有不同的感知和命名方式，但基本颜色概念如红、蓝、绿在多种语言中都有一致的基本意义。这表明，尽管表面形式多样，但背后的语义系统保持着一致性和连贯性，反映了语言在人类认知过程中的核心角色。

（三）隐喻之隐喻

举例来说，“生命是旅程”这一隐喻在许多文化中被广泛使用。它不仅描述了生命的时间跨度，还隐喻了经历、学习和成长的过程。这种隐喻反映了我们对生命意义和目的的深层理解。再比如，“时间是金钱”这一隐喻在多种语言中普遍存在，它不仅表达了时间的价值，也揭示了文化对效率和生产力的重视。我们对时间的理解和表达，无论是在物理层面上的度量（如秒、分钟、小时）还是在更抽象层面上的感知（如瞬间、永恒），其背后的语义一致性使我们能够在不同的语境中讨论和思考时间。这种在语言表达中的一致性和连贯性是人类沟通和共享经验的基础，它使我们能够跨越个体差异，共同理解和讨论抽象概念。

（四）语言与社团

举例来说，在不同社团或群体中，特定的行话或术语反映了特定兴趣和活动。例如，登山爱好者可能会使用专业术语如“攀岩点”或“缆绳”，这些词汇在特定群体内部具有明确的含义，但对外人来说可能不太熟悉。再比如，在特定的职业群体中，如医生或律师，专业术语的使用既服务于准确的交流，又强化了专业身份和群体归属。这些术语有助于在专业领域内促进复杂概念的理解和沟通。

（五）语言与群体

比如“我们”和“他们”的使用方式反映了群体身份和归属感的构建。语言通过这样的代词使用展示了群体之间的界限和相互关系。再比如，在体育比赛中，“我们赢了”或“他们输了”这样的表达方式，不仅描述了比赛结果，还体现了对队伍的归属感和集体认同。这种语言使用强调了群体间的竞争和团队精神。

（六）语言与社会关系

例如，不同文化中对于尊称的使用，如汉语中的“您”或韩语中的尊敬语，反映了对年长者或地位高的人的尊重。这种语言使用揭示了特定社会中对于尊重和礼貌的价值观。在某些文化中，对长者或上级使用尊敬语言是一种礼节，如日本语中的敬语或印度语中的尊称。这种语言使用反映了对年长或地位高的人的尊重，体现了社会关系中的等级和尊重。

通过这些例子，Pinker 展示了语言是如何在不同层面上影响和反映我们的思维、文化和社会结构的。语言不仅是沟通的工具，也是理解人类行为和社会互动的窗口。总而言之，Pinker 的观点揭示了语言作为信息交流媒介的同时，也是连接思维与现实、个体与社会的桥梁。我们通过语言不仅传递信息，还共同构建了一个有意义的世界。在这个过程中，语义一致性发挥了核心作用，体现了语言的稳定性和可靠性，以及人类认知的深度和复杂性。

3.2.4 本项目采取语法关联假设的理据

在语言学的浩瀚研究领域中，理解语法结构与意义如何在人类心智中相互作用始终是一个引人入胜的课题。尤其是在探讨语言习得和处理的机制时，这一主题显得尤为重要。在本项目中，我们采纳了 Pinker（2007）提出的语法关联子系统假设，这一选择不仅是基于其理论的深度和广度，更因为它在解释语言习得过程中所展现的独特洞察力。Pinker 的这一假设，通过强调语法结构与潜在的语义关联之间的联系，为我们提供了一个框架，以更全面地理解和分析语言的复杂性。通过深入探讨语法关联与非关联语义成分，我们旨在揭示语言习得背后的认知机制，特别是在儿童如何从有限的输入中构建起复杂语言系统的过程中。本项目的研究不仅关注理论的深层次探讨，更着眼于这些理论在实际语言应用中的具体体现，从而在语言学和认知科学的交叉领域中寻求新的理解和启示。

（一）理论深度

Pinker 的语义理论强调了在语言中意义的组合和嵌入，相比于 Katz 的语义理论，Pinker 的语义理论更完善一些，因为后者不仅局限于单词层面，而且包括在句子层面的组合和理解。这一理论在探讨语言中意义是如何形成的以及句子中不同成分是如何相互影响的等问题中提供了深刻的见解。Pinker 的语义理论强调了语言中意义的组合和嵌入，这是理解语言的关键特性之一。在 Pinker 的视角中，语言不仅是单词的集合，更是一个动态的系统，其中词汇和结构相互作用，形成复杂的意义网络。这种视角超越了传统语义理论（如 Katz 提出的），后者往往关注于词汇的独立意义而非它们在句子中如何互相作用。Pinker 的理论扩展了语义分析的范围，不仅包含了单词层面，还涉及了句子层面。这意味着理解一个词语的意义不仅要考虑它本身，还要考虑它在特定语境和句子结构中的角色。例如，同一词汇在不同句子中可能承担不同的语法和语义功能，Pinker 的理论提供了分析这些变化的工具。与 Katz 的理论相比，Pinker 不仅关注单词的内在意义，还关注它们如何通过句法和语境的变化而产生新的意义。这一点在理解隐喻、转喻、语用学现象等方面特别重要，因为这些现象都涉及词汇意义在特定语境中的变化和重新解释。Pinker 理论中的一个核心方面是句子成分之间的相互影响。例如，主语和谓语之间的关系、动词和宾语的相互作用，以及短语内部的结构关系，都是构成句子意义的关键。这种分析框架，能够帮助我们更深入地理解句子结构如何影响其整体意义。由于其涵盖了词汇和句子层面的分析，Pinker 的语义理论因此在处理多种语言和语言现象时具有更大的适用性和灵活性。这一点在比较不同语言家族或研究第二语言习得时尤其显著，因为它允许研究者考虑到不同语言结构和语义系统的特点。

总的来说，Pinker 的语义理论通过其对意义的组合、嵌入及句子层面的综合分析，提供了一种更为深入和全面的视角来理解和解释语言现象，相较于 Katz 的理论，展现了更高的理论深度和分析力度。

（二）语义成分分析

就词义成分与句法结构关系的技术处理方面而言，Katz（1963,1964,1972）提出了语义成分分析理论。Katz 认为，句子结构与意义的关系并不是 Saussure 所说的任意的，相反，它们是统一的。基于上述观点，Katz 提出，我们心理字典中的任何一个词项都是由两个语义成分构成的，一个是语义标记，另一个是辩义成分。前者是将词与词链接在一起的纽带；后者是使一词区别于另一词的个性化语义信息。

具体来说，Katz 的语义成分分析理论是对句子结构与意义关系的一种技术处理。Katz 强调句法结构与词项内容之间的互动关系。在他的理论中，句子的意义不仅取决于单独的词汇，还取决于这些词汇如何在句法结构中组合。这种观点突破了 Saussure 语言学的任意性原则，提出了句法结构和语义之间存在内在的、系统性的关联。Katz 提出，每个词项在心理字典中由两个基本的语义成分组成：语义标记和辩义成分。语义标记是词义的共性部分，它将一个词与一类词汇链接在一起；辩义成分则是词义的个性化部分，区分一个词与其他类似词汇。举例来说，在分析动词“跑”和“走”时，它们共享的语义标记可能是“移动”（moving），但它们的辩义成分如“速度”（speed）和“方式”（manner）则不是，从而区分这两个动词（但遗憾的是，Katz 并没有对为什么作出解释）。在 Katz 的理论中，语义成分的组合性是关键。词汇的意义通过语义成分的不同组合而形成。这种组合性不仅体现在单个词汇内部，还体现在词汇如何与句子的其他成分结合，形成更复杂的意义结构。Katz 的理论强调了词义的构成部分与句法结构之间的关系。词汇的意义不是单纯由字面上的定义决定，而是由其在特定句法结构中所扮演的角色共同决定。这种理论对理解句子中的意义层次、语义歧义和多义性现象提供了重要的视角。

总而言之，Katz 的语义成分分析理论为理解语言中的意义构成和句法结构之间的复杂关系提供了一个结构化的框架。这种框架对于分析语言的内在逻辑和构建更精确的语言理论至关重要。通过将词义细分为共性的语义标记和个性化的辩义成分，Katz 的理论揭示了语言的深层次结构和语义的细致构成。

（三）动词狭类与语法关联子系统假设

在此基础上，Pinker 认为词义中属于词汇专属的语义成分不参与语法加工。该假设主张，词义的某些共享成分，即“语法关联子集”也称“概念结构”或“思维基质”，如改变、移动、因果、接触、致使、主动力、拮动力等动力物理学以及时、空几何学的概念结构以及人的意志，是与语法加工息息相关的。以动词 cut、break、touch、hit 为例，cut 是一个通过移动某物使之接触到另一物而导致的另一物发生状态变化；break 是纯粹意义上的状态改变；touch 是一个纯粹意义上的接触；而 hit 是移动带来的接触。概括起来，MOTION 是 cut、hit 的共享语义成分，CAUSE、CHANGE 是 cut、break 所共享的，CONTACT 则是 cut、touch、hit 所共享的语义成分。这些共享的语义成分选择并限制着词义合并进更大的语法结构的方式。Levin（1993）研究表明，由于意动结构（Conative Construction）属于既“接触”又“移动”、体位提升结构（Body Part Ascension Construction）属于“接触”敏感构式，因此，cut、hit 均可以出现在这两种句法构式中。此外，hit 还可以出现在中动结构中（Middle Construction），因为中动结构属于“致使”“状态改变”敏感构式。由于 break 不具有“接触”“移动”的意义，因此它不适合意动和体位提升构式，但由于它表述状态改变，因此它适合出现在中动构式中。而 touch 则仅仅适合出现在体位提升构式中，因为它只有“接触”的涵义，而不同时具有“接触”和“移动”的涵义。

动词狭类（narrow classes）的识别可能有助于我们更全面地了解语言结构和使用的复杂性。Pinker 将这个“语法关联集合”看作是语言普遍性和语言习得研究的焦点，它们为人们更好地了解人性的本质敞开了一扇窗口。正如 Pinker 所言，他对动词的研究目的就是要建立一个概念结构的集合，这个集合既要让人们立刻就能从概念上作出解读，又要少而精。它要小于任何一个可能的动词集合，比如，一个世界各地语言所使用的可能动词集合、一个儿童用来规划和概括动词意义的可能动词集合、一个专门用于语法的可能动词集合、一个用于区分从属于词汇规则的不同集合的狭类（narrow classes）的可能动词集合等（Pinker，1989:169）。事实上，所有论元结构交替构式都以这样或者那样的方式与语义相互作用。

Pinker（1984）指出，如果儿童了解一个词的形态和意义特点，以及这些变化形式的形态和语义限制，他们很可能会根据这些限制来判断在多大程度上可以应用生产规则。平克的语法关联子系统假设强调语法知识反映了大脑内特定认知子系统的操作方式。这意味着语法规则和大脑认知过程之间存在一致性。研究及物交替式可以帮助我们理解，当儿童学习语法规则时，他们如何逐渐适应并使用这些规则，以及这些规则如何与大脑认知子系统相互作用。

（四）认知科学视角

从方法论上来讲，Katz 的工作则结合了语言学、哲学和逻辑学，因此他采用的是更形式化和抽象的逻辑分析方法。作为一位实验心理学家和认知科学家，Pinker 的工作主要集中在语言的认知和心理方面，特别是语言习得和语言处理的机制。Pinker 的理论强调了大脑中专门用于处理语言的子系统。这些子系统包括了语法处理的机制，它们能够解析和构建句子的结构。这为我们诠释语义本体论假设，即尽管语义是不依赖人的认知而存在的客观现实，但它却能被人类大脑所感知并概念化，提供了认知科学的证据。根据语法关联子系统假设，人类的语言能力包括一系列内在的、先天的规则，这些规则帮助我们理解和产生语言。Pinker 认为，语言习得是一种本能，人类大脑天生具备学习和使用语言的能力。Pinker 的工作融合了心理学、认知科学和语言学，因此他偏向于实证的、基于认知科学的方法，而将这两种方法有机结合起来，理论提供对世界的深入理解和预测，实践则是这些理论在现实世界中的应用和检验。理论和实践之间的紧密联系是知识进步和技术创新的关键所在，这也正是本项目研究的努力方向。

（五）对可学性悖论的解释

在探讨语言习得的复杂过程中，Pinker（2007）的语义一致性理论提供了一个独特且富有洞见的视角。特别是在解读可学性悖论——即儿童如何能够从有限的语言输入中快速且有效地习得语言的复杂结构和规则——这一问题上，Pinker 的理论不仅挑战了传统的语言学观点，更为我们理解语言习得的认知机制提供了新的启示。语言，作为人类最复杂且神秘的能力之一，其习得机制长久以来一直是心理学家、语言学家和认知科学家深入研究的课题。在此背景下，Pinker 的语义一致性理论为可学性悖论的解读提供了一个新的视角，这不仅加深了我们对语言习得过程的理解，同时也拓展了我们对人类认知能力的认识。

根据可学性悖论（也称作贝克悖论），儿童似乎能够从有限的语言输入中习得复杂的语言规则，这在传统语言学中看似是不可能的任务。这个悖论提出了一个关键问题：儿童是如何在有限的语言暴露下习得语言的完整结构？Pinker 的语义一致性概念提出，尽管语言表面形式多样，但其背后的语义系统保持着惊人的一致性和连贯性。这种一致性表明，即使面对不同的语言环境和输入，儿童仍能依靠语义的基本稳定性来解析语言结构。儿童在语言习得过程中高度依赖于语义线索。例如，他们通过理解词语和短语在不同语境中的一致意义来构建语法和句法理解。语义一致性为儿童提供了一个稳固的基础，帮助他们在复杂的语言环境中寻找规律和模式。由于语义一致性，儿童能更快地识别和理解新词汇和结构。他们能够将新学到的词语和短语放入已知的语义框架中，快速构建对其的理解。这一过程显著加速了语言习得的速度，解释了可学性悖论中的快速语言习得现象。

Pinker 的语义一致性理论启发我们认识到，语言习得不仅是通过模仿和重复输入的过程，更是一种动态的、依赖于语义理解的认知活动。这种理论视角为可学性悖论提供了解释，即儿童能够利用语义一致性作为理解语言规则和结构的关键工具。总而言之，Pinker 的语义一致性理论有助于我们理解儿童如何在有限的语言输入下有效地习得语言，提供了对可学性悖论的深刻洞见。通过强调语义一致性在语言习得中的作用，Pinker 的理论帮助解释了儿童如何能够迅速并有效地掌握复杂的语言系统。

综上所述，本项目采纳 Pinker 的语法关联子系统假设，不仅是因为它在理论上的深度和广度，更因为它在实际语言应用和习得机制中的实证支持和独特洞见。通过深入探讨语法结构与意义的相互作用，我们能更全面地理解语言习得的认知机制。特别是 Pinker 的理论在解释可学性悖论方面的贡献，为我们提供了一个深刻的视角去理解儿童是如何在有限的输入中构建复杂的语言系统。本项目的目标是在理论探索和实践应用之间架起一座桥梁，以此推动语言学和认知科学的交叉研究。我们相信，通过融合语法关联子系统假设和语义一致性的视角，我们能够更深刻地理解语言的本质，为语言学习、翻译以及跨文化交流等领域提供新的见解和方法论。

3.3 本研究项目理论框架的可行性

本研究项目选择 Katz 的语义论和 Pinker 的语法语义学作为理论基础，目的在于深入探讨词汇入构项与及物交替式之间的复杂关系。这个理论框架的建构是基于本项目所提出的三个研究问题的综合考虑。通过这三个研究问题，该项目旨在构建一个综合的理论框架，以更好地理解词汇入构项和及物交替式之间的复杂动态关系。这种理论框架有助于揭示语言结构的深层规律，以及语义和语法如何在实际语言使用中相互作用。

（一）基于相关性的考量

首先，Katz 的语义论为我们提供了一个独特的视角来理解语言的本体论和概念论属性。通过强调语义的客观性和普遍性，这一理论框架使我们能够从哲学的角度分析和解释语言的深层含义。例如，它可以帮助我们探讨语言中的概念是如何独立于个体心理状态而存在的，以及这些概念是如何跨文化和语言界限传递和理解的。这种视角的重要性就在于它使我们能够在分析语言时，超越主观性和文化特定性的限制。Pinker 的语法关联子系统假设为理解动词及物交替提供了一个关键的理论框架。它使我们能够分析和理解为什么特定的动词在不同的句法结构中会显示出不同的论元实现方式。通过这个框架，我们可以更深入地探讨句法和语义之间的相互作用，以及这些相互作用是如何影响语言的理解和使用的。例如，我们可以使用这一框架来分析及物和不及物结构的动词如何在不同的句法环境中传达不同的意义，并探讨这一现象背后的语言学和心理学动因。

其次，Katz 的语义论和 Pinker 的语法关联子系统假设在一定程度上是相辅相成的。前者为我们提供了探讨语义的本体论和概念论范畴的哲学基础，而后者则提供了理解语法结构与这些语义范畴如何相互作用的工具。例如，在分析及物交替现象时，Katz 的语义论可以帮助我们理解语义的稳定性和一致性，而 Pinker 的理论则可以揭示这些语义如何在不同句法结构中被表达和理解。

最后，将这两个理论框架应用于本研究的三个核心问题，将为解析词汇入构项与及物交替式之间的复杂关系提供一个坚实的理论基础。在探讨语义的本体论与概念论范畴时，Katz 的理论将指导我们理解语义的客观性和普遍性。而在分析及物交替的句法行为及其动机时，Pinker 的理论将帮助我们探索动词在不同句法结构中的变化及其背后的语言学原因。通过上述分析，我们可以看到 Katz 的语义论和 Pinker 的语法关联子系统假设在理论上是相互补充的，并且对于解答本研究的核心问题具有高度的相关性和有效性。这种理论框架的选择不仅为研究提供了一个坚实的基础，还为理解语言的复杂性开辟了新的视角。

（二）基于综合应用性的考量

通过将 Katz 的语义理论与 Pinker 的语法理论相结合，我们能够创建一个多维度的分析模型，用于探讨词汇入构项与及物交替式之间的关系。这种综合方法不仅允许我们从语义的角度分析语法变化，而且还提供了分析句法结构如何影响语义解释的机会。

首先，Katz 的语义理论和 Pinker 的语法理论相结合，允许我们创建一个既考虑语义深度又考虑句法结构的多维度分析模型。这个模型能够全面地探索语言学中的词汇入构项与及物交替式之间的关系。例如，通过 Katz 的理论，我们可以深入理解语义单位如何在不同语境下保持一致性，而 Pinker 的理论则揭示了这些语义单位是如何在不同的句法结构中实现和变化的。

其次，通过综合运用两种理论，我们能够从更全面的角度分析语法变化如何影响语义内容，以及语义如何指导句法结构的选择。这种分析特别重要，因为它帮助我们理解语言的灵活性和变化性。例如，我们可以探讨一个特定动词如何在其及物和不及物的用法中保持一致的核心意义，同时在不同的句法环境中展现出不同的语义细微差别。这种综合方法不仅限于理论层面的分析，还可以引导我们进行更具体的实证研究。例如，我们可以设计实验来测试特定动词在不同句法结构中的语义变化，或者利用语料库研究来分析及物交替现象在不同语言中的表现。这些实证研究将有助于验证和深化我们对于理论框架的理解。

最后，Katz 和 Pinker 的理论结合为语言学研究和教学实践提供了新的视角。例如，在教授第二语言时，这个框架可以帮助学习者更好地理解动词的及物性和不及物性，以及如何正确地在不同语境中使用动词。此外，这种理论框架的综合应用也鼓励我们进行批判性思考，特别是在面对语言学现象的多样性和复杂性时。我们将考虑这个框架在解释不同语言和文化背景下的语言现象时的局限性，并探索如何改进和扩展这个模型以适应更广泛的语言环境。

综上所述，我们建构的这个理论框架提供了一个创新的视角。这种组合允许我们从两个不同但互补的理论视角探讨语言。Katz 的语义论提供了对语义的深入洞察，强调了语义的客观性和普遍性，而 Pinker 的语法理论则聚焦于语言的结构和功能，特别是在处理句法变化和及物性交替方面。这种跨理论的结合为解析语言的复杂性提供了一种更全面、更深入的方法。然而，将这两者的语言理论有效结合，也带来了一定的挑战。首先，需要对两种理论有深入的理解，以确保它们在分析时能够相互补充而不是相互矛盾。此外，这种融合需要适应性地应用理论，以解决具体的研究问题，这需要我们对理论进行一定程度的调整或扩展。本研究项目致力于不断发展和完善理论框架。我们认识到任何理论都是在不断变化的学术环境中发展起来的，因此我们将保持开放的态度，随时准备对理论进行调整以适应新的研究发现和理论进展。简而言之，虽然结合 Katz 的语义论和 Pinker 的语法理论为本研究提供了创新的视角，但在理论融合的过程中也存在挑战。通过持续的文献回顾以及对理论框架的持续评估和调整，我们预计能够有效地应对这些挑战，并且为语言学理论的发展贡献新的洞察。

总结来说，通过对 Katz 的语义本体论和 Pinker 的语法关联子系统假设的细致分析，本章不仅展示了语言学理论的复杂性和深刻性，也揭示了理论对于实际语言研究的指导作用。我们讨论了语义的客观性、意义的组合性、非经验主义方法，以及词型和分析性的概念，这些都是理解语言本质的关键元素。同时，Pinker 的理论为我们提供了一个理解语言习得和处理机制的新视角，特别是在解释可学悖论方面。这些理论的结合，不仅丰富了我们对语言结构和功能的理解，也为后续的实证研究打下了坚实的理论基础。总而言之，本章通过综合和分析这些重要的语言学理论，为我们的研究提供了一个坚实而全面的理论框架，为理解复杂的语言现象和进一步的研究探索奠定了基础。

第四章
原子语义与交替式意义的质量守恒

在第三章中，我们首先明确了本研究的基础语义观，强调无论柏拉图型相的语言客体属于精神范畴还是物质范畴，它的“存在性”是不容忽视的。正如波普尔（2001）在其世界3理论中的陈述，理念（客观语义）基本上是从特定类别事物特征中抽象得出的概念或共通特征。这些理念以某种关系形式独立存在，虽非我们所创造，却可由我们所发现。在此基础上，我们提出，语言的主观性与客观性是辩证统一的，研究语言的主观性必须在客观性的关照下进行。基于以上考虑，我们主张Katz的柏拉图主义所聚焦的语义客体内容至少是语言主观性描写所不能规避的事实。最后，受语法关联子系统假说的启示，本研究主张，要想对语言与认知有深刻的了解，我们必须深入到动词内部去寻找更深层次的意义，它们是人类大脑在识解一个特定的事件时，用来决定哪一个角色是认知上可用的角色（如施事、主体、受事、目标、工具及人的意志等）。

本章我们将基于质量守恒的观念来探讨词汇入构项与及物构式在深层意义上的关系。这种探讨是对相关问题研究的一种全新尝试。我们所采用的方法论主要是Katz为代表的解构语法（而非Fodor为代表的意义公设，即对词汇意义的整体分析方法）。我们对解构语法的选择主要出于以下考量：首先，无论是对由词汇选择所导致的语言错误的分析还是对语言习得的研究，越来越多的证据强烈支持解构语言学的可靠性。其次，越来越多的相关研究表明，系统词汇关系完全可以通过解构而捕获，而意义公设的研究方法却无法令人信服。最后，在意义整体论（简而言之，即意义是没有内部结构的）的观点下，什么样的词汇能够进入一个语言构式，什么样的词无法进入，这些语义现象背后的理据是什么，等等诸如此类的词汇入口（lexical access）的问题无法得到合理的解决，而这也正是本项目的研究目标所在，因为上述问题需要概念与词项的语义形式之间预先建立起来的一致性来解决。

4.1　语义的组合与解构

在这一节中，我们将深入探讨语言中最为基础且复杂的概念——语义的组合性和解构性。这些概念是理解语言如何在心智中被构建和理解的关键。语言的组合性特征为我们解构语言表达式，尤其是那些所谓的“边缘”表达式提供了可能和基础。在生成框架下讨论词汇入构项语义组合和及物交替式的关系，我们需要从现代逻辑的基石——“组合性原则”（Principle of Compositionality）——谈起。“组合性原则”经常被称为“弗雷格原则”（Frege's principle）。该原则同时也是形式语义学所遵循的一个最重要的原则。其基本内容可以简单概括为：复杂表达的语义是由其组成部分的语义及组合方式决定的。这条原则之所以必要，最重要的原因是它能解释语言的可学性问题，即我们儿童凭借所掌握的有限的词汇语义，说出或者听懂从来未曾接触过的无限话语的能力。从有限的词汇语义到无限的句子语义的理解，这中间必须依靠语义的组合。有意思的是，“弗雷格原则”还经常被用来指“语境原则”，原因是 Frege 在《算术基础》一书中提出词义具有语境依赖性：“词只有在语境中才有意义，不存在独立于语境的意义。”（Frege，1953：x）据 Partee（1984）的研究，无论是“组合性原则”还是“语境原则”这样的术语，在 Frege 的著作中都没有被明确提及，只有相关意思的表达。究竟应该如何看“组合性”和“语境依赖性”的关系——这个问题令语言学家、哲学家非常感兴趣。这个兴趣背后一个重要的驱动力是，这两条原则看似是矛盾的：组合性原则强调组成句子的语词意义的相对独立性，而语境原则强调语词意义的确定需要依赖语境。

就本项目研究所针对的词汇入构项—及物交替现象而言，基于组合性原则，我们需要回答的问题是：

第一，什么是词汇入构项？什么是及物交替式？

第二，论元结构所起的作用是什么？

第三，什么是意义？意义的整体—部分关系是通过什么建立起来的？

在后续章节中，我们将继续深入探讨这些问题，以期为读者提供更加全面和深入的理解。希望通过这些讨论，读者能够对这些复杂的语言现象有一个清晰的认识，并应用这些知识于相关领域的研究和实践中。

4.1.1 词汇入构项

词汇知识是语言知识的一个核心方面，它也被认为是一种高度复杂的，而且是一种相对稳定的心智状态。这种状态的主要组成部分，也就是由语言的词汇系统所决定的结构，就是生成语言学所说的心理词汇（mental lexicon）。在生成语法框架下，词汇入口（Lexical Entries）（也译作词汇条目）是一个核心的概念，它代表着词汇在语法系统中的表征。一个词汇入口通常包括词汇的词形、句法属性、语义属性，以及与句法和形态结构相关的信息。在此基础上，本研究项目中提出的“词汇入构项”（Lexical Argument Structure）概念，也称“词汇的论元结构”，指语言中的一个词汇单位（本项目中涉及的是动词，它也可以是其他词类的词汇单位）与其相关的论元或句法角色之间的关系的描述。具体来说，每个词汇单位都有一个特定的词汇论元结构，它规定了该词汇单位可以接受的论元（例如主语、宾语、间接宾语等），以及这些论元在句子中的位置和角色。例如，动词需要多少个论元、它们的角色是什么，以及它们的语法配价如何。词汇入构项包含了词汇单位的语法和语义信息，用于确定词汇单位在句子中的使用方式，以及与其他成分如何组合以形成句子的结构和意义。这些信息在句子构建和语义解释中起着关键作用。

动词的“及物交替”（Transitivity Alternations）是语言学中的另一个重要概念，涉及动词是否需要宾语来完成其意义。“及物交替式”是动词及物交替的产物，属于一种位于句法—语义交界处的跨语言普遍句法构式。我们的研究表明，某些动词可以在不同的句法结构中表现出及物和非及物两种用法。动词的这种现象通常由于动词的含义或论元结构的变化而产生。然而，随着研究的深入，学者们（如 Levin，1993）发现，在某些特定句法构式中，同一句法范畴的动词在及物交替中的句法行为却表现出差异。以动词 *touch*，*hit*，*cut*，*break* 为例，这些动词都属于及物动词范畴，意味着它们都可以出现在及物构式中，但在特定构式中的交替表现却不尽相同。例如，*cut* 和 *break* 可以出现在中动结构中，而 *touch* 和 *hit* 则不可以。相似的，在体位提升构式中，*touch*，*hit*，*cut* 可以交替使用，而 *break* 则不行。

这些事实展示了生成框架下的所谓的“次范畴化”现象，即动词的不同次范畴对它们所需表达的论元有不同的要求，以及这些论元在语法上如何被编码——即作为主语、宾语或倾斜宾语。生成语法框架下，动词在论元结构中的不同次范畴属性由心理词典中的词项指定。因此，动词如 *fall*，*dine* 以及作为不及物动词的 *eat* 的论元结构将指定它们只需要一个主语；而 *devour* 以及作为及物动词的 *eat* 的论元结构则指定它们需要一个主语和一个宾语；*put* 的论元结构将指定它需要一个主语、一个宾语和一个斜格宾语。总之，词汇入构项，即词汇论元结构，在现代语言理论中扮演着重要角色。句子是否符合语法的要求，取决于动词论元结构所指定的论元是否真实出现在句中，反之亦然，普遍原则才会将其视为语法合规的句子。

自从 Chomsky 在 1965 年出版《句法理论面面观》（*Aspects of theory of syntax*）以来，这一观点（即许多语法现象都是由特定词汇属性所引起的）一直在发展。当前的许多语法理论为词项指定了大量信息，相对而言为其他语法成分指定了较少的语法规则或原则。鉴于动词论元结构在解释语言事实方面负有如此重大的责任，论元结构的习得自然成为解释语言习得关键部分的一环。实际上，一些学者甚至提出语言习得可能就是对话语信息的习得。论元结构习得的方法问题与特定动词与特定论元结构的匹配问题交织在一起，这意味着我们需要一个能同时解答这两个问题的理论。

（一）词汇入构项的内容

以下是本研究框架下的词汇入构项的详细介绍。与生成语法框架下的词汇入口的主要区别在于它的侧重点在动词的句法—语义配价信息。

1. 语义信息（Semantic Information）：生成框架下，语义信息包括词汇的核心意义和可能的多义信息，词汇的语义角色和关系，如代理、经验、目标等。在本项目研究体系中，这部分内容略有不同。这里，语义信息指的是语法关联的语义成分，即语法可见的语义标记，主要包括时空几何学、动力物理学的基本概念，如“时间”“空间”“事件”“因果”“改变”“主动力”（agonist）和“拮动力”（antagonist）等，以及人的意愿，如“意图”“计划”“欲望”，等等。

2. 句法结构（Syntactic Structure）：词汇与其他词汇或短语间的结构关系，如主宾关系、定中关系等。词汇的论元结构，即词汇需要哪些类型的论元（例如主语、宾语）以及论元的顺序。

3. 论元结构（Argument Structure）：词汇的论元结构表明了词汇需要与哪些其他词汇或短语结合，以及这些论元的句法和语义角色。

4. 映射规则（Mapping Rules）：词汇入构项中可能包括将论元结构映射到句法结构的规则，这些规则指明了如何将语义角色映射到句法角色。

5. 句法范畴（Syntactic Category）：词汇的词类（例如名词、动词、形容词）。可能的句法子类（例如可数名词、及物动词，等等）。

（二）词汇入构项的表达式

在语言学和计算语言学中，词汇入构项的逻辑表达通常涉及将词汇项的语义和句法属性编码为逻辑形式。这种逻辑表达可以帮助理解和表示词汇项的意义和功能。逻辑表达的形式可能会根据具体的理论框架和应用场景而异。下面是词汇入构项逻辑表达的一些基本组成部分和常见方法：

1. 逻辑形式（Logical Form, LF）：逻辑形式是一种将自然语言句子或词汇项的意义表示为逻辑表达式的方法。在这种表达式中，词汇项的句法和语义属性被明确地编码。

2. 谓词逻辑（Predicate Logic）：谓词逻辑提供了一种表达词汇项及其

关系的方法。谓词逻辑中，词汇项可以被表示为谓词，而其参数可以表示为变量或常量。例如，EAT（x,y）。是一个关于 eat 的二价谓词逻辑，其中 x 和 y 分别表示 eat 的主语论元和宾语论元。简而言之，eat 这个函数值的真假取决于变量 x 和 y 。反过来说，谓词 eat 为 x 和 y 建立起了逻辑关系。下面以动词 enter 为例来整体说明词汇入构项的逻辑表达。

一种语言的词汇系统由该语言所有基本词汇入构项的固定集合组成的。enter 作为该集合中的一个规范的入构项，是一个由各种信息组成的数据结构（data structure），这些信息大致可以分为三个组合成分：

1.GF（enter）（grammatical form）：是一个结构化的语法特征集合，它决定了 enter 的句法和形态属性，以及 enter 作为核心成分的高阶（higher-order）结构的属性。因此，［+V, -N］将 enter 分类为可以作为动词短语中心的动词。除了以上范畴特征外，GF（enter）可能还包含指示人称、数或时态的特征，以及其他对于语法组织的规则和原则敏感的格和语法属性。

2.AS（enter）（argument structure）：即 enter 的论元结构，是一个（或多个）论元位置的序列，这些论元指定了 enter 所要求的补语的数量和类型。我们现在转向论元结构 AS（argument structure），它在为 SF 中的变量提供句法指定值方面起着重要作用。根据 Chomsky（1981）θ－理论中的各种概念，AS 中的论元位置是以主题角色（或 θ 角色）为基础的，如 agent（施事）、theme（主体）、experience（经历）、source（来源）、goal（目标）等。在这个框架内，enter 应该在 AS 中有一个主体位置和一个目标位置。显然，这些论元位置决定了 enter 的句法行为的一个重要方面，而这个方面不包括在 GF 的特征中。另一方面，论元位置的确定显然是基于与词汇入构项关联的概念内容。总而言之，从某种意义上来说，AS 在词汇入构项所提供的句法和语义信息之间起到了一个接口的作用。从形式上来说，它由绑定在 SF 中的变量算子（operators）组成，这些算子提供了 AS 的语义方面内容。这些算子中的任意一个都与语法特征相关联，它们指定了适当的句法论元的格。这些信息构成了 AS 的语法方面的内容。AS 中的信息直接反映了词项是 n-元谓词的事实，它将属性或关系赋予 n- 元组的实体（或实体集）。由于 SF

是一个命题条件，AS 的 λ 算子序列被加在其前面，AS 和 SF 一起定义了一个具有 AS 中的抽象位置所确定的恰好的数量和类型的价，也就是所谓的配价（valency）。因此，enter 是一个二元谓词，它将关系赋予由其语法主语和宾语所确定的实体。这里的实体不仅包括传统意义上的各种语义角色，在本研究中，还包括各种语法相关的语义成分，如前面提到的动力物理学和几何学的基本概念，以及人的意愿。

3.SF（enter）（semantic form）：指的是 enter 的语义形式。它代表了 enter 对包含 enter 的那个复杂表达的意义所做出的具体语义贡献。这种贡献的性质在不同的语义学方法中有争议，我们将在后面讨论涉及的一些问题。所有方法的一个普遍假设是，SF 限制了包含 enter 的话语的命题内容。实际上我们将假设 SF（enter）是一个命题条件，要根据语法的系统原则整合到复杂表达的语义表示中。如 enter 在上述表达式中的 SF（语义形式）所示，一个词汇入构项的词汇意义具有复杂的内部结构，它由更原始的元素组成。在 SF 中，我们注意到有两种类型的元素：语义衡量（标记），如 CAUSE、MOVE、CONTACT、BECOME 等以及变量，如 x、y、z。衡量在概念性、感知性、运动性以及可能的其他心理结构方面有固定的解释（尽管依赖于上下文），而变量则是一些开放的槽，这种槽可以通过两种方式之一来填充：它们要么由其他语言表达式来指定，要么由适当的概念值来固定。衡量和变量都被分配给特定的语义范畴，这些范畴一方面决定了可以与它们关联的概念解释的类型，另一方面决定了基于这些成分的 SF 的组合结构。

4.1.2 及物交替构式

在本节接下来的部分，我们将聚焦于及物交替的深入探讨。及物交替作为语言学中一个独特而复杂的现象，它揭示了动词如何通过不同的句法结构来表达变化的语义内容。在这一节中，我们将探索及物交替的概念、特征和在语言表达中的多样性。这一分析对于理解动词如何与其论元互动，以及这些互动如何影响整体句子结构和意义具有重要价值。我们的目标是深入解析及物交替背后的语义和句法机制，探讨它们如何共同作用来构成语言的复杂性。我们将检视动词如何在不同的句法环境下展示不同的语义面貌，以及这些变化是如何体现出语言的适应性和表达力的。此外，我们还将分析及物交替如何与语言习得、处理和理解相关联，从而提供对语言认知机制更深层次的洞察。通过这些探索，我们希望提供一个全面而深入的视角来理解及物交替在语言结构和语义建构中的核心作用。

（一）构式的定义

在构式语法中，“构式”被视为语言知识的基本单位，它们可以是非常简单的，如动词和它们的直接宾语组合成及物动词短语，也可以是更复杂的，如被动句或复合句的结构。构式的关键概念是它们可以横跨多个层次的语法结构，涉及词汇、句法和语义的相互作用。构式语法强调了构式的灵活性和多功能性，认为它们可以解释不同的语法现象，包括动词的及物性、被动、使役结构等。因此，构式语法提供了一种更全面、更自然的方式来描述语言结构和语法规则，与传统的基于规则的语法形成了鲜明的对比。

事实上，构式语法框架下，不同语法路径对“构式”（construction）的定义也不尽相同。举例来说，Goldberg（2006）的 CxG 将构式定义为：

> “语言构式是指那些不能完全由其组成部分或者其他已有的语言形式严格预测出来的语言结构，无论是在形式上还是在功能上。此外，即使某些语言型式在一定情况下能够被预测出来，只要它们在语言中出现的频率足够高，也可以被视为构式。”（Goldberg，2006:5）

不同于 CxG 对“构式”的定义，即，固定的形式—意义对应单位，强调形式结构与其固有的语义和语用功能的直接关联，在 LCM 中，“构式”不仅是形式结构，它同时还包括了与这些结构相关的操作过程，如推理、语境适应等。CxG 强调词汇和句法结构之间的互动，但更多的是从构式本身出发来理解和分析语言现象。在LCM中，词汇被视为语言结构的基础，它与更高层次的语言结构（如短语、句子）紧密相连，共同构建意义。本项目研究更倾向于将构式定义为：

> 一个构式(construction)相当于一个稳定的化合物(compound)，它是由自身组成部分的语法可见的、不可再分的原子语义按照一定的语法规则化合（combine）而成的。这些组成部分可能需要重新排列，但却不会在整体系统中引入新的语义元素。任何词项要进入该化合物，必须具备该化合物合成所需要的基本原子语义。

这里有一点需要澄清一下。纵观文献，目前学术界对于构式成因的看法存在两种截然不同的观点：一方面，在生成语法和某些形式主义理论中，语言结构被视为一个独立于具体语境的系统。这些理论强调语言的普遍性和内在规则，而将语用视为对这些规则的应用或实现。另一方面，在构式语法和语用学理论中，语言结构和语言使用被认为是相互交织、不可分割的。在这些观点中，构式不仅是语言的结构单位，也是语言使用过程中的动态产品，其形成和演变受到语用环境和社交互动的影响。我们前面已经论证过，首先，本研究项目接受生成语法的观点，即将语言结构视为独立于具体语境的封闭系统。但我们反对其将语言等同于知识的主张。在我们看来，语言和知识是两个不同范畴的内容。前者是可以被人类感知，但却独立于人类心智的抽象的客观存在，后者是依赖于人类心智语言官能。那么，语言既然是客观存在的实体，它就必然会遵循其他客观现实所遵循的自然法则，因此语言研究与其他自然科学领域（如物理、化学）的研究成果可以互相借鉴。

回到前面我们给出的那个构式定义，我们的重新定义强调了以下几个关键方面：

1. 稳定性：将构式比喻为化合物，强调构式是一种稳定且固定的语言结构。构式被比喻为一个稳定的化合物，这意味着一旦形成，它们具有一定的固定性和连贯性。

2. 不可再分性：构式由“原子语义”组成，这些原子语义在构式中是基本的、不可再分的单位。这强调了构式的基础性质。

3. 可重新排列性：虽然构式中的语义元素可以重新排列，但这种重组不会引入新的语义元素，保持了构式的整体稳定性。

4. 不引入新的语义元素：构式的形成不会在整体系统中引入新的语义元素，这意味着构式的意义是由其组成部分决定的。

5. 对词项的要求：任何想要成为构式一部分的词项必须具备构成该构式所需的基本原子语义，这突出了构式在选择其组成成分时的特定性和限制性。

这个定义通过化学的类比，描绘了构式在语言中作为一种固定且规则化的结构的特点，同时也强调了构式的组成部分在结构上的固定性和在语义上的限定性。研究及物性交替一直是语言学术研究的一个共同趋势，因为对于当代的语言学者们来说，及物性交替是一个探索句法结构和一些意义成分之间的系统关系关键语言现象。这也就是为什么一些截然不同的研究路径应运而生。在试图解释交替动词行为的众多研究成果中，持纯粹词汇主义观的学者们（Pinker，1989；Jackendoff，1990；Levin & Rappaport Hovav，1995 等）预测，句法结构是由语义决定的。而 Borer（2005）的推测则与之相悖，主张语义解释来源于底层的没有词汇的干预的句法表征。介于这二者之间的是以 Goldberg（1995）为代表的构式语法，主张句法构式的存在与特定的语义解释密切相关（参见 Hernández，2010）。

在 Chomsky（1970）《论名物化》之后，许多研究开始接受动词的意义在很大程度上决定了它所携带论元的数量，以及它所生成的句法结构。因此，一些语言学分析表明，次范畴（subcategorization）框架至少部分地可以从某些语义成分的要求中推导出来（Levin & Rappaport Hovav，1998；Jackendoff，1990）。当然，这一领域的学者所面临的巨大挑战就是去确定那些与一种特定句法结构相关联的意义成分或称语义模板（templates），也就是我们前面所说的语义标记、语法关联语义等。

（二）及物交替式

下面我们来介绍及物交替式。交替是动词的特征，本项目的研究对象“及物交替式”是指动词及物性交替过程的产物，包括二价及物动词交替生成的中动式、始动式、意向式，以及三价动词交替生成的方位格交替式和予格交替式。那么，何谓及物交替？

及物交替的概念源自语言学中对及物性的研究。及物性（Transitivity）是指动词是否需要宾语来完成其意义。根据及物性的不同，动词可以分为及物动词和非及物动词。随着语言学研究的深入，学者们发现，有些动词可以在不同的句法构式中展现出及物和非及物两种用法，从而形成了及物性交替的概念。在将一个结构视为及物性交替时，我们通常会假定，两个不同的句法结构之间存在这一种语义关系或泛化。这些结构被认为既彼此相区别，又彼此相关联，而将它们关联起来的就是一个词汇入构项，这个词汇入构项将那个在两个句法结构中交替扮演角色的动词相统一。动词交替指的是动词可以表现出的不同的论元实现模式，通常是由于动词含义或论元结构的变化而产生。这些交替以“NP V NP”的形式与“N P V”交替出现，或者 “NP V NP”与“NP V PP”交替出现。动词交替的一个常见例子是使动交替。在这种交替中，一个不及物动词（如非使动用法中的 *break*）可以交替为一个具有类似含义的及物动词（如使动用法中的 *break*，如 *John broke the glass*）。这些概念对于理解动词及其论元如何在句子中结构化和交互至关重要，并且对句法、语义和词典的理论具有影响。它们帮助语言学家理解自然语言中意义和结构如何相关。在交替的背景下，有两个核心问题：第一个问题是，为什么并不是每个非致使动词都有一个对应的使动动词？举例来说：

（1）*The roses bloomed. /*Rebecca bloomed the roses.*

（2）*The iron gate rusted away./ *Maria rusted away the iron gate.*

这里我们看到，非使动动词 *bloomed/rusted away* 没有使动交替的用法。

第二个问题是，反过来说，为什么并不是所有使动动词都可以进行非使动交替？举例来说：

（3）*Rebecca broke her promise./*Her promise broke.*

（4）*Maria cracked the secret code. /*The secret code cracked.*

这里我们看到，使动动词 broke / cracked 没有非使动交替的用法。这正是本项目研究的出发点，即基于语义守恒原则对上述两个问题做出相对合理的解释。

英语中的及物性交替是一个复杂且多层次的语言现象，通常涉及到动词在句法和语义层面上的交替行为。从学术的角度来看，这种交替涉及了词汇、句法、语义和语用等多个语言学领域。举例来说，在词汇层面，及物交替涉及到动词的内在属性，如它们是否需要宾语以完成其意义。有些动词可以在及物和非及物结构之间交替，而这种交替通常不会反映在动词的形态变化上。在句法层面，及物交替通常涉及动词和宾语之间的关系，以及如何通过句法结构来表达这种关系。例如，及物动词通常会在句中带有直接宾语，而非及物动词则没有。从语义角度来看，及物交替反过来会影响动词的意义和句子的解释。例如，使动 / 非使动交替（如 break）涉及事件的不同参与者和因果关系的表示。根据交替的方向，及物交替可以分为使非及物化和使及物化两种交替。使非及物化交替是指通常的及物动词在非及物结构中的使用，反之亦然对于使及物化交替。在英语中，及物性交替是常见的语言现象，这一现象可以在各种动词中观察到。举例来说，Levin（1993）根据交替所涉及的句法框架将交替分为三种类型（28 小类）以及一些其他类型（22 小类），包括及物性交替（4 小类）、词短语内部的不影响及物性的动论元交替表达（14 小类），以及当动词允许“间接”主语时的交替（10 小类）。篇幅所限，我们仅介绍一些常见的交替构式。

综上所述，在英语中的及物交替式不仅是一个令人着迷的语言现象，而且它在揭示动词及其论元间复杂的语义和句法互动方面起着关键作用。通过深入探讨及物性的变化以及与之相关的使动 / 非使动交替，我们能够更全面地理解语言如何在不同结构中传达不同的意义，以及这些变化背后的语言学原理。这种对及物交替式的探索，不仅在理论上丰富了我们对语言结构的理解，还为实际语言应用提供了新的洞见。正如 Levin（1993）所示，通过分类和分析不同类型的及物交替式，我们可以更深入地了解动词如何根据其语义特性选择不同的句法结构。

4.1.2.1 使动 Vs 始动交替式

使动 Vs 始动（也称非使动或者作格）这对交替式（Causative/Inchoative Alternatives）是语言研究中一种重要的及物交替现象，它涉及动词在及物和非及物结构中的交替使用，并因此产生不同的语义解释。在这个交替现象中，使动结构中的动词是指一个指称使役关系的及物动词，它描述了施事者（agent）对宾语（object）产生某种影响或效果。

1. 使动结构（causative alternation）涉及及物动词，表达施事者对宾语产生影响或效果的关系。如句子 She broke the glass. 中的 broke 是使动动词，描述施事者对玻璃的影响。根据 Pinker（1989），使动用法适用于直接或物理接触的情况，但不适用于扩大的因果关系链。相反，间接因果链可以用一个迂回使役动词（*periphrastic causative*）表达，其中的不及物动词是被作为 make 或其他使役动词，如 cause 或 let 的补充而嵌入的（如 Fodor 1970；McCawley 1971；Shibatani 1976；Gergely 和 Bever 1986）。间接因果链可通过迂回使役动词 *make* 和不及物动词组合表达。例如：

（1）*Sally made the ball bounce.*（使动）

（2）*Sally bounced the ball.*（直接使动）

2. 始动结构（Inchoative Alternation）也称作格（ergative），涉及自发状态变化或事件发生的不及物动词，无需明确施事者。例如：在这种结构中，这个指称使发事件的不及物动词与使动动词形式相同，但它是不及物的动词，不需要直接宾语。例如：

（3）*The glass broken.*

（4）*The door opened.*

（5）*The cloth dried.*

在上述例句中，*broke/opened/dried* 是始动动词，描述了玻璃 / 门 / 衣服自发的变化状态。允许这种交替的动词属于非宾格动词（unaccusatives，也译作非宾格动词）即，那些只有一个“主体”（theme）的不及物动词。也就是说，主语对它做了某种事情，而不是主语作为一个“施事”（agent）并导致某种事情的发生。然而，并不是所有的非及物动词都能交替。例如 *happen, occur, appear* 就不能交替。这也正是本项目所要探讨的主要问题所在。

4.1.2.2　中动式

中动结构是一种特殊的动词结构，它介于及物（transitive）和非及物（intransitive）结构之间。在中动结构中（Middle Transitive Alternation），动词通常表示一种自发的（不需要外部施事者的参与）或固有的动作或状态，而不是由外部施事者引起的动作。在中动结构中，主语通常既是动作的体验者也是动作的发起者。在英语中，中动结构通常通过特定的动词形式或副词来表示，例如，动词词尾 *-ize*，*-ify* 或副词 *easily*，*well* 等。中动动词表示既由主语执行又由主语接受的动作。例如：

（1）*The book reads easily.*

（2）*This cloth washes well.*

主语 *book* 和 *cloth* 分别是读书和洗涤这两个行为的执行者同时也是它们的接受者。它们通常反映一种状态或者主语所经历过程，往往没有直接宾语。与作格（Burzio, 1981，也被称为 unaccusative　cf. Perlmutter, 1978）动词不同，作格动词既可以用于及物也可以用于不及物。当它们用于不及物时，主语通常是行为的接受者，当它们用作及物时，主要通常是行为的实施者，动词要有直接宾语。例如，*The glass is broken* 中 *broke* 是不及物用法，主语 *the glass* 是 *breake* 这个行为的接受者。而 *I broke the glass* 中 *broke* 是及物用法，主语 *I* 是 *breake* 这个行为的实施者，*the glass* 是 *broke* 这个行为的接受者。

乍看起来，中动结构就是前面提到的始动交替或者称作格交替（Ergative，不及物用法，例如 *Two ships sank.*）的更严格的形式：在句法上，它们需要一个副词；在语义上，它们的时间参照不能是特定的。例如：

（3）**The major bribes easily at 5 PM.*。

（4）**The manuscript is reading well.*

从这个角度来说，中动动词有些像不能出现在进行体中的静态动词，例如，更具体地说，中动交替表现出以下两个基本特征：首先，从句法上来看，施事没有被投射到语法中。这一点与不带 *by+* 施事的被动结构和作格结构表面上看也很类似，例如 *This book reads easily by John*。但被动结构中动词有形态上的变化，而在中动结构中，动词不受形态变化的影响。其次，从语义上来看，无论表层结构中的主语的一般性如何，中动结构都是一个一般意义上的陈述（generic statement）。例如：

（5）*Minced food does not freeze well.*

（6）*Your new hair dryer stores away neatly.*

这两个中动结构中 *Minced food* 比 *Your new hair dryer* 所表达的概念更具普遍性，但这并不影响它们所处的中动结构的一般性陈述。换言之，无论中动结构中的主语是否是一个一般意义上的概念，中动结构都只能表达一般意义上的陈述。

4.1.2.3 意动式

学术界对于意向交替式的定义尚未达成一致。基本观点是意向式（Conative Alternation）包括两种形式：［verb + preposition + object］和［verb + object］。前者也被称为 at- 构式，是一种典型的意向交替式。本项目研究倾向这种看法。Levin（1993：42-42）将意向交替式定义为“一种及物性交替，其中及物变体中的动词宾语出现在不及物的意向变体中由 at 为核心的介词宾语的位置”。她（同前）还指出：“这种不及物变体描述的是一个‘尝试性的’（attempted）行为，但没有具体说明是否实际执行了这个动作。”举例来说：

（1）*Paula hit the fence./Paula hit at the fence.*

（2）*Margaret cut the bread./Margaret cut at the bread.*

尽管学术界对意向交替式的定义尚未完全统一，但普遍接受的观点是，它涉及及物和不及物变体的存在。例（1）*Paula hit the fence* 和 *Paula hit at the fence* 之间的区别在于，前者暗示了动作的成功，而后者更多地表达了动作的尝试。例（2）*Margaret cut the bread* 和 *Margaret cut at the bread*，其中后者表达了对动作的尝试，但没有明确是否成功切开。综上所述，意向交替式的研究为理解语言中动词及其结构变化提供了重要的视角，特别是在揭示动词如何表达动作的尝试或目标化方面。这种理解有助于深化对语言及物性和动词用法的认识。

总而言之，及物性的研究可以追溯到古代的语法学研究。在传统的语法框架中，及物性被认为是动词的一种基本属性。随着结构主义和生成语法等现代语言学理论的发展，及物交替的研究得到了进一步的推动。特别是在生成语法框架下，及物交替被认为是动词的句法和语义特性之间相互作用的重要表现。学者们通过观察和分析不同语言中的及物交替现象，探讨了及物交替对于动词意义和句子结构的影响。例如，因果 / 非因果交替、中动交替等。在跨语言比较的研究中，及物交替被用作探究不同语言句法和语义特性的重要手段。及物交替的概念不仅丰富了我们对动词及物性的理解，还为分析动词的句法和语义提供了有力的工具。通过及物交替的研究，我们可以更好地理解动词如何在不同的语境中表达不同的意义，并且如何与句子结构相互作用。

4.1.2.4　方位格交替式

所谓方位交替（Locative Alternation），是指在语言学中，特别是在句法和词汇语义学领域，动词可以与多种与位置表达有关的论元结构进行搭配。这使得同一个动词可以参与不同的结构来表达位置或向某个位置的移动，常常伴随着介词或其他表示地点的成分的变化。

例如，动词 spray 可以参与以下位置交替：

（1）*She sprayed the wall with paint.*（直接宾语为方位，也称容器式）

（2）*She sprayed paint onto the wall.*（间接宾语为方位，也称内容式）

在这两种情况中，动作和参与者是相同的，但表达方位的句法结构不同。这些交替不是随机的，而是遵循可以在动词和语言之间观察到的模式。在心理语言学研究中，关于位置交替的研究通常关注人们如何处理和理解这些不同的结构，以及儿童和非母语者如何习得这些结构。这是一个研究领域的宝库，因为它涉及语法、意义和认知过程的交汇点。

Levin（1993）归纳了一个全面的列表，列出了参与这种交替的动词，并将它们分为五个子组。她将动词分类为不同子类型，这取决于两个因素：（1）论元结构，特别是动词是及物的还是不及物的；（2）介词的类型。在每一个组中，（表面）句法结构发生了变化，但它们的 θ－角色，即主题或位置，始终是保持不变的。Levin（1993:51–55）提出的位置交替的五个子类型，即 *Spray/load*– 交替（例句参看上面两句）；*clear*– 交替（及物），例如：

（3）*John cleared dishes from the table.*

（4）*John cleared the table of dishes .*

clear- 交替（不及物），例如：

（5）*The clouds cleared from the sky.*

（6）*The sky cleared* （*?of clouds*）.

wipe- 交替，例如：

（7）*John wiped the fingerprints off the table.*

（8）*John wiped the table* （**of fingerprints*）.

swarm- 交替，例如：

（9）*Mosquitoes are swarming in the garden.*

（10）*The garden is swarming with mosquitoes.*

4.1.2.5　予格交替式

所谓“予格交替”（Dative Alternation）是指在语言学中，特别是在句法和词汇语义学领域，某些动词可以以不同的句法结构来表达与某个对象的关系，特别是在描述给予或传递动作时。这种交替涉及至少两种结构：一种是间接宾语结构（indirect object construction），另一种是前置宾语结构（prepositional object construction）。以下是对予格交替的详细介绍：

1. 基本概念：予格交替主要涉及描述给予、发送、告知等动作的动词。这种交替体现在同一动词能够构成不同的句法结构，以表达类似的意义。

2. 间接宾语结构和前置宾语结构。间接宾语结构指动词直接跟随一个间接宾语（接受者）和一个直接宾语（被传递的事物）。前置宾语结构指动词跟随一个直接宾语，接着是一个介词短语来表示接受者。例如：

（1）*She gave John the book.*

（2）*She gave the book to John.*

3. 动词的类型和适用性。并非所有动词都适用于予格交替。能够交替的动词通常涉及传递、通知或赠送等动作。某些动词在特定上下文中可能只适用于其中一种结构。

总体来说，与格交替是语言学中一个有趣而复杂的现象，涉及到句法结构、语义理解和语言习得等多个层面。通过对这种交替的研究，可以更深入地理解特定动词如何在不同结构中表达类似的意义，以及这些结构是如何在语言使用中被选择和理解的。

4.1.3 基于原子论的语义组合原则

在探讨语言学领域的语义组合原则时，我们受到原子论概念的启发，计划采纳部分—整体的观点。根据 Katz 的客观语义立场，这种方法将语义学视为探索语言中独立存在、客观的语义单元及其组合方式的学科。这一立场认为，就像化学中的原子和分子相互作用形成复杂物质一样，语言中的基本语义单元（类似于“语义原子”）相互结合，形成复杂的意义结构。

在语言学中应用原子论概念，意味着我们将研究语言的最基本单元及其组合规则。这些“语义原子”类似于化学中的原子，它们是构成语言意义的基本单位。通过分析这些基本单元及其组合方式，我们可以更深入地理解句子如何表达复杂的概念和情感。例如，我们可以探索不同的语义单元如何组合形成特定的句法结构，以及这些结构如何反映特定的意义。进一步的，基于原子论的组合原则定义将关注如何从这些基本的语义单元出发，构建出完整的语义结构。这意味着我们将探讨诸如语义原子间的关系、它们如何相互影响以及如何集成更大的语义单位。例如，我们可能会研究一个特定动词的基本语义属性如何与其他词汇（如主语、宾语）相结合，形成完整的句子意义。

总的来说，这种基于原子论的组合原则的研究方法将提供一个全新的视角，帮助我们更深入地理解语言的内在结构和功能。通过分析语义的最基本构成单元及其组合方式，我们能够更好地解释和预测语言现象，从而推动语言学理论的发展。

4.1.3.1 原子概念与语义标记

前面提到，Katz 于 1972 年提出的原子论语义观是现代语言学研究中的一个重要理论。这一理论借鉴了柏拉图的数学理论和现代物理学中的原子论，为理解语言的结构和意义提供了一个独特的视角。Katz 的理论强调语言学是一门形式科学，并利用民间语义学（folk semantics）的语料来构建一个抽象但具有解释力的语义结构框架。

在 Katz 的原子论语义观中，他使用了物理和化学的类比来解释语言的抽象性质和内在规律。例如，他将语言中的词汇比作化学元素，而语法结构则类似于这些元素如何组合成分子。这种类比有助于理解语言中词义的组合性和语言结构的系统性。

我们主张，Katz 的理论对于理解语言的本质和语言学作为科学的地位具有深远的影响。他的工作不仅挑战了传统的语义观念，也为后来的语言学家和理论家提供了一个坚实的理论基础，使他们能够更深入地探索语言学的核心概念及其在现代研究中的应用。通过分析 Katz 的原子论语义观，我们可以更好地理解语言的复杂性和多样性，以及它如何作为一种人类认知和交流的工具。

本项目将原子语义概念引入语义研究并非突发奇想。在《语义理论结构》（*The Structure of a Semantic Theory*, Katz & Fodor，1963：186）中，Katz & Fodor 在对语义标记（semantic marker）和辨义成分（distinguishers）进行区分时，假设性地提出了“原子概念”（atomic concepts），并在此基础上对意义进行了解构。语义理论结构中，原子概念是以语义标记的方式表征的。原文如下：

> 语义标记和辨义成分被用来作为将一个词项（基于一种语义）意义分解为原子概念的手段，从而使我们能够展现一个字典词条的语义结构和词条之间的语义关系。也就是说，一个词项的各种

> 不同意义之间以及不同词项的各种不同意义之间的语义关系均由语法标记和辨义成分之间的形式关系来表示。（Katz & Fodor，1963：186）
>
> *The semantic markers and distinguishers are used as the means by which we can decompose the meaning of a lexical item （on one sense） into its atomic concepts, thus enabling us to exhibit the semantic structure IN a dictionary entry and the semantic relations BETWEEN dictionary entries. That is, the semantic relations among the various senses of a lexical item and among the various senses of different lexical items are represented by formal relations between markers and distinguishers.* （Katz & Fodor，1963：186）

在同一篇文章的后续章节中（第 208 页），他们指出，语义标记仅仅是理论架构，与理论架构在其他科学领域中的使用相类似。原文如下：

> 一个语义标记只是一个理论架构，它在语义元理论中得到解释，与原子、基配价和名词短语等科学架构相当。像“Human”或者“Color”这样的语义标记，它们并不是英语单词，而是被用来表示理论构造的。（Katz & Fodor，1963：208）
>
> *a semantic marker is simply a theoretical construct which receives its interpretation in the semantic metatheory and is on a par with such scientific constructs as atom, gene, valence, and noun phrase. A marker such as （Human） or （Color） is, then, not an English word, but a construct represented by one.* （Katz & Fodor，1963：208）

Katz & Postal 在 1964 年的著作《语言描述的整合理论》（*An Intergrated Theory of Linguisitc Description*）的第 2.2 节 语义成分中，也使用了类似的“原子概念”的概念。原文如下：

> 词项的意义并不是一个未分化的整体。相反，它可以被分析成以某些方式相互关联的原子概念元素。语义标记和辨义成分是作为表征原子概念的符号手段，用来合成词项的意义。解读（注释：指的是由语义标记所组成的表达式的意义的理论表征）清楚地说明了这种原子概念的合成。（Katz & Postal，1964：14）
>
> *The meaning of a lexical item is not an undifferentiated whole. Rather, it is analyzable into atomic conceptual elements related to each other in certain ways. Semantic markers and distinguishers are intended as the symbolic devices which represent the atomic concepts out of which the sense of a lexical item is synthesized. Readings represent such synthesizations of atomic concepts.*（Katz & Postal，1964：14）

综上所述，Katz 的语义标记用于描述词汇的意义。这个系统通过一系列标记（markers）和区别特征（distinguishing features）来精确描述词汇的语义属性。例如，词汇*apple*可能会被标记为［ *+FRUIT +EATABLE -ANIMATE* ］等。原子概念通常指的是在概念体系中最基本、不可进一步分解的概念。在不同的领域，这些概念的定义和应用方式可能有所不同，但它们都是构建更复杂概念的基础。Katz 的语义标记通过组合不同的标记和特征来构建更复杂的词汇意义。原子概念作为不可分割的单位，通过组合形成更复杂的概念。语义标记通过细致的分类来提高对词汇意义的理解。原子概念提供了一种清晰、精确的方式来表达和操作基本概念。这种方法可以帮助更清晰、精确地理解和表达复杂的概念和想法。这种细致的分类和精确的概念定义有助于跨学科领域（如语言学、心理学、人工智能）的研究和沟通。总的来说，Katz 的语义标记和原子概念的类比有助于深入理解和处理语言和概念，对语言学、认知科学等领域的研究和应用具有重要意义。

4.1.3.2 化学与语义标记

在这一节中，我们继续探讨Katz 对语义学与化学关系的类比。在论文《语义理论和“好”的意义》（1964:74）中，Katz 将其之前对概念与物理原子之间的关系类比拓展了化学领域。这是一种将解读与分子化学公式的类比。这里所说的解读（readings）指的是由语义标记所组成的表达式的意义的理论表征，其可比性在于它们对各自对象结构的表征方式。

> “语义标记”被视为语言理论的建构的原因就在于像“力”“质量”“分子”等术语，在物理学理论中也同样是被接受的科学结构的标签。就一个词义的解读方式或者表征其概念结构和它们之间的关系表达式的解读方式与代表了其原子结构和原子之间结合的物质分子的化学式的方式而言，此处存在着一个很强的类比性。两者均运用了科学理论的理论建构和表征图式来展示构成复合实体的要素和关系。（Katz，1964：744）
>
> *[Semantic markers] are to be regarded as constructs of a linguistic theory in just the sense in which terms like 'force', 'mass', 'molecule', etc. are accepted as labels for scientific constructs in physical theory. There is here a strong analogy between the manner in which a reading for a sense of a word or expression represents its structure of concepts and their interrelations and the manner in which a chemical formula for a molecule of a substance represents its structure of atoms and the bonds between them. Both employ theoretical constructs of a scientific theory and a schema of representation to exhibit the elements and relations out of which a compound entity is formed.*（Katz，1964：744）

在1966出版的《语言哲学》中，Katz对这一观点作了进一步的阐释，下面是Katz给出的乙醇分子的图表（Katz，1966：156）：

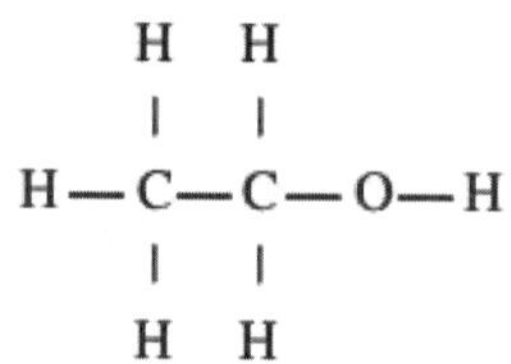

通过展示乙醇分子的图表，Katz 深入阐释了他的语言学观点。这一展示不仅具体说明了 Katz 如何将化学中的分子结构类比应用于语言学的理论框架，而且还展示了他对语言元素组合和内在结构的深入理解。通过这种类比，Katz 强调了语言元素（如词汇和语法结构）之间的复杂关系，以及它们如何相互作用以产生更丰富的语义意义。这一视角为我们理解语言的组合性和其产生意义的过程提供了一个有力的理论工具。在后续研究中，我们将进一步探讨 Katz 的这一类比，以及它是如何在语言学理论中找到应用的。

1992 年在《新内涵主义》（*The New Intentionalism*）中，Katz 再一次（也是最后一次）提及了其对化学和原子论的类比，原文如下：

> 由于从未听说过对于下面类型的句子（如“这个点是蓝色”，“这个点是红色”，“单身汉是未婚的”，“红色是一种颜色”，“方形是矩形”，“约翰是一个单身汉”，“约翰是未婚的”）中的句法简单的单词的分析可以有复杂的结构，牛津语义学并未深入到那个实际上决定着这些句子推理力的结构。牛津语义学好比原子论时期之前的化学；而解构语义学则好比之后的化学。（Katz，1992：702）
>
> *Having no conception of analysis on which syntactically simple words in sentences* [*like 'The spot is blue', 'The spot is red', 'Bachelors are unmarried', 'Red is a colour', 'Squares are rectangles', 'John is a bachelor', 'John is unmarried'*] *can have complex sense structure, Tractarian semantics had no access to the structure which actually*

> *determines the inferential powers of those sentences. Tractarian semantics is like chemistry prior to the period of the atomic theory; decompositional semantics is like chemistry afterward.*（Katz，1992：702）

Katz 在这里提到的困难通常被称为颜色不兼容问题或颜色排除问题（维特根斯坦问题）。简而言之，就是如何标记“这个点是蓝色的”和“这个点是红色的”的不兼容关系的理论问题。因为颜色并非非蓝即红，所以不能用“p 和 not-p”的逻辑矛盾的形式标注。针对这一问题，Katz 基于组合性原则将“红色”和“蓝色”的语义通过四个相互连接的形式手段，即反义运算符、反义 n 元组、范畴化变量和选择限制等链接起来，成功地避免了颜色排除问题。在这段引言中，Katz 批判了牛津语义学的简化方法，认为它没有认识到这样一个事实，即一个句子中的简单词汇可能拥有的复杂语义结构，因此只停留在表面，没有触及决定句子含义和推理力的深层结构。他将这种方法比作原子论之前的化学，暗示其理论基础过于简单、未经充分发展。相对的，Katz 将解构语义学比喻为原子论之后的化学，强调其在分析语义结构上的深度和复杂性。他认为，正如化学通过原子论获得了更深刻的理解和预测能力一样，解构语义学通过更细致地分析语言的内在结构，能更准确地理解和预测语言现象。这一比喻反映了 Katz 对解构语义学深度和精确性的信念，以及他对其在语言学领域的重要性和影响力的强调。

总而言之，在 Katz 的论著中，我们随时都能感受到这个化学和原子论类比的存在。事实上，将语言的组合性与化学进行类比的学者不乏其人。早在 1949 年，荷兰语言学家 Groot 在《结构句法》（*Structurele Syntaxis*）中，在化学“配价”这一概念的基础上，还系统地描述了语言的句法体系。学术界通常把创立配价理论归于法国语言学家 Tesniere （1959）的《句法结构要素》（*Elements de syntaxe structure*）对配价理论所作的详细论述。在《句法结构要素》中， Tesniere 认为：句子是一个有机整体，同一表达式中要素与要素之间存在着构成该表达式框架的某种联系（*connexion*），这些联系是该表达式得以解读的一个重要线索。由此可见，联系构成了语言表达式的根本要素，它赋予语言的有机性和生命力。在此基础，Tesniere 把动词在联系中的作用作了一个类比：动词及其所支配的其他词类构成了一出由表演者和场景组成的戏剧。动词是主角，由名词性成分充当的补足语是配角，场景将这些角色有机整合起来构成了这出戏的情节。他进而将动词配价定义为：能够带一定数目配角的特性。根据具体数目，可分为零价动词（无配价，如形式主语句中的动词 *It rains*）、一价动词（一个配角，如不及物动词句中的动词 *I swear*）、二价动词（两个配角，如及物动词句中的动词 *Z loves L*）和三价动词（三个配角，如双及物动词句中的动词 *Z gives L a hug*）。

自此，配价理论得到了很大程度上的发展，尤其在德国和法国学术界。主要表现为从早期的动词配价扩展到形容词和名词的配价研究，并运用配价语法对具体语言中的动词、形容词、名词的配价作出了细致、具体的描述。人们对配价认识也得到了进一步深化，由早期将其单纯地视为形式表达范畴或者语义范畴发展到后来的将其视为可以从不同层次不同角度进行描写的概念，即逻辑价、语义价和语法价。在描写语义价和动词的语义成分结构时，吸收了来自格语法、生成语义学等语法的语义理论的长处，使其自身得到了完善，保持了与其他语法理论的同步发展。现在，语义格逐渐成为语义价通行的描写手段。

4.1.3.3 语言学中的原子论

在这一部分中我们将简单介绍一下原子论对语言学的关照。原子论是古希腊哲学中的一种重要思想，它主张宇宙由称为“原子”的不可分割的最小单元构成。这一理论最早由列奥西普斯（Leucippus）提出，并由他的学生德谟克利特（Democritus）进一步发展。德谟克利特提出的原子论是一种物质主义哲学，认为所有事物都由这些永恒不变的最小粒子组成，它们通过不同的排列和组合形成了我们看到的多样化的世界。随后，这一理论在古希腊哲学家伊壁鸠鲁（Epicurus）的作品中得到了进一步的发展和解释。伊壁鸠鲁将原子论应用于伦理学，提出了一种追求快乐和避免痛苦的生活哲学。他的思想通过罗马诗人卢克莱修（Lucretius）的史诗《物性论》（*De*

Rerum Natura）传播到更广泛的读者群。这些哲学家的工作为后来关于物质和宇宙的科学理论奠定了基础，对西方科学和哲学产生了深远的影响。

（一）古希腊原子论与语言

根据 Dijksterhuis（1961）提出的古希腊原子论，原子被认为是构成宇宙的基本单位，它们是恒定的、不可见的，并且不能被分割或改变。这些原子在空虚中移动，通过它们的聚合和分离，形成了所有可见的物质和现象。德谟克利特和他的追随者们认为，尽管原子本身不可知，但它们的结果——即可见世界——是可以被理性理解的。尽管主要集中于物理和哲学领域，但古希腊原子论与语言学有关联，特别是在认知和表述自然世界的基本概念方面。这种关联体现在几个方面：

1. 词汇和概念化：原子论引入了“原子”（atomos，意为“不可分割”）这一概念，这不仅是物理学的一个重要概念，也是一种语言和思维上的创新。通过创造新词汇来描述这一不可见的基本单位，古希腊哲学家展示了语言在形成和传播新的科学理念中的作用。

2. 描述不可见世界：原子论试图解释肉眼无法直接观察到的现象，这要求使用语言以抽象的方式描述和推理。这种对不可见或无形实体的描述和讨论，展现了语言在表达和探索超越直接经验的概念中的能力。

3. 逻辑结构和论证：古希腊原子论家使用逻辑和理性论证来支持他们的理论，这体现了语言在逻辑推理和科学论证中的作用。通过精确的语言表达和严谨的论证结构，他们展示了如何用语言构建和传达复杂的科学理念。

4. 元语言反思：在试图描述原子和它们的行为时，原子论家不得不深入思考语言本身的局限性和可能性。这导致了对语言——作为理解和表述世界的工具——的元语言（关于语言的语言）探讨。

5. 影响后续的语言哲学：原子论对后续的语言哲学和语义学产生了影响。例如，它为后来的哲学家和语言学家提供了一种框架，用于探讨如何通过语言来理解和表述自然界的基本组成部分。

总之，古希腊原子论不仅在哲学和科学领域内具有革命性的意义，也对语言学产生了深远的影响。它展示了语言如何用于描述和推理超越直接感官经验的抽象概念，并促进了对语言作为一种强大的思维和认知工具的深入理解。这种影响持续至今，原子论在哲学、科学和语言学中的地位证明了跨学科研究的重要性，以及理论创新如何深刻地影响我们理解和描述世界的方式。

（二）化学中的原子论

原子论在 19 世纪经历了科学的证实，成为现代科学的基石之一。19 世纪是原子论从哲学概念转变为科学理论的关键时期。约翰・道尔顿（John Dalton）的原子质量理论，以及后来阿伏伽德罗假说的提出，为原子论提供了实验上的支持。随后，科学家如汤姆逊、卢瑟福、玻尔等人通过实验和理论研究，对原子内部的结构提出了不同的模型，这些模型逐渐构建了我们对原子结构的现代理解。原子论为解释化学反应、元素周期律、物质的物理状态等提供了理论基础，深刻影响了化学和物理学的发展。

1. 原子作为物质的最小单位，是化学和物理学理论的基石。每种原子都是一种元素的基本单位，具有该元素特有的化学性质。这一概念的提出，标志着从古希腊哲学的抽象思维到现代科学的实证研究的转变。尽管原子是物质的基本单位，但它们本身包含了更小的亚原子粒子：质子、中子和电子。质子和中子位于原子核中，而电子则在原子核外的电子云中运动。不同元素的原子在质子数（即原子序数）上有所不同。原子序数决定了元素的化学性质，因为它决定了原子的电子排布。原子通过化学键（如共价键、离子键和金属键）相互结合，形成分子或复杂的化合物。这些相互作用决定了物质的化学性质和物理状态。原子的电子排布决定了其稳定性和与其他原子反应的倾向。例如，惰性气体原子因其外层电子已满，而表现出低反应性。这一原子理论的建立，不仅在理解物质的本质上开启了新的篇章，而且对化学反应、物质状态以及物质与能量之间的关系的理解产生了深远的影响。

2. 在化学和物理学中，原子被认为具有特定的质量和性质，这些特性决定了它们所构成的元素的本质。每个原子都由一个原子核（包含质子和中子）和围绕核的电子组成。原子的基本特性包括：原子质量主要由核心的质子和中子的质量决定，因为电子的质量相对较小。元素由原子序数，即原子核中质子的数量定义。不同的原子序数对应不同的元素。原子的化学性质由其电子排布决定，特别是最外层电子（价电子），它们决定了原子与其他原子结合的方式。同一元素的不同原子可能具有不同数量的中子，这些不同的形式称为同位素。同位素具有相同的化学性质，但由于质量的不同，它们的某些物理性质可能有所不同。这些原子的特性是现代化学和物理学研究的基础，对理解物质的性质和反应至关重要。

3. 在化学中，原子可以通过化学键相互结合，形成分子。这种组合是通过电子的共享或转移实现的，决定了分子的结构和性质。化学反应涉及原子或分子间的这种相互作用，导致物质的转化：原子通过共价键（共享电子对）或离子键（电子转移和吸引）结合形成分子。例如，氧气（O_2）是由两个氧原子通过共价键结合的分子。在化学反应中，原子或分子重新排列形成新的化合物。这些反应通常伴随着能量的吸收或释放。化学反应的具体过程包括反应物的碰撞、电子的重新排列，以及新分子的形成。化学反应使得原子和分子在不同的化合物间转化，从而改变物质的化学性质和物理状态。原子的这种组合能力和通过化学反应的转化是化学科学的核心，使我们能够理解和操纵物质的性质。

总的来说，化学中的原子论是现代科学的基础之一，它在 19 世纪从哲学概念转变为经过实验证实的科学理论。道尔顿的原子质量理论和阿伏伽德罗的假说为原子论提供了实验上的支持，而汤姆逊、卢瑟福、玻尔等科学家对原子结构的研究逐渐构建了我们对原子结构的现代理解。原子论不仅解释了化学反应和元素周期律，也深刻影响了化学和物理学的发展，为我们理解物质的本质和物质与能量之间的关系提供了关键的理论基础。

（三）哲学中的原子论

根据 Russell（2015）哲学中的原子论是一种关于物质基本构成的理论，起源于古希腊。这种思想认为宇宙由无数小的、不可分割的基本单位（原子）构成，而所有复杂的物质和现象都是由这些原子以不同方式组合而成的。

1. 起源与发展：原子论最初由列奥西普斯（Leucippus）提出，由德谟克利特发展。后来，伊壁鸠鲁和卢克莱修进一步发展了这一理论。列奥西普斯被普遍认为是原子论的创始人。虽然关于他的生平和作品的具体细节不多，但他提出了物质由不可分割的小粒子（即“原子”）组成的概念。德谟克利特是列奥西普斯的学生，他对原子论作出了重要的扩展和发展。德谟克利特提出了更详细的原子理论，认为原子是构成世界的基本单位，它们是不可见、不可分割、永恒不变的，并且在空虚中运动和组合。伊壁鸠鲁在德谟克利特的基础上进一步发展了原子论。伊壁鸠鲁将原子论应用于伦理学，认为人类的快乐可以通过追求快感和避免痛苦来实现。他的原子论强调了原子的随机运动和自由意志的可能性。罗马诗人和哲学家卢克莱修在其著作《物性论》中详细阐述了伊壁鸠鲁的原子论。卢克莱修的作品是对伊壁鸠鲁原子论的重要传播，使这一理论在罗马世界中广为人知。

这些哲学家的贡献共同构成了原子论的基础，这一理论不仅在物理学上具有重要意义，也对后来的哲学思想产生了深远影响。

2. 物质与空间：在哲学中，原子论强调物质是由原子构成的，这些原子在“空无”（空间）中运动和组合。原子被视为物质的基本、不可分割的单位，它们各自独立存在。原子论提出了“空无”的概念，即原子之间存在的空间。这个概念对于理解物质的结构和原子间相互作用至关重要。原子论认为，物质的存在和属性是由原子在空间中的排列和运动决定的。原子在空间中的运动和相互作用是物质状态变化和现象产生的基础。原子论在哲学上的这一理解，为后来的科学理论提供了一个重要的出发点，强调了物质和空间关系的基础性角色。

3. 哲学意义：在哲学上，原子论具有深远的意义，因为它提供了对自然现象的物质解释，标志着从神话和超自然解释向基于观察和逻辑推理的科学方法的转变。原子论的这种方法提供自然解释，它摒弃了对自然现象的神话和宗教解释，而是通过物质的运动和相互作用来解释。原子论鼓励基于观察和实验证据的理性思考，为科学方法的发展奠定了基础。这一理论强调了经验观察和逻辑推理在理解世界中的重要性。因此，原子论在哲学史上是向现代科学过渡的一个关键节点，对后来的科学革命和哲学思想产生了重要影响。

总而言之，古希腊的原子论在哲学史上占据了极其重要的位置。它不仅揭示了物质的微观结构，还推动了从超自然解释到基于实证和逻辑推理的自然现象解释的重大转变。原子论的发展历史和其在物质与空间概念上的深刻见解，为后续的科学革命和哲学思维的进步奠定了坚实的基础。从列奥西普斯、德谟克利特到伊壁鸠鲁和卢克莱修，这些哲学家的贡献共同构成了原子论的丰富内涵，影响了无数后来的思想家和科学家。

（四）语言学中的原子论

这部分是本节的重点内容。在语言学中，原子论的思想体现在对语言基本单位的研究上，例如音素、词素、短语等。这里的“原子”不再是物理意义上的原子，而是指构成语言的最基本的单位。这些单位是构建更复杂语言结构的基石，它们按照特定的规则组合，形成语言的多样性。

1. 音系原子论。语音学中的最小声音单位，决定了词汇的意义区分。在音系学中，音位是发音的基本单位，它们是区分意义的最小声音单元。音位本身并没有意义，但它们的组合可以创造出具有特定意义的词汇。例如，英语中的音位 /k/, /æ/, 和 /t/ 可以组合成单词 *cat*。音系原子论指出，尽管单个音位没有意义，但是它们在不同的语言环境中可以区分意义，这与化学中原子在不同的分子中扮演不同角色的概念相似。

2. 词素原子论。形态学中的最小意义单位，可以是单词或词根、前缀和后缀。在形态学中，词素是语言中具有意义的最小单位。词素可以是单个单词，也可以是单词中的一部分，如词根、前缀和后缀。形态原子论认为，这些词素是构建词汇和表达意义的基石。例如，*un-*, *happy* 和 *-ness* 都是词素，它们可以组合形成 *unhappiness*。

3. 句法原子论。句法学中的原子包括词、短语、从句等，遵循特定的结构组合句子。在句法学中，原子论思想是通过句法单位（如词、短语、句子成分等）来构造句子。这些句法单位按照语言的句法规则组合，形成复杂的句子结构。例如，一个简单的英语句子 *The cat sits on the mat* 包含多个句法单位，如名词短语 *the cat* 和 *the mat* 以及动词短语 *sits on*。

4. 语义原子论。语义学研究意义和概念。在这个领域，原子论指的是语义原子或最基本的意义单位，如 Katz 的语义标记和辩义成分，Pinker 的语法关联和非关联语义成分等，这些单位可以组合成更复杂的意义结构。某些理论，如自然语义元语言（Natural Semantic Metalanguage）试图确定一组普遍的语义原语〔NSM研究者已经确定了一组60—70个语义原语(semantic primes)，包括如“人”“物体”“行为”“特征”“空间”“时间”“量”等概念。这些原语用来构建复杂的意义和句子，而不会引入任何其他词汇，这些原语被认为是所有人类语言的共同基础，可以用来解释所有复杂的意义。与 NSM 不同，本项目研究的语义原子并非不可分析的语义原语，而是不可分析的语义标记，这些语义标记用来构建复杂的构式意义，而不会引入任何其他意义。

总而言之，语言学中的原子论思想深刻地影响了我们对语言结构的理解。从音系原子论的音位，到形态学中的词素，再到句法原子论的词和短语，以及语义原子论的基本意义单位，这些“原子”级别的语言单位是理解和分析语言复杂性的基础。这些概念帮助我们深入探究语言如何通过基本单元的组合表达丰富多样的意义和结构，展示了语言学作为一门科学的严谨性和深度。然而，正如任何理论框架一样，它是一个简化的模型，旨在捕捉语言现象的一般规律，而在具体的语言实践中可能需要更细致和灵活的处理。

4.1.3.4 语义组合原则的原子论定义

20 世纪上半叶，在数理逻辑的影响下，结构主义语言路径应运而行。其中包括 Saussure 结构主义语言学、Bloomfield 的描写语言学、布拉格学派，以及 Chomsky 为代表的生成学派。结构主要语言学所遵循的核心原则就是组合原则（principle of compositionality），亦称 Frege 原则，它是逻辑学中的一条标准原则。在语言哲学中，由于 Montague Grammar 这一原则，它也因此成为一个众所周知的问题。 所谓组合原则，简而言之，是指整体意义等于部分意义的函数。关于部分—整体究竟指什么，它们之间的关系限制等问题，各个理论学派看法不一。本节我们将基于原子论的观点对部分—整体关系进行重新界定，以期为我们的后续研究奠定基础。

在语义学领域，组合性这一术语是由 Katz 和 Fodor（1963：503）首次在现代意义上使用的，尽管他们的兴趣更多地在于“词汇的组成”。在他们看来，这个原则可以解释人类如何理解以前从未听过的句子。根据 Partee（1984）的研究，人们往往将组合性原则归功于 Frege。而 Popper（1976）则指出，在 Frege 的著作中并没有明确地提到这个原则。不过，在 Frege 后期的著作中，确实可以找到接近我们所说的组合性原则的片段。最令人信服的一段引用自 1923 年的《复合思想》（*Compound thoughts*），Frege（同上）在这里描述了语言如何通过几个音节表达无数的思想，这展示了他对合成性原则的态度。鉴于此，Partee（1994）建议，组合性原则虽然不是 Frege 直接提出来的，但我们可以称其为“弗雷格式的”（Fregean's），因为它符合 Frege 后期著作的精神。事实上，我们的文献综述表面，语义的组合性观点（semantic compositionality）最早是由 Davidson 于 1965 年的《意义理论和可学习的语言》中（*The Theory of Meaning and Learnable Languages*）明确提出的，原文如下：

> 当我们能把每一个句子的意义看作是句子有限数量特征的函数时，我们不仅能了解要学什么，我们也理解了有限的成就是如何包围了无限的才能的。因为假设一种语言缺乏这一特征［语义组合性，REG］，那么，无论一个想说话的人学会了产生和理解多少句子，仍会有一些句子的意义没有被已经掌握的规则赋予。说这种语言无法学习是很自然的。（Davidson，1965：8）
>
> *When we can regard the meaning of each sentence as a function of a finite number of features of the sentence, we have an insight not only into what there is to be learned; we also understand how an infinite aptitude can be encompassed by finite accomplishments. For suppose that a language lacks this feature ［semantic compositionality,*

REG］*; then no matter how many sentences a would-be speaker learns to produce and understand, there will remain others whose meanings are not given by the rules already mastered. It is natural to say such a language is unlearnable.*（Davidson，1965：8）

上面提到的原始版本的定义存在着一个片面的问题，举例来说，我们用相同的部分可以组合成不同的整体意义，如，*Joe loves Mary* 和 *Mary loves Joe*。再如，“饭吃了”和“吃饭了”，诸如此类。鉴于此，Partee（1994：2）提出，语义的组合原则还需要一个句法的整体—部分结构。于是组合原则的定义被进一步补充为：“整体意义等于部分意义以及它们的句法组合方式的函数。”（*The meaning of a whole is a function of the meanings of the parts and the way they syntactically combined.*）简而言之，一个复杂语法单位的意义是由该复杂单位的简单部分意义和这些部分组合在一起的句法方式所决定的。对于符号系统中任意一个复杂的表达式（constitute）来说，如果它的意义依赖，且仅依赖于它的句法结构和它的组成成分（constituents）的意义，那么该符号系统就是组合性的。

语义组合性这一概念当前的炙手可热可以追溯到 Partee（1984）的研究工作，而且，目前这一研究成果仍然是洞悉该概念的主要来源，同时也是指出其在自然语言应用中的困难的来源。Partee 在 1984 年的论文《组合原则》（*Compositionality*）中讨论了组合性原则在自然语言语义中的应用。在她的论文中探讨了组合性原则的不同方面，包括其历史、应用以及在自然语言处理中遇到的挑战。她指出，虽然组合性在形式语义学中是一个核心原则，但将其应用于自然语言时会遇到困难。这是因为自然语言的复杂性和多样性，以及语言中的非字面意义表达，如隐喻、非直接语言，挑战了这一原则。她还讨论了组合性如何与语法结构相互作用，以及如何处理词汇入构项与句法结构的交互等问题，这对于理解复杂句子的意义至关重要。她指出，要在自然语言中成功地应用组合性原则，需要一种灵活的方法，以便处理句子意义的动态构建过程。她的工作不仅总结了组成性概念的历史和发展，还为理解自然语言的复杂性和组合性原则提供了深刻的见解，这些至今仍对语言学、哲学和计算语言学的研究产生影响。至此，无论是在语言学、哲学还是心理学的文献中，捍卫或攻击语义组合性的文章比比皆是。举例来说，一些学者对于将数学中的函数概念应用于语义学感到困惑，尤其是在考虑到不同情境下相同句子可能表达不同意义时。而那些倡导函数组合性作为语义理论目标的学者的任务似乎是找到某种函数，这个函数能够使用已给定的句法结构，并由此展示语义组合性对于那个语法的正确性。但是，许多理论家认为找到任意的函数来完成这个任务太容易了，如果没有进一步的限制，可以任意设计这个函数以适应或排除函数域中任何对象的值，这可能使得语义组合性的概念变得平庸或空洞。另外，未经修改的函数概念允许对类似但不完全相同的结构分配完全无关的意义，因为数学上的函数的唯一相关限制是恒等性。因此，如果函数没有明确规定某种禁止，那么就可以随意地为类似的谓词分配不同的意义。一些学者（例如，Johnson，2014）认为，函数定义中的这种松弛性对“纯数学概念”提出了挑战，因为它没有为支持语义组合性的标准论点提供任何基础，而这些标准论点认为语义组合性是解释人类自然语言某些特性的唯一方法。

基于本项目的研究宗旨，我们主张利用原子论中的部分—整体的概念来界定语义的组合性原则。在第三章中，我们明确了本项目研究所采取的语义立场，即 Katz 的客观语义立场，它为组合性原则提供了本体论基础。在 Katz 的原子论类比的启发下，我们将从原子论和整体论的角度去重新解读语义的组合原则。我们的原子语义组合定义如下：

> 整体语义由其组成部分的语法可见的、不可再分的最小元素按照一定的语法规则建构而成。这些组成部分可能需要重新排列，但却不会在整体系统中引入新的语义元素。

作为本体论的一个重要学说，原子论主张现实由不可分割的最小项构成。基于原子论，部分—整体处于这样一种关系之中。上述定义中，原子、整体、语法规则均包括句法和语义两个方面的内容（语义离不开语法）。无论哪个系统，整体都是一个系统，这个系统由且仅由其组成部分的材料（materials）组成。从语义上来说，我们假定原子指的是不可分割的最小语义单位，即词汇入构项的语法关联语义要素，或称语义标记。而这些语义元素便是形成更复杂整体（在本研究中指及物交替构式的意义）的建构板块。反之，任何一个整体都是由这些基本的、不可再分的建构板块组建而成的，这些建构板块可能需要按照一定的语义规则重新排列，但却不会在整体系统中引入任何新的语义要素。从句法上来说，在这个句法系统中，原子指的是词项（lexical entries），由这些词项组成的整体是在词汇句法规则的操作下逐级增大的语言单位。不同于函数语义组合定义的前提假设，即已经存在一个定义良好的系统——语言的句法结构，这就要求我们将关注点放在这个已有系统的某些属性特征上，或者是与这个系统在某种程度上相关的其他事物。在这种情况下，问题变成了是否有一种方法可以仅用复杂结构句法上给定的部分的意义及其句法组合方式来定义这种属性或事物的意义。我们提出的这种“建构块”式的理论中，整体是个及物构式系统，在这个系统中，原子是词项（lexical items），而这些词项的入构项是由语法关联的语义要素（如前文提到的时空、动力物理学等原始语义概念。当然，还包括音系、形态句法等元素）按照一定的语法规则（这里语法规则不仅包括句法规则，还包括语义规则）建构成的。

在本章的探讨中，我们从原子论的视角出发，深入分析了语义组合原则的本质和工作方式。我们的探索不仅涵盖了语义的最基本单位——“语义原子”，还扩展到了这些单位如何在特定的句法框架内相互作用，形成更为复杂的意义结构。通过将原子论应用于语言学的领域，我们为理解语言的组成和功能提供了一个新的、更为精确的理论框架。我们的定义强调了整体意义是由其组成部分的语法可见的最小元素，按照特定的语法规则建构而成。这一原则不仅提供了对语言结构深层次理解的新视角，而且有助于我们解释和预测各种语言现象，特别是在词汇入构项与及物交替构式的关系研究中。

总的来说，本章的探讨为理解语言的深层结构和语义机制提供了重要的理论支持。通过分析语言的基本构成单元及其组合方式，我们不仅加深了对语言内在逻辑的理解，也为未来的语言学研究开辟了新的道路。

4.1.3.5　基于集合论的考量

我们前面的分析表明，基于原子论的语义组合定义与现行基于函数的语义定义的一个最重要的区别就在于对整体是否可以包含部分中没有的事物的问题的看法上。后者对这个问题的回答则是肯定的。因为它允许与整体相关的对象或属性（一个复杂整体的意义）是与部分相关的事物的函数（句法部分的意义和句法组合模式的函数）。没有什么能阻止这样一个函数引入与整体相关的新特征——也就是说，这个函数可以使整体的意义包含许多新的、与部分意义中包含的事物截然不同的东西。而我们基于原子论的组合定义对这个问题的答案则是否定的。我们的观点可以在集合论中得到验证。具体来说，元素（Element）和集合（Set）是集合论中的两个核心概念。集合论（Set theory）是数学的一个基本领域，它提供了一种描述对象集合及其成员之间关系的形式语言。在集合论中，集合被视为整体，而元素被视为构成这些整体的个体。本项目研究将词汇入构项的原子语义与及物构式的意义关系类比为集合与其元素间的关系，其中及物构式的意义相当于一个集合，词汇入构项的原子语义相当于构成该集合的元素。下面我们来探讨一下元素—集合的关系问题，旨在澄清我们提出的类比关系的理据。

（一）元素属性与集合定义的关系

集合论中，所谓集合是指一组明确的对象，称为元素。集合可以包含任何类型的东西：数字、字符、物理对象，甚至是其他集合，如本项目研究的原子语义等。例如，集合 {1,2,3} 是由数字 1，2 和 3 组成的集合。元素则是构成集合的个体。一个集合中的元素是独特的、不重复的。如果一个个体是集合的一部分，我们说这个个体就是该集合的元素。例如，在集合 {1,2,3} 中，任意一个数字，如数字 1 或 2 或 3 就是该集合的一个元素。任何元素要想进入一个集合，它必须具备该集合的基本特征。也就是说，当我们考虑一个元素是否属于某个集合时，是要基于这个元素是否满足该集合定义的特征或条件的。例如，对于集合 A={x ｜ x 是偶数}，只有具备偶数这一特征的元素才能成为这个集合的元素。这反映了集合理论中“成员资格”的基本概念：一个元素必须满足集合定义中的所有条件才能被包括在该集合中。然而，反过来考虑，尽管集合的成员必须具备集合定义的特征，但是具备某些特征的元素不一定属于所有定义了这些特征的集合。集合的成员资格取决于集合的具体定义和上下文。如果集合是全局定义的，即它包括了所有具有某种特征的元素，那么具备这些特征的任何元素确实都是该集合的成员。例如，集合“所有偶数”包括了所有偶数。但如果集合是局部定义的或在某个特定上下文中定义，那么即使一个元素具备这些特征，它也不一定属于该集合。例如，如果一个集合定义为“我口袋里的偶数”，那么不在你口袋里的任何偶数都不是这个集合的成员。

（二）集合定义与元素属性的关系

集合自身的属性与集合中元素的属性之间的关系并不总是“一一对等的”。集合与元素的关系取决于集合是如何定义的。在集合论中，集合通常是根据其成员共有的某些特征或属性定义的，但这并不意味着每个元素的所有特征都必须完全符合集合的定义。我们可以从两个方面来考虑这个问题：首先，从集合定义的特征角度来说。集合通常是根据成员必须满足的一个或多个条件定义的。例如：集合 A={x ｜ x 是正整数} 定义了一个包含所有正整数的集合。集合 B={x ｜ x 是红色的苹果} 定义了一个包含所有红色苹果的集合。对于集合 A 来说，任何正整数都可以是它的成员，但这并不意味着集合 A 的成员不能有其他特征，例如，某些成员可能是素数，但这不是加入集合的必要条件。对于集合 B 来说，任何红色的苹果都是它的成员，但这并不要求集合中的所有苹果都具有完全相同的红色调或大小、味道等特征因素。其次，从元素的附加特征角度来说。集合中的元素可能具有除了定义集合所必需的特征之外的其他特征。例如：在自然数集合 {1,2,3,4,5} 中，数字 2 和 4 是偶数，这是它们的一个附加特征，不影响它作为该集合成员的资格。在一个包含特定种类鸟类的集合中，每种鸟可能有不同的羽毛颜色、大小或习性。这些附加特征不影响它们作为该集合成员的资格。总结来说，集合中元素的特征并不需要与集合定义的特征“一一对等的”。元素只需满足集合定义的基本条件即可成为其成员，而元素可能具有的其他附加特征并不影响其成员资格。集合的定义通常关注于某些关键特征，而不是成员的所有可能特征。

（三）集合论类比

鉴于此，词汇入构项—及物交替式的集合论类比具体如下。从句法上来讲，及物构式集合是个全局定义（global definition）——及物性，即动词能够携带一个直接宾语。从语义上来说，及物构式是个局部定义（local definition）——即仅指具体及物交替式的意义属性。如前所述，在集合理论中，元素的特征是由集合的基本特征（定义）所决定的。在及物构式的情境下，元素，从句法上来讲，这里是动词，必须具备及物性，以便成为及物构式集合的一部分。反过来看，就元素特征与集合定义的关系来说：元素具有比仅仅满足集合定义更多的属性或特征。例如，一个动词不仅具有及物性，还可能具有其他语法，如时态、语态、体等，或语义特征。元素，从语义上来说，这部分多余的属性或特征就是我们前面所说的辩义成分或者语法非关联语义成分。它们尽管语法不可见，但却能使集合中的元素彼此区分开来。而某些属性很可能成为另外一个集合定义。就像我们所了解的那样，在语言学中，及物构式通常用于分析动词及其宾语之间的关系。词汇项的选择和排列不仅受及物性的约束，还受到语法和语义规则的影响。本项目研究这种将及物构式与集合理论相类比的方式，为探讨词汇项如何与特定的句法结构相互作用的问题提供了一个原创性的理论框架。同时，它也突显了词汇入构项作为元素属性与及物交替式作为集合定义之间可能存在的动态关系，以及这种关系影响语言结构和意义的形成方式。

4.2　本体论范畴映射——原子语义基础

总体来说，学术界对于 Katz 的语义观所持非议多于认同。究其原因我们认为，首先，一直以来，由于受维特根斯坦和奎因的逻辑实证主义影响，几乎很少有人公开支持基于柏拉图主义的意义理论[①]，而 Katz（1996）则是唯一一个站出来为柏拉图主义辩护的语言学家。其次，Katz 将语言定位为“永恒的、不变的、客观结构”的主张与当代主流语言学派将语言定义为“主观能力或知识”的主张背道而驰，这不可避免地置其于孤立的境地。最后，Katz 语义论是在 20 世纪 80 年代被束之高阁的，而这一时期恰恰是生成语法阵营发生分裂的时期。一些原本生成语法阵营的语言学家，如 Lackoff、Fillmore、Langacker 等将句法研究兴趣转移到了体验哲学的领域，并在此基础上，逐步于形成了当代认知语言学流派。随着认知语言学家们核心兴趣的转变，加之个人的健康问题，Katz 所提出的关于语言和语言学的观点也逐渐淡出学术界的视野，他本人也因此成为认知语言学家们眼里的语言学边缘人物。简而言之，我们认为，Katz 语义论的逐步淡出并非自身理论缺陷所致（当然，任何理论体系都不是完美的），而很可能是历史原因造成的。在接下来的章节中，我们将重新审视 Katz 的语言柏拉图主义。

4.2.1 客观语义的辩护

Katz 的语义观点强调了对客观真理的探求，这在当代语言研究中尤为关键。他认为，真理的本质是反映客观事物及其规律的精准描述，这些真理内容虽然独立于个体的主观意识，但仍能被个体意识所感知和理解。在当前学术领域，存在着一种趋势，即为了追求哲学上的尊严和方法论上的便利，研究者有时会忽视这些客观真理的存在和重要性。在这种大背景下，Katz 提出，唯有通过柏拉图主义和非还原主义的方法论，我们才能充分捕捉和描述那些正在被边缘化的客观语义真理。柏拉图主义在这里指的是对于存在有客观、不变的真理和概念的认同，而非还原主义强调了在理解复杂现象时，不能仅仅将它们归结为更基本组成部分的属性和关系。我们认为，在探讨 Katz 的语义观时，可以从中西方哲学的视角出发，特别是客观

① 指的是胡塞尔现象学中的一个基本理论，主张意识的本质特征是意向性，意识总是某个客体的意识，总是指向某个意识之外的客体。

唯心主义的角度，来分析和论证他的观点。中西方哲学传统虽然在很多方面存在差异，但在客观唯心主义的框架下，都强调了对于超越主观经验的客观真理的追求。这种哲学思想认为，真理是独立于个体感知的，并存在于更广泛的普遍性和必然性中。因此，通过结合中西方哲学中的这些思想，可以更全面地理解 Katz 的语义观，并探讨它在当前语言学研究中的应用和重要性。这不仅有助于认识到保持对客观真理的追求的重要性，也有助于理解在语言学研究中，如何更有效地捕捉和描述真理的复杂性和深度。

4.2.1.1　客观唯心主义

Katz 本人用来证实自己语义观的论据主要来自胡塞尔的现象学和自弗雷格分析哲学，他的理据是：因为弗雷格和胡塞尔都反对逻辑学和数学的心理主义，所以他们的批判同样适用于语言的心理主义，即 Katz 所说的概念主义。换言之，既然数学和逻辑学研究对象是抽象的客体，语言学也不例外。但我们研究表明，支撑 Katz 语义观的哲学论据远远不止这些。事实上，Katz 所采纳的语言柏拉图主义在哲学史上有着深厚的根基，它与客观唯心主义的哲学观是一脉相承的。西方客观唯心主义有着两千多年的悠久历史。代表性的哲学体系包括古希腊柏拉图理念说、中世纪欧洲的托马斯主义和本体论、19 世纪德国黑格尔哲学、当代新黑格尔主义、新托马斯主义、人格主义等。尽管这一立场至今并未被当代主流语言学派所采纳，但它也从未被学术界彻底放弃过。对于这一立场的支持者来说，客观精神或原则是本原的、第一性的，它不仅先于物质世界存在，而且独立于物质世界之外。而作为这种客观精神或原则的外化或表征的物质世界（现象世界）只是派生的、第二性的。鉴于此，只有从一个更为抽象的角度（而不是概念主义的角度）解释客观的语言现实，语义才能得到充分的描写。这种思想体系对 Katz 语义观的支持和影响可以从几个方面来探讨：

（一）柏拉图理念说

柏拉图理念说为 Katz 的语义观提供了深刻的哲学背景和理论支持，尤其是在理解语言作为表达和传达抽象概念及普遍真理的载体方面。柏拉图将现实世界分为理念世界和感官世界，其中理念世界包含了永恒不变的真理和完美的形式，而感官世界则是这些理念的不完美表现。这种思想为理解语言的深层结构和意义提供了关键的视角。

首先，柏拉图理念说中理念世界的概念与 Katz 对语义的理解有着密切的联系。在 Katz 的观点中，语义是独立于具体语言使用环境的，存在于语言中的客观实体。这与柏拉图的理念世界相似，即理念存在于一种更高的、抽象的层面，而语言的作用就是表达和揭示这些理念。

其次，柏拉图对语言的理解强调了其超越具体事物的能力，能够表达更抽象和普遍的真理。这与 Katz 在语义分析中的目标相一致，即揭示语言背后的普遍原则和深层意义。Katz 试图通过对语言的精确分析，探索和表达那些超越具体事物的抽象概念。

此外，柏拉图理念说也暗示了语言学家和哲学家在理解语言时需要关注的批判性视角，即语言表面结构可能掩盖了更深层次的真理。Katz 的语义观也体现了这一点，他认为通过深入分析语言的结构和含义，可以更好地理解和揭示语言所传达的更深层次的真理。

总之，柏拉图理念说为 Katz 的语义观提供了理论上的支持和哲学上的指导，强调了探索语言中所体现的普遍真理和抽象概念的重要性。这种视角为理解语言的功能和作用提供了深刻的洞见，帮助我们更全面地理解语言的本质和其在传达智慧和认知方面的能力。

（二）融合宗教和哲学

托马斯主义对 Katz 语义观的支持可从几个关键方面进行深入探讨。托马斯主义的核心是将基督教神学与亚里士多德哲学的理性主义相结合，从而形成了一种独特的宗教哲学体系。这一体系强调了普遍真理的存在，认为这些真理是永恒且不变的，超越了个体的经验和感知。这种思想对 Katz 的语义观产生了显著影响，特别是在理解语言作为传递和揭示普遍真理的工具方面。

首先，托马斯主义中对普遍真理和绝对存在的重视为 Katz 提供了一个理论框架，使其能够将语义视为超越个别语言使用者的客观实体。在这个框架中，语义不仅仅是一种个体心理状态的反映，更是某种独立于个体并具有客观性的实体。这与 Katz 的观点一致，即语义是独立于个体使用者的，是语言的固有属性，而非仅仅是个人的心理体验或文化背景的产物。

其次，托马斯主义强调理性和信仰的结合，这在 Katz 的语义观中体现为对语言的逻辑分析与其深层意义的探索的结合。Katz 试图通过逻辑和结构的方法揭示语言的深层意义，类似于托马斯主义中理性和信仰共同揭示真理的观念。他认为，通过对语言结构的精确分析，可以揭示语言所传达的深层和普遍的意义。

再者，托马斯主义中对语言作为传达普遍真理和绝对存在的媒介的看法，也在 Katz 的语义观中找到了共鸣。Katz 认为语言不仅是沟通的工具，更是一种能够表达和揭示抽象概念和普遍真理的媒介。这种观点与托马斯主义中语言作为理解和表达深层哲学和神学真理的途径的看法相呼应。

综上所述，托马斯主义提供了一个重要的哲学背景，支持 Katz 将语义视为超越个体经验和感知的客观实体。这种观点不仅加深了我们对语言本质的理解，也为探索语言在传递和揭示普遍真理方面的能力提供了理论支持。通过这种理论框架，Katz 的语义观得到了丰富和深化，使其能够更全面地理解语言的功能和作用。

（三）德国黑格尔哲学

黑格尔不仅继承了柏拉图关于理念的普遍性和客观性的观点，还通过其主张的“辩证法”和“历史性”进一步发展了这一思想。黑格尔将柏拉图的静态理念转化为动态的世界精神自我实现过程，认为语言的意义是通过社会实践和历史发展实现的，从而进一步证明了语言和意义的客观性。可以说，黑格尔为柏拉图的“语义客观性”思想提供了更为深刻的哲学辩护，强调了语言意义的历史性和普遍性。

具体来说，首先，黑格尔不仅继承了柏拉图的这一理念，而且在其绝对唯心主义的框架中将其发展为更加动态和历史性的观点。黑格尔认为，理念并非静止的存在，而是通过辩证法在历史的过程中不断自我展开和实现的。换句话说，黑格尔把柏拉图的“理念”从静态的形态转化为动态的世界精神，强调真理和意义不仅是普遍的，并且是独立于个体的主观经验而存在的。事实上，这一点对柏拉图的“客观语义”思想是一个重要的补充和发展。柏拉图的理念虽然是客观的，但它们存在于超越物质世界之外，而对现实世界的作用比较间接。而黑格尔通过将理念引入历史进程，表明理念不仅是客观的，而且在历史中通过各种具体实践和冲突得以展开和实现。这种历史的辩证性强化了理念的客观性，因为理念并不是个体主观的创造，而是通过社会实践和历史冲突逐步显现的普遍理性。

其次，黑格尔同样认为，语言的意义不是个体的随意创造，而是由世界精神所确立的普遍意义。黑格尔在《精神现象学》中详细探讨了语言和概念的生成，认为语言的意义是通过社会历史中的集体实践和思想发展而逐步实现的。他认为，语言作为世界精神的自我表达，具有一种客观性，能够反映出历史和社会的普遍意义。与柏拉图的观点一致，黑格尔也认为语言和符号的意义并不依赖于个体的心理状态，而是通过理性和社会的共同体形成的。因此，黑格尔对语言意义的看法，实际上是对柏拉图“语义客观性”思想的继续和扩展。

最后，柏拉图的“客观语义”思想虽然强调了理念的普遍性和不依赖于个体的主观性，但它缺少历史性和辩证性。黑格尔通过辩证法强调理念在历史中的展开和实现，认为语言的意义、理念的含义以及世界精神的自我实现是相互联系的。这种历史性和辩证法使得理念的客观性不仅限于静态的普遍原则，而是在现实世界中通过历史进程和社会实践不断实现的。因此，黑格尔不仅在理论上继承了柏拉图的理念客观性思想，还在实践中对其进行了深化和发展，尤其是通过辩证法和历史性的视角，使得语义的客观性得到了更加全面和动态的辩护。

（四）当代新黑格尔主义、新托马斯主义、人格主义

当代新黑格尔主义、新托马斯主义、人格主义这些哲学流派，通过强调理念、价值和原则对现实世界的影响，为理解语言的深层作用提供了丰富的视角。这些流派不仅仅看待语言作为交流工具，更将其视为一种传达和体现普遍真理和原则的媒介，这种观点为 Katz 的语义观提供了有力的理论支持。

首先，这些哲学流派认为理念和价值是塑造人类现实世界的关键因素，这与 Katz 将语义视为客观存在、超越个体经验和感知的观点相契合。在 Katz 的观点中，语义是独立于个体的，存在于语言之中，就像这些哲学流派中理念和价值超越个体并影响整个现实世界一样。

其次，当代新黑格尔主义、新托马斯主义、人格主义强调了理念和价值在历史和文化中的显现，这提供了一个理解语言在文化和历史背景中的作用的框架。对于 Katz 而言，这意味着语言不仅仅是表达当前思想和情感的工具，更是一个跨越时间和空间，传递和保存普遍真理和文化价值的载体。此外，这些哲学流派将语言视为传递普遍概念和价值的媒介，这与 Katz 在语义学中的方法和目标相一致。Katz 试图通过语义分析揭示语言背后的深层意义和普遍原则，从而使语言不仅仅是交流信息的手段，更是理解和传递更深层次智慧和价值的工具。

综上所述，当代新黑格尔主义、新托马斯主义、人格主义提供了一个深刻的理论背景，支持 Katz 的语义观，并强调了语言在传递和揭示普遍真理和价值方面的重要作用。这些哲学流派为理解语言的深层功能和意义提供了重要的理论支持，从而丰富了我们对语言和语义的理解。

总结而言，客观唯心主义对 Katz 语义观的影响是深刻且多维的。从柏拉图理念说到托马斯主义，再到黑格尔哲学以及现代的客观唯心主义诸流派，这些哲学体系共同构成了支撑 Katz 观点的坚实理论基础。它们强调了理念、价值和原则对现实世界的影响力，将语言视为不仅仅是沟通工具，更是连接物质世界与抽象理念世界的桥梁，是理解和表达普遍真理和抽象概念的关键媒介。在这一框架下，语言不再局限于表达具体事物和个体经验，而是被赋予了表达和揭示更高层次的普遍真理和原则的能力。这种观点为语言学研究提供了一种全新的视角，激发了对语言深层意义的探索和对语言作为智慧和认识载体的深入理解。因此，Katz 的语义观不仅仅是一个独立的语言学理论，更是客观唯心主义哲学传统在语言学领域的一个重要体现。这一观点对当前主流语言学派虽然可能存在争议，但它提供了一个宝贵的视角，帮助我们从更广泛和深刻的层面理解语言的本质和功能，特别是在探索语言如何表达和传递跨越时间和空间的普遍概念和价值方面。

4.2.1.2 分析哲学

分析哲学现在被普遍认为是英语世界中占主导地位的哲学传统，至少从 20 世纪中期开始就是如此。在过去的二十年里，它在非英语国家的影响力也在稳步增长。分析哲学起源于 Moore, Frege, Russell 和 Wittgenstein 的工作，目前其空前多样化的方法论、思想和立场上已经通过语言学延伸到哲学的所有领域。Katz 语义成分分析本质上非常接近 Moore 的分析哲学。

首先，分析方法而言，Katz 主张，意义（sense）是其在人类自然语言体验中的自我展现，而非人类的发现。在人类普通的自然语言的经验中呈现的生活中触手可及的、客观的语料主要来自于母语使用者对其语言的直觉（intuitions），例如关于同义词、反义词、冗余等“民间语义”直觉。Katz 认为，解释这种语言数据的唯一方法就是“假设潜在的语义结构并构建一种解构语义”。这与 Moore 的分析哲学是一致的。Moore 认为哲学分析就是对词项的意义进行分析。对 Moore 来说，这种分析就是将一个命题分解成它们的构成概念。所谓分析就是分解或者解构，即将词项的复杂意义（即概念）分解成它的简单组成部分。其中被解构的概念被称为“受析项”（analysandum），组成受析项的部分概念的集合被称为“分析项”（analysans）。分析不能是循环的，受析项不能出现在分析项中。这样一来，这种分析就是有信息含量的。不过，要想单独找出某个词项的分析项集合的全部组成概念几乎是不可能的。所以，我们只能把词项放在它出现的句子语境中来分析，或者说，把组成概念放在它所出现的命题中来分析，以此穷尽其在特点语境下的分析项。我们将会看到，Katz 将语义成分区分成语义标记和贬义成分的做法正是出于这种考量。但遗憾的是，Katz 本人并未坚持这一点，在其语义成分性质划分遭到诟病后，毅然放弃了对语义成分性质区别的划分（Katz，1990：66）。关于这个问题我们将在下一章详细探讨。

其次，就概念（语义）内容而言，Katz 的语义呈现观包括三个方面的内容：第一，语义（sense）或意义（meaning）以一种特定的方式呈现在人们的面前。第二，人们关于这种特定方式的知识来自于常识。第三，这种呈现语言现象的特定方式是任何关于语义的理论都不能回避的。正如人们通常设想的那样，语义（sense）意义（meaning）借助表达式和句子语法的一个方面来呈现自身，这一层面也是它们的语义属性和语义关系的栖身之地。而它们是如何被人们所感知到的呢？Katz（1982）认为，是常识。这一点与 Moore 的常识论不谋而合。在《捍卫常识》（*A Defense of Common Sense*）中摩尔提出，像“我的身体是存在的”“这是一只手”“地球在我之前存在许多年”这样一些常识，都是确实存在的，是一些无可怀疑的知识（注：维特根斯坦将其视为具有经验命题形式的命题。而不仅仅是罗素的逻辑命题。它们比知识命题更加根本，是使知识成为可能的命题，是“我们思想的框架”。它们看上去像经验命题，但其实起到了形式命题的作用，是我们用语言敞开世界的基础。对于它们我们无从怀疑，所有关于世界的谈论都是在它们提供的地基上展开的）。此外，Katz（同上）明确指称，下面这些情况均属于常识的范畴：当一个自然语言的表达或句子有语义（sense）时，它就是有意义（meaning）的，而当它没有语义时，它就是毫无意义的；当它具有一个以上的语义时，它就是歧义的，当它与另一个表达式或句子拥有相同的语义时，它们就是同义的，而当它与另一个表达式或句子的语义相反时，它们就是反义的。这些事实就像 Moore 在“常识辩护”列表中的命题一样确定。

这里需要说明的是，Katz 反对 Russell 从逻辑（即将命题改写成更精确的逻辑形式）而非常识出发解构概念或命题的做法。以自然表达式为例：

（1）*The present king of France is bald.*

（2）*The present king of France isn't bald.*

如果按照常识，法国现在是共和国，因此是没有国王的，也就不存在国王是否光头的问题。但按照逻辑排中律，即对于任何事物在一定条件下的判断都必须要有明确的“真”或者“假”（追求明确性是分析哲学的宗旨），不存在中间状态。具体来说，例（1）和例（2）不能同时为假，它们其中必须有一个为“真”。为了摆脱这个哲学难题，Russell 提出了著名的摹状词（definite description，即限定描写）理论。根据该理论，“*The present king of France*”并不是一个指称性的表达式（referring expression），而是一个“不完全的符号”（incomplete symbol），该符号将一个“定量结构”（quantificational structure）引入到它所出现的句子中。就 *The present king of France is bald* 这个具体表达式而言，“*The present king of France*”可以作为以下三个量化陈述的一个合取连接词（conjunction）来分析：

1.$\exists xKx$ 存在一个 x，这个 x 是当前的法国总统（Kx 表示 x 是法国当前的总统）；

2.$\forall x\forall y((Kx\wedge Ky)\rightarrow x=y)$，对于任意 x 和 y 而言，如果 x 是法国当前的总统，y 是法国当前的总统，那么 $x=y$（也就是说，法国当前只有一个总统）；

3.$\forall x(Kx\rightarrow Bx)$，对于每个作为当前法国总统的 x 而言，x 是光头（B 指代光头）。

简而言之，*The present king of France is bald* 说的是，存在着某个 x，x 是当前的法国总统，如果任何一个 y 是当前法国总统，那么只有当 $y=x$, 且 x 是光头：$\exists x((Kx\wedge\forall y(Ky\rightarrow x=y))\wedge Bx)$。

如果某个 x 现在不是法国国王，那么这个命题就是假的。这样的分析并没有对法国、国王、秃头等词项作出精确的定义，它只是将包含这些词项的句子改写成了逻辑上更精确的形式。而且，正如 Saeed（2000:97）所质疑的那样：

> 这种解构的代价是表层语言表达式与其深层语义表征之间的差异太大了。我们真的想说一个名字是由三个逻辑表达式组成的吗？（Saeed,2000:97）
>
> *The cost is a large discrepancy between the surface language and semantic representation. Do we really want to say that a name is underling a cluster of three statements?*（Saeed,2000:97）

Katz 反对 Russell 意义理论的理由是它的还原主义，即错误地将意义等同于指称（reference），造成了同义关系的错误：它错误地声称，仅仅是像“有心的生物”和“有肾的生物”这样的同指表达才是同义的。这种错误的等式牺牲了同义关系的实质。

综上所述，分析哲学对 Katz 语义观的影响和支持体现在它对语言和意义分析的深刻理解上。Katz 的观点，受到 Moore 和 Russell 等人的启发，突出了语义分析中的客观性和分析方法的重要性。尽管 Katz 与 Russell 在某些方面持有不同观点，如对名字和摹状词的处理，Katz 的语义成分分析仍深受分析哲学的影响。分析哲学强调对语言的精确分析，这与 Katz 提倡的语义分析方法一脉相承。特别是在处理语义的复杂性和多义性方面，分析哲学提供了一种重要的理论框架。Katz 关于语义呈现和意义构建的观点，尤其是他对语言中同义性和反义性的处理，体现了分析哲学对语义概念分析的深刻影响。总之，分析哲学为 Katz 的语义观提供了坚实的哲学基础，尤其是在概念分析和语言的精确处理方面。尽管 Katz 在某些方面与传统分析哲学持有不同观点，但他的语义分析方法仍然是分析哲学思想和方法的体现。这种影响不仅丰富了语言学中的语义分析，也为理解和解释自然语言的复杂性提供了重要的理论工具。

4.2.1.3　德谟克里特的语言观

Katz（1971）将自己的语义理论类比为德谟克里特语义理论（Democritean linguistic theory）的一部分。这一类比加之原子理论类比强调了表现与现实的区别，这是该理论较之其他一些语言理论的独到之处。在这本书里，Katz（1971：3）开宗明义地将德谟克里特的物质概念作为一个范例：

> 德谟克里特的物质概念起源于一种纯粹的假设。最初，它似乎只是一种最奢侈的幻想。它提出要在宇宙中填充许多不可思议的新物体。而且，这些物体本该是不可见的，但却能让人们真正理解可见现象。最后，更有甚者，这个概念与感官经验的明证背道而驰。但是，当它被证明能比连续性概念更好地预测和解释物理物体和物质的可观察行为时，它就得到了科学界的认可。

The Democritean concept of matter originated as a purely hypothetical postulation. Initially, it could only have seemed the most extravagant of fancies. It proposed to populate the universe with unbelievably many new objects. Such objects were, moreover, supposed to be invisible and yet to provide the true understanding of visible phenomena. Finally, to add insult to injury, the concept flew in the face of the plain testimony of sense experience. But when it proved to yield better predictions and explanations of the observable behavior of physical objects and substances than the concept of continuity, it received scientific acceptance.

德谟克里特的语言理论，尤其是它与 Katz 在 1971 年提出的语义理论的关联，提供了一个独特的视角来理解语言与现实之间的关系。德谟克里特是古希腊哲学家，他提出了原子论，主张所有物质都是由不可见、不可分的原子组成的。这一理论在当时是一个非常大胆的假设，因为它挑战了人们对物质可连续性的传统认知。德谟克里特的原子论强调了感官经验和物质现象之间的区别。他认为，尽管原子是不可见的，但它们构成了可见世界的基础，提供了解释可见现象的方法。Katz 将他的语义理论比作德谟克里特的物质概念。这一比喻意味着 Katz 的语义理论试图在语言研究中引入一种新的思维方式，挑战传统观点，就像德谟克里特的原子论挑战了关于物质的传统理解。Katz 认为，像德谟克里特的原子一样，语言的深层结构可能并非直接可见，但却是理解可见语言现象的关键。这意味着语言学家需要探索那些不直接显现在表面结构上的深层语义结构。Katz 指出，正如原子理论最终因为其预测和解释能力而被科学界接受一样，他的语义理论也应以其解释语言现象的能力来评估其有效性。Katz 的理论强调，语言学不应仅仅局限于直接的感官经验（如语音、文字等），而应深入探索语言的内在结构和深层意义。Katz 认为，有效的语言理论应能够预测语言现象并对这些现象提供合理的解释，类似于德谟克里特原子论在物理学中的作用。

综上所述，通过将自己的语义理论与德谟克里特的原子论进行类比，Katz 提出了语言学研究中的一种创新视角。他的比喻强调了在理解语言现象时，需要探索那些不直接可见的深层语义结构，就像德谟克里特在物理学中探索不可见的原子一样。Katz 的理论指出，有效的语言理论应该能够预测并解释语言现象，而不仅仅是描述它们的表面结构。这种方法为语言学研究提供了一种深入挖掘语言内在结构和深层意义的新途径，展现了语言学与哲学和科学理论之间的紧密联系。

4.2.1.4　古老的东方哲学

客观唯心主义，作为一种深刻的哲学理念，在东方哲学中有着悠久的历史。它的核心思想是，现实世界虽然独立于个体的主观意识，但其本质和存在是通过心灵、意识或精神的层面来体现的。这种思想在中国的儒家和道家，以及印度佛教哲学中都有所体现。

儒家哲学强调人与宇宙的和谐关系，认为道德和礼节规范是维系社会秩序和个人内心和谐的关键。道家则更强调顺应自然的无为而治，主张个人与自然和谐共存，强调内在精神世界的重要性。印度佛教哲学中，客观唯心主义体现在对痛苦根源的探究和对涅槃的追求上，认为一切现象都是由心灵所造，强调内心世界对于实现解脱的关键作用。这些哲学传统不仅对当时的东方社会和文化产生了深远影响，也对后世的思想家，包括西方哲学的发展产生了影响，尤其是在语言、认知和存在论等领域。通过研究这些古老的哲学思想，我们能更深入地理解客观唯心主义的多样性和它在不同文化背景下的特殊表现形式（参见 Flood，2021）。

（一）老子的“道法自然”与 Katz 的语义观

老子的“道法自然”思想与 Katz 的语义观之间的共鸣深刻体现了对于语言深层意义的追求和理解。“道”在老子的哲学中是一种超越具体事物的普遍原理，它存在于一切事物之中，引导着宇宙的自然秩序。这个概念反映了对于世界深层次理解的追求，不仅限于表面现象。“道”作为一个抽象和无形的原则，与 Katz 主张的语言的深层语义结构有着相似之处。在这个视角下，语言不仅是表面的词汇和句式，而且承载了更深层、更普遍的意义和原则。Katz 的语义观鼓励我们超越直接的感官经验，深入探索语言的深层结构。这与老子的“道法自然”相呼应，后者倡导超越表面现象，探求事物的本质。“道”与“名”的关系在语言学中可以看作是深层语义与表层形式的关系。Katz 认为，深层语义规则指导着语言的表面表达方式，这与“道”指导“名”的概念相似。老子的“道法自然”思想为现代语言学提供了一个框架，即在研究语言时不仅要关注其表面结构，还要探索其背后的深层意义和原则。老子的哲学鼓励我们超越语言的表面形式，寻求对其深层含义的直观理解，这对于理解语言的多样性和复杂性非常重要。

总结而言，通过对比老子的“道法自然”思想与 Katz 的语义观，我们看到了对语言深层含义追求的共鸣。这种共鸣不仅为理解语言的深层结构和功能提供了独特的哲学视角，而且为现代语言学的研究方法和认知模式提供了重要的指导。这种跨越时空的思想交流强调了在探索语言的本质时，需要超越表层结构，深入其背后的普遍原则和深层意义，从而更全面地理解语言在人类沟通和认知中的作用。

（二）朱熹的理学与 Katz 的语义观

朱熹的理学为我们提供了一个深刻的视角来理解 Katz 的语义观，特别是在如何理解语言的本质和其表达方式上。朱熹将“理”视为构成天地万物的根本原则，是构成一切事物的抽象和普遍性。这类似于 Katz 理论中的深层语义结构，它是理解任何语言现象的基础，存在于所有语言表达之中。朱熹所说的“气”，代表了具体的、感知得到的事物。在 Katz 的语义观中，这可以对应于语言的表层结构，即具体的词汇和句式，它们是抽象语义的具体表现形式。朱熹认为，理解世界必须从理解“理”的普遍性开始，再观察“气”的具体表现。同样，Katz 认为，要理解语言现象，首先需要理解语言深层的语义结构，然后再看其如何在具体语言中表达出来。在朱熹的理学中，从“理”的普遍性到“气”的个别性的转换是认知的重要过程。类似的，Katz 的语义观也认为，从深层的语义原则到具体的语言实践的理解是理解语言的关键。朱熹的理学强调了深层原则在理解世界中的重要性，这启示我们在语言学中也应关注那些不易观察但对理解语言至关重要的深层结构。正如“理”和“气”的结合展现了宇宙万物的统一性和多样性，Katz 的语义观也揭示了语言的统一性（通过普遍的深层结构）和多样性（在各种具体语言表达中）。

总结而言，朱熹的理学与 Katz 的语义观之间存在深刻的联系，为我们理解语言的本质和功能提供了宝贵的视角。朱熹关于“理”和“气”的理论不仅强调了深层原则在理解世界中的重要性，而且为理解语言现象中深层语义结构的核心作用提供了哲学基础。这种对于语言深层结构和表面表达之间复杂动态关系的理解，不仅丰富了我们对语言学的认识，也为现代语言学研究提供了重要的指导。通过探索这两个领域的相互作用，我们能够更全面地把握语言的本质和其在人类认知和沟通中的作用。

（三）墨子名实论与 Katz 的语义观

墨子强调语言（名）应当与现实（实）相符合。Katz 也认为语言的意义应当真实地反映现实世界的状态，否则会导致理解上的混乱。墨子在其哲学中强调了语言（名）与现实（实）之间的密切联系。他主张，语言的正确使用是基于对现实世界的准确理解，语言的每个词汇都应当精确地对应其代表的实际对象或概念。墨子认为，如果语言（名）不能准确地反映现实（实），就会导致沟通的混乱和误解。他强调维持名实之间的一致性，以保证语言的清晰性和有效性。Katz 在其语义理论中强调，语言的意义应当准确地反映现实世界的状态。这与墨子的“名实”论相呼应，都强调了语言的意义应当与其指向的现实世界相符合。Katz 认为，语言的深层语义结构是理解任何语言现象的关键，这要求语言学家深入探索语言与其所指现实之间的复杂关系。

综上所述，墨子的“名实”论与 Katz 的语义观之间的联系为我们提供了深刻的洞见，强调了语言与现实之间密切的关系。这种理论基础不仅有助于我们理解语言如何准确地反映现实世界，而且还指导了现代语义学的研究方向。墨子的思想强调名词应与其所代表的实体或概念精确对应，而 Katz 则探讨了语言的深层语义结构如何真实地反映现实世界。这种对语言和现实关系的理解，不仅是理论上的探讨，也是实际沟通中确保清晰性和有效性的重要指导。通过这种哲学视角，我们能够更全面地把握语言的本质，以及它在人类认知和沟通中的重要作用。

（四）王阳明的“知行合一”思想与 Katz 的语义观

王阳明的“知行合一”思想与 Katz 的语义观在探讨认知和实践关系方面有着深刻的共鸣。王阳明认为，真正的知识（知）不仅仅是理论上的理解，而且必须通过实践（行）来证实和实现。在这个观点中，认知和行动是相互依存、不可分割的。在“知行合一”的框架下，理解世界的真理和将这些真理应用到行动中是同一过程的不同方面。真正的理解必须伴随着相应的行动。Katz 在他的语义理论中强调，理解语言的深层意义与在实际语境中使用语言是密不可分的。深层语义的理解不仅是一个理论上的认知过程，而且还必须在语言的实际使用中得到体现和验证。在 Katz 的理论中，语言学的研究不应仅仅停留在理论层面，而应在真实世界的语言实践中寻找支持和应用。这与王阳明的“知行合一”思想相呼应，强调理论和实践的紧密结合。“知行合一”思想鼓励语言学者不仅要理解语言的理论，还要关注语言如何在实际生活中使用。这促进了对语言使用、社会语言学和应用语言学等领域的综合研究。

王阳明的思想启发我们探索语言深层语义与特定语境之间的相互作用，强调在不同的社会和文化背景下理解和使用语言的多样性。

综合来看，王阳明的“知行合一”思想与 Katz 的语义观在强调理论认知与实际应用之间的密切关系方面有着明显的共鸣。这种思想不仅为理解语言的深层意义提供了哲学基础，而且也为现代语言学的实践和应用提供了重要的指导。通过这种哲学视角，我们能更全面地理解语言的本质及其在人类沟通和社会互动中的作用。

（五）孔子的“正名”思想与 Katz 的语义观

孔子的“正名”思想与 Katz 的语义观在强调语言准确性和规范性方面同样有着深刻的共鸣。孔子在《论语》中提出“名不正则言不顺，言不顺则事不成”的思想，强调了语言的准确性和规范性对于维护社会秩序和和谐的重要性。在他看来，言语的准确性不仅是沟通的基础，还是社会稳定和有效行动的前提。孔子主张，社会角色和职责的称谓（名）必须与其实际内容（实）相符合。这一思想体现了对语言和现实之间一致性的追求，认为言语不应与其所代表的真实状态相背离。Katz 在他的语义理论中强调，语言的意义应当准确地反映现实世界的状态。这与孔子的“正名”思想相呼应，都强调了语言的意义应当与其所指的现实对象或概念一致。Katz 认为，语言的深层语义结构是理解任何语言现象的关键，这要求语言学家深入探索语言如何准确地表达和反映现实世界。这与孔子强调的名实相符的原则相一致，即理解和使用语言应与其所代表的现实相符合。“正名”思想启发我们认识到语言学者在研究和教授语言时的道德和社会责任，即推动准确、清晰和负责任的语言使用。孔子的思想强调了语言的规范化和标准化的重要性，这在现代语言学中体现为对语言规范和语言教育的重视。

综合来看，孔子的“正名”思想与 Katz 的语义观在强调语言准确性和规范性方面有着明显的共鸣。这种思想不仅为理解语言的功能和作用提供了哲学基础，而且也为现代语言学的规范和教育提供了重要的指导。通过这种哲学视角，我们能更全面地理解语言的本质及其在人际沟通和社会运作中的重要作用。

（六）道教的自然主义与 Katz 的语义观

道教的自然主义与 Katz 的语义观在强调超越表面形式、深入探索深层含义方面有着显著的相通性。道教强调顺应自然的原则，倡导一种与自然和谐相处的生活方式。这种思想认为，真正的智慧和理解来源于对自然本质的直观洞察，而不是单纯依赖于形式和表面的知识。在道教中，真正的理解被视为一种直观的、超越表面现象的认知过程。这涉及洞察事物的内在本质，而不仅仅是停留在它们的外在表现。Katz 的语义观鼓励学者超越语言的表层形式，探索其背后的深层语义结构。这与道教的自然主义相呼应，后者强调超越表象，寻求更深层次的理解。Katz 认为，深层语义的理解是一个直观的过程，需要语言学家深入探究语言现象背后的更深层次的规律和原则。这与道教倡导的直观理解和洞察自然的本质相似。道教的自然主义启发语言学家采用更直观、更深层的方法来理解语言，超越传统的形式分析，探索语言的内在含义和作用。道教的思想鼓励我们将语言视为自然现象的一部分，这促使语言学者考虑语言的自然属性和它如何自然而然地反映人类的思想和文化。

综上所述，道教的自然主义与 Katz 的语义观在强调超越表面形式、深入探索深层含义方面有着密切的联系。这种思想不仅为理解语言的深层结构和功能提供了哲学基础，而且也为现代语言学的研究方法提供了重要的指导。通过这种哲学视角，我们能更全面地理解语言的本质及其在人类沟通和认知中的作用。

综观东方古老哲学对 Katz 语义观的支持，我们发现，无论是老子的“道法自然”，朱熹的理学，墨子的“名实”论，王阳明的“知行合一”，孔子的“正名”思想，还是道教的自然主义，它们都在不同程度上与 Katz 的客观语义观产生了深刻的共鸣。这些东方哲学思想不仅丰富了我们对语言深层结构和意义的理解，而且为现代语言学提供了宝贵的哲学视角和思考路径。通过将这些古老智慧与现代语言学理论相结合，我们能够更深入地洞察语言的本质，探索语言与现实之间复杂而微妙的联系。这种跨文化、跨时代的对话不仅证明了语言学理论的普遍性和深远影响，也展示了不同文化背景下人类对语言和沟通本质的共同追求。

4.2.2 本体论范畴映射

本节我们来探讨原子语义特征，即语法关联语义特征的来源问题。在第三章理论基础部分，我们已经明确了本项目研究的理论前提，即 Katz 所主张的语言柏拉图主义。柏拉图主义的本体论，尤其是柏拉图的理念论（Theory of Forms）特别关注普遍性和不变性的概念，这些概念是他哲学体系的核心组成部分。柏拉图认为，现实世界中的具体事物并不是永恒、不变的理念（Forms 或 Ideas），它们只是这些理念的暂时、不完美的映射。而这些理念则是普遍性和不变性的实体，存在于一个超越感官经验的理念世界中。正如 Pinker（2007：42）所说的“大自然不会违心地来迷惑我们。如果某些现象无论我们怎么看都显得毫无意义，那么我们很可能忽略了事物运作的一些更深层次的原理”。

每个理念代表了一种完美、永恒、不变的本质。例如，“美”的理念是所有美丽的事物共有的完美和永恒的本质。这些理念不随时间、空间或个体的变化而变化，与我们在感官世界中体验到的事物不同。具体事物是理念的不完美复制品或参与者。它们参与或模仿某个理念，但永远无法完全达到理念的完美和永恒。例如，我们所见的每一个美丽的事物都是在模仿“美”的理念，但都无法完全是“美”。柏拉图认为，真正的知识是对这些不变的理念的领悟，而非对感官世界中事物的观察。通过理性和哲学思考，人可以超越感官世界，领悟到这些永恒不变的理念。这也就是 Katz 所主张的，尽管意义以客体形式存在，但它的存在是可以被人类所感知的。而语言学家的任务就是透过现象发现这些客体的存在形式和规律。那么，接下来我们要回答的问题就是，人类是如何去感知这些抽象的客观实体的呢？我们的答案就是本体论的范畴映射。我们的回答基于以下几方面的思考：

（一）本体论范畴的普适性和系统性

本体论范畴在哲学和认知科学中的定义涉及对存在的事物及其本质特征和关系的分类和理解。本体论范畴是哲学中用于对存在的事物进行分类的基本概念。它们代表了存在的不同方面或层次，并用于回答“存在的东西有哪些类型？”这样的基本问题。在哲学本体论中，范畴是用来描述和分类现实世界中各种实体（如物体、事件、过程、状态）及其属性和关系的基本单位。这包括存在的各种类型和它们如何相互关联。本体论范畴构成了哲学研究的核心部分，旨在揭示构成现实世界的基本元素。简而言之，本体论范畴提供了一种理解和分类世界和存在的基本方式，它不仅是哲学研究的重要组成部分，也在认知科学和人工智能等领域发挥着关键作用。通过本体论范畴的研究，可以更深入地探索和理解世界的本质和构成。本体论范畴提供了一种系统化和普适化的方式来概念化实体及其属性和关系，这是理解和识别原子语义所需的基本工具。这些范畴的普遍性和抽象性使它们适用于不同的语言和文化背景，为语义分析提供了一个稳固的、广泛适用的理论基础。本体论范畴映射有助于揭示语言中的复杂语义关系，如因果关系、空间关系、时间关系等，这对于理解语言的深层含义至关重要。

（二）深层语义结构的揭示

通过本体论范畴，可以更好地理解语言所表达的抽象概念和复杂现象，从而深入到原子语义的核心。本体论范畴映射能够帮助语言研究者解析诸如动词、名词或形容词等不同词类中隐含的复杂语义关系，进而理解语言表达的细微差异。通过本体论范畴的应用，可以识别和分析多维度的语义关系，例如揭示一个词汇如何同时表达空间、时间和情感的多重维度。本体论范畴的应用可以加深对语言中抽象概念（如自由、爱、权力）的理解，揭示这些概念在不同语境中的多样性和复杂性。本体论范畴映射有助于语言学家深入理解复杂现象如隐喻、比喻、修辞等语言特性，这些现象常常涉及深层语义的转换和映射。利用本体论范畴映射，语言学家能够更深入、更全面地分析语言现象，不仅限于表层意义，还包括深层意义和隐含的文化及社会背景。在跨语言和跨文化研究中，本体论范畴映射为理解不同语言和文化中共有或特有的语义结构提供了有力的工具。总之，本体论范畴的映射不仅在理论上丰富了对语言深层语义结构的理解，还在实际的语言分析中提供了一种强大的方法论工具，有助于探索语言的复杂性和多样性。通过这种方法，我们可以更全面地揭示语言的内在逻辑和深层含义。

（三）促进语言学与其他学科的整合

本体论范畴的应用在促进跨学科研究方面起着重要作用，特别是在语言学、哲学、认知科学、计算语言学和自然语言处理等领域。本体论范畴作为哲学的基础概念，与语言学的研究紧密相连。哲学中对实体、事件、过程等概念的深入探讨为语言学提供了理论支持，帮助理解语言如何表达复杂的哲学概念。在认知科学中，本体论范畴有助于理解人类如何认知和处理语言信息，从而为语言学提供了认知过程的深刻洞见。在自然语言处理中，本体论范畴被用于构建能够理解人类语言复杂性的模型，如问答系统、机器翻译和语义搜索。总之，本体论范畴的应用在促进跨学科研究方面发挥着重要作用，不仅加深了语言学的理论理解，还推动了实践方法的创新和发展。通过这种跨学科的合作，可以更全面地探索和理解语言的多维度特性。

（四）提高语义分析的准确性和效率

通过应用本体论范畴，语言学家能够更精确地识别和分类语言中的原子语义特征。这种精确性对于深入理解复杂文本和口语交流至关重要。本体论范畴有助于明确区分语义上相似但本质上不同的概念，从而减少语言理解和翻译中的歧义和误解。本体论范畴提供了一种系统化的方法来分析语义，这样的方法使得语言分析过程更加有序和高效，特别是在处理大量的语言数据时。在计算语言学和自然语言处理领域，本体论范畴的应用可以显著加速语义数据的处理和分析，从而提高语言技术的响应速度和准确性。综上所述，本体论范畴的应用在提高语义分析的准确性和效率方面提供了显著的优势。这不仅使得语言学研究更加深入和全面，还促进了计算语言学和自然语言处理技术的发展，进而推动了跨学科研究和应用的进步。通过这种方法，我们可以更高效地理解和利用语言的丰富性和复杂性。

值得注意的是，不同学科对本体论的认识和解读也不同。以语义学为例，在语言语境中，“本体论”被定义为“一个相关概念的交叉连接网络，它明确、分类和组织语言领域的假设和术语”（Schalley, Musgrave, & Haugh, 2014）。这个定义再次表明，当代语言研究的对象不是现实，而是人类的概念化。这对于那些认为语言符号是表征概念的语言学家来说，这是不言而喻的，对于任何愿意接受语言以某种方式代表人类思想的人来说也是不言而喻的。就像在人工智能和知识表征中一样，我们正在处理的是一个领域、一种特定的语言现象，或者一种特定的语言子学科，如音位学。本项目研究所采用的本体论是它的哲学定义。根据 Hofweber（2018），哲学本体论主要涉及两个方面：首先，要说明存在的是什么，现实是由什么构成的；其次，要说明这些事物最普遍的特征和关系。换言之，它特别关注现实中存在着哪些种类的事物，而不是人类如何思考或概念化这些事物。这一点区别于其他学科。鉴于此，我们在探讨原子语义特征时也是遵循哲学本体论的范畴。

总之，本体论范畴，在哲学领域，指的是一系列基本概念，用于分类和解释存在的实体及其属性。这些范畴代表存在的不同方面或层次，目的是解答“存在包含哪些类型的东西？”这一问题。简言之，它们涉及描述和分类现实世界中的各种实体及其相互关系，探讨存在的多种形式和这些形式如何彼此关联。不同的哲学家和流派可能有各自独特的本体论范畴。同时，在现代哲学和科学中，本体论也经常与数据和信息的分类体系结合，形成更复杂和专业化的讨论。本体论的核心部分是存在的本质范畴，这些范畴用于解释和分类存在的本质或基本特性。虽然不同哲学体系的分类可能不同，但一些常见和广泛讨论的本体论要素包括：实体、属性 / 性质、种类 / 类别、关系、事件、过程、状态、量、空间和时间、可能性和必然性、本质和存在等。这些范畴在不同哲学体系中的具体定义和相互关系也有所差异。例如，亚里士多德的哲学体系强调实体、形式、质料、目的、动因等概念，而现代哲学可能更关注时间、空间、事件和过程等概念。根据本项目的研究兴趣和目标，接下来将提供这些范畴元素的基本定义。

4.2.2.1 实体概念映射

在哲学本体论中，探讨实体的本质意味着理解构成现实世界的基本元素。这不仅涉及物质实体（如物理对象、生物体），还包括抽象实体（如数字、概念）。在语言学中，这种区分有助于理解语言如何表达和分类不同类型的实体。实体的属性，如颜色、形状或数学性质，是语言描述的核心内容。在语言学中，这涉及如何用语言有效地表达和交流关于实体的特征信息。实体之间的关系，如因果关系、空间位置关系或逻辑关系，在语言中通常通过句法结构和词汇选择来表达。例如，动词可能表达动作与其作用对象之间的关系，介词可能表达空间或时间关系。语义学研究如何通过语言来构建和理解实体间的复杂关系。这包括分析语言如何表达实体间的互动、关系以及它们在不同语境中的不同表示方式。本体论范畴为语言学提供了一种对现实世界进行概念化和分类的工具。这种工具对于理解语言如何组织和传达关于世界的知识至关重要。本体论在语言学中的应用不仅限于理论研究，还延伸到计算语言学、人工智能和知识表征领域，其中本体论范畴用于帮助机器理解和处理人类语言。

综上所述，实体概念映射在哲学和语言学中都是一个重要的研究领域。它不仅揭示了语言如何表达关于现实世界的复杂概念，还展示了语言如何作为连接人类思想、知识和现实世界的桥梁。通过深入探讨这些范畴，我们可以更好地理解语言的功能和作用，以及语言在传达和构建人类对世界理解中的关键角色。

4.2.2.2　几何物理学概念映射

几何物理学（Geometric Physics）是一种将几何和拓扑方法应用于物理学问题的研究领域。它结合了物理学、数学和哲学等多个学科的理论和方法。几何物理学利用数学的几何和拓扑结构来描述复杂的物理系统和现象。例如，流形（一种可以在局部近似为欧几里得空间的空间）、丛（一种数学结构，提供了一种分析场如电磁场在空间分布的方式）和拓扑空间（研究空间的性质，忽略距离和角度的细节）等。几何物理学为理论物理学提供了一个新的视角，特别是在处理诸如量子力学、广义相对论和弦理论等高度抽象的理论时。几何物理学中对时空的研究触及了哲学中关于时空本质的问题。例如，时空是否是独立于物质的存在，或者仅仅作为物质关系的一种表达？

几何物理学在本体论中带来的关于时空本质的探讨，以及其在语言学领域应用的尝试，将为我们提供一个独特的视角来理解时空以及语言的本质和结构。因为，在本体论中，时空的讨论集中在其是否作为一个独立的实体存在，或者是否仅仅是物质关系的表达。这涉及了时空的绝对性或相对性的问题。本体论还探讨了时空与物质的关系，包括时空是否可以脱离物质独立存在，以及时空和物质之间的相互作用。我们利用陈霖教授的视知觉理论对及物构式进行研究（参见第 5.1 节我们基于拓扑视知觉理论对方位交替式的详细解读），是几何物理学方法在语言学领域中应用的一次大胆尝试。我们尝试通过几何和物理的视角来解释语言结构和语义。几何物理学在语言学领域的应用展示了科学和人文学科之间的跨学科合作的可能性，为未来的研究开辟了新的路径。通过将几何物理学的方法应用于语言学，我们可以从一个全新的视角来理解语言和认知过程，这可能会带来对语言学理论的重大贡献。

那么，几何物理学概念是如何映射到语言研究领域中的呢？我们认为这种映射主要是通过将几何物理学中的概念和方法应用于理解和分析语言结构和语义来实现的。以下是这一映射的几个关键方面：

1. 几何概念在语言结构分析中的应用。在语言学中，可以借鉴几何物理学中的空间结构概念来建模语言结构。例如，语言的语法结构可以被视为具有特定几何形状的空间，在这个空间中，不同的语言元素（如词汇、短语）以特定的方式排列和组合。

2. 拓扑关系。作为几何物理学的一个分支，拓扑学提供了分析语言元素之间关系的工具。例如，拓扑不变性、拓扑性改变、大范围优先性、连通性、边界性、孔洞性、覆盖性、附件性等，以及这些关系如何影响语义和语法结构。

3. 几何物理学在认知语言学中的应用。几何物理学的空间概念可以帮助理解和描述认知语言学中的概念空间，例如通过几何模型来解释隐喻和概念映射。利用几何物理学的方法，还可以创建模型来模拟和解释人类在语言理解和产生中的认知过程。

4. 总之，将几何物理学的概念和方法映射到语言研究领域是一种创新的跨学科尝试。它不仅为语言学提供了新的理论视角和分析工具，而且有助于深入理解语言的复杂性和多维度结构。

4.2.2.3 动力物理学概念映射

动力物理学（Dynamical Physics）在本体论层面上探讨了物质、能量、力量及其相互作用的本质和基本构成。在这个框架下，重点是理解和描述物理实体随时间的演化以及这些演化背后的基本原理。在动力物理学中起着核心作用的本体论要素包括：物质（Matter）是构成物理世界的基本实体。在动力物理学中，物质不仅被视为具有质量和体积的实体，而且其内部结构和状态（如固态、液态、气态）也是研究的重点。物质的行为，如运动、相互作用和变化，是动力物理学的核心议题。能量（Energy）是驱动物质变化和运动的基本量。在动力物理学中，能量的转换和守恒是基本原理。能量可以以多种形式存在，如动能、势能、热能等，而理解这些能量形式如何转换和相互作用是本体论研究的关键部分。力（Force）是作用于物体上的外部因素，导致物体状态的改变。在动力物理学中，力是物体运动和相互作用的主要驱动因素。研究不同类型的力（如重力、电磁力、核力等）

及其如何影响物质的运动和相互作用是本领域的重要内容。时间（Time）是动力物理学中的一个基本维度，用于描述和理解物理事件的顺序和持续性。时间的流逝是物质和能量演化的背景，对于理解物理系统的动态行为至关重要。空间（Space）是物理实体存在和相互作用的舞台。在动力物理学中，空间不仅是物体位置的描述，也是物体运动和力的作用范围。空间的几何性质和结构对于理解物理现象也非常重要。这些本体论要素共同构成了动力物理学的理论框架，使我们能够更深入地理解物理世界的本质和运作机制。

（一）质量和守恒定律映射

质量守恒（Mass and Conservation）被定义为，在没有质量与能量转换的经典物理学条件下，一个系统的总质量在化学反应或物理变化中保持不变。本体论中的质量守恒是一个在经典物理学中非常重要的概念。它指的是在一个封闭系统内，质量的总量保持不变，不会随时间的推移而增加或减少。这一原理是许多物理和化学理论的基础。质量守恒定律最初是在化学领域中提出的，用来解释化学反应前后物质的质量保持不变的现象。举例来说，化学燃烧反应，如甲烷（CH44）与氧气（O_2）反应生成二氧化碳（CO_2）和水（H_2O）：$CH_4+2O_2 \rightarrow CO_2+2H_2O$。在这个反应中，甲烷和氧气的总质量与产生的二氧化碳和水的总质量相等。随后，它被引入物理学，成为经典力学中的一个基本原理。随着物理学的发展，特别是相对论和量子力学的出现，质量守恒的概念经历了重大的变革。特别是在相对论和粒子物理学中，质量守恒原则被扩展为质量—能量守恒。这意味着在某些情况下，质量可以转化为能量，反之亦然。以核反应为例，在太阳中发生的核聚变，其中氢原子核融合成更重的氦原子核，同时释放出大量能量。虽然反应前后的质量有所不同，但质量和能量的总和保持守恒。爱因斯坦的相对论表明，质量和能量是可以相互转换的，遵循 $E=mc^2$ 的关系式。在这个框架下，质量守恒被扩展为质量与能量的总和守恒。这些例子展示了质量守恒如何作为一个基本原理在不同的物理和化学过程中发挥作用，同时也指出了在现代物理学中这一概念是如何被进一步发展和深化的。一言以蔽之，从本体论的角度来看，质量守恒在经典物理学中是一种描述物质基本属性的重要原理。然而，在现代物理学中，这一概念被融入更广泛的质量—能量守恒框架中，它不再是一个绝对的、独立存在的原理，而是与能量守恒紧密相连，共同描述物质和能量的基本性质和相互转换。本研究在确立了本体论语义观的基础上，将动力物理学质量守恒这一基本原理首创地应用在语言学领域，提出词汇入构项与及物交替之间存在着一种质量—能量守恒的关系。

（二）状态映射

在动力物理学中，状态描述了一个系统在特定时间点的完整物理特性。对于经典系统，状态可能包括位置、速度、动量等。而在语言学中，状态（States）可能指代某个事件或实体的条件，如“生病”与“痊愈”。在物理学中，状态的变化通常是由外部力量（如重力、电磁力）引起的。在语言学中，状态的变化则可能是由时间进程或外部事件触发的，例如“生病”到“痊愈”的过程可能是由于治疗或自然愈合。物理学通过数学模型来预测状态的变化；而语言学则可能通过叙述和语法结构来描述和理解状态的变化。这样的例子比比皆是，比如从睡眠到醒来、幼年到成年、从学习到掌握、从贫穷到富裕、从冲突到和解、从种植到收获等。这些例子展示了语言学中状态概念的多样性和其在描述各种生活领域中的广泛应用。通过这些状态的变化，我们能够理解和表述复杂的人类经验和自然过程。总之，将动力物理学中的状态概念映射到语言研究领域，特别是在考虑状态改变与移动等方面的应用，可以为理解语言变化和发展提供深刻的洞见。

（三）初态和边界条件映射

系统的初始状态和作用在系统上的边界条件（Initial States and Boundary Conditions）决定了系统随时间的演化。Jackendoff（1983，1987c）提出的“主要维度”就是一个映射例证。在应用其概念结构框架中，句子或语段的关键元素被视为构建其基本意义和结构的“主要维度”。这种理解强调了在任何语言表达中，某些元素是构成其核心意义的基础。举例来说：

Tom is reading a book.

主语通常是句子的焦点，它标明了句子讨论的主体或执行者。在例句中，*Tom* 是句子的主体，是叙述的焦点。谓语说明了主语的行为、状态或特征。在例句中，*reading* 是谓语，它描述了主体正在进行的动作。宾语通常与谓语一起使用，说明谓语动作的对象。在例句中 *a book* 是阅读动作的对象。

初态可以理解为在特定语境下句子或话语的起始语义状态。在例子中，初态包括以下要素：

1. 事件的发生：句子描述了一个正在进行的事件，即 *Tom* 正在阅读。

2. 角色和行为的明确性：句子明确了主要参与者（*Tom*）和他的行为（*is reading*）。

3. 时间和空间的暗示：虽然未直接提及，但读者可以推断出事件发生在特定的时间和空间背景下，这是因为阅读是一个需要时间和空间的活动。

4. 行为的对象：通过提及 *a book*，句子设定了阅读活动的对象。

在认知语义学中，初态不仅是语言结构的一部分，而且还是我们理解和加工信息的基础。我们的大脑解码这些主要维度，以建立对句子或话语的基本理解。这种处理包括识别主要参与者、他们的行为，以及这些行为的背景和对象。总而言之，通过将 Jackendoff 的物体维度概念应用于语言学，我们可以更深入地理解句子或话语的结构和意义。主要维度（如主语、谓语、宾语）设定了语言表达的初态，即其最基本的语义和句法框架，这对于我们理解和处理语言至关重要。下面再看看边界条件的映射情况。

在 Jackendoff 的框架下，考虑语言中的边界条件，即那些影响但不决定句子核心意义的元素，是一种深入理解语言功能和结构的方法。这些边界条件类似于物体的“次要维度”，在语言中体现为以下几个方面：

1. 修饰语和状语。这些词类用于描述或修饰名词和动词。例如，在“蓝色的天空”中，“蓝色的”修饰“天空”，提供了关于天空的额外视觉信息。状语提供了关于动作发生的方式、时间、地点或原因的信息。例如，“悄悄地”在“她悄悄地走进房间”中提供了关于行走方式的信息。

2. 语境和语用因素。句子或话语的意义往往受到语境的影响。不同的语境可能会改变某些词或短语的解释。对话中的非言语提示（如语调、姿态）

和言语提示（如强调、暗示）都可以作为边界条件，影响语言的理解和使用。

3. 句法结构和语序。句子的结构，如主谓宾的排列，设定了信息传递的基本方式。结构上的变化，如被动语态的使用，虽然改变了表达方式，但通常不改变句子的核心意义。在某些语言中，语序的变化可以强调或突出某些信息，但通常不改变句子的基本意义。

4. 语义角色和关系。如施事、受事等角色定义了参与者在动作中的功能。这些角色虽然对理解句子很重要，但它们通常是围绕核心动作或状态展开的。如因果、转折等关系，以及它们对应的连接词（比如因为、但是），虽然影响信息的组织方式，但通常不改变各个子句的核心意义。

综上所述，在 Jackendoff 的理论框架中，边界条件在语言中的应用有助于我们理解那些影响但不决定句子核心意义的元素。这些元素在不改变句子或语段主要维度的情况下，提供了对语义的丰富和调整，反映了语言的灵活性和表达的多样性。通过这种方式，我们可以更深入地理解语言的结构和功能，以及它们是如何在我们的认知和交流中被组织和加工的。

（四）相空间映射

在经典动力学中，相空间（Phase Space）是一个抽象空间，其坐标代表系统的所有可能状态。一个系统的相空间是由其所有可能状态组成的空间。对于一个简单的系统，比如一个质点，其相空间由质点的位置和动量的所有可能值构成。对于一个由 n 个粒子组成的系统，每个粒子有 3 个空间坐标和 3 个动量坐标（在三维空间中），因此相空间的维度是 6n。在相空间中，系统的演化受到其守恒定律（如能量守恒、动量守恒）的限制。这些守恒定律在相空间中表现为特定的几何结构。

Jackendoff（1983，1987c）关于物体维度的理论提供了一种独特的方式来理解相空间（Phase Space）映射。在 Jackendoff 的理论中，物体的主要和次要维度定义了其在空间中的属性。类似的，在相空间中，每个维度（如位置和动量）代表系统状态的一个方面。例如，在一个简单的物理系统中，每个粒子的位置和动量都是相空间的一个维度。他提到，次要维度总是有界的。在相空间中，这可以对应于系统状态的某些限制或约束条件，如能量守恒、动量守恒等。在相空间中，系统的演化可以通过沿着不同维度的轨迹来理解。类似的，Jackendoff 的理论中的主要和次要维度之间的相互作用可以被视为一种描述对象如何在其空间中演变的方式。Jackendoff 还提到固定维度可以应用于对象或其边界。在相空间中，这类似于系统的某些属性（如总能量）在演化过程中保持不变，定义了系统状态演化的边界。在复杂系统中，相空间可能具有非常高的维度数，每个维度代表系统状态的一个方面。Jackendoff 的理论强调了维度总和的限制，这在相空间中体现为系统状态描述的复杂性和多样性。

通过将 Jackendoff 的维度理论与相空间的概念结合，我们可以在认知和语言层面上探索如何映射和理解复杂系统的状态和演化。这种跨学科的视角为我们提供了一个框架，不仅能够理解物理系统的动态，还能够扩展到其他领域，如认知科学和语言学，从而更深入地理解状态变化和系统演化的概念。

（五）场映射

在物理学中，场（Fields）是一种用来描述一个物理量在空间中的分布和变化的概念。例如，磁场和引力场是空间中某些力量的分布。当将这个概念映射到语言学中时，我们可以将“场”视为用于描述语言元素如何在不同的语境、语义和语用层面上分布和交互的工具。

1. 语境场（Contextual Fields）。在语言中，“场”可以被视为特定语境下的语言元素和表达方式的集合。例如，在法律语境中，特定的术语和表达方式构成了这个语境的“场”。不同的语境（如文学、科学、日常对话）拥有不同的“场”，每个“场”都有其独特的词汇、语法结构和表达风格。

2. 语义场（Semantic Fields）。语义场是指一组具有相关意义的词汇的集合。例如，颜色词汇（如“红”“蓝”“绿”）构成了一个语义场。这些词汇在意义上彼此相关，共同构成了描述颜色的语言范畴。

3. 语用场（Pragmatic Fields）。语用场涉及语言的使用和理解，特别是在特定语境和交流目的下。不同的交流目的（如说服、请求、教育）可能会产生不同的语用场，其中包括特定的语言策略和风格。

4. 认知场（Cognitive Fields）。在认知语义学中，认知场可以被理解为特定概念或类别在思维中的组织方式。例如，对象的概念（如“椅子”“桌子”）在我们的认知中构成一个场，我们通过这个场来理解和分类物理世界。

5. 话语场（Discourse Fields）。话语场关注于文本或话语中的语言元素如何相互作用和构建意义。在一篇文章或对话中，不同的主题、观点和论证方式共同构成了一个话语场。

将物理学中的场概念映射到语言学中，我们得到了一种强有力的分析工具，它可以帮助我们理解语言元素如何在不同的语境、语义、语用和认知层面上分布和交互。通过这种映射，我们能够更深入地理解语言的复杂性和动态性，以及它是如何被组织和使用的。

4.2.2.4 意志概念映射

在本体论范畴中，人类意志（Human will）通常被视为一种复杂的心理状态，它涉及多个相互关联的元素。这些元素反映了人类意志的多维性质，包括认知、情感、动机、决策和行为等方面。将人类意志的概念映射到语言中，涉及如何通过语言表达和理解个体的认知过程、情感状态、动机、决策，以及行为意图。语言不仅是沟通和表达思想的工具，还是理解和揭示人类意志的关键途径。以下是一些体现人类意志在语言中映射的方面：

（一）直接表达的意愿和意图

当我们探讨语言中直接表达的意愿和意图时，我们主要关注的是那些明确表达个体决策、愿望或计划的语言形式。这些表达通常通过特定的动词、动作短语，或是目标指向的句式来体现。如“计划”“打算”“希望”“愿望”等动词，这些词汇直接体现了说话者的未来导向性意图或愿望。例如，“我计划明年去旅行”直接表达了个体的未来行动计划。行动指示动词，如“做”“创建”“建立”“解决”，这些动词通常指示具体的行动或活动，显示了个体的主动性和执行意愿。例如，“我将创建一个新项目”表明了一个明确的行动意图。使用像“希望”“想要”“渴望”这样的动词，可以直接表达个体的愿望和偏好。例如，“我希望成为一名作家”清晰地表达了个人的职业愿望。目标陈述，如“目的是……”或“为了……”等表达方式明确指出了行动的目标或理由。这类句式帮助聆听者理解行动背后的动机。例如，“我学习新语言理论，为了教授学生”。结果导向的表达：这些表达聚焦于行动的预期结果或影响。总结来说，直接表达的意愿和意图是语言中表达个体意志的明显方式。通过使用特定的动词、动作短语和目标指向的表达，个体能够清楚地传达他们的计划、愿望和目标。这些表达方式是理解和分析语言中意愿和意图的重要工具。

（二）间接和隐含的意图

通过隐喻和比喻，语言可以间接地表达个体的意志和愿望。在语言学中，间接和隐含的意图是通过非直接的语言手段表达，这些手段包括隐喻、比喻、言外之意和暗示等。这些间接表达方式往往涉及更深层的语义理解和社会交际技巧。隐喻是一种常用的语言手段，它通过将一个事物或概念以另一个事物的形式来表达，揭示了说话者对某个主题的看法和态度。例如，将生活描述为“旅程”隐喻了个人对生活的态度，暗示了他们将生活视为一系列的经历和挑战，以及对未来的期望和计划。比喻是通过直接将两种不同事物进行比较来表达意图。例如，说“时间就像河流一样流逝”，用河流的流动来比喻时间的不可逆性和持续性，可能暗示了说话者对时间流逝的感慨或对某个时刻的珍视。不同文化对间接表达的偏好程度不同。在某些文化中，间接和隐含的语言是常见和受欢迎的，而在其他文化中，则可能更倾向于直接和明确的表达方式。间接语言通常用于表达复杂或敏感的情感。例如，通过诗歌或歌词中的隐喻来表达爱情、失落或欢乐。一个人选择间接或隐含的表达方式，也可能反映了他们的个性和交际风格。有些人可能更倾向于含蓄和委婉的表达方式，以避免冲突或展现敏感性。

总的来说，间接和隐含的意图在语言中的运用是复杂且富有深度的。通过隐喻、比喻、言外之意和暗示，个体能够在保持社交和文化适宜性的同时，表达他们的意图、愿望和情感。这些表达方式需要听话者具有较高的语言理解能力和对说话者意图的敏感性。

（三）语义角色和关系

在语言学中，语义角色和关系是理解句子意义的关键要素，它们在揭示说话者的意志、意图和目标方面起着重要作用。施事通常是句子中执行动作的个体或实体。施事的存在和表达方式揭示了行动的主动性，反映了说话者的意志和意图。例如，在句子“她写了一封信”中，“她”作为施事，显示了个体主动执行写作动作的意志。受事是受到动作影响的个体或实体。受事的使用可以揭示行动的被动性和目标。例如，“一封信”在上述例句中作为受事，展示了动作的目标对象。受益者是从行动中获益的个体或实体。例如，在句子“他为她买了一束花”中，“她”作为受益者，揭示了行动背后的意图和目的。因果连接词（如“因为……所以”）明确指出事件之间的因果关系。这些词汇帮助揭示了说话者的行动动机或目的。例如，“他因为感到抱歉，所以给她写了一封信”，这里的“因为”表达了写信的原因。有时，因果关系在句子中是隐含的，需要通过上下文来推断。例如，“他头痛，早早地去睡了”。这里头痛和早睡之间的因果关系是通过句子结构隐含表达的。在叙述中，一系列事件的排列常常暗示了一个逻辑和因果链，揭示了发生这些事件的内在动机和目标。例如，一个故事中的事件顺序可以展示主角的意图和目标。句子或段落的逻辑结构也可以反映意图和目标。使用递进、对比或条件等逻辑结构的方式，可以帮助揭示说话者的思考模式和目的。

通过分析句子中的语义角色和关系，我们可以获得对说话者意图和目标的深入理解。这些分析揭示了个体的主动或被动态度，他们的行动动机，以及事件之间的逻辑和因果关系。这种理解对于解读文本、对话和各种形式的语言交流至关重要。总的来说，人类意志在语言中的映射表现为个体如何使用语言来表达和沟通他们的思想、感受、动机、计划和意图。通过细致分析语言使用，我们可以更深入地理解个体的心理状态和意志。

最后我们来回答，为什么说动词原子语义特征要借助几何物理学、动力物理学和人类意志的框架下去感知呢？Pinker（2017）指出，语言所反映的是人类对现实世界的领悟。而我们的世界就是由时间、空间、因果关系链，同逻辑和物质所组成的。人类使用语言的方式不仅意味着我们对时空和时间的假设，同时也意味着对事件及其因果关系的概念假设（张旭红、梅德明，

2015）。也就是说，构成人类生活的种种事件并不是由一个个事情简单叠加而成，而是可以通过世界的本质被人类加以解读。从这个意义上来说，语言实质上是通往人性的一扇窗口。尽管各民族所创造和使用的语言各不相同，同时，这些不同的语言表现形式使得这些概念的细节也不尽相同，但总体来说，这些概念的逻辑是相通的。它们加在一起，构成了人类对现实的一种独特的认知模式，当人类身心成熟到能够用语言交际思想时，这些概念自然而然地被物化到语言符号上。这里有一点提醒注意的是，我们这里所说的现实认知模式在很大程度上与科学逻辑观指导下的客观现实认知是不完全相同的。换言之，尽管时空、因果组成了我们的世界，但在基于认知的人类世界中，真正的主宰者却是人类不必一致的心智。正如康德所说，由于人类只是通过自己的心智结构来掌握世界的。这就是人性的特点，了解这一点对我们理解语言的相关现象很重要。具体而言，尽管时间、空间、因果构成了人类认知的三大基础结构，但这并不意味着它们可以如实地反映客观物质世界的本质。举例来说，时间、空间在人类的体验中是连绵不断的模拟介质，但当它们被物化到语言符号上时，却变成了典型的数字介质，如，我们的语言中把连续空间分为“这儿”“那儿”“前”“中”“后”等；把连续的时间分为“过去”“现在”“将来”等一个个离散的板块。不仅时空概念如此，人类认知模型下的因果关系网也同样经不起推敲。以致使因果关系为例，如果我们说施事致使受事发生了改变，那么又是什么致使了受事去导致改变发生？是自由意志还是巧合？而自由意志和巧合又是以什么为理据的呢？简而言之，人类的认知模式不仅反映现实，而且高于现实，人类的日常生活之所以如此丰富多彩，是因为基于人性的认知模式是根据人类自身的需求所打造出来的，“人类以利己的方式操纵着物理环境和道德责任归因”（张旭红、梅德明，2017：181）。从逻辑上来说，这是主客观逻辑的分歧。尽管人类是自然进化的产物，但人类的主观思维是建立在大脑物质基础之上的，因此客观逻辑和主观逻辑构成了两个有交集的不同集合，它们的逻辑既有重叠部分，也有不同之处。Pinker（1989）断言，这些昭然若揭的认知概念所构成的集合规模远远小于人类可能创造出来的词汇集合，在任何语言的习得过程中，儿童们都是借助它来形成、概括和区分词义和语法加工的。

4.3 语义守恒假设

在本章节中，我们将深入探讨语义守恒假设，这是一个关键的理论概念，用以阐释词汇入构项与及物构式之间的动态关系。我们的研究基于生成语法框架，虽然我们的语言观与传统生成流派有所不同，但同样以组合原则作为理论基础，并采用语法解构作为分析方法。本节的焦点在于探讨语义组合的过程，特别是在词汇组合的语义学方面。

我们将详细分析和讨论基于质量守恒原理的语义互逆反应假设。这一假设将为理解词汇入构项与及物构式间的复杂互动提供全新的视角。通过这一假设，我们旨在揭示语言中深层次的语义机制，以及这些机制如何影响和制约词汇的结合和句法结构的形成。

此外，我们还将考察组合原则在语言学中的应用，特别是在语法结构的层次性和语义组合过程中的功能性。这将有助于我们理解如何通过组合不同的语言单位，创建出能够满足多样交际需求的复杂表达式。在这一过程中，我们将探讨词汇和语法如何相互作用，共同构建语言的复杂性和丰富性。

4.3.1 构式的固定性

句法交替构式是由词汇和语法规则组成的，用来表达特定的意义。跨语言研究成果表明，句法交替（相似的意义可以通过不同的句法结构来表达）是人类语言中的一种普遍现象。这种现象是揭示语言多样性的一个重要方面，即不同语言在表达相同或类似概念时采用的句法结构可以大相径庭。按照Goldberg（2006）的构式语法观（Construction Grammar，简称C-Grammar），构式是具有固定形式和意义的基本语言单位。这里所说的固定“形式”（Form）和“意义”（Meaning）是理解构式的关键所在，也是与物理混合质量守恒的系统封闭的要求不谋而合的一个重要方面。

4.3.1.1　形式的固定性

在本章节中，我们将探讨构式理论中一个核心概念——形式的固定性。这个概念强调了构式中各个成分的形式特征和它们之间的组合方式。形式的固定性是理解构式如何在语言中运作的关键，它涵盖了从单词和短语到复杂句法结构的各个层面。

事实上，构式的形式固定性不仅体现在词汇选择上，也反映在句法排列和语音特征上。例如，在特定的短语或表达中，词序和语法结构的稳定性是构成构式识别的基本要素。例如，*How's everything going* 这个短语构式，其稳定的词序和结构使其能够在交流中被快速识别和使用。

此外，更复杂的构式，如意动交替、中动交替、方位格交替、予格交替、作格交替等，展示了语法结构在构式中的重要性。这些交替式不仅反映了动词及其论元在句子中的不同组合方式，也揭示了动词意义与其句法实现之间的关系。例如，意动交替中的动词可能在及物和非及物结构之间变化，这种变化体现了动词意义在不同句法结构中的适应性。通过对构式的形式固定性的研究，我们可以深入理解语言的规则性和变异性。这种对构式形式特征的分析不仅帮助我们理解特定语言现象，也为理解语言的普遍性提供了重要视角。在后续章节中，我们将进一步探讨构式的形式固定性如何在语言使用和理解中发挥作用，以及它如何影响语言习得和变化。

1. 意动交替式（Conative Alternation）。在英语中，意向交替式的固定的句法结构为动词后接 *at-* 短语作为宾语。例如，*The cat scratched at the sofa.*

2. 中动交替式（Middle Alternation）。其固定形式为：使用不带直接宾语的动词形式，通常表现为动词的主动形式但意味着被动或自发性。例如，*This book reads easily.*

3. 方位格交替式（Locative Alternation）。包括两种类型，即内容格构式，其固定形式为：动词 + 容器宾语 + 内容物。例如，*She poured water into the glass.* 和容器格构式，其固定形式为：动词 + 内容物 + 容器 / 位置。例如，*She fill the glass with water .*

4. 予格交替式（Dative Alternation）。其固定形式为：动词直接带宾语（直接宾语—间接宾语结构）或使用介词“to”。例如，*Give the book to Mary. / Give Mary the book.*

总之，通过分析如意动交替、中动交替、方位格交替和予格交替等构式，我们不仅看到了构式在语言中的多样性和复杂性，也理解了构式如何在具体的语言使用中起作用。每个构式都展示了特定的词汇选择、句法结构和语音特征，这些元素共同构成了构式的唯一性和辨识度。

4.3.1.2 意义的稳定性

事实上，在语言学中，动词的内在语义不变性是一个基本原则，它表明无论动词在句子中如何变化其形式，其基本的语义内容保持一致。这种不变性是理解语言灵活性和表达多样性的关键。举例来说，动词“跑”。无论是在及物构式（如她跑完了马拉松）还是非及物构式（如她正在跑）中，动词“跑”的基本含义——即一种快速移动的行为——保持不变。句子的其他成分和语法结构可能会改变，如添加目标、方式或程度等，但这些变化不会改变“跑”这个动作本身的基本含义。因此，动词的这种语义稳定性是语言能够在不同上下文中保持一致性和可理解性的重要因素。通过分析动词在不同语法结构中的使用和意义，我们可以更深入地理解语言如何在保持内在一致性的同时展现出丰富多样的表达形式。

就及物交替式而言，尽管动词在句子中可能以不同的构式形式出现，但其核心语义保持稳定。每个构式不仅具有固定的形式，还承载特定的语义角色和功能。举例来说，

1. 予格交替式（Dative Alternation）。其稳定意义为：表示给予或转移动作。予格交替式不仅表达给予动作的不同句法结构，还涉及赠予者、接受者和赠予物的语义角色。构式中的这些语义角色和功能是一致且封闭的，即使在不同的语言或方言中，这些基本语义角色和功能是保持不变的。这意味着无论使用哪种句法结构，赠予者、接受者和赠予物的语义角色不变。例如：

（1）*Give Mary the book.*

（2）*Give the book to Mary.*

此外，语义角色不仅影响句子的意义，还决定了句子的句法结构。不同的构式可能需要不同的语序或介词使用来体现这些角色。

此外，在不同的及物构式中，尽管句法表达形式可能有所不同，基本的语义角色和功能通常保持一致。予格构式主要涉及：赠予者（施事者）：执行给予动作的主体。接受者（间接宾语）：接受赠予物的对象。赠予物（直接宾语）：被给予或传递的物体。无论是使用 *Give Mary the book*（直接宾语—间接宾语结构）还是 *Give the book to Mary*（介词宾语结构），赠予者（施事者）、接受者和赠予物的语义角色保持不变。

2. 中动交替式。其稳定意义为：强调动作的自发性或普遍性。中动构式通常表示动作的自发性或被动性，动词通常以主动形式出现，但含义上接近被动或自发。在这种构式中，主语通常既不是典型的施事者也不是典型的受事者，而是某种状态或行为的体验者。例如：

（3）*The book reads easily.*

（4）*The cloth washes easily.*

这两个表达式强调读书和洗衣服的难易程度，无须指出谁在读书和洗衣服。*the book* 和 *the cloth* 是主语，但并不是动作的施事者，而是表示这类书籍容易阅读和这类衣物容易洗涤的体验者或主题。

中动交替主要涉及的语义角色包括：主体——通常表现为动作的体验者或状态的承受者，而不是典型的施事者。在 *The book reads easily* 中，无论动词的形式如何变化（如被动语态 *The book is read easily*），*the book* 作为主体的角色（体验者）保持一致。

3. 意动交替式。意向交替式的稳定意义为：尝试或针对某个对象的动作，但不一定完成这一动作。即表达动作对宾语的影响是间接的或不完全的。例如，*The cat scratched at the sofa.* 例句中，介词 *at* 的表明动作 *scratched* 对宾语 *the sofa* 的影响是间接的或尝试性的，而非直接的或完全的。至于这种意义是基于什么判断的问题，我们将留在后面讨论（参见假设验证部分。）（这里我们先不谈这些意义得出的理据性问题。这个问题留着后面假设验证部分）。

意动交替主要涉及的语义角色包括：施事者——尝试执行动作的主体。目标对象——被动作针对的对象。无论结构是 *The cat scratched the sofa* 还是 *The cat scratched at the sofa*，*the cat* 作为施事者和 *the sofa* 作为目标对象的语义角色保持不变。

4. 方位格交替式（Locative Alternation）。方位交替构式描述物体或实体的位置变化，包括两种类型：内容格构式，其固定意义为，强调将内容物放置到某个容器或位置中。容器格构式，其固定意义为，强调将内容物放置到某个容器或位置上，但侧重内容物。例如：

（5）*She poured water into the glass.*（内容格构式）

（6）*She filled the glass with water.*（容器格构式）

例（5）中 *water* 是被移动的对象，*the glass* 是目标位置。而在例（6）中，*the glass* 是容器，*water* 是填充物。

方位交替主要涉及的语义角色包括：行为者——执行动作的主体。目标位置 / 容器——动作的目标位置或容纳物体的容器。被移动对象——被移动或改变位置的对象。在 *She poured water into the glass*（内容格构式）和 *She filled the glass with water*（容器格构式）中，行为者、目标位置 / 容器和被移动对象的语义角色保持不变。

此外，Pinker（2007）还专门探讨了语言与思想、语言与现实、语言与社会关系、隐喻之隐喻、语言与社团、语言与群体中所体现出的他的语义的一致性和连贯性。这种一致性表明，无论语法结构如何变化，动词的内在语义是不变的。这对于理解语言的灵活性和表达的多样性非常重要。它强调了语言不仅仅是一系列孤立的词汇，更是一个复杂的系统，其中单个词汇的意义可以通过不同的语法结构在不同上下文中以一致的方式表达。

将形式的固定性和语义的稳定性结合起来，我们可以看到构式作为一个封闭系统的特点：在这个系统中，形式和语义元素紧密相连，形成了一个完整、独立的语言单元。这种封闭性是质量守恒的前提，因为它保证了构式内部元素（无论是形式还是语义）的整体性和稳定性，从而使构式在语言使用和语言变化中保持其固有的属性。简而言之，构式的封闭系统特性确保了其在不同语言环境和语境中保持一致的形式和语义表现，从而维持了语义守恒的原则。

4.3.2　构式的可逆性

我们的研究表明，在及物交替式与化学的可逆反应（reversible reaction）过程之间存在着极其相似的生成机制。其中反应物和产物可以通过相同的化学过程相互转化。在可逆反应中，反应不仅可以从反应物转化为产物，而且在适当的条件下，产物也能够再转化回原来的反应物。当这些正向和反向的反应达到一定的平衡状态时，系统中的反应物和产物浓度保持不变，这种状态被称为化学平衡。在可逆反应中，化学平衡的达成遵守质量守恒原则。举例来说：碳酸氢钠（小苏打）和碳酸的反应。其中正向反应，即碳酸氢钠（小苏打）的分解反应。其化学方程式可以表述为：$2NaHCO_3 \rightleftharpoons Na_2CO_3+H_2O+CO_2$，其中反应物为碳酸氢钠（$NaHCO_3$），化合物分别为碳酸钠（$Na_2CO_3$）、水（$H_2O$）和二氧化碳（$CO_2$），“$\rightleftharpoons$”表示这是一个可逆反应。其反向反应，即碳酸的形成。说明在一定条件下，这些产物可以再次结合形成碳酸氢钠。反应方程式与正向相同，只是方向相反：$Na2CO_3+H_2O+CO_2 \rightleftharpoons 2NaHCO_3$。不过，值得注意的是，我们的这种类比主要是隐喻性质的，并不意味着两者之间有直接的科学对应关系。在化学中，配价确实描述了原子在形成化学键时的结合能力。而在语言学中，论元结构描述了动词与其搭配的宾语之间的关系。尽管这两者在概念上有相似之处，但它们属于完全不同的学科领域，操作的是不同的系统（一个是化学反应，另一个是语言结构）。下面我们详细论证其与及物构交替过程存在的类比之处。

4.3.2.1　词汇入构项与配价类比

配价（valency）是化学中的一个核心概念，它描述了一个元素的原子在形成化学键时所能结合的其他原子的数量。简单来说，配价表明了原子与其他原子结合的能力和方式。在化合反应中，元素的配价决定了它们如何以及以何种比例结合，进而影响了化合物的化学式和结构。在这个例子中，氢的配价为 +1，氧的配价为 –2。每 1 个氧原子能与 2 个氢原子结合，形成两个共价键 $2H_2O$。在这个过程中，原子的总数和质量没有变化。这些配价规则决定了元素如何结合，以及它们结合时的比例和方式，最终形成特定的化合物。

在语言学中，论元结构（argument structure）指的是动词与其所需的论元（如主语、直接宾语、间接宾语）之间的关系。论元结构决定了句子如何构建，以及各个成分如何相互作用以表达完整的意义。以动词 *sent* 为例，它可以构建不同的论元结构。

（1）*Annette sent the boarder a package.*

（2）*Annette sent a package to the boarder.*

在例（1）中，*sent* 结合了一个间接宾语 *the boarder*（也称第一宾语）和一个直接宾语 *a package*（也称第二宾语）。在例（2）中，动词 *sent* 直接跟随直接宾语 *a package*，然后是介词 *to* 引导的间接宾语 *the boarder*。这种类比有助于我们理解动词如何通过不同的论元结构表达不同的意义，类似于原子如何通过不同的配价结合形成不同的化合物。在两个领域中，这些结构和配价规则都是决定性的，它们决定了可能的结合方式和最终的结构或意义。

就像不同的原子可以通过不同的配价方式结合形成多样的化合物，不同的动词可以通过不同的论元结构组合形成多样的句子。例如：

（3）*She walks.*

（4）*She awaits you.*

例（3）的动词 *walk* 是个不及物动词，因此它不需要宾语就能表达完整的意思。而例（4）中的动词 *await* 是个及物动词，它必须在直接宾语 *you* 的帮助下才能表达完整的意思。

在化学中，原子的配价决定了化合物的结构；在语言学中，动词的论元结构决定了句子的结构。例如：

（5）*He touched her shoulder.*

（6）*He touched her on the shoulder.*

（7）*He paint the wall.*

（8）*He paint on the wall.*

例（5）中动词的直接宾语论元是对方的一个具体身体部分，即 *her shoulder* 这种论元结构形成了一个使动句型。例（6）中动词的直接宾语论元是对方这个人（*her*），而具体的身体部分则是由介词短语表达的（*to her shoulder*）。进而形成了一个体位移升句型。例（7）中动词*paint*是个及物动词，要求直接宾语论元协助表达完整语义，而例（8）的动词*paint*则是个不及物用法，不需要直接宾语帮助其表达语义。

最后，两个领域都遵循特定的规则。化学中的电子配对和共享规则，语言学中的语法规则和句法结构。在化学反应中，尽管原子重新排列和结合，但它们的总数和质量保持不变；在语言表达中，尽管单词和结构可能变化，但意义的完整性和连贯性保持稳定。通过这种类比，我们可以更深入地理解这两个领域的复杂性和内在逻辑，同时也展示了跨学科思维的价值。

4.3.2.2　词汇—句法互动与原子交互类比

在化学反应中，电子的重新排列是化学键形成和断裂的关键。例如，水分子的形成涉及氢和氧原子之间电子的共享，导致稳定的化学键的形成。原子或分子间的交互不是静态的，而是一个动态过程，涉及能量的转移和物质的变化。这种动态性是化学反应发生和进行的基础。化学反应的发生和方向受多种因素影响，如温度、压力、催化剂等。这些条件决定了反应的速率和产物。

在语言中，特别是构式语法中，动词与其他语法成分（如名词、介词）之间的互动导致不同句法结构的形成。例如，动词 *give* 可以构成 *Give Mary the book* 和 *Give the book to Mary* 两种不同的句法结构。类似于化学中的原子交互，语言元素间的互动也是动态的，涉及意义的构建和变化。不同的词汇和句法组合可以产生不同的意义。将化学中的原子间动态交互与语言中的词汇句法互动进行类比，有助于我们理解语言结构的动态性和复杂性。这种类比揭示了两个不同领域（化学和语言学）中元素 / 词汇如何通过动态互动形成稳定结构或产生特定意义的相似过程。具体来说，这之间的可比之处在于：

1. 结构形成的动态性：在化学中，动态的原子交互导致稳定化学结构的形成。在语言中，词汇和句法元素的动态互动导致特定句法结构和意义的产生。

2. 环境因素的影响：化学反应受环境条件如温度、压力的影响。语言表达也受到语境、语调、语气等因素的影响。

3. 概念上的类比：这种类比是在概念上的，揭示了两个领域中元素 / 词汇通过动态互动形成稳定结构或特定意义的相似过程。

通过这种类比，我们可以更深入地理解语言学中词汇和句法元素如何通过复杂的互动关系构建意义，同时也意识到这种类比仅是从概念上揭示两个学科间的相似性，而非直接的科学对应关系。这种跨学科的比较思考方式不仅丰富了我们对语言学的理解，也展现了科学思维的多样性和创造性。

4.3.3 语义守恒的类比

质量守恒（Law of Conservation of Mass）是物理化学中的一个普遍定律。按照该定律，在一个封闭系统中，无论发生什么化学反应，反应物的总质量等于产物的总质量。当然，可逆反应也不例外。具体而言，质量守恒意味着在化学反应过程中，反应前后原子的种类没有改变，原子的数目没有增减，原子的质量也没有变化。换言之，参加化学反应的各种物质的“质量”总和等于反应后生成各物质的质量总和。这里值得注意的是：定律中出现的第一个“质量”二字指的是反应物中“参加”化合反应的质量，而不是反应物“所有”质量的简单任意相加。举例来说， 在燃烧的条件下，2g 氢气与 8g 氧气并非生成 10g 水。根据化学方程式：$2H_2+O_2\rightleftharpoons 2H_2O$，就是说，当 H_2 和 O_2 的质量比为 1:8 时，二者才能完全反应[①]。所以 2g 氢气和 8g 氧气反应，氢气过量，导致二者不能完全反应。如果要想用 2g 氢气参加化合反应的话，那么就需要 16g 氧气与之发生完全反应，生成 18g 水，而如果要 8g 氧气参加化合反应的话，那么就需要 1g 氢与之发生完全反应，生成 9g 水（32:36=8:X, X=9g ）。由此可见，反应物的“参与质量”（而不是其所有质量）在化合反应中起着至关重要的作用。质量守恒的这一特征让我

① 根据化学方程式：$2H_2+O_2=2H_2O$，$2H_2$ 的相对分子质量：2x1x2=4；O_2 的相对分子质量是：16x2=32；$2H_2O$ 的相对分子质量是（1×2+16）×2=36。也就是说，当 H_2 和 O_2 的质量比为 1:8 时，二者才能完全反应。

们联系起 Pinker（1989）对语法关联和非关联的语义成分的区分，并最终启发我们将词汇入构项与及物构式间的“组合—解构”关系类比为反应物和生成物之间逆向反应的化学平衡。我们的假设主要基于以下几方面的思考。（不过，这里我们仍然要提醒注意，我们所进行的类比均是在概念上的，用于揭示语言学和化学在结构组成方面的相似性。但这不意味着两者之间有直接的科学对应关系。语言的论元结构和化学的配价虽然在功能上相似，但仍然属于不同的学科领域，遵循各自的规则和原理。）

4.3.3.1 语法关联语义与参加质量类比

简而言之，我们认为 TG 语法框架下的词汇入构项信息匮乏的根本原因并不在于词汇入构项与句法模块的分离，其主要问题在于，它忽略化合反应质量守恒定律的第一个“质量”是指词汇入构项“参加”谓价结构这一化合反应的质量，而不是词汇入构项的“所有”质量进行简单的相加。

回到语言的形意结合上，长期以来，人们一直纠结，*touch, hit, cut* 和 *break* 等动词均属于实义动词类，它们的词汇入构项均为［NP subject, NPdirect object］,但它们的用法却不尽相同（参见 Levin, 1993）。比如，尽管我们可以通用〔见例（1）〕，但在例（2）、例（3）、例（4）的句型中，它们却不能通用：

（1）*Someone touched / hit / cut / broke something.*

（2）*Something cuts / breaks / *touches / *hits easily.*

（其中 *cut* 和 *break* 通用，而 *touch* 和 *hit* 则不能用于此类句型）

（3）*Someone cut / hit /* broke / * touched at something.*

（其中 *cut* 和 *hit* 通用，而 *touch* 和 *break* 则不能用于此类句型）

（4）*Someone touched / hit / cut / *broke on sb's certain part of the body*

（其中 *touch*，*hit* 和 *cut* 通用，而 *break* 则不能用于此类句型）

究其原因，正如 Pinker（2007）所说，大自然是不会为了迷惑我们而违背其自身发展的客观规律的。如果某种现象，无论我们如何去观察它，它都似乎毫无意义，那么很有可能是因为一些更为深刻而普遍的原则被我们忽略掉了（张旭红、梅德明，2015）。就上述诸如此类的具体语言之谜而言，我们认为，Pinker 所说的那个更为深刻而普遍的原则很可能就是语言进行形意结合生成其结构二重性的化合反应的过程中所遵守的质量守恒定律。具体来说，尽管上述动词的词汇入构项相同，它们均属于传统意义上的实义动词集合，但作为这一集合的个体动词或者称元素，每个动词都有各自的“特质特征”，也就是“参加质量”，包括句法和语义两方面的特征。当这些动词（即反应物）被应用到具体的“语言语境”（相当于化合反应的反应条件，如短语、句子、语篇等语言表达式）中时，它们与其“论元”（即另一种反应物）发生化合反应，并生成特定谓价结构（新物质）时，参加化合反应的并不是它们的“所有特征”（或称所有质量），而是它们的某些“参加质量”，即特质特征或特质质量。基于质量守恒定律，这一化合语言过程所生成的特定的谓价结构的“特质特征”（或称特质质量）的总和与动词和论元的“特质特征”的总和相等。基于化学反应中，分子可以分成原子，原子又重新组合成新的分子这一特点（例如：氢分子和氧分子在通电的条件下分裂成氢原子和氧原子，氢原子和氧原子再结合成水分子），我们将词汇作为要素进入语言横向组合的变化过程描述如图 5 所示：

（图 5：词汇作为要素进入语言横向组合的变化过程）

当一个词作为一个语言元素进入到横向组合过程、进而生成更大的语言单位时，它首先要分裂成原子质量，即特质特征，以便与同现的其他词所分裂出的特质特征进行重新组合并生成相等质量的谓价结构，最后通过语音规则输出新的语言表达式。就词汇语义分裂的现实性而言，我们借鉴的是 Levin（1993：1）的观点。Levin 认为 Bloomfield（1993）的主张“词汇实际上是语法的附录，是一份不规则语法值的清单”符合我们常说的一个理想词汇的基本要求：因为一个词汇（lexicon）包含着所需的最低限度的信息，所以它必须准确地提供与每个词汇项（lexical item）相关特质信息

（idiosyncratic information）。

以 Goldberg（1996）为代表的基于构式的语法模式假设，一个语言表达式的整体语义意义是由句法构式所提供的。如果一个动词的语义与构式的意义兼容，那么它就能够加入到该构式中，这是一种“自上而下”的研究途径。与此相反，以 Pinker（1989）、Levin（1991, 1993）为代表的基于微动词类的语法模式假设，语义来自一个“自下而上”的结构，动词的意义决定着它能够进入哪一类句法构式。我们所提出的质量守恒途径采纳的是构式所主张的以 VP 为核心的研究方法，但我们将语言的加工过程定义为化学反应过程，该过程遵守质量守恒定律。守恒一个质量等式，即参加语言加工的各语言单位的“特质特征”总和等于加工后所生成各语言构式的特质特征总和。反过来，加工后所生成各语言构式的特质特征总和等于参加语言加工的各语言单位的“特质特征”总和。在举例说明句法构式生成的质量守恒过程之前，我们需要先澄清几个概念。首先，我们沿用构式语法中的“构式”概念，用它来指称语言“表达式”背后的潜在结构模式，表达式是构式的具体体现或称实例。其次，我们基于质量守恒定律提出一个新的概念，即“特质特征”，用它来指称参加语言加工过程的语言单位，如词，的“参加特征”，它是语言单位进入到语言加工过程时首先分裂出来的“原子特征”。

4.3.3.2　化学平衡与横向组合类比

下面我们以前面提到 *hit, cut , break, touch* 和 *load* 等四个代表性动词类在及物性交替构式中的不同行为表现为例，具体阐述我们的观点。由于各种句法构式的质量不同，每种不同的句法构式的生成都对应着一种具体的方程式，但由于词汇入构式的参加质量并非一个动词专属，因此，能够进入方程式的词汇构成一个集合，也就是 Pinker（1989, 2007）所说的动词微类（subclass）。这里我们选择以英语最受学术界关注的、且业已得到了大量语料验证的及物交替构式中的四种二价构式，即致使交替（causative / inchoative construction）、中动交替（middle construction）、意动交替（conative construction），和一个三价构式，即位置格构式（locative construction）为例，展开我们的研究。我们这样选择主要出于以下考虑：首先，正如 Boas（2002ab,

2003ab）所说，只有语义类得到了更精确的界定、各种构式的分布得到了更细致入微的观察，基于语义类成员来准确确定动词的论元范畴才会成为可能。而要想做到这一点，基于语料库的自下而上的研究途径是必要的前提。也就是说，我们的方法要想应用于其他类型的构式加工过程的解读，还需要大量的自下而上的预料研究做基础。其次，这几类构式都涉及到及物性转换和使动的后果，即状态改变的问题，因此它们之间行为的差别最能展现出词汇入构项的原子特征差异。

人类语言的特殊性体现在其将句法操作和组成要素的语义操作融合的复杂机制中。以英语的使动交替为例，生成及物交替构式的机制一直是学术界的难题。例如，虽然词汇如 *break*、*touch*、*hit*、*cut* 都能形成及物句，但在始动交替式中，它们的表现却截然不同。除 break 外，其他 3 个动词均被置之门外。例如：

（1）*He broke the window. /The window broke.*（玻璃变成了破碎的状态）

（2）*He cut the bread./*The bread cut.*（* 面包变成切的状态）

（3）*He touched the cat. /*The cat touched.*（* 猫变成摸的状态）

（4）*He hit the ball./*The ball hit.*（* 球变成击打状态）

在标准的及物交替（如致使交替）中，动词的及物和不及物用法之间存在一个明确的语义联系，通常涉及状态的改变。例如，*He broke the window*（他打破了窗户）和 *The window broke*（窗户破了）之间存在一个直接的致使关系，其中及物用法表明有一个明确的施动者（*he*），而不及物用法则没有明确的施动者。不同与现有研究将这种始动构式（也称作格构式）看作是“状态改变”。在我们看来，这种构式所表达的语义并非是“状态改变”。相反，上述动词在这种结构里，并未发生及物交替，它们并不是及物动词的特殊用法，而是不及物用法，描写的一般意义的是“改变后的状态”（state after changing）。我们的这种解释，强调的是动词在不及物结构中所表达的结果状态，而不是致使该状态发生的动作或事件。这种解释将重点放在结果状态上，而不是施动者或动作本身。例如：*The window broke* 侧重于窗户现在的状态，即“破碎的状态”，而不是导致窗户破碎的动作。假如这个句子被认为是语法正确的话，*The bread cut* 则侧重于面包被切割后的状态，而不是切割的行为本身。这种解释方式旨在提供了一种新的视角来理解及物和不及物动词的使用及其语义差异。它强调了结果状态的重要性，这在某些情况下可能比动作本身更为关键。这种解释也符合语言如何用来描述和表达不同现象和事件的多样性。基于语义守恒定律，我们将动词入构项表述为:

VP（NP）：CAUSE （NP（BECOME（NP （CHANGE（NP））） ））⇌BECOME（NP,（VP （NP）））

即 NP 成为 VP 所带来的改变后的状态。具体来说，上述 4 个动词能否进入该构式，取决于它们能否分裂出语义要素：

CAUSE（NP（BECOME（NP（CHANGE（NP））） ）））

即“致使完整状态的受事 NP 成为动词 VP 所导致的状态”。换言之，所有能分裂出这个原子质量的英语动词均可以作为词汇入构项进入始动构式，它们形成一个基于 VP（NP）：CAUSE （NP（BECOME（NP（CHANGE（NP））） ））的动词子集合，如，*break*，*crack*，*start*，*shake*，*burn*，*blacken* 等，否则将不能进入该构式。这个子类的动词语义有个共同特性——自带状态，如破碎、破裂、脱落、甩掉、烧焦、变黑等。

再考虑下面中动交替式的情况：

（5）*He broke the window. / The window broke easily.*（玻璃很容易被打碎）

（6）*He cut the bread. / The bread cut easily.*（面包很容易被切开）

（7）*He touched the cat. /*The cat touched easily.*（* 猫很容易被触摸）

（8）*He hit the ball. /*The ball hit easily.*（* 球很容易被击打）

与前面提到的作格式相反，这种中动构式所表达的语义所表达的一般意义为“状态改变”（Change of state），它强调的是致使该状态发生改变的动作或事件（如 *action or event of breaking*，*cutting*，*touching*，*hitting*），而不是动词在不及物结构中所表达的结果状态。这也是为什么将它们翻译成“中动”构式的原因所在。就像主动式被动式一样，这里涉及的是一种特殊及物性变化。此外，这种构式通常要有一个副词，如 *easily*，*effectively*， *well* 等，这也进一步证明了，这个构式描写的是动作或事件，而非状态。基于语义守恒定律，我们将动词入构项表述为：

VP（NP）：CAUSE（NP（CHANGE（NP）））⇌CAUSE（NP（CHANGE（NP,（VP-ed（NP））））

具体来说，上述 4 个动词能否进入该构式，取决于它们能否分裂出语义要素：

CAUSE（NP（CHANGE（NP）））

即致使完整状态的受事 NP 的状态发生了动词 VP 的状态变化。换言之，所有能分裂出这个原子语义的英语动词均可以作为词汇入构项进入始动构式，它们形成一个基于下面表达式的动词子集合：

VP（NP）：CAUSE（NP（CHANGE（NP）））

break 类的 *crack*，*start*，*rip shatter, sanp...*，*cut* 类的，如 *hack*，*saw, scratch, slash* 等。例句（7）和（8）中 *touch* 和 *hit* 不会导致 *the cat* 和 *the ball* 的状态改变，因此也就无法进入这个构式。

再来看下面体位提升构式的例句：

（9）*He broke her finger. / *He broke her on the finger.*

（10）*He cut her arm./ He cut her on the arm.*

（11）*He touched her shoulder. /He touched her on the shoulder.*

（12）*He hit her back./ He hit her on the back.*

这是个三价命题。在及物式中，NP_1 是实施者，NP_2 是 NP_3 的拥有者，NP_3 是 NP_2 的所属体位，在构式中扮演受施角色。在体位提升式替式中，NP_1 仍是实施者，NP_2 是 NP_3 的拥有者，且扮演着受施的角色。NP_3 是 NP_2 的所属体位，在构式中扮演目标角色，作为介词 *on* 的宾语出现。根据 Levin（1993）的研究，这种体位提升构式所表达的一般意义是“接触”（contact）。基于语义守恒定律，我们将动词入构项表述为：

VP（NP）：CONTACT（NP_1，Np_2's NP_3）⇌CONTACT（NP_1，NP_3）ON（NP_2）

具体来说，上述 4 个动词能否进入该构式，取决于它们能否分裂出语义要素：

CONTACT（NP_1，Np_2's NP_3）

即 NP_1 通过 NP_2 接触到了 NP_3。换言之，所有能分裂出这个原子语义的英语动词均可以作为词汇入构项进入始动构式，它们形成一个基于下列表达式的动词子集合：

VP（NP）：CONTACT（NP_1，Np_2's NP_3）

在这里，我们观察到，意义要素的组合与重组对于句法操作而言是至关重要的。简单来说，人类语言的无与伦比之处主要在于，它拥有以多种方式构建人类认知的潜力。这就解释了为什么人类的认知能够通过语言以多种方式被构建：它不仅可以是主动的，也可以是被动的；不仅可以是基于现实的，也能够构建虚构的世界；不仅能够表达主观的想法，也能进行客观的反思；不仅能够进行顺序的叙述，也能够进行倒叙或非直线性的叙述。语言还赋予其使用者以表达其心灵之眼（mind eyes）在整体与局部、前景与背景之间所进行的格式塔转换的能力。

与其他物质的化合反应一样，语言的化合反应同样也遵循着质量守恒定律，我们尝试将“质量守恒”这个物理学和化学中的普遍规律应用于语言学，它指的是在特定的语法和语义框架下，语义和句子结构之间有一种固定的、不变的关系。这种关系类似于化合物质量在反应前后保持不变的原理。比如，某种基于本体论的语义关系，如致使、因果、时空、动力—拮动力等几何—动力物理学概念，以及人类的意愿，如企图、计划、打算等总是通过特定的句子结构来表达的，而这种关系在不同的句法交替中保持不变。例如，在句法交替中，尽管句子结构可能会发生变化，但某些核心的语义标记和关系保持不变。这种稳定性可能是通过语法规则和约定来实现的，确保了语义的清晰和一致性。

综上所述，本章我们确定了本项目研究的基本假设，即将词汇入构项与及物构式的关系看成是可逆化学反应的质量守恒。在可逆反应中，反应不仅可以从反应物转化为产物，而且在适当的条件下，产物也能够再转化回原来的反应物。逆反应质量守恒定律用等式表述为：

$M_A + M_B \rightleftharpoons M_C$。

在这个等式中，M 为 Mass（质量的缩写），M_A 和 M_B 分别代表反应物的参与量，而 M_C 是化合物的总成分。在接下来的章节中，我们需要讨论如何确定反应物的参与质量，即词汇入构项的原子质量和作为化合物的及物交替式的总质量。

4.4 基于词汇入构项的原子语义

质量守恒定义规定，在一个封闭系统中，参加化学反应的各种物质的“质量”总和等于反应后生成各物质的质量总和。而这里所涉及各种物质的“质量”指的是反应物中“参加”化合反应的质量，而不是反应物“所有”质量的简单任意相加。本节要谈论的原子质量就是一个词汇入构项所具有的可能的参加质量，它们是最小的不可再分的原子质量。语义学上，相当于我们前面所说的语法关联（语法可见）成分或者语义标记。不同的是，在本研究框架下，它们充当的角色是化学反应物的原子质量。我们在前面提到，在生成语法框架下，词汇入构项是构成更大语言结构的基本建构块。例如，构建一个句子时，我们不仅仅是把单词简单地穿在一起，而且是根据这些词汇入构项中的信息，按照一定的语法规则组合起来。这种方式使得语言既有丰富性又有规则性，也是我们解释语言的可学性问题的一个重要依据。在切入本节主题，即词汇入构项的原子语义之前，我们需要澄清两个问题：第一，什么是配价和配价载体？第二，为什么我们选择动词作为我们配价研究的载体？

4.4.1 配价和配价载体

传统语法将及物性等同于一个动词所能承载的句法论元的数量，如谓词逻辑中的如一价论元谓词（不及物动词）、二价论元谓词（单宾语谓词）、三价论元谓词（双宾语谓词）等。随之句法—语义界面问题研究的逐步深入，这种观点遭到了学界的诟病。Van Vanlin & LaPolla （1997:149）指出，句法论元数量本身并不能说明及物性的本质，因为如果及物性真是基于句法论元数量定义的话，那么同价论元的谓词的句法行为都应该是一致的，也就不会存在下面诸如此类的语言难题了：

（1）*Someone laugh.*

（2）*Someone *spoke / *talked / *cried his head off.*

上述同价动词的不同行为表明，词汇的句法范畴并不是固定在它们的词库里，而是在句法里。鉴于此，一些学者基于谓语（包括动词、形容词和名词谓语）在句法加工过程中对同现的论元的制约提出了一种全新的概念，即配价（valency），包括句法配价和语义配价。化学术语“配价”的是一个化学元素与另一个化学元素的特定原子量相结合的容量。在语言学中，配价被用来类比语言加工过程中词与词相互依附的能力。

Allerton（2008）的研究表明，尽管 Tesniere（1959）被认为是第一个将这一化学术语引入语言句法结构的研究语言学家，但在此之前，早有学者对这个概念进行过清楚的阐述，如德国心理学家 Karl Buhler（1934）和荷兰学者 Groot（1949）。20 世纪 60 年代之前，动词的配价理论并未在欧洲大陆的语言学界获得广泛关注。这种情况在 60 年代发生了改变，主要由于以下两个方面的原因：第一，结构主义到生成语法的转变。在 20 世纪早期，语言学主要受结构主义的影响，特别是在欧洲。结构主义重视对语言形式的描述，而不是探究深层的语言规则或理论。然而，随着 Chomsky 的生成语法理论在 20 世纪 50 年代末期和 60 年代初期的兴起，语言学界开始转向研究语言的深层结构和普遍语法规则。生成语法提供了一个更丰富的理论框架来考虑诸如动词配价这样的概念。第二，跨学科方法的兴起和语言理论的深化。20 世纪 60 年代，随着语言学、心理学、哲学和计算机科学等学科间的交叉合作，对语言理论的兴趣增加。这种跨学科的方法推动了对语言能力和语言处理的深入研究。特别是在句法和语义的交界处，对动词配价和论元结构的研究成为理解语言能力的关键。这一时期的研究更加注重动词如何组织和影响句子结构及其意义，从而使配价理论成为核心议题。上述这两个原因（生成语法的兴起和跨学科方法的发展）共同推动了动词配价理论在 20 世纪 60 年代欧洲大陆学者中的普及和重视。这标志着现代语言学理论的一个重要转折点，从而使语言学研究更加深入和系统。当前，我们可以在许多语法框架中看到“配价”的身影，比如，Pollard & Sag（1994）的中心语—驱动短语结构语法（HPSG）的原则之一，即配价原则（Valence Principle），该原则取代了早期的次范畴规则。

4.4.1.1 配价和配价能力

“配价”（valency），在化学和语言学中都有重要的含义。在化学中，“配价”描述的是原子在分子中结合或替换其他元素的能力。一个原子的配价决定了它能结合的其他原子的数目。例如，氧气的配价是 2，意味着一个氧原子可以与两个其他原子结合。在语言学中，“配价”这一概念被借用来描述谓词在句子结构中的作用。谓词（包括动词、形容词和名词谓语）通过其配价能力吸引和规定名词性成分。这里的谓词是句子的支配成分，而名词性成分则是从属成分。基于配价理论，谓词可以根据它们能吸引的名词性成分的数量和性质进行分类：一价谓词只能与一个名词性成分结合，二价谓词可以与两个名词性成分结合，而三价谓词则能与三个名词性成分结合。因此，谓词的配价能力反映了它在构句过程中的作用和限制。

简而言之，“配价”就是谓词的支配能力的数量表示，以谓词的配价能力为构句的理论基础而形成的语法理论称为配价理论。动词配价的概念抓住了谓词，尤其是动词的内在关系本质：当动词表示事件时，它们必然暗示了事件的参与者，即动词的论元。因此，配价可以被看作指向论元的实现。它为语法—语义接口问题的研究提供了一个直接的链接（Levin and Rappaport Hovav 2005）。配价理论主张论元的实现是由与特定动词类相关的意义决定的。配价在句法和语义研究领域尤其重要。以下是配价的几个关键方面：论元数量与类型——不同的动词或谓词有不同的配价要求。例如，不及物动词（如“跑”）只需要一个论元（主语），及物动词（如“吃”）需要两个论元（主语和宾语），双及物动词（如“给”）则可能需要三个论元（主语、直接宾语和间接宾语）。语义角色——配价不仅涉及论元的数量，还涉及它们在句子中的语义角色、语义成分等。这些角色有助于理解每个论元在动作或状态中的作用。句法结构的影响——动词的配价特性影响句子的句法结构。例如，及物动词通常要求其宾语出现在特定位置，这种句法规则在不同语言中有不同的表现形式。配价变化——动词的配价可以通过各种句法手段变化，如被动化（降低配价）、使役化（增加配价）和反身化（修改论元的角色）。跨语言视角——虽然配价的基本概念在所有语言中都适用，但不同语言在具体实现配价系统时会有所不同。比较不同语言中的配价系统有助于我们理解语言的多样性。语言习得与处理——在语言习得过程中，学习者必须掌握动词的配价特性来正确构建句子。在语言处理，包括自然语言处理中，准确理解动词的配价对于句子的解析和理解至关重要。总之，配价作为理解和分析句子结构及意义的基本工具，在语言学的多个子领域中都有着广泛的应用。它不仅是理论语言学的核心概念，也对语言教学、语言习得、语言处理和计算语言学有着重要影响。

4.4.1.2　配价载体

配价载体（Valency bearer）这个术语在语言学中指的是动词或其他可以携带配价的语言元素。配价，如前所述，是指一个动词或其他谓词性元素（如某些形容词或名词）能够结合的论元数量。在这种语境中，配价载体通常具有以下特点：

（一）谓词性质

配价载体通常是谓词性的，意味着它们可以作为句子或从句的核心部分，提供关于动作、状态或存在的信息。作为配价载体的谓词，其性质在于其能力决定句子中论元（如主语、宾语）的数量和类型。这些性质在句法、语义和语用层面上对语言的理解和使用均有重要的影响。下面是谓词性质的具体表现：

1. 论元数量决定性：谓词的配价属性首先体现在它能搭配多少个论元。这一特性在动词的不同类型中表现得尤为明显。例如，不及物动词通常只涉及一个论元，这个论元通常是主语，它承担了动作或状态的发出者或体验者的角色。例如，在句子 *The bird sings* 中，*bird* 作为唯一的论元，作为主语出现。另一方面，及物动词需要两个论元——一个主语和一个直接宾语。在这种情况下，主语通常是动作的执行者，而直接宾语是动作的接收者或目标。例如，*She reads a book* 中的 *She* 是主语（动作执行者），而 *a book* 是直接宾语（动作的目标）。更进一步，双及物动词则涉及三个论元——主语、直接宾语和间接宾语。在句子 *I gave her a flower* 中，*I* 是主语（动作的执行者），*a flower* 是直接宾语（被给予的物体），而 *her* 是间接宾语（接收动作的对象）。这种论元数量的决定性不仅反映了动词的配价属性，也在很大程度上决定了句子的句法结构和意义。动词的这种配价特性是理解和分析句子结构的关键，它帮助我们确定需要哪些成分来构成一个完整和合乎语法的句子。此外，这也涉及信息结构的层面，即谁是动作的执行者、动作的接收者以及动作的内容等。总的来说，动词的论元数量决定性是语言学研究中的一个核心概念，对于理解句子的结构和意义至关重要。

2. 论元类型的规定性：在谓词的配价属性中，除了论元数量，论元类型也扮演着至关重要的角色。每个谓词，根据其内在的语义和句法特性，指定了与之相搭配的论元在句子中的句法角色（如主语、宾语）以及语义角色（例如施事者、受事者、工具等）。这种规定性是理解和构建句子的基础。句法角色主要涉及论元在句子结构中的位置和功能。例如，主语通常是句子的主体，执行或经历动词所描述的动作或状态；宾语则是动作的目标或结果所在。例如，在句子 *Jean eats an orange* 中，*Jean* 作为主语执行动作，*an orange* 作为宾语承受动作。语义角色则描述论元在动作或事件中的角色。施事者是动作的发起者，受事者是动作的接收者或承受者。例如，在句子 *Tom paint the door* 中，*Tom* 是施事者，执行开门的动作，而 *the door* 是受事者，即被开启的对象。在某些情况下，还会有工具角色，指动作执行所使用的工具或方法。这些规定性不仅影响语句的语法结构，还对其整体意义产生重要影响。

3. 句法结构影响：谓词的配价特性对句子的句法结构有着直接的影响，因为它决定了句子中必须出现哪些成分以及这些成分如何排列。根据动词的不同配价需求，句子可以呈现出不同的结构模式。及物动词要求至少有一个直接宾语，这导致句子通常呈现出主谓宾（SVO）的结构。例如，在句子 *The teacher explains the lesson* 中，及物动词 *explains* 需要一个宾语 *the lesson*

来完成其意义。这种结构清晰地表达了行为（讲解）发生的对象（课程）。相比之下，不及物动词不需要直接宾语，通常形成主谓（SV）结构。例如，在句子 *The sun rises* 中，不及物动词 *rises* 不需要宾语来表达完整的意义。这种结构通常描述主语自身的状态或行为，不涉及其他对象。某些动词还可以根据其搭配的介词或副词形成复杂的句法结构。例如，短语动词如 *look up* 或 *take off* 可以改变动词原本的配价特性，导致句子结构的变化。

4. 配价变化与动态性：谓词的配价特性不是静态不变的，而是可以通过各种语法结构的变化而改变，从而展现出语言的动态性和灵活性。这些变化允许同一个概念以不同的方式表达，增加了语言的表达能力和适应性。主要的配价变化包括被动化、使役化、反身化等。

被动语态是将动词的宾语转换为句子的主语，同时将原主语转移至介词短语或省略。这种变化通常用于强调句子中的接受者或受动者，而非行为的执行者。例如，主动句 *The cat chased the mouse* 在被动化后变为 *The mouse was chased by the cat.* 在这里，*the mouse*（原宾语）变为主语，而原主语 *the cat* 则被放在介词短语 *by the cat* 中或被完全省略。使役结构允许一个主体使另一个实体执行动作。例如，使役动词如 *make*，*let*，*have* 等，可以改变动词的配价，引入一个新的论元作为被使役者。例如，*She made the student read the book* 中，*made* 引入了两个论元：*the student*（被使役者）和 *read the book*（被执行的动作）。在反身化结构中，动词的论元（通常是宾语）是其主语的反身形式，即主语自己执行动作并接受该动作的影响。例如，*The cat washed itself* 中，主语 *the cat* 既是动作的执行者，也是动作的接收者。

5. 形态学标记：谓词的形态变化是语言中一种重要的现象，其中包括时态、语气、语态等变化。这些形态变化不仅反映了谓词的时间、情态或语态特性，而且与谓词的配价属性——即它如何与论元互动——紧密相关。时态变化反映了动作发生的时间（如过去、现在、将来）。谓词的时态变化可以影响其与论元的关系，尤其是在表达事件的连续性、完成性或重复性方面。例如，*writes* 和 *wrote* 分别表示现在和过去的动作，这影响了句子的时间框架和论元的解释。语气变化表达了说话者对动作的态度，如陈述、疑问、命令或虚拟。不同的语气可以改变句子的意图和论元的角色。例如，祈使语气（如 *Write the letter!*）直接指示论元（接收者）执行某个动作。语态变化，尤其是主动语态和被动语态的转换，直接影响谓词的论元结构。在被动语态中，原来的宾语成为句子的主语，而原来的主语可能被省略或移到介词短语中，这改变了句子的焦点和信息结构。这些形态学标记的变化在不同语言中表现出多样性，但它们通常都在一定程度上反映了谓词与其论元的互动方式。在教学和语言学习中，理解这些形态变化对于正确构建句子和理解其含义至关重要。

（二）动词作为主要载体

虽然“配价载体”这个术语可以应用于各种谓词性元素，但它通常与动词关联，因为动词在实现句子的意义和结构方面扮演着核心角色。在这个语境下，配价指的是动词能够带有的论元（如主语、宾语）的数量和类型。这种分析重点关注动词如何与其他句子成分互动，以及这些互动如何影响句子的整体意义和结构。

1. 动词的中心作用：在大多数句子中，动词是中心元素，它不仅表达了行为、状态或过程，而且还确定了句子的时态和语气。

2. 论元结构：动词通常决定了可以或必须与其结合的论元的数量和类型。例如，有些动词要求有直接宾语，有些则不需要。

3. 句子意义的影响：动词及其配价结构对句子的整体意义有重要影响。不同的动词和论元组合可以产生不同的意义。

4. 语言变化：动词的配价特性在不同语言中有很大的变化，这使得它成为跨语言比较研究的有价值对象。通过研究动词及其配价特性，语言学家能够更好地理解句子是如何构建的，以及不同语言如何在语法结构上相互区别。这一领域的研究对于理解语言的普遍性和特殊性都至关重要。

（三）形容词和名词配价

形容词和名词配价是指这些词类可以与其他词语组合的能力。与动词配价不同，形容词和名词的配价通常涉及对修饰语或补充语的需求。形容词可以要求补充语来完整其意义。举例来说：

（1）*She is proud of her achievements.*

（2）*He is afraid of spiders.*

例（1）中形容词 *proud* 通常需要一个补充语来说明骄傲的对象，句子中 *of her achievements* 是补充语，说明了 *proud* 的对象。例（2）中 *of spiders* 是形容词 *afraid* 的补充语。

此外，一些名词需要特定的前置或后置修饰语。举例来说：

（3）*The decision that he made was difficult.*

（4）*Her belief in the project's success.*

例（3）中，名词 *decision* 常常与一个从句配合使用，*that he made* 是一个定语从句，修饰 *decision*。例（4）中名词 *belief* 可以与介词短语搭配，句中，*in the project's success* 是介词短语，用来修饰 *belief*。在这些例子中，形容词和名词的配价体现在它们需要特定类型的修饰语或补充语来完整或具体化其意义。这种配价能力是理解和使用这些词汇的关键部分，影响句子的结构和意义。

总而言之，相比于动词的配价，形容词和名词的配价在语言学中有着不同的特点和功能。这些差异主要体现在它们结合论元的方式和目的上。动词配价关注于构建完整的谓语并表达动作或状态（也就是语法所说的补语成分 complement），而形容词和名词的配价则更多关注于提供额外的描述和限定（也就是语法所说的附加成分 adjunct）。每种词类的配价特性都是理解和分析语言结构的关键。由于本项目的研究对象是及物交替式，基于交替式的特征，我们主要选择动词作为配价的载体。

（四）配价变化

配价载体的配价变化是指谓词（通常是动词）的配价如何因不同的句法结构或语境而改变。在英语中，这种变化可以通过各种语法手段实现，如被动语态、使役结构、反身化等。以下是一些例子：

（1）*The chef cooked the meal.*

（2）*The meal was cooked by the chef.*

这对是被动语态的例子。在这个例子中，主动句例（1）中的动词

cooked 需要两个论元（主语 *the chef* 和宾语 *the meal*）。在被动句例（2）中，动词的配价减少了一个论元（宾语成为了主语，原主语变为了介词短语中的可选成分）。

（3）*The door opened.*

（4）*She opened the door.*

这对是使役结构的例子。在这个例子中，例（3）非使役句中的动词 *opened* 只需一个论元（主语 *the door*）。在使役句例（3）中，动词 *opened* 的配价增加了一个论元（新的主语是 *she* 和宾语 *the door*）。

（5）*He saw her.*

（6）*He saw himself.*

这对是反身化的例子。在这个例子中，反身化并没有改变动词的配价数量，但改变了宾语的性质，使其与主语相同。再举一个名词化的例子：

（7）*She likes to read books.*

（8）*Her love of reading books is well-known.*

在上述名词化的例子中，原先动词 *read* 的动作变成了名词短语 *reading books* 的一部分，配价从原动词的论元转移到了名词短语的构成上。简而言之，这些例子展示了英语中动词配价如何因不同句法结构的应用而发生变化，这些变化对于句子的意义和结构有着重要的影响。

4.4.2 作为配价载体的动词

在本研究中，我们专注于动词作为配价载体的角色，尽管在语言学中，其他词类如形容词和名词也具有配价潜能。选择动词作为主要研究对象，基于以下几个关键方面的考虑：（一）句法结构中的核心作用。动词在句法结构中扮演着核心角色。大多数句子都是围绕动词构建的，动词决定了句子的基本框架和结构。例如，动词可以决定需要哪些论元（如主语、宾语），这些论元如何排列，以及它们之间的语法关系。因此，动词的配价特性直接影响句子结构的形成和理解。（二）在事件表述中的关键地位。动词在表述事件和行为时占据中心位置。它们不仅描述了发生了什么，还可能提供关于时间、方式、原因和结果等的信息。动词的选择和使用为理解和表达具体事件提供了必要的框架和细节。（三）信息结构的塑造。动词在构建信息结构方面起着决定性作用，特别是在强调句子中信息的新旧、焦点和背景等方面。动词的选择和其语法形式（如时态、体、语气）对句子所传达的信息层次和重点有显著影响。（四）配价论的中心地位。动词在配价论中处于中心地位。配价论研究词汇如何与句子中的其他成分结合，以及这些组合如何影响意义和句法结构。动词的配价属性，如搭配哪些论元以及如何与它们互动，是配价论的核心内容。（五）动词的跨文化普遍性：动词作为人类语言的普遍组成部分，在跨文化交流和比较语言学研究中占据重要地位。不同语言中动词的共性和差异为理解语言普遍性和特殊性提供了丰富的材料。

总的来说，通过聚焦于动词作为配价载体，本研究不仅能够深入探讨动词在语言结构和意义建构中的关键作用，还有助于揭示语言间的普遍规律和特殊差异。这种聚焦提供了一个有力的分析工具，以理解动词如何塑造和反映复杂的语言现象。

4.4.2.1　动词与句法结构

在大多数语言中，动词是构成句子的关键成分。它们通常是谓语的核心，负责表示动作、状态或过程。动词的这种特性使它们成为构建句子意义和句法结构的主要工具。动词在句法结构中的中心地位是由以下几个方面决定的：

（一）动词是谓语的核心组成部分

动词作为谓语的核心组成部分，在语言学和句法分析中占据着核心地位。这主要是因为动词不仅表达动作、状态或过程，而且还决定了句子的许多关键语法特征。下面我们详细分析动词在谓语中的作用：

1. 表达动作、状态或过程：动词是用来表述主体执行的动作（如“跑”“吃”）、所处的状态（如“存在”“似乎”）或经历的过程（如“成长”“变化”）的词汇。这是动词的基本功能。

2. 决定时态：动词的形式变化可以表示动作或状态发生的时间。例如，英语中的动词通过变化形式来区分现在时、过去时和将来时等时态。

3. 影响语态：动词可以通过其形式变化来表示语态，如主动语态和被动语态。在被动语态中，动作的接受者成为句子的主语，而动作的执行者则可能被省略或放在介词短语中。

4. 表达语气：动词还可以用来表达说话人的态度或动作的可能性、必要性等。例如，英语中的虚拟语气用于表达非现实或假设性的情况。

5. 表示体：动词的形式或与之结合的助动词可以表达动作的持续性、完成性或重复性。例如，英语中的进行时态表达动作正在进行，而完成时态则表明动作已经完成。

6. 与补充成分结合：动词通常需要或允许与其他句子成分（如宾语、状语、补语）结合，这些成分共同构成完整的谓语。这些补充成分提供了有关动作或状态的额外信息，如执行动作的对象、动作发生的时间或地点、动作的方式等。通过这些功能，动词在构建句子意义和结构方面发挥着关键作用。无论是在简单句中还是在复杂句结构中，动词都是连接主语与其余句子成分，表达完整思想的桥梁。

（二）动词管辖论元

动词决定了句子中论元（如主语和宾语）的数目和类型。这种关系就是所谓的动词配价。例如，及物动词要求有直接宾语，而不及物动词则不需要。我们前面说过，动词天然地拥有与论元（如主语、宾语）结合的能力。这种能力称为动词的配价。动词的配价决定了它能够或必须与多少个论元结合，以及这些论元的类型（如人、事物、地点等）。动词与论元结构的关系是理解句法和语义分析的关键，动词对论元的管辖包括以下几个方面的内容：

1. 配价和论元数量：动词的配价决定了它可以或必须携带的论元（如主语、直接宾语、间接宾语）的数量。例如，及物动词（如 *eat*）需要一个宾语（如 *eggs*），而不及物动词（如 *walk*）则不需要宾语。

2. 语义角色的分配：动词不仅确定论元的数量，还为每个论元分配特定的语义角色。这些角色（如施事者、受事者、受益者等语义角色以及时空、因果、致使、成为、企图、计划、主动力、劼动力等语义标记）描述了论元在动作或状态中的功能或位置。

3. 句法位置和功能：动词与论元的结合决定了论元在句子中的句法位置和功能。例如，在主动句 *Jerry stolen Tom's cheese* 中，主语 *Jerry* 通常位于动词 *stolen* 前，而直接宾语 *Tom's cheese* 则位于动词后。在被动句 *Tom's cheese was stolen by Jerry* 中，中动句中的主语 *Jerry* 则以介词 *by* 的斜格宾语出现在动词的后面，主动句中的宾语 *Tom's cheese* 则出现在动词的前面，成为本句的主语。

4. 论元的可变性：动词的配价可以通过诸如被动语态、反身化、使役化等语法手段进行改变。这种配价的可变性是语言灵活性和表达力的关键，它允许相同的动词在不同的语境下以不同的方式使用。配价变化影响句子的句法结构和语义解释。例如，*The snow melt.* 这种变化降低了动词的配价，因为主动语态的主语不再是必需的。每种配价变化都有其特定的句法和语义影响，它们是语言表达多样性和复杂性的重要方面。通过理解和分析这些变化，可以更深入地掌握语言的句法结构和意义构建机制。

5. 在某些语境下，动词的论元可以省略，其信息通过上下文或常识推断。举例来说，*He can play the guitar, and he can also sing.* 省略主语和助动词：*He can play the guitar, and also sing.*

6. 动词的句法行为：动词决定了与其结合的论元必须具备的特定句法和语义属性。例如，某些动词可能要求其宾语是具体名词而非抽象名词。举例来说，*He prides himself on his cooking.* 在这个动词短语中，*pride* 要求一个反身代词 *himself* 和一个前置词短语 *on his cooking.* 这里反身代词必须与主语 *He* 一致，而 *on* 是连接其宾语的必要前置词。再如，*They sent a package to the office.to the office* 表示动作的目的地。在这个例子中，动词 *send* 要求一个指示动作终点的宾语。

7. 论元结构与句法交替：动词可以参与不同的句法交替，如被动语态或使役结构，这些交替会改变论元结构。例如，*The chef cooked the meal./The meal was cooked by the chef.* 在被动语态中，及物动词的直接宾语可能成为主语。再如，*She broke the glass./The glass broke.* 在这里，通过省略施事者，*break* 从及物动词变成不及物动词，但动作的本质保持不变。

（三）动词是建构句法结构的关键

动词通常位于句子或从句的中心位置，并围绕它们来排列其他成分，如主语、宾语和状语。动词的类型（如及物或不及物）和形式（如时态和语态）对句子的整体结构有重要影响。动词在建构句法结构中的关键作用体现在以下几个方面：

1. 中心位置：在大多数句子或从句中，动词占据中心位置。它不仅连接主语和其他句子成分，而且还为这些成分提供了一个框架，定义了它们之间的关系。例如，在简单句中，动词通常跟随主语，并可能被宾语和/或状语等其他成分所跟随。

2. 及物性和不及物性：动词的及物性或不及物性决定了它是否需要一个宾语。及物动词要求有一个宾语来完成其意义（例如，“看书”中的“看”），而不及物动词则不需要宾语（例如，“跑步”中的“跑”）。这一特征对句子结构有重要影响，因为它决定了句子中是否存在宾语以及宾语的类型。

3. 时态和语态：动词的时态和语态影响句子的意义和结构。时态表明动作发生的时间（如过去、现在、将来），而语态（主动或被动）决定了句子的焦点是动作的执行者还是接受者。例如，被动语态的使用通常会改变句子的主语，从而改变句子的整体结构。

4. 影响状语的使用：动词的特性（如动作的性质和持续时间）也决定了状语的类型和位置。状语可以提供关于动作发生的时间、地点、方式、原因等的信息。不同的动词可能会与不同类型的状语搭配。

5. 构成复杂句子结构：在复杂句子结构中，动词有助于建立主从句之间的关系。例如，一个动词可以引导一个名词性从句（如宾语从句）、状语从句（如时间、原因、条件从句）或形容词性从句（定语从句）。

6. 谓语复杂性：在一些复杂的谓语结构中，可能包含多个动词（如动词短语或动词连用结构），这些动词共同作用，进一步丰富和细化句子的意义。

综上所述，动词在句法结构的建构中起着至关重要的作用。它们不仅定义了句子的主要动作或状态，而且还影响了句子的布局和其他成分的角色和功能。

（四）动词的语法功能担当

动词在句子中担当多种语法功能，涵盖了多个方面：

1. 表达动作或状态：这是动词最基本的功能。动词可以描述各种动作（如 *run*、*jump*）或状态（如 *exist*、*seem*）。通过不同的动词选择，句子能够传达出各种活动或情况。

2. 建立主语和宾语之间的关系：在很多语言中，动词不仅表达动作本身，还确定了主语（执行动作的人或事物）和宾语（动作影响的对象）之间的关系。例如，*give* 就隐含了三个角色：给予者、被给予者和被给予的物体。表示时态：动词的形态变化（或与助动词的结合）可以表示动作发生的时间。例如，英语中的动词通过诸如 *-ed* 结尾（如 *walked*）来表达过去时态。

3. 表示体：在某些语言中，动词可以表达动作的体，这涉及动作的性质，如是否完成、持续或反复发生。例如，完成体（perfect aspect）表明动作已经完成或对当前情况有影响。

4. 表示语态：动词可以表达语态，即动作是被动发生还是主动执行。例如，“被动语态”（如英语中的 *be done*）表明主语是动作的接受者，而不是执行者。

5. 连词使用：在复合句中，动词或动词短语可以充当连词，连接两个或更多的独立子句，表达因果、对比、条件等关系。

6. 助动词功能：在许多语言中，某些动词以助动词的形式出现，帮助构成时态、语态、语气等复杂语法结构，如英语中的 *will*，*have* 和 *be*。

7. 命令和请求：动词还可以用于表达命令、请求或建议等，这在命令句和虚拟语气的使用中尤为明显。

通过这些多样化的功能，动词在语言表达和句法结构构建中发挥着不可或缺的角色。它们不仅传达了行动和状态，还构建了句子成分之间复杂的关系网，使得语言能够精确地表达复杂的思想和情感。

（五）动词与句法移位的关系

在生成语法框架中，动词与句法移位和结构重组的过程密切相关，这些过程对于理解句子如何在深层结构（语言学中的一个理论概念，指句子的基本语法结构）和表层结构（句子实际出现的形式）之间转换至关重要。以下是动词在这些过程中的几个关键作用：

1. 句法移位：在生成语法中，某些句法成分（如动词）可能会从一个位置移动到另一个位置。这种移位对于生成正确的句子结构至关重要。例如，在英语中，动词移位到句首可以形成疑问句。

2. 主动语态到被动语态的转换：在被动语态的构成中，动词和它的宾语发生重组。在这个过程中，原本的宾语成为句子的新主语，而动词则变为被动形式。例如，*John eats an apple* 在被动语态中变为 *An apple is eaten by John.* 这种转换涉及动词形态的变化以及句子成分的重新排列。

3. 抽象句法结构的实现：生成语法认为，所有句子都源自一个抽象的深层结构，动词在这个结构中占据一个核心位置。通过各种句法移位和重组过程，这个深层结构转化为实际的表层结构。动词在这个转换过程中起到关键作用。

4. 句法层级和功能投射：在生成语法中，动词与它们的补语（如宾语）共同构成一个句法单位（如 VP）。动词的移位有时是为了满足特定的句法要求，例如，将动词移至更高的句法层级以实现特定的语法功能（如时间、方面等）。

5. 追踪句子意义的变化：动词的句法移位和重组通常伴随着句子意义的细微变化。理解这些变化有助于深入理解语言的功能和结构。

总的来说，在生成语法中，动词不仅是句子意义的核心，也是句法结构形成和转换的关键。通过研究动词在句法移位和结构重组中的作用，可以更深入地理解语言的复杂性和灵活性。

（六）动词变化和形态学特征

动词的形态学变化在句子构建和意义表达中扮演着关键角色。这些变化包括时态、体、语气、人称和数等方面，它们不仅影响动词本身，而且对整个句子的结构和意义产生深远影响：

1. 时态：时态是动词变化中最基本的特征之一，它表明动作发生的时间（过去、现在或将来）。时态的变化不仅改变了动词的形式，还影响了句子所传达的时间框架。例如，*He eats* 和 *He ate* 表达了不同的时间概念。

2. 体：动词的体表达了动作的性质，如是否完成（完成体）或正在进行（进行体）。体的变化可以改变句子所传达的动作状态，从而影响整个句子的意义。例如，*She is writing a letter* 和 *She has written a letter* 传达了不同的动作状态。

3. 语气：语气表达了说话人对动作的态度或动作的真实性、必然性等。例如，虚拟语气用于表达非现实或假设的情况，这对句子的解释有重要影响。如，*If he were here* 与 *If he is here* 表达了不同的假设水平。

4. 人称和数：动词的人称和数的变化与句子的主语相协调。这些变化影响了动词的形式，并可以指示谁是动作的执行者，以及执行者是单数还是复数。例如，*I go* 与 *We go* 表明了不同的主语数量。

5. 与其他句子成分的相互作用：动词的形态学变化可能要求句子中的其他成分（如主语、宾语）进行相应的调整，以保持语法一致性。例如，变化为被动语态的动词可能导致原主语成为介词短语或被省略。

通过这些形态学特征，动词成为构建句子意义和确立句法结构的强大工具。动词的变化不仅提供了关于动作或状态的详细信息，还影响了句子的整体语法和语义结构。这使得动词成为语言学和语法研究中的一个核心焦点。

（七）动词分配语义角色

动词在句子中分配语义角色的功能是其最核心的语法和语义功能之一。语义角色（或论元角色）是指动词赋予其各个论元的特定功能和意义，例如施事者、受事者、工具等。这些角色对于理解句子中个体之间的关系及整体意义至关重要：

1. 施事者（Agent）：施事者是执行动作的个体。在句子中，施事者通常是动作的发起者或原因。例如，在句子 *Tom opened the door* 中，*Tom* 是施事者。

2. 受事者（Patient）：受事者是动作影响的个体或对象。它通常是动作发生的对象。在上述例句中，*the door* 是受事者，因为它是被打开的对象。

3. 工具（Instrument）：当动作是通过某个工具或手段执行时，该工具或手段就扮演了工具角色。例如，在句子 *He cut the paper with scissors* 中，*scissors* 就是工具。

4. 受益者（Beneficiary）：受益者是动作的间接接受者，通常从动作中获得利益或影响。例如，*I baked a cake for my friend* 中，*my friend* 是受益者。

5. 地点（Location）和时间（Time）角色：这些角色指出动作发生的地点和时间。例如，*He slept in the room* 中，*in the room* 是地点角色。动词通过其语义属性决定了可以或应当与之结合的论元类型及其相应的语义角色。这种角色分配是理解句子如何表达复杂关系和情境的关键。它不仅反映了语言的逻辑和概念结构，而且是多种语言现象（如动词及物性和句子的被动构造）的基础。通过研究动词如何分配这些角色，我们可以更深入地理解语言的运作方式和句子的深层意义。

综上所述，动词在句法结构中的中心地位是由它们在构建句子的谓语、确定论元结构、建立句法和语义关系以及影响句子整体形态学和句法特征等方面确立的。在理解和分析任何语言的句法结构时，动词都是不可或缺的核心元素。下面，我们再从动词与事件之间的关系角度谈一谈动词的重要性。

4.4.2.2 动词与事件

“人类语言的语法的一个核心部分是在一个句子中对事件及其参与者的编码。”（*A central part of the grammar of every human language is the encoding of events and their participants in a clause.*）（Croft，2012：2）。也许是出于同样的考量，配价语法的创始人 Tesnière（1959）提出，动词就是给定的任意一个句子所上演的“小戏剧”的中心（*the center of the “petit drame” staged in any given sentence*）。动词与事件之间的关系是语言学中一个重要和复杂的主题。具体来说：

（一）语义角色和事件结构

动词是句子中的核心元素，通常用来表示事件或状态。动词不仅描述了发生了什么（事件的本质），还涉及事件的参与者，这些参与者在语言学中被称为语义角色，如施事者(agent)、受事者(patient)、受益者(beneficiary)等。语义角色是理解动词与事件之间关系的关键。因为它们帮助界定事件中各个参与者的功能和状态。以下是一些具体例子来阐释这一点：

（1）猫抓了老鼠。

在这个例子中，动词“抓”描述了一个事件，而“猫”是施事者，即执行动作的实体。

（2）窗户被球打碎了。

这里，“打碎”是动词，描述了事件，而“窗户”是受事者，即动作影响的对象。

（3）他用钥匙开了门。

在这个句子中，“开”是动词，而“钥匙”作为工具角色，是用来执行动作的物体。

（4）她给他写了一封信。

这里，动词“写”描述了事件，而“他”是受益者，即从事件中获益的人。

（5）他们在公园里跑步。

在这个例子中，“跑步”是动词，而“公园”则作为地点角色，表示事件发生的地点。

通过这些例子，我们可以看到，不同的语义角色如何与动词结合来形成完整的事件描述。语义角色为我们理解句子中动词所表达的事件提供了必要的框架，帮助我们捕捉事件的全貌。

（二）句法结构

在句法层面，动词通常决定了句子的结构，特别是它如何与其他句子成分（如主语、宾语）相结合。不同的动词可能要求或允许不同的句法结构，这反映了事件的不同方面。例如，及物动词通常需要宾语，而不及物动词则不需要，这反映了不同类型事件的参与者结构。具体来说：

（1）他吃了苹果。

在这个例子中，动词“吃”是一个及物动词，它要求一个宾语来完成其意义。在这里，“苹果”作为宾语，完成了动词的意义。

（2）她笑了。

这里，“笑”是一个不及物动词，它不需要宾语。句子没有指明笑的对象，因为这个动词本身就能完整表达一个事件。

（3）他给她送了一束花。

在这个句子中，“送”是一个及物动词，它不仅需要一个直接宾语（“一束花”），还可以带一个间接宾语（“她”），表明花是送给谁的。

（4）天空变得阴暗。

“变得”在这里是一个系动词，它连接主语“天空”和表语“阴暗”，描述了主语的状态。

（5）他让房间变得温暖。

“让”是一个使役动词，它不仅需要一个宾语（“房间”），还需要一个补足语（“变得温暖”）来完整地描述事件。通过这些例子，我们可以看到动词如何通过其句法属性决定句子成分的类型和排列。不同类型的动词（及物、不及物、系动词、使役动词等）要求或允许不同的句法结构，这反映了它们所描述事件的不同方面。动词是构建句子结构的基础，它们的句法特性决定了如何组织和理解句子中的信息。

（三）时态和体

动词（tense）的时态和体（aspect）表达了事件发生的时间和持续性。时态指示事件是在过去、现在还是未来发生，而体则提供了事件持续或完成的额外信息。这些语法特性对于表达事件的时间结构至关重要。语言理论中，时态和体是两个不同但相互关联的语法概念，它们在表达动词相关的时间信息方面各有其独特功能。时态是动词的一种形式，用来表达事件发生的时间（过去、现在、未来）相对于说话时刻的位置。时态关注的是“何时”发生动作。例如，过去时表示动作发生在过去，现在时表示动作发生在现在，未来时表示动作将发生在未来。体是动词的一种形式，用来表达事件的内部结构，如动作的持续性、完成性或重复性。体关注的是动作发生的“方式”或“状态”。例如，进行体强调动作正在进行，完成体表明动作已经完成。

通过使用不同的时态和方面，说话者可以精确地表达事件发生的时间、持续性或完成度。这些特性帮助我们理解事件在时间上是如何被安排和理解的，使我们能够在叙述中准确地定位事件。例如，通过使用不同的时态和方面，我们可以区分一个事件是在过去发生并已经完成，还是正在进行中，或者是将来计划中的事情。这在叙述故事、描述经历或计划未来活动时尤为重要。

（四）动词词汇化的事件类型

动词词汇化的事件类型指的是动词如何通过其词汇含义代表不同类型的事件。这些事件可以是具体的物理动作，也可以是抽象的心理状态或认知过程。这种动词的多样性不仅反映了人类经验的丰富性，还展示了语言如何捕捉和表达我们对世界的理解。以下是一些详细的说明：

1. 物理动作的动词：这些动词描述具体的、可观察的物理活动或动作。例如，“跑”（*run*），描述了一种快速移动的物理活动。“跳”（*jump*），表示通过弹跳离开地面的动作。这类动词通常与身体活动相关，易于通过观察来理解。

2. 心理状态的动词：这些动词描述内在的心理活动或感受。例如，“思考”（*think*），指的是心智活动，涉及推理、记忆或反思。例如，“愿望”（*wish*），表达了一个人的希望或渴望。这类动词通常描述不可见的内心体验，反映了人类心理的复杂性。

3. 认知过程的动词：这些动词涉及知识获取、理解或信息处理的过程。例如，“学习”（*learn*），涉及知识或技能的获取。“认识”（*recognize*），描述了识别或理解某事物的过程。这类动词突出了人类认知能力，包括思维、感知和理解。

4. 情感表达的动词：描述情感体验或表达的动词。例如，“爱”（*love*），表达了深厚的情感连接和喜爱。“恨”（*hate*），表示强烈的厌恶或反感。这些动词描绘了情感的复杂性和人际关系的动态。

5. 社会互动的动词：涉及人与人之间交互的动词。例如，“交谈”（*talk*），指的是人际沟通的过程。“帮助”（*help*），描述了对他人提供支持或援助的行为。这类动词反映了社会行为的多样性和人际关系的重要性。通过这些不同类型的动词，我们可以看到语言是如何细致地捕捉人类的物理活动、心理状态、认知过程、情感体验和社会互动的。动词的这种多样性不仅丰富了我们的表达，还揭示了人类对世界的多元理解和体验。

6. 动词和文化：不同的文化背景会影响动词的使用方式，以及人们如何描述和理解事件。这种差异不仅体现在词汇的选择上，还反映在动词所表达的深层文化价值观和认知风格上。

7. 动词的使用和文化价值观：在某些文化中，动词的使用可能强调集体行为或社区的重要性，而在其他文化中，则可能更强调个人主义和个人行为。例如，某些亚洲语言中的动词使用可能更倾向于表达集体活动，而西方语言可能更多地强调个人行为。动词的时态和体的使用也可能反映文化对时间观念的不同看法。比如，某些文化可能更多地使用完成时来表达对事件结果的关注，而其他文化则可能更频繁地使用进行时来强调事件的持续性。

8. 礼貌性和动词形式：不同文化中对礼貌性的看法也影响动词的使用。在一些语言中，特定的动词形式或时态被用来表达尊重、谦逊或礼貌。例如，日语和韩语中就有专门的敬语动词形式。

9. 动作的表达和文化认知：不同文化可能会以不同的方式描述相同的物理动作，这反映了人们对动作的不同认知和解释。例如，某些文化可能有特定的动词来描述通过特定方式进行的行走或移动，而其他文化则可能没有这样的细分。

10. 环境互动的文化差异：动词的使用也可以反映人与自然环境的互动方式。例如，某些土著文化可能有一系列特定的动词来描述与自然环境的互动，这些动词在其他文化中可能没有直接对应的词汇。

11. 语言习得和文化传播：语言习得过程中，动词的使用也受到文化传统和社会习俗的影响。孩子们通过模仿周围成人的语言使用习惯来学习动词，这种习得过程反映了文化的传承。总的来说，动词在不同文化中的使用揭示了人们对世界的不同理解和表达方式，以及这些理解和表达方式是如何深深根植于各自的文化传统和社会结构中的。通过比较不同文化中动词的使用，我们可以更深入地理解文化多样性对语言使用的影响。

（五）语用学和语境的作用

动词的意义也受到语用学和语境的影响。根据对话的语境，相同的动词可以有不同的解释。语境的因素，如说话者的意图、听话者的期望、对话的社会背景等，都可能影响动词的解读。以下是一些详细的说明：

1. 语境对动词意义的影响：动词的意义可以根据对话的具体情境而变化。例如，命令形式的动词在正式场合可能被视为不礼貌，而在亲密关系中则可能被视为正常。不同文化背景下，相同的动词可能被解读为不同的含义。比如，在某些文化中，动词“询问”可能被视为一种礼貌行为，而在其他文化中可能被认为是干涉或不礼貌。

2. 语用学中的言外之意：语用学研究语言如何在具体语境中被使用，这包括言外之意和暗示。例如，动词“考虑”在某些情境下可能暗示说话者不同意提出的建议。动词的选择可以传达不同的态度和情感。例如，“抱怨”和“评论”都可以用来表达对某事的不满，但前者通常带有更强烈的负面情感。

3. 说话者的意图和听话者的解释：说话者的意图可能影响动词的选择和解释。例如，使用动词“请求”而非“命令”可能反映了说话者希望表达的礼貌或温和的态度。听话者的期望和背景知识也会影响对动词的理解。听话者可能根据自己的经验和知识来解读动词的具体含义。

4. 社会背景的作用：动词的使用和解释受到社会背景的影响。例如，在正式场合，某些动词可能被认为是不合适的，而在非正式或特定的群体语境中，则可能是常见和可接受的。社会等级和关系也会影响动词的使用。在与上级或年长者交谈时，人们可能会选择不同的动词或动词形式来表达尊重。

5. 语境变化对动词解读的影响：相同的动词在不同的语境下可能有截然不同的解读。例如，“跑”在体育比赛的语境中是一种积极的活动，在紧急逃生的语境中则可能表达危险或恐慌。总之，语用学和语境对动词的意义有着深刻的影响。它们决定了动词如何被解释和理解，以及如何在不同的社会和文化背景下适当地使用。通过考虑语境因素，我们可以更全面地理解动词在交流中的作用和意义。

综上所述，动词与事件的关系在理解和分析语言中至关重要，不仅因为它们提供了关于事件本身的信息，还因为它们在构建和解释叙事、表达时间和方面以及界定参与者角色方面发挥着核心作用。接下来，我们将从动词与信息结构的角度说明我们选择动词作为研究对象的原因。

4.4.2.3 动词与信息结构

在探索语言学中动词与信息结构的关系时，我们首先需认识到动词不仅是句子的核心元素，也是信息传递和句子结构组织的关键。动词的选择和使用方式直接影响了信息如何被展现和理解。这种影响体现在多个方面，包括信息的焦点、主题与评论的分布，以及句子如何构建以突出或隐藏某些信息。为了深入理解这一点，我们将分析动词在不同语境和句型中如何塑造信息的呈现，以及这如何反映在听话者对话语的理解和解释。

在语言学中，特别是在功能语法理论中，主位（theme）和叙位（rheme）是分析句子结构的重要概念。这些概念帮助解释信息如何在句子中被组织和传达。动词在这种信息结构中扮演着关键角色。

（一）动词与主位—述位结构的关系

1. 动词在主位—述位结构中的作用是语言学中的一个重要议题，因为它深刻地影响着句子信息的组织和呈现。

动词与述位（新信息）的关系：在很多句子中，动词或其补语（如宾语）常常携带新信息，即句子的述位部分。例如，

（1）*John bought a new car.*

在这个句子中，*bought a new car*（买了新车）包含了新信息，其中动词 *bought*（买了）是传达这一新信息的关键。

（2）*The storm destroyed the village.*

（3）*The village was destroyed by the storm.*

动词的选择可以强调不同方面的新信息，改变句子的焦点。在这两个句子中，动词的不同使用方式改变了新信息的焦点。前者“风暴”是焦点，

后者“村庄”是焦点。

2. 动词在信息结构中的作用：动词不仅传递动作或状态，还能构建信息结构，通过不同的句法结构影响信息的突出和背景化。例如，被动语态常用于将焦点从施事者转移到受事者。

在一些语言中，特定的动词形式或动词短语用于强调或标记新信息。例如，某些英语动词短语如 *turn out*（结果是）或 *happen to*（碰巧）用来引入意外或额外的信息。

3. 主位与动词的关系：虽然动词通常与述位相关联，但在某些句子中，动词或其衍生形式也可能出现在主位。例如：

（4）*Running is fun.*

在这个句子（跑步很有趣）中，*Running*（跑步）作为主位，表达了已知或共享的主题。

动词在主位的使用可能与文化或语境有关，某些情况下可能用于强调或提前引入主题。

（二）动词与信息焦点

动词的位置和形式在句子中可以用来指示信息的焦点。例如，某些语言中，通过动词的前置或重复可以强调特定的动作或状态。动词在句子中的位置和形式对于确定信息焦点至关重要，因为它们直接影响着听者或读者对信息的关注点。以下是动词与信息焦点关系的一些详细说明：

1. 动词的位置和信息焦点：在很多语言中，动词的位置可以用来突出句子的重要部分。例如，在英语中，动词放在句首可以用来强调动作或事件，如命令句 *Look at that bird!* 在一些语言中，动词的前置或后置可以改变信息的焦点。例如，在西班牙语或德语中，动词的位置改变（如置于句首或句尾）可以用来强调特定的动作或事件。

2. 动词形式和强调：动词的特定形式（如被动语态、进行时态或完成时态）可以用来强调不同方面的信息。例如，在被动语态中，动作的接受者而非执行者成为焦点（如，*The book was written by George.*）。在一些情况下，动词的重复或特殊形式用于强调或增加语气。例如，重复一个动词可以用来加强语气或突出动作的连续性或重要性。

3. 动词与句子结构：在复杂句子结构中，动词的使用可以帮助识别主要和次要信息。主句中的动词通常承载主要信息，而从句中的动词则提供背景或次要信息。在问句中，动词的形式和位置可以用来引导听者的注意力，突出询问的焦点。

4. 语境对动词焦点的影响：语境对动词的信息焦点也有重要影响。根据交流的语境和背景，相同的动词可能在不同的语境中承载不同的信息焦点。

5. 动词与语气的关系：动词的选择和使用还与说话者的语气和意图密切相关。特定的动词形式可以用来表达确定性、怀疑、急切或其他情感状态。总结来说，动词在句子中的使用和排列不仅是语法结构的问题，它们还是信息结构和句子意义构建的关键因素。通过理解动词与信息焦点之间的关系，我们可以更好地解读和构造有效的语言表达。

（三）动词与主位的互动

动词可以帮助确定句子的主题。例如，在 *The dog*（主题）*chased the cat*（述位）中，动词 *chase* 帮助突出 *dog* 作为主动参与者，从而成为主位。此外，动词的选择和时态形式也可以影响主题和述位的识别和解释。举例来说：

（1）*The dog barks. /The dog sleeps.*

在这两个例子中，主位是相同的 *The dog*，但动词的选择 *barks* vs. *sleeps* 改变了句子的意思。第一个句子表达了一个活跃的行为，而第二个句子表达了一种静态的状态。再如：

（2）*She is reading a book./She has read a book.*

这两个句子中的主题相同 *She*，但时态的不同（进行时 vs. 完成时）表明了不同的时间和行动状态。前者动作正在进行，后者动作已经完成。

（3）*He will be running a marathon./He ran a marathon.*

主位是相同的 *He*，但动词的时态和形式（将来进行时 vs. 过去时）不仅表达了时间上的差异，还暗示了不同的行动阶段。前者预示着一个将来的事件，后者讲述了一个已经发生的事情。

（四）动词与句子重心的建立

动词在构建句子的信息重心（即强调点）方面发挥作用。它决定了哪些信息是新的或显著的，以及如何展示给听者或读者。不同的动词形式或结构（如被动语态）可以改变主题和述位的焦点。例如：

（1）*John wrote a letter yesterday.*

动词 *wrote* 连接了已知信息 *John* 和新信息（写信的行为）。

（2）*A letter was written by John yesterday.*

在这个被动句型中，动词的被动形式 *was written* 将新信息的焦点从 *John* 转移到了 *letter* 本身。

总的来说，动词在主题和述位的划分以及信息结构的构建中发挥着关键作用。它们不仅影响句子的语法结构，还影响信息的组织和呈现方式。理解动词在主位—述位结构中的作用对于深入分析和理解语言的沟通功能非常重要。

4.4.2.4　配价理论中的动词

在配价理论（Valency Theory）中，动词扮演着核心角色。源自化学的配价理论概念被应用于语言学以描述动词与其论元（如主语、宾语）的关系。动词在这个理论中的重要性可以从以下几个方面来理解：

（一）论元结构的决定者

动词决定了句子中必须或可以出现的论元的数量和类型。例如，某些动词要求有直接宾语（及物动词），而其他动词则不需要宾语（不及物动词）。具体来说：

（1）*She eats an apple.*

（2）*She sent him a gift.*

（3）*She runs fast.*

例（1）中，*eat* 是一个典型的单及物动词，它需要一个宾语来完成其意义。在例句中，*an apple* 作为直接宾语，是动词 *eat* 的必要论元。例（2）中，*sent* 是一个双及物动词，它需要两个宾语来完成其意义。在例句中，*him* 作为间接宾语，*a gift* 作为直接宾语，它们都是动词 *sent* 的必要论元，缺一不可。例（3）中的动词 *run* 是个不及物动词，它不需要宾语来表达完整的意义。在这种情况下，动词 *run* 表达了一个完整的动作，不需要其他论元来完成其意义。句子的主语 *she* 是动作的施事者。

（二）动词决定论元的句法和语义角色

动词不仅决定论元的存在与否，还决定了这些论元在句子中的角色。例如：

（4）*The apple is eaten by her.*

在被动句中，原本作为宾语的 *apple* 变成了句子的主语，而原本的主语 *she* 变成了介词短语的一部分。在这个被动句子中，动词 *is eaten* 改变了原来论元的句法和语义角色，使 *apple* 成为受事者兼主语，而 *she* 成为施事者但在句法上不是主语。通过这些例子，我们可以看出动词在决定论元结构方面的核心作用。它们不仅指明了哪些论元是必要的，还定义了这些论元在句子中应承担的句法和语义角色。这种特性使得动词成为构建句子意义和结构的关键元素。

（三）句子意义的主导

动词作为句子意义的主导因素，不仅表达动作、事件或状态，还为句子赋予了方向和目的。以下是动词在句子意义构建中的作用的详细说明：

1. 动作或事件的描述：动词直接描述了句子中的主要动作或事件。例如，*run*，*think*，*build* 等动词各自描述了完全不同的活动。在 *The children play* 这个句子中，动词 *play* 是句子的核心，揭示了孩子们的主要活动。

2. 句子情境的设定：动词的选择设定了句子的情境和背景。动词可以描绘物理行为（如“走”）、心理状态（如“愿望”），或感官体验（如“看见”）。在句子 *He feels happy* 中，动词 *feels* 决定了这是描述内心状态的句子。

3. 句子意义的变化：更换动词可以彻底改变句子的意义。例如，*He broke the window* 与 *He repaired the window* 中的动词“打破”和“修理”使得两个句子描述了截然不同的事件。

4. 时间和方面的表达：动词的时态和方面表达了事件发生的时间和持续性，这对于理解句子意义至关重要。例如，*He is writing a book* 与 *He wrote*

a book 通过动词的不同形式展示了事件的不同时间状态。

5. 与其他句子成分的关系：动词决定了其他句子成分的角色和意义。例如，在 *He gives her a surprise* 中，动词 *gives* 创建了一个涉及施事者（他）、受事者（她）和被给予物（惊喜）的事件。

6. 情感和态度的传递：动词还能表达说话者的情感和态度。例如，*explore* 与 *intrude* 可能描述相似的行为，但带有完全不同的情感色彩和态度。例如：

（5）*The scientists explore the uncharted rainforest to study its biodiversity.*

（6）*The tourists were criticized for intruding into the private land of the indigenous tribe.*

在例（5）这个句子中，*explore* 表达了一种积极的、探求知识的态度。它暗示了对新区域的好奇和对知识的追求。这里的"探索"是有目的的、被认为是正当且合理的行为。在例（6）中，*intrude* 带有负面含义，表明了非法或不受欢迎的进入。这个词暗示了对私人或保留领域的不尊重和侵犯。在这里，"侵入"是不受欢迎且具有侵略性的行为。通过这些例子，我们可以看出，尽管 *explore* 和 *intrude* 都涉及进入一个新的或未知的地方，但 *explore* 通常与积极探索和研究相关联，而 *intrude* 则带有侵犯和非法进入的负面意味。这种情感色彩和态度上的差异是通过动词本身的语义来传达的，显示了语言在表达细微差别方面的精确性和复杂性。综上所述，动词在句子中的作用远远超出了简单的动作或状态描述。它们是构建、理解和解释句子意义的关键，影响着句子的方向、深度和情感色彩。理解动词的多样性和复杂性对于掌握任何语言都是至关重要的。

（四）语法关系的建立

动词在建立句子成分间的语法关系方面起着至关重要的作用。通过其配价属性，动词不仅决定了论元的数量和类型，还决定了这些论元在句子中扮演的角色。以下是动词在构建语法关系方面的详细说明：

1. 确定主语和宾语：动词通常决定了句子中主语的存在。在句子 *The children play* 中，动词 *play* 要求有一个主语 *The children* 来执行动作。动词还决定了是否需要宾语以及宾语的类型。例如，及物动词*read*需要一个宾语，*He reads a book* 中，*a book* 作为直接宾语。

2. 间接宾语的角色：有些动词允许或要求有间接宾语，通常表达动作的接收者或受益者。例如，在 *She writes him a letter* 中，*writes* 这个动词创建了一个直接宾语 *a letter* 和一个间接宾语 *him*.

3. 动词和句法结构的互动：动词的配价属性影响了句子的整体结构。例如，被动语态中，动词的形式变化会改变主语和宾语的角色，如 *The letter is written to him by her* 中，原本的直接宾语成了句子的主语。

4. 补足语的引入：某些动词可以引入补足语，进一步说明主语或宾语的状态。例如，动词 *make* 在句子 *He keeps the door open* 中，带有补足语 *open* 来描述宾语 *the door* 的状态。

5. 动词和句式的多样性：动词的不同类型（如情态动词、助动词）在构建句子时扮演不同的角色。情态动词如*can*或*must*影响句子的语气和意义，而助动词如 *will* 用于构成复杂的时态结构。通过这些方式，动词在句子中的作用远超过单纯的动作或状态的描述，它们构建并定义了句子成分之间的关系，从而使句子成为表达完整思想和信息的有效工具。理解动词如何与句子的其他成分互动，是理解和运用语言的关键。

（五）语义角色的分配

在配价理论中，动词对论元的语义角色分配是理解句子功能和意义的关键。以下是动词在分配语义角色方面的详细说明：

1. 施事者（Agent）的分配：动词常指定某个论元为施事者，即行动的执行者。例如，在句子 *She painted the door* 中，动词 *painted* 指定 *She* 为执行开门动作的施事者。施事者通常是主动的，执行动词描述的动作。

2. 受事者（Patient）的分配：动词还可以指定受事者，即动作影响的对象。在句子 *The dog bit the mailman* 中，*mailman* 是受到咬的受事者。受事者通常是被动地接受或经历动作。

3. 工具（Instrument）的角色：在某些情况下，动词分配一个工具角色，表示用于执行动作的物体。例如，*He opened the door with a key* 中，*key* 是用来开门的工具。工具通常是完成动作所必需的辅助物体。

4. 受益者（Beneficiary）的角色：动词可以分配受益者角色，表示从动作中获益的实体。例如，在 *She cooked for him* 中，*him* 是食物的受益者。受益者是动作的间接接受者，从动作中获得利益或服务。

5. 地点（Location）和时间（Time）的角色：动词还可以指定与动作相关的地点和时间。例如，*He runs in the park* 中，*park* 是跑步的地点。地点和时间为动作提供了背景和环境。

6. 原因（Cause）和目的（Purpose）的角色：在一些复杂的动词结构中，还可能分配原因或目的角色。例如，*He runs because he is late* 中，*late* 是奔跑的原因。原因和目的提供了动作发生的背景信息。通过这些语义角色的分配，动词在句子中建立了复杂的关系网络，帮助理解句子成分的互动和整体句意。了解这些角色对于深入理解和正确解释句子至关重要。动词的这种能力反映了语言的复杂性和表达能力的丰富性。

（六）句法多样性和创造性

动词的配价模式对于语言表达的多样性和创造性起着关键作用。配价理论中，动词配价的变化不仅影响论元的数量和类型，还允许形成不同的句法结构。

1. 动词配价和句法结构的多样性：不同的动词配价模式导致了句法结构的多样性。例如，及物动词“吃”需要一个直接宾语，形成简单的主谓宾结构，而及物动词的被动形式（如“被吃”）则导致宾语转变为主语，形成被动结构。有些动词允许多个宾语，例如 *give* 动词，可以有两个宾语（一个直接宾语和一个间接宾语），如 *She gives him a gift.*

2. 创造性的句法表达：动词配价的灵活性允许创造性地使用语言。例如，通过改变动词的配价结构，可以创造出新的句子形式，如将主动语态变为被动语态，或者添加宾语补足语来丰富句子内容。动词的不同形态，如分词或不定式，也可以用于创造复杂的句子结构，如分词短语或不定式短语作为句子的一部分。

3. 提高表达能力和灵活性：动词的配价变化增加了语言的表达能力。

不同的配价模式可以用来更精确地表达特定的意义，如强调特定的论元或呈现不同的视角。这种灵活性使语言用户能够根据需要调整句子结构，以适应不同的语境和沟通目的。

4. 动词配价和语言变化：动词配价的变化也是语言变化和发展的一个驱动力。随着时间的推移，动词的配价模式可能发生变化，从而导致新的句法结构出现。语言的演变过程中，动词配价的变化反映了语言适应不断变化的交流需求的能力。总之，动词在句法多样性和创造性方面的作用证明了它们在语言结构和功能中的核心地位。通过理解动词的不同配价模式，我们可以更好地理解语言的复杂性和表达的多样性。动词的这种灵活性是语言适应不断变化的交流需求的关键。

在配价理论中，动词的作用和重要性不仅体现在其核心的语法功能上，还在于它们为语言的丰富性和表达的多样性提供了基础。动词不仅定义了句子中论元的结构和数量，还赋予了这些论元特定的语义角色，从而深刻影响了句子的整体意义。通过建立复杂的语法关系，动词使得句子能够精确、生动、灵活地表达各种事件、状态和动作。动词的不同配价模式为语言提供了表达的多样性，允许说话者以创造性的方式构建句子，以适应不同的交流需求和语境。综上所述，理解动词在配价理论中的角色对于深入理解语言的结构和功能至关重要，是每个语言学习者和使用者必须掌握的基本概念。

4.4.2.5 动词的跨语言普遍性

动词作为配价载体的概念在各种语言中都是普遍存在的。虽然不同语言的动词配价系统可能有所不同，但动词在构成句子和表达意义方面的中心作用是一个跨语言的共性。动词作为配价载体的跨语言普遍性是指无论在哪种语言中，动词都扮演着决定句子结构和意义的关键角色，尤其是在确定与之相关联的论元（如主语、宾语）数量和类型方面。

（一）动词类别的普遍性

大多数语言中动词可以根据其配价属性分为不及物（只需要主语）和及物（需要主语和宾语）等类别。某些语言还有双及物动词（需要两个宾语，如直接宾语和间接宾语）。动词类别的普遍性是一个在各种语言中都能观察到的现象，尤其是在动词的配价属性方面。这些配价属性决定了动词需要的论元数量和类型，是理解任何语言动词系统的关键。

1. 不及物动词：不及物动词是指只需要主语而不需要宾语的动词。这类动词通常描述主语自身的状态、动作或发生的事件，不涉及其他对象的影响或参与。例如，英语中的 *run*，西班牙语中的 *dormir*（睡觉），汉语中的“笑”，都是不及物动词。这些动词表达了一个完整的意义，而无需其他论元。

2. 及物动词：及物动词需要至少一个宾语来完整地表达其意义。这类动词通常描述某种作用或影响被施加在其他对象上。例如，英语中的 *eat*，法语中的 *lire*（读），日语中的“見る”（看）等。在句子 *He reads a book* 中，*reads* 是一个及物动词，需要一个宾语 *a book* 来完成意义。

3. 双及物动词：双及物动词要求两个宾语，通常是一个直接宾语和一个间接宾语。这类动词描述了涉及两个不同对象的动作，如一个对象接收或受益于另一个对象。例如，英语的 *give*，德语的 *geben*（给），俄语的 *дать*（给）。在句子 *She gives him a gift* 中，*gives* 是一个双及物动词，包括直接宾语 *a gift* 和间接宾语 *him*。在不同语言中，虽然动词类别的确切定义和分类可能会有所不同，但这三种基本类别——不及物、及物和双及物——在大多数语言中都有对应的存在。这些类别反映了动词与其论元之间的基本关系，是构成各种语言句法和语义系统的基础。

（二）句法功能的普遍性

动词作为句子谓语的核心，在全球各种语言中都承担着类似的句法功能。它们不仅表达动作、状态或过程，还在构建句子的时态、语气和语态方面发挥关键作用。具体来说：

1. 动作、状态或过程的表达：动词是描述事件发生的主要词汇手段，无论是具体的物理动作（如“跑”“跳”）、心理状态（如“思考”“愿望”），还是抽象过程（如“发展”“变化”）。在不同语言中，动词的这种功能是普遍存在的。例如，无论是在英语、汉语、阿拉伯语还是斯瓦希里语中，动词都是用来表述主要事件的关键词汇。

2. 时态的表达：动词通常通过不同的形式来表达事件发生的时间，即时态。这包括过去、现在和将来等时态。时态的表达方式在不同语言中有所不同，但其功能——表明动作发生的时间点——是共通的。例如，英语中使用动词变形来表示时态（如 *touch* 变为 *touched* 表示过去），而汉语中则可能通过时间状语或其他语法手段来表达。

3. 语气的表达：动词还用于表达说话者的态度和语气，如陈述、疑问、命令或虚拟等。语气可以通过动词的特定形式或辅助词来表达。在各种语言中，动词的这一功能使其成为传达说话者意图和情感的重要手段。例如，英语中的情态动词（如 *can*，*must*）和日语中的敬语动词形式都是表达语气的例子。

4. 语态的构建：动词在构建语态方面也起着重要作用，尤其是在区分主动语态和被动语态时。语态反映了主语与动作之间的关系。虽然不是所有语言都严格区分主动和被动语态，但在很多语言中，通过改变动词形式或使用辅助动词来构建不同的语态是常见的。例如，英语中的被动语态（如 *The ball was kicked by the boy*）和德语中相应的构造。综上所述，动词在不同语言中的句法功能具有显著的普遍性。它们不仅表述主要的动作或状态，还在构建句子的时态、语气和语态方面发挥着关键作用。这些功能使动词成为任何语言中不可或缺的一部分，是理解和使用语言的基础。

（三）动词配价变化的普遍性

动词配价的变化在全球众多语言中普遍存在，这些变化包括被动化、使役化和反身化等形式。这种变化不仅反映了语言的灵活性和表达能力，还体现了不同文化对事件描述的多样性。举例来说：

1. 被动化（Passivization）：在被动化中，动词的主动形式转变为被动形式，通常将原本的宾语转化为新的主语。这种变化改变了事件的焦点，从动作的执行者转移到动作的接收者。例如，英语中的主动句 *The dog bit the man* 在被动化后变为 *The man was bitten by the dog*. 在许多语言中，被动化是常见的语法结构，用于突出事件的受事者或淡化施事者的角色。

2. 使役化（Causativization）：使役化涉及将一个不及物动词或及物动

词转变为使役形式，这意味着增加一个额外的论元（通常是施事者），以表示使某事发生的主体。例如，日语中从“食べる”（*taberu*，吃）到“食べさせる”（*tabesaseru*，使吃）的变化。使役化在不同语言中有着不同的表示方式，但普遍用于表达使动的概念。

3. 反身化（Reflexivization）：反身化是指动词与反身代词结合，表达动作由主语自身执行并影响自身的过程。这种结构常用于表达自我参照的动作或状态。例如，英语中的 *He washes himself* 或西班牙语中的 *se lava*（洗澡）都是反身化的例子。反身化在不同语言中的具体形式各异，但都表达了相似的自我影响的概念。

4. 动词配价变化的这些形式在不同语言中的普遍存在表明了语言在表达方式上的适应性和多样性。通过这些变化，说话者可以更精确地调整句子的焦点，表达特定的语义关系和情感色彩。这种灵活性是语言表达的重要特征，使语言能够适应不同的交流需求和文化背景。了解和掌握这些动词配价变化是深入理解任何语言结构和功能的关键部分。

（四）语义角色分配的普遍性

动词在为论元分配语义角色方面发挥着全球普遍且关键的作用，这些语义角色定义了论元在动作或状态中的具体功能和身份。这种分配在不同语言中表现出一定的普遍性，尽管具体的角色和表达方式可能因语言而异。以汉语为例：

1. 施事者（Agent）：施事者是执行动作的论元，通常是主动的并控制动作。例如，在句子“孩子踢球”中，“孩子”是施事者，因为他执行了踢的动作。在不同语言中，施事者的角色通常由主语或特定格的名词短语承担，这反映了动词的行为特性和主动性。

2. 受事者（Patient）：受事者是动作影响的对象，通常是被动的。例如，汉语“窗户被打破了”中的“窗户”是受事者，因为它受到了打破的动作。在各种语言中，受事者通常由直接宾语表示，这反映了动词的及物性质。

3. 受益者（Beneficiary）：受益者是从动作中获益的论元。例如，汉语“他为她买了礼物”中的“她”是受益者。在不同的语言体系中，受益者可能由间接宾语或特定的介词短语表示。

4. 工具（Instrument）：工具是用来执行动作的物体。例如，“他用钥匙开门”中的“钥匙”是工具。多种语言使用特定的介词短语或格来表达工具角色。

5. 原因（Cause）和目的（Purpose）：原因和目的角色描述了动作发生的原因或为了达到的目的。例如，“由于雨，比赛被取消”中的“雨”是原因。不同语言通过不同的句法结构来表达这些角色，如介词短语、副词或从句。这些语义角色是理解动词表达的动作或状态及其与论元之间关系的关键。它们在全球各种语言中普遍存在，尽管每种语言都有其独特的表示方式。

通过分析这些语义角色，我们能够更深入地理解句子的意义和动词的功能，这对于学习任何语言都是至关重要的。理解动词如何在不同语言中分配这些角色有助于我们更好地把握语言的普遍性和多样性。

（五）形态学特征的普遍性

动词的形态学特征在全球众多语言中普遍存在，这些特征包括时态、体、语气、人称和数等。这些变化不仅影响句子的意义和结构，还反映了动词作为配价载体的重要性。举例来说：

1. 时态（Tense）：时态表达动词动作发生的时间，如过去、现在或未来。时态的变化直接影响句子所传达的时间信息。例如，英语中的 *run* 变为 *ran* 表示过去时，而西班牙语中通过变化动词后缀来表达时态（如 *correr* 变为 *corrió*）。

2. 体（Aspect）：体描述了动作的性质，如是否完成、进行或重复。它提供了关于动作内部结构的额外信息。例如，英语中的进行体 *is running* 描述正在进行的动作，而完成体 *has run* 表示动作已完成。

3. 语气（Mood）：语气表达说话者对动作的态度，如陈述、命令、请求或虚拟。它反映了说话者的意图和动作的确实性。在法语中，语气的变化很明显，如陈述语气 *parle* 与条件语气 *parlerait*。

4. 人称和数（Person and Number）：人称和数的变化表明动词与主语的关系。这些变化通常影响动词的形式，并指示主语是第一、第二还是第三人称，以及是单数还是复数。例如，西班牙语中动词形式会根据主语的人称和数变化（如 *hablo* 对应第一人称单数，*hablamos* 对应第一人称复数）。动词的这些形态学特征不仅影响句子的意义，还影响其语法结构。例如，时态和体的变化可能需要额外的助动词或特殊的动词形式。这些特征的组合使得动词能够精确地表达复杂的时间关系、动作性质和说话者的态度，从而增强语言的表达能力。动词的形态学特征是理解和使用任何语言的基础。这些特征的普遍性和多样性体现了语言的复杂性和表达能力，是语言交流中不可或缺的一部分。此外，动词作为配价载体的跨语言特性是语言类型学研究的重要方面，该领域关注语言间的相似性和差异性。动词作为配价载体的跨语言特性在语言类型学研究中占据重要地位。语言类型学是一门探索不同语言之间相似性和差异性的学科，它关注语言结构的多样性及其背后的普遍性规律。在这一领域中，研究动词的配价特性可以揭示关于语言结构和使用的深刻洞见。

总结来说，动词的跨语言普遍性揭示了其在构建和表达语言意义方面的核心作用。无论是在配价属性、句法功能、语义角色分配、形态学特征，还是在表达动作、状态和过程方面，动词都展现了其在不同语言中的基本和统一性质。这些普遍性特征不仅加深了我们对语言结构和功能的理解，也强调了动词在语言交流和文化表达中的重要性。通过比较不同语言中动词的使用和功能，我们不仅能更好地掌握各自的语言特点，还能洞察到语言作为人类智慧和文化传承的载体所具有的深远意义。动词作为语言的基石，其跨语言的普遍性是我们探索语言多样性和复杂性的宝贵窗口。

4.4.3　动词子类

我们前面提到，动词语义，尤其是动作动词语义，可以分解成各种狭窄的合并类（narrow conflation classe），它们在句法特征上存在着可预测的差别，这就是 Levin（1985）所说的语义内聚子类（semantically cohesive subclasses），在不同的文献中被称为动词的窄子类（subclasses）或微类（microclasses）（参见 Pinker 2007）。这种分类不仅基于动词的传统语法特征，如时态和语态，还考虑了动词的语义属性和句法行为。动词的窄子类（subclasses）指的是根据动词的特定语义和句法特性将其细分成更小的类别。这种分类旨在捕捉动词之间的细微差别，并理解这些差别如何影响动词的使用和组合。例如，基于动词的语义特性，动词窄子类的分类通常考虑动作类型（如移动、改变状态）、涉及的实体类型（如人、物体）、动作的方向性或结果性。这些语义属性影响动词如何与其论元结合，以及它们在特定句法结构中的表现。基于动词的句法行为，如它们与论元的组合方式、是否允许被动构造、是否需要特定的前置词等，也是划分窄子类的重要依据。通过分析动词的句法行为，研究者可以揭示语言中隐藏的规则和模式。通过深入研究动词的这些细分类别，我们能够更全面地理解语言的细微差别和规则。具体来说，要想对语言与认知有深刻的了解，我们必须深入到动词内部去寻找更深层次的意义，它们是人类大脑在识解一个特定的事件时，用来决定哪一个角色是认知上可用的角色，如施事、能移动的东西，发生改变的东西等。

前面提到，动词子类是由一组动词组成的，这组动词的意义均为同一个语义计划（semantic plan）的变体。这意味着动词子类之间的细微语义差别会导致它们句法行为的差异，而往往就是这些差别导致了动词在句法交替式中看似毫无理据性地出现和无法出现。举例来说，英语区分了两种致使运动的动词，一种涉及连续施加外力引起的运动，如 *pull*，另一种涉及瞬间施加力所引起的弹道运动，如 *throw*。弹道动词要么可以被解释为“cause to go”，要么可以被解释为“cause to have”，因此它们可以被与格化地使用（如，*throw the ball to John* / *throw John the ball*）；而连续—外力动词只能被解释为“cause to go”，因此它们抵制与格化的使用（例如，*pull the box to John* / 但 **pull John the box* 不合法）。下面是 Pinker（2007:53–71）给出的更多类型的动词子类：

（一）关于改变（changing）和运动（moving）的部分子类动词

1. 致使一个层面覆盖一个表面（To cause a layer to cover a surface）。

液态层（Liquid layer）: *deluge, douse, flood, inundate.*

固态层（Solid layer）: *bandage, blanket, coat, cover, encrust, face, inlay, pad, pave, plate, shroud, smother, tile.*

2. 将某物添加至一个物体，使它从美学角度上看更好或者更糟：

adorn, burden, clutter, deck, dirty, embellish,emblazon, endow, enrich, festoon, garnish, imbue, infect, litter, ornament, pollute, replenish, season, soil, stain, taint, trim.

3. 致使质量与一个固体或者一个层共同扩展：

液体 : *drench, impregnate, infuse, saturate, soak, stain, suffuse.*

固体 : *interlace, interlard, interleave, intersperse, interweave, lard, ripple, vein.*

4. 添加一个阻碍某种东西运动的物体：

液体 : *block, choke, clog, dam, plug, stop up.*

固体 : *bind, chain, entangle, lash, lasso, rope.*

5. 把一组物体分布在一个表面上：

blot, bombard, dapple, riddle, speckle, splotch, spot, stud.

（二）关于拥有（having）、了解（knowing）和帮助（helping）的部分动词子类

1. 表示给予的动词微类是可以完全符合逻辑地出现在两种与格构式中的：

feed，*give*，*hand*，*lend*，*loan*，*pay*，*sell*，*serve*，*trade.*

2. 表示“迅速地将作用力分配给一个物体，将其沿着弹道发送给一个接受者”的动词：

bash，*bat*，*bounce*，*bunt*，*chuck*，*flick*，*fling*，*flip*，*heave*，*hit*，*hurl*，*kick*，*lob*，*pass*，*pitch*，*punt*，*roll*，*shoot*，*shove*，*slam*，*slap*，*slide*，*sling*，*throw*，*tip*，*toss.*

3. 表示持续施力行为的动词子类：

carry，*drag*，*haul*，*hoist*，*lift*，*lower*，*lug*，*pull*，*push*，*schlep*，*tote*， *tow*，*tug.*

4. 明确指定信息种类或目的的动词子类：

ask，*cite*，*pose*，*preach*，*quote*，*read*，*show*，*teach*，*tell*，*write.*

5. 限定说话方式的动词子类：

babble，*bark*，*bawl*，*bellow*，*bleat*，*boom*，*bray*，*burble*，*cackle*，*call*，*carol*，*chant*，*chatter*，*chirp*，*cluck*，*coo*，*croak*，*croon*，*crow*，*cry*，*drawl*，*drone*，*gabble*，*gibber*，*groan*，*growl*，*grumble*，*grunt*，*hiss*，*holler*，*hoot*，*howl*，*jabber*，*lilt*，*lisp*，*moan*，*mumble*，*murmur*，*mutter, purr, rage, rasp, roar, rumble, scream, screech, shout, shriek, squeal, stammer, stutter, thunder, trill, trumpet, twitter, wail, warble, wheeze*，*whimper whine, whisper, whistle, whoop, yammer, yap, yell, yelp, yodel.*

（三）关于行动（acting）、意图（intending）和致使（causing）的部分动词子类

1. 表示运动或体态方式（摇滚乐式）的动词子类包括：

bounce, dangle, drift, drop, float, fly, glide, hang, lean, move, perch, rest, revolve, rock, roll, rotate, sit, skid, slide, spin, stand, swing, turn, twist, whirl, wind.

2. 表示弯曲与折断、生长与收缩，或者硬化与软化等状态变化的动词子类：

age, bend, blur, break, burn, char, chill, chip, collapse, condense, contract, corrode, crack, crash, crease, crinkle, crumble, crush, decrease, deflate, defrost, degrade, diminish, dissolve, distend, divide, double, drain, enlarge,expand, explode, fade, fill, flood, fold, fracture, fray, freeze, fuse, grow, halt, heal, heat, ignite, improve, increase, inflate, light, melt, multiply, pop, reproduce, rip, rumple, rupture, scorch, shatter, shrink, shrivel, singe, sink, smash, snap, soak, splay, splinter, split, sprout, steep, stretch, tear, thaw, tilt, topple, warp, wrinkle.

3. 表示源自于内在动力发射的动词子类：

blaze, flame, flare, glare, gleam, glisten, glitter, glow, shimmer, shine, sparkle, twinkle，*blare, boom, buzz, chatter, chime, creak, fizz, gurgle, hiss, howl, hum, peal, purr, splutter, squawk, swoosh, thrum, vroom, whine, whump, zing drip, emanate, erupt, foam, gush, leak, ooze, puff, radiate, shed, spout, sweat.*

4. 表示“不复存在”的动词子类：

decease, depart, die, disappear, disintegrate, expire, fall apart, lapse, pass away, pass on, perish, succumb, vanish.

5. 表示“屠杀”和“毁灭”这样的令人毛骨悚然的动词子类：

assassinate, butcher, crucify, dispatch, electrocute, eliminate, execute, garrote, hang, immolate, kill, liquidate, massacre, murder, poison, shoot, slaughter, slay，*abolish, annihilate, ban, blitz, crush, decimate, demolish, destroy, devastate, exterminate, extirpate, finish, obliterate, ravage, raze, rescind, ruin, tear down, terminate, waste, wipe out, wreck.*

4.4.4　原子语义

前面我们提到，语法关联子系统假设，有一小部分语义特征是语法可见的。它们不仅影响动词的句法可能性，而且也决定着动词对其所出现的谓价结构的论元的选择限制。本节我们将在本体论框架下介绍动词的动词的原子质量，也就是原子语义成分（atomic semantic feature）。

某些语义元素，如运动（motion）、因果关系（causation）和接触（contact）等，以不同的组合方式反复出现在不同论元结构交替式中（Levin，1985；Laughren, Levin & Rappaport，1986）。这一观点得到了一些学者（Carter，1976a；Bybee，1985；Talmy，1985）的进一步验证。Talmy（1985）指出，语言很少为动词编码说话人的情绪、态度、模糊程度或心境。此外，下面这些特征也基本上与语法可见的动词语义成分无关：一个移动或变化的物体的速率；事件参与者的对称性、颜色、人称或性；一个事件与类似事件的关系；一个事件场景的物理属性（温度；室内 vs 室外；土地 vs 空气 vs 大海）；时态；一个事件的许多其他与说话者相关的方面。基于上述研究成果，Pinker（1989:203–205）对以下 8 类语法可见的动词语义成分进行了详细说明并给出了表达类似含义的封闭类语素的例子。

（一）主事件（main event）

行动类动词最初是由 Aristotle 提出的，这与他的理论相吻合，即每个事件都有一个形式（form）、一个实体（substance）和一个导致它发生的施事者（agent），以及它要达成的一个目标（goal）。主事件指一种状态（state，例如 *Robert loves pizza.*）或运动（motion，例如 *Robert grew very quickly.*）。“主事件”是一种位置、状态，或位置改变或一个主体（theme）所预测的状态，例如，*John ran* 这个主体 *John* 预测了运动这个事实。在没有主体的情况下，“主事件”也适用于一个由施事或称行为者（agent or actor）实施的行动。主事件是动词意义的支柱，因此在封闭的类系统中没有对等物；相反，它定义事件或关系，其时间位置由动词上的时态标记确定，其时间分布由方面标记指定，其真值由助词修改等。状态类动词如：desire, want, love, hate, know, believe 等。

（二）路径、方向和处所

路径、方向和处所是语言学中用来描述动作和状态在空间中的关系的概念。这些概念在不同语言中以不同的方式表达，但它们都在描述主体（theme）在空间中相对于其他物体的位置和移动。

1. 路径。路径指的是主体移动的轨迹。在很多语言中，特定的动词用来描述主体沿着某个特定路径的移动。例如，英语中的 *enter* 描述某个主体进入某个空间的动作，这个动作本身就隐含了一条特定的路径——从外向内。

2. 方向。方向是指主体移动的方位。它可以是相对于说话者的位置（例如，英语中的 *come* 指某人向说话者所在位置移动），或者是相对于某个特定物体的位置（例如，*the ship berthed*）。方向性动词通常用来描述主体相对于特定参照点的移动。

3. 处所。处所是指主体所在的具体位置。在某些语言中，处所的概念通过特定的动词来表达，而在其他语言中，则可能通过介词或其他语法手段来表达。

4. 动词与路径的结合。在很多情况下，动词不仅描述了动作本身，还隐含了主体沿着特定路径的移动。例如，*The bird darted into the house* 不仅告诉我们鸟的动作（突然移动），还描述了这个动作发生的路径（进入房子）。这里，路径的具体类型通常由封闭类语素（介词、后置词、格标记或小品词）来指定。

这些概念在语言学中非常重要，因为它们帮助我们理解如何在不同文化和语言环境中描述和理解空间关系。不同语言在表达这些空间概念时的差异，反映了各个文化对空间和运动的独特看法和描述方式。通过研究这些概念，我们可以更深入地理解语言如何影响和反映我们对世界的认知。

（三）因果关系

人类语言所表述的因果关系原型意象是这样的：人自愿地作用于一个物体，并直接带来一个预期的状态或方位变化。动词可以明确一个事件是被引发的还是只是发生了（例如，*kill versus die*）、涉及哪种类型的因果关系（例如，由实施者、工具或一个事件引起的）、在某些情况下还可以说明原因是什么（例如，*The pencil blew off the table* 中的“*blew*”）。根据 Talmy（1988），因果关系可以扩展到基于力—动相互作用进行分析的各种类型的因果关系，如促成（enabling）、阻止（preventing）、未能阻止（failing to prevent）等。编码因果关系本身的各种封闭类词素均可对应这些关系，如动词词缀、介词（*on*、*at*、*in*、*to*、*under* 等）、标句成分（complementizers），以及各种因果论元的格标记或者从句，如实施者（by）、工具（with）、致使事件（from eating too much）等。

（四）方式

方式（manner）在语言学中是一个描述行为或运动特性的重要概念。它涉及行为者（actor）是如何执行某个行为，或者主题（theme）是如何经历变化的。这个概念不仅包括行动的方式，也包括运动的方式，以及同时发生的变化。

行为方式（Manners of Action）涉及具体动作的执行方式。例如，*punch*（猛击）和 *slap*（猛扇）之间的区别就在于动作的执行方式，如手的形状、力度、速度等。运动方式（*Manners of Motion*）则涉及移动的特性，如速度、轨迹、方向等。比如，bounce（弹起）和 roll（滚动）描述的是不同类型的运动方式。不同语言在表达方式上可能有所不同。有些语言可能会更频繁地使用状语从句或特定类型的副词来表达方式，而其他语言则可能依赖于语境或动词的特定形式来传达相同的意义。这些差异反映了不同语言和文化在表达和理解行为或运动方式上的独特视角。通过研究和比较不同语言如何表达方式，我们可以更好地理解语言的多样性和复杂性，以及它们如何影响我们对世界的认知和表述。

（五）主体或行为者的属性

在语言学中，动词对其论元（如主体或受事）的属性要求是一个重要的特征。这些属性要求可以涉及材料、形状、数量（单数或复数）以及生物类别（人类或非人类）等方面。这种属性上的指定有助于理解句子的意义，并在语法结构上起到重要作用。有些动词要求其主语或宾语具有特定的材料或形状属性。例如，英语中的动词 *to rain* 要求其主语具有液态特性（即雨），而 *to drink* 则通常要求其宾语是可饮用的液体。

动词还可能指定其论元的数量属性，如单数或复数。这种数量上的指定在很多语言中是通过动词形式的变化或语法标记来实现的。在某些语言中，动词可以区分行为的执行者是人类还是非人类。例如，德语中的 *essen*（用于人类吃东西）和 *fressen*（用于动物吃东西）就是根据行为者的生物类别来区分的。在语法中，封闭类系统（如限定词、代词、动词和形容词）上的一致性是指这些词语在性别、数、格等方面与其他语法元素的匹配。例如，一个形容词在性别和数上要与它所修饰的名词一致，而动词的形式可能要与其主语在人称和数上保持一致。

这些属性上的要求和一致性在语言中扮演着重要角色。它们不仅影响句子的结构，也影响信息的传达和理解。通过这些语法特性，一个语言能够更准确和丰富地表达复杂的概念和关系，反映出语言的精确性和表达力。同时，这些特性也显示了不同语言在表达方式和思维方式上的多样性。通过研究这些属性要求和一致性规则，我们可以更深入地理解语言的结构和功能，以及它们如何影响我们的交流和认知。

（六）时间分布、体和段

在康德的抽象知识框架中，时间语义与空间语义是平行的。正如定义空间语言的不仅是物体的几何学，而且还包括人们使用它们的方式那样，界定时间语言的不仅是事件基于时钟发生—结束的方式，而且还有事件发起者的目标（goals）和力量（powers）。在探讨动词的语义属性时，时间分布（Temporal Distribution）是一个核心的维度。它主要从体（Aspect）和段（Phase）两个角度展开讨论。动词可将情境描述为点状（pointlike）事件如“*hit*”，或是无边界的过程如“*run*”。它们还能描述重复（iterated）事件如“*beat*”，进入某种状态如“*sit down*”（与“*sit*”相对），标志进程终止的点状事件如“*arrive*”，以及由开—关组成的事件如“*flash*”等。Vendler（1967:97–121）的研究为我们提供了一个重要的分类框架，他将动词分为“状态”和“过程”两大类。其中，“状态”指的是在时间上同质且静态的情境，例如“知道答案”或“身处某地”。而“过程”则是指随时间发生变化的情境，进一步细分为三种类型：“活动”（Activities）、“完成”（Accomplishments）和“达成”（Achievements）。

1. 活动（Activities）：指一个无界过程。活动类动词描述的是在时间上延续且没有明确终点的过程，例如 *running walking*，*swimming*，*pushing*，*driving*. 这类动词着重表达过程的持续性和可能的无限性，没有明确的终止状态。

2. 达成（Accomplishments）：指一个有界过程。完成类动词描述的是随着时间的推移而延续，但在达到某种特定状态时就终止的过程，例如 *drawing a circle*，*run a mile*，*walking to school*，*painting a picture*，*growing up*，*delivering a sermon*，*recovering from illness*. 这类动词突显了过程的有限性和目标导向性。

3. 成就（Achievements）：指一个点事件。达成类动词描述的是活动被识解为达到某种特定状态的那一刻，即状态的瞬间变化，随即出现一个新的状态。例如 *winning a race*， *recognizing*，*finding*，*stopping*，*starting*，*reaching the top*，*winning the race*，*spotting someone*. 这类动词强调的是结果

的实现和状态的达成。动词的内在时间分布与动词词缀所规定的方面概念以复杂的方式相互作用。体概念通常通过词缀或助动词来表达，它们与动词的基本时间分布相互作用，共同构建了更为丰富和多维的时间性质表达。例如，通过使用不同的时态和体的标记，可以将一个简单的动作展现为一种持续、完成或达成的过程，从而使句子的意义和时间结构更为丰富和准确。

（七）目的

目的在语言学中是指通过语言表达的特定目标或意图。这种目的可以通过多种方式在句子中表达，包括通过特定的动词或者通过带有介词或标句语的附加成分。有些动词自身就隐含了特定的目的或目标。例如：chase（追逐）：隐含了追逐某物或某人的目的。hunt（狩猎）：表达了捕猎的目的。wash（洗涤）：意味着清洁的目的。这些动词不仅描述了一个动作，而且还暗示了进行这一动作的目的或原因。

在很多情况下，句子中的附加成分（如带有某些介词或标句语的成分）也用于表达目的。例如：*I threw the rock to knock the apple off the tree* 这里，*to knock the apple off the tree* 是一个目的状语，说明扔石头这一动作的目的是让苹果从树上掉下来。*I bought a book for Mary to read.* 在这个句子中，*for Mary to read* 表达了购买书的目的，即为了玛丽阅读。这些附加成分通常提供了关于主要动作更多的背景信息，说明了为何进行该动作或该动作的预期结果。

在语言学中，理解和分析目的的表达对于完全理解句子的意义至关重要。它不仅帮助我们理解行为的背后原因，而且还揭示了说话者的意图和预期的结果。通过分析动词和附加成分中的目的表达，我们可以更深入地理解语言的细微差别以及如何通过不同的结构来精确表达复杂的概念和关系。这些分析有助于我们更好地理解语言的功能和使用，以及语言是如何帮助我们组织和表达我们的思想和意图的。

（八）真值

真值分为非真即假性的和实事性的两种。动词可以表达说话者或一些参与者对命题的真实性的假设：一个人对命题的态度与否定（例如 *think versus doubt*），说话者是否相信一个命题是真的还是只是表面是真的（*be versus seem*），说话者是否假设一个命题是真的或者只是断言别人假设它是真的（如 *John knows/thinks that it will snow today*）；以及断言是说话人作为目击者的陈述还是他道听途说的。上述差别在许多情态助动词中均有体现。

让我们回到前面提到的方位格构式的解读，究其原因，这种构式转换的根本原因就在于这 3 个动词（*load, fill, pour*）在语法关联子系统上存在着细微的语法关联子系统差别。具体来说，*load* 所指定的因果关系是“致使”，此外，它还要求其容器 *the tractor* 必须有合适的大小、形状以及内容。换言之，*load* 需要指定两起事件：

1. 关于内容是怎样移动的事件（内容格构式的核心意义）。如：

He loaded hay on to the tractor.

2. 容器是怎样变化的事件（容器格构式的核心意义）。如：

He loaded the tractor with hay.

（1）这恰恰符合内容格和容器格两种构式的意义要求，这就解释了 load 适用于两种位置格构式的原因。尽管 fill 所指定的因果关系也是“致使”，但它只关注 2. 导致容器改变的方式（未满或者满等），它并不关心 1. 内容是如何移动的（是投进去的，还是用机器射进去的等方式），因此它只适合容器格构式。因此就有了下面的现象：

（1）*He fill the pan with oil.*

（2）**He fill the oil into the pan.*

与 *fill* 类动词相反，*pour* 类动词所指定的因果关系是“允许”而不是“致使”，因此，它不要求 2. 容器的大小、形状等几何特征，但它却指定了一种 1. 区别于其他液体流动方式的运动方式。由于它所描写的是运动，因此它可以被用在有关运动的构式中，即内容格构式中。因此就有了下面的现象：

（3）**He poured the pan with oil.*

（4）*He poured poured oil into the pan.*

一言以蔽之，语法关联子系统与构式的互动是这种位置格构式转换的理论成因。从这个例子中我们看到的是，参加位置格构式合成的词汇入构项的特征并不是及物动词［NP subject, NP object］这一普遍特征，而是动词的原子符号特征或称特质特征（也就是质量守恒定律的“参加质量”）。

4.5 关于及物交替式的语义

上一节我们基于本体论范畴，对人们是如何感知动词入构项的原子语义的问题进行了探讨。同时，我们将语言学中的词汇构项和及物构式的关系与化学中反应物和生成物之间的质量守恒进行类比。简而言之，句法交替展示了如何通过改变句子成分的排列或形式来传达不同的意义或语法关系。在这个类比中，我们将“质量守恒”这一物理学和化学的核心概念应用于语言学，认为在给定的语法和语义框架下，语义和句子结构之间存在固定且不变的关系。这与物理和化学中质量在反应前后保持不变的原理相似。例如，在不同的句法交替中，尽管句子结构可能变化，但核心的语义关系保持稳定。这种稳定性是通过语法规则和约定实现的，保证了语义的清晰和一致性。我们这个类比强调了语法关联语义特征（原子语义）和句子结构之间的固有稳定性和连贯性，这对与句法—语义界面问题的研究至关重要。我们认为，这种稳定性和连贯性是语言的基本特征之一，它有助于我们理解和分析不同的语言现象和结构。通过引入原子论和化学的概念，我们为及物交替式生成机制的研究提供了新的视角和理论框架，旨在启发后续研究。这一节我们将继续探讨质量守恒等式号右边的作为生成物的及物交替式的总语义，即交替式的化合总量。及物交替式的意义是由一系列相互作用的因素决定的。这些因素共同作用于动词和与之相关的句子成分，形成特定的语义和语法结构。这其中最关键的因素就是动词的语法可见的原子语义，这个我们在上一节已经作了详细的讨论。除了动词语义外，还涉及以下几个关键性因素：

4.5.1 句法和语义框架

句法结构，即动词与其论元的配置，和动词的语义框架，即动词如何组织和解释其论元的语义角色，是及物交替生成的一个关键因素。这些框架决定了动词如何与其论元互动，以及这种互动如何影响整个句子的意义。不同的句法结构可以反映出不同的语义关系，如动作的方向、影响的程度等。动词对论元原子语义的现在同样基于上一节提到的几何物理学和动力物理学的基本概念。具体来说，根据 Pinker（1989:219）的研究，目前业已在英语和其他语言中发现的大多数反复出现的语法关联语义成分主要包括以下概念，详见图 6：

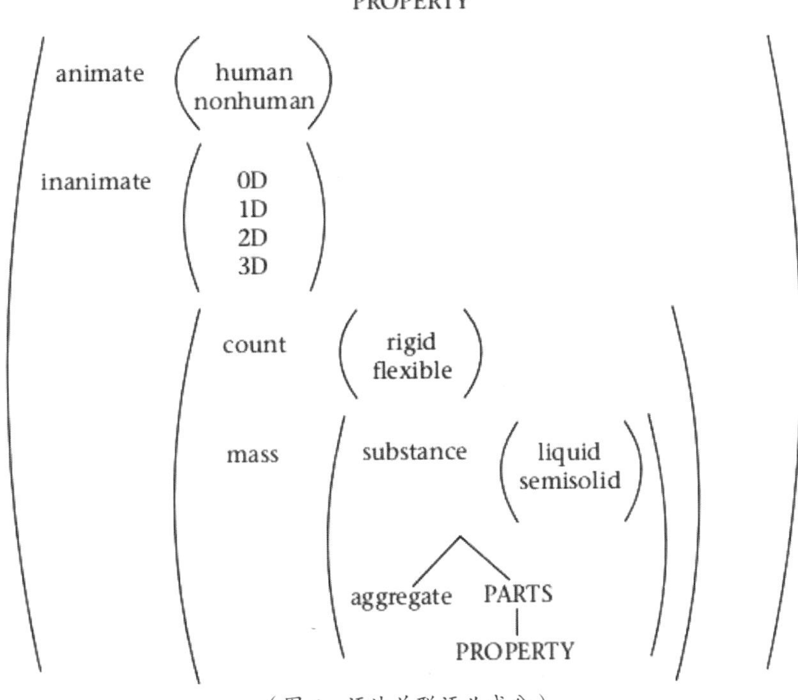

（图 6：语法关联语义成分）

（一）生命

生命包括有生命的东西（animate）和无生命的东西（inanimate）。在语言学中，语法关联语义成分是指语法结构如何反映和受到与之相关的语义特征的影响。其中，生命和人性（Humanness）是两个关键的语义特征。有生命的东西指的是一类实体，这一类别包括所有被认为具有生命的实体，如人类、动物、鸟类等。在许多语言中，有生命的名词在语法上表现出特定的特征，例如在主谓一致、格、代词引用等方面。例如，有些语言会根据名词的生命状态来改变动词的形式。无生命的东西包括所有被视为没有生命的物体，如石头、桌子或书籍。在语法上，这些名词通常与有生命名词有不同的处理方式。例如，某些语言中的无生命名词可能不能作为某些动词的主语。

（二）人性

人性包括人类（human）与非人类（nonhuman）。人性这个类别专指人类。在许多语言中，人类名词具有特殊的语法特征，比如特定的代词形式或在动词一致上的特殊规则。例如，某些语言中只有人类名词可以用于某些特定的动词形式。非人类包括所有非人类的实体，如动物、植物和无生命物体。这些名词在语法上往往与人类名词有所区别，如在代词的使用、格的构造或动词一致性上的不同。生命和人性这两个语义特征在语言学中的重要性在于，它们帮助我们理解语言是如何组织和分类世界中的不同实体的，以及这些分类如何影响语言的语法结构。这种分类不仅反映了我们对世界的认识，还揭示了语言如何通过语法规则来表达这种认识。通过研究不同语言中这些特征的表现，我们可以更深入地理解语言的多样性和普遍性。

（三）形状

这里所说的形状是指一个物体在特定数量维度上进行延伸的范畴化，因此它指的是延伸或维度（extendedness or dimensionality）。尽管人类语言的语法对欧几里得形状都有描述，如“方形”或“圆形”的事物、局部几何学，如“尖”或“有孔动”的事物，或度量性质，如等边性的物体等，但是它通常对一个对象在几个维度上进行延伸的范畴化概念十分敏感。木棍和绳索等被概念化为直线的物体是在一维上延伸的，床单和树叶等被概念化为平面的物体是在二维上延伸的，而鹅卵石和苹果等被概念化为立体的东西则是在三维上延伸的。此外，形状也可以更精细地指定，特别是在介词和与方位交替相关的几个动词子类的语义中（详见第五章中我们关于方位构式的研究）。Jackendoff（1983，1987c）认为，物体是根据“主要”维度（major）和“次要”维度（minor）进行图式化的。一个物体的主要维度是该物体在其最少的可识别的图式化中所具有的维度数。主维度可以进一步被约束为有界（bounded）或无界（not so constrained）。“次要”维度是“不太重要”的维度，它总是有界的，投影在主要维度的整个轴上。因此，道路、河流或丝带是 1D × 1D 的（主维度是 1D，它可以有界的，也可以无界的；次要维度为 1D）。一个点是 0D × 2D 的。压条或硬板为 2D × 1D 的。管子或横梁是 1D × 2D 的。球体是 3D 的。当然，主要和次要的维度之和必须小于等于 3。此外，一个固定的维度可以应用于作为一个整体的一个对象，或一个对象的边界。例如，“地壳”是一个 3D 物体的 2D × 1D 表面，“端点”是一条 1D 线段的 0D 边界。

（四）数量 / 质量

人类对物体（things）的范畴化通常是根据它们是否被建构成有界限的还是无界的、能够被区分出来的是有形的还是无形的物质或媒介。在人类的认知中，物体（things）的分类通常基于它们是否被构造成有边界的（bounded）或无边界的（unbounded），以及它们是否能够被区分为有形的实体或无形的物质或媒介。这种分类方式基本上是围绕“数量”（count）和“质量”（mass）的概念展开的。属于数量这类物体通常是可数的，有明确的边界和形状。例如，桌子、苹果或书籍都是可数的物体。它们是独立的、有界限的，并且每个单独的实体都可以被识别和计数。相比之下，质量概念涉及的是那些通常被视为无形或不可数的物质。例如，水、空气或沙子。这些物质没有明确的边界，它们以连续的形式存在，而不是分离的、可区分的单位。这种分类方式不仅反映了我们对物理世界的认知，还影响了我们的语言和思维方式。例如，在很多语言中，可数名词和不可数名词在语法上有不同的处理方式。此外，这种区分也体现了我们对世界的认知和处理方式，即把世界分解成不同的、可操作的单元，以及将其视为一个整体的、连续的存在。

（五）刚性

物体可以根据它们是刚性（rigid）还是柔性（flexible）的来分类。刚性是语言学和认知科学中用于分类物体的一个重要维度。它基于物体是否是刚性（rigid）或柔性（flexible）的来区分。刚性这个类别指的是那些保持固定形状的物体，即使在外力作用下也不容易变形。例如，金属、玻璃、石头等物质通常被视为刚性的。在语言中，这种物体的描述通常与其不变的、稳定的性质相关。例如，刚性物体在被移动或受力时，通常被描述为“被推动”“被提起”等，强调其形状和结构的不变。柔性物体是那些容易弯曲、折叠或以其他方式变形的物体。布料、纸张、橡胶等是典型的柔性物体。在语言表达中，对柔性物体的描述往往涉及它们的可变形性，如“弯曲”、“折叠”或“扭曲”。扩展这一概念，我们可以考虑物体的刚性或柔性如何影响人类对它们的使用和感知。这一分类也影响着我们的语言和思维。例如，我们可能会用不同的动词来描述对刚性物体和柔性物体的行动，反映出我们对它们物理特性的内在理解。在教育和早期语言发展中，理解和识别这些物理特性是重要的认知里程碑。总之，刚性和柔性的概念不仅是物理属性的描述，它们还深入地影响了我们对物体的使用、感知和描述方式。通过研究这些特征在不同语言和文化中的表达，我们可以更好地理解人类如何通过语言和思维对世界进行分类和理解。

（六）物质 / 聚合

在语言学和认知科学中，对物质和聚合的分类提供了理解和描述世界的一个框架。这个框架基于物质的形态、组成以及其聚合体的特性。物质通常指那些具有一致性质的物体。它们可以进一步细分为不同的形态，如液体（liquid）和半固体（semisolid）。这些分类基于物质的物理状态和特性。液体是流动性的，具有固定的体积但没有固定的形状，而半固体介于固体和液体之间，具有一定的形状但在压力下可以流动。聚合指由多个部分组成的整体。这些部分可以是相同的物质，也可以是不同的物质。聚合体的特性取决于其组成部分的特性。例如，砾石路由众多小石块组成，每个石块都是聚合体的一个部分。物质和聚合的这种分类揭示了物体的主要依存关系：无生命物体的分类通常根据其维度和物质类型进行。例如，金属块（刚性、无生命、三维）和水（液体、无生命、无固定形状）。质量和聚合体的关系：只有质量才能形成聚合体。质量的每个部分可以单独分类，但作为一个整体，它们形成了一个新的实体，具有不同的属性。某些属性可以共存，而另一些则是相互排斥的。例如，物体可能同时是刚性和无生命的，但不能同时是液体和刚性的。

在探索这些概念——生命与无生命、人类与非人类、刚性与柔性、物质与聚合——我们发现，它们不仅是语言学和认知科学的基本分类工具，也深刻影响了我们理解和描绘世界的方式。这些分类反映了我们如何通过语言表达和理解我们周围的现实，同时也揭示了人类思维在处理信息、感知环境和创造创新时的复杂性和多样性。从最基本的物质状态到更复杂的社会和文化结构，这些概念构成了我们认识世界的框架。它们不仅在日常生活中无处不在，也是科学、艺术和哲学研究的基石。通过不断探索和理解这些分类，我们不仅能够更好地理解我们所处的物理世界，还能深化对人类自身复杂性的认识。因此，人类对于客观语义的感知是一个持续的甚至是终身的学习过程，它挑战我们的认知极限，激发我们的好奇心，引导我们走向更深层次的洞察和更广阔的视野。

4.5.2　直接宾语的性质

由于及物交替在形式上是由动词在及物（有直接宾语）和非及物（无直接宾语）用法之间的变化形成的，因此，动词直接宾语的性质对物构式意义的生成也起着至关重要的限制作用。这里说的宾语性质包括充当宾语的 NP 是具体的（具体宾语通常指可感知或物理存在的实体，如“吃苹果”中的“苹果”。这种宾语在及物动词中常常指示明确的、物理上的交互）还是抽象的（抽象宾语则涉及非物质的概念或属性，如“解决问题”中的“问题”。在这种情况下，及物性可能更多地涉及概念上的或思维上的作用），是可数（可数宾语，如“写信件”中的“信件”，通常指明动作针对的是离散的、可数的单位。这可能影响动词的语法形式，如时态和数的一致性）还是不可数的（不可数宾语，如“喝水”中的“水”，则暗示动作是连续的或不具体化的。这种宾语可能导致动词表达更广泛或不特定的动作），是有生命（生命宾语，如“爱宠物”中的“宠物”，在语言中通常引发与情感、态度或道德有关的意义层面，这可能影响动词的语用解读）还是无生命的（无生命宾语，如“打破窗户”中的“窗户”，通常涉及更物质性的交互，动作通常被理解为对物体的物理作用），是点［点的宾语通常是指单一的、离散的实体。例如，“打点”（如在画布上）或“标记点”（如在地图上）。在这些例子中，动作集中于一个特定的、局限的空间点。线的宾语指的是延展成线状的实体］还是线的［“画线”（如用尺子在纸上画直线）或“走线”（如沿着特定的路径行走。这里，动作沿着一条路径或轨迹进行，强调的是长度或方向）］、面的［面的宾语是指扩展成面状的实体。例如“涂墙面”（如用油漆刷涂墙）或“清洁平面”（如擦桌子）］。在这些情况下，动作覆盖了一个较大的、二维的空间区域等。下面，我们将从直接宾语的受施性、抽象性、可数性等三个主要方面举例来说明直接宾语 NP 的性质对及物交替式意义生成的影响。

4.5.2.1 受事性

探索语言的复杂性与其细微之处总是一个引人入胜的旅程。在这个过程中，我们不仅是在学习一种交流的工具，更是在深入理解人类思维和感知的方式。一个特别吸引人的领域是动词及其直接宾语之间的关系，特别是在构式语法中所讨论的“受事性”概念。通过分析受事性，我们可以更好地理解语言如何编码不同类型的动作以及这些动作对其宾语产生的影响。这种理解不仅揭示了语言结构的复杂性，还反映了我们如何通过语言来组织和处理我们所经历的世界。接下来，我们将深入探讨受事性的各个层面，以及它如何影响我们对语言的理解和使用。

直接宾语的“受事性”（affectedness）与及物交替式之间的复杂关系是构式研究中的一个新发现。受事性是一个描述直接宾语在动词动作中所承受的影响或变化程度的术语。宾语的受事性可以从不受影响到完全受影响的不同程度变化。下面我们来详细说明受事性的不同程度及其对句子结构和意义的影响：

（一）高受事性

在语言学中，受事性是用来描述动词动作对其宾语产生的影响程度的一个概念。这个概念帮助我们理解动作如何影响宾语的状态或性质。根据影响程度的不同，受事性可以分为高受事性、中度受事性和低受事性。

在高受事性（High Affectedness）的情况下，宾语在动作中经历了显著的改变或影响。例如：

（1）*He broke the window.*（高受事性）

（2）*He ate up an apple.*（高受事性）

例（1）中，*the window* 作为直接宾语，其状态从完整变为碎裂，显示出高受事性。例（2）中 *an apple* 被完全消耗，表现出高受事性。

（二）低受事性

在低受施性（Low Affectedness）的情况下，宾语在动作中的改变非常小或根本没有改变。例如：

（3）*She saw the bird.*（低受事性）

（4）*He knows the answer.*（低受事性）

例（3）中，宾语 *the bird* 仅被观察，其状态没有改变，显示出低受施性。例（4）中 *the answer* 的本质或状态并未因为被"知道"而改变。

（三）中度受事性

中度受事性（Moderate Affectedness）是指宾语受到一定的影响，但没有根本改变。例如：

（5）*She touched the vase.*（中度受事性）

（6）*He brushed the jacket.*（中度受事性）

例（5）中，*the vase* 虽受到触摸，但其本质和状态并未发生显著变化。例（6）中 *the jacket* 虽经历了动作，但并未彻底改变。受事性的概念在语言学中非常重要，因为它帮助我们理解不同动词和宾语之间的互动关系。这种理解可以用来分析句子的意义，特别是在涉及动作和结果的情况下。通过识别受事性的不同级别，我们可以更好地理解动词如何在不同语境中被使用，以及它们对宾语产生的具体影响。

综上所述，在深入探讨受事性这一概念的过程中，我们得以洞察语言的丰富层次和其在表达人类经验方面的精细能力。受事性不仅是一个语法现象，更是一扇窗口，通过它我们可以观察到动词与其宾语之间的相互作用如何塑造了我们理解和解释世界的方式。这种理解不仅加深了我们对语言结构的认识，也促进了我们对语言作为一种动态、灵活沟通工具的欣赏。随着我们对受事性的细致分析，我们不仅能更准确地建构和解读句子，还能更贴近语言的本质——作为连接人类思想、感情和知识的桥梁。因此，受事性的研究不仅丰富了我们的语言知识，也拓展了我们对人类沟通复杂性的理解。这是我们在探索语言奥秘的旅程中的又一重要里程碑，它激发我们继续探索更多未解之谜，深入理解语言的力量和美妙。

4.5.2.2 抽象性

抽象性（Abstractness）是语言学和认知科学中用来描述名词、概念或实体的一个特征，指的是它们是否具有具体的、可感知的特性，或者是否主要存在于思想和概念上。这一概念在理解和分类名词及其在句子中的作用方面尤为重要。抽象性可分为两类：具体性指的是那些可以通过感官（如视觉、听觉、触觉）直接感知的名词或实体。这类名词通常指物理存在的对象或有形的事物。例如，“桌子”“汽车”“花”等都是具体的名词，因为它们具有物理形态，可以被看到、触摸或以其他方式感知。抽象性则指的是那些主要存在于思想、理念或概念上的名词或实体。这类名词通常不具有物理形态，不能直接通过感官感知。例如，“自由”“爱情”“信念”等都是抽象的名词，因为它们代表的是概念或情感，而不是具体可见或可感的物体。抽象性在语言中的运用影响着词汇的选择、句子的构造以及信息的传达方式。例如，在表达抽象概念时，人们可能更多地使用象征性或比喻性的语言。此外，抽象名词在语法结构上的表现（如可数性、冠词的使用）也可能与具体名词有所不同。理解一个词汇的抽象性对于准确理解和使用语言非常重要，特别是在涉及复杂概念或深层次思考的情况下。

交替与宾语的具体性之间的关系是指动词的及物或非及物用法如何受到宾语是否具体的影响。具体宾语通常是指可以感知或具体想象的实体，而非具体宾语通常是指抽象的概念或无形的实体。具体性的高低会影响动词是否可以在及物和非及物形式间自由交替。一般来说，具体宾语容易在及物和非及物形式间交替。例如：

（1）*She moved the chair.*（及物式）

（2）*The chair moved.*（作格式）

前者是及物式，后者是非及物式（作格式）。当宾语具体时，动作的发起者可以是明确的（及物）或模糊的（非及物）。例如：

（3）*I broke the window.*

（4）*The window broke.*

例（3）和例（4）均合法。相反，当宾语是抽象（abstractness）的时候，它通常限制动词的及物交替，使得非及物用法可能不自然或不可合法。抽象宾语通常是指无法直接感知、只能通过心理过程理解的概念，如思想、情感或理论等。相比之下，具体宾语是指可以感知的实体，如物体或人。抽象宾语通常更倾向于及物用法，因为它们通常需要一个明确的主体来执行动作。举例来说：

（5）*He grasped the concept.*

（6）**The concept grasps.*

在大多数情况下语法不通。使用抽象宾语时，动词的及物用法通常涉及精神活动或感知。例如：

（7）*She cherishes the memory.*

（8）**The memory cherishes.*

例（8）则不是标准用法。总而言之，抽象宾语通常倾向于使用及物动词形式，因为抽象概念通常不作为独立的行动者或动作的承受者。它们通常涉及精神或感知过程。相比之下，具体宾语提供了更多的灵活性，允许动词在及物和非及物形式之间自由交替，通常涉及物理动作。这些模式在不同语言中可能有所不同，但它们揭示了动词及物性和非及物性变化的重要方面。

4.5.2.3　可数性

下面，我们来谈谈可数性（countability）对及物交替式意义生成的影响。在很多语言中，可数性是一个重要的语法特征，它影响着名词的使用、形态变化以及与其他词汇（如动词、形容词、冠词）的搭配。可数性通常分为两类。可数名词指的是那些可以被数数的名词，即它们可以有单数和复数形式。这类名词通常表示可以被视为独立单元的事物。例如，“苹果”“汽车”“书籍”等都是可数名词，因为它们可以被计数（一个苹果、两个苹果、三本书等）。不可数名词是指那些通常不能被数数的名词。它们通常表示一种物质、概念或集合，不能被视为独立的计数单元。例如，“水”“空气”“知识”等名词是不可数的，因为它们通常不会出现在复数形式中，也不会与表示数量的词汇（如“一个”“两个”）一起使用。交替与宾语的可数性的关系涉及动词在及物和非及物用法之间的变化，这种变化受到宾语是否为可数名词的影响。可数名词是指可以被计数的、通常有单数和复数形式的名词，而不可数名词则通常指无法直接计数、通常只有单数形式的名词。可数与不可数宾语对动词交替的影响主要体现在动词是否可以在有宾语（及物）和无宾语（非及物）的情况下使用。可数宾语通常允许更多的及物和非及物交替。例如：

（1）*She is eating an apple.*

（2）*She is eating.*

在例（2）中，*apple* 被省略，动词成为非及物。使用可数宾语时，交替可能涉及动作的完整性。例如：

（3）*He read a book.*（具体）

（4）*He reads for pleasure.*（泛指）

例（4）这里没有指定读什么，动作更加泛指。不可数宾语通常受限于及物形式，非及物用法可能不自然或不可接受。例如：

（5）*He drank water.*

（6）* *Water drinks.*

例（6）则不是一个合理的句子。对于不可数宾语，动词的非及物用法通常表达一种更泛指的、不特定的动作。举例来说：

（7）*She spread butter on the bread.*

（8）*She spreads generously.*

例（7）具体说明涂抹的材料，而例（8）则并未指明涂抹什么。简而言之，可数宾语在动词的及物和非及物交替中提供了更多的灵活性和变化。

这种交替可能涉及动作的具体性和泛指性。而不可数宾语通常限制及物用法，其非及物用法可能表达更泛指或抽象的动作。这些模式在不同语言中可能有所变化，但它们是理解动词及物性和非及物性变化的一个重要方面。

4.5.3　事件结构

事件结构（event structure）指的是动词描述的事件类型和其内在属性（Talmy，1985； Dowty，1989；Levin，1993；Goldberg，2006），例如是否有结果、是否有内部结构等，它是理解句子意义、及物性变化、语法结构和语义关系的关键。因为它解释了动词是如何与其宾语和其他句子成分交互作用，以及如何在不同语境中表达不同的意义的。例如，理解一个动词是否隐含完成性（accomplishment），即是否暗示了一个明确的结束点，或是表达动作的进行而非结果，都是通过分析其事件结构来实现的。此外，事件结构在句法和语义的界面上也扮演着重要角色，它影响着诸如语态变化、及物性变化等语言现象的表现。例如，某些动词可能在其不同的用法中展现出不同的事件结构，从而导致意义上的显著变化。现有理论中，事件结构通常包括以下三个基本组成部分：引发、过程，以及结果。下面我们将分别从这三个方面说明事件结构如何影响及物交替式的意义。

（一）引发的积极作用和及物性

引发（initiation）指事件的启动或原因，通常涉及动词的主体执行的动作或事件的起始点。举例来说，*He hit the window* 这个句子的事件结构就是引发，它强调的是动作的执行，即“敲打”的行为。而 *He hit and broke the window* 这个句子的事件结构则是引发（他敲门的动作）→ 结果（门响了）。这里不仅强调了动作的执行，还强调了由此产生的结果（门响）。

（二）过程的积极作用和及物性

过程（process）指事件持续发生的方式和状态，反映了事件的动态性。这可能涉及时间的持续性、动作的进行方式等。过程关注于事件进行的方式和状态。例如，*She is cooking the soup* 这个句子的事件结构就是过程——水被加热。这个句子关注于煮的动作过程，而非结果。*She cooked the soup to perfection* 的事件结构是过程（水被加热）→ 结果（水沸腾），这里不仅描述了加热水的过程，还强调了水沸腾这一最终的结果。

（三）结果的积极作用和及物性

结果（result）指事件的最终状态或影响，通常体现为事件结束时的情况或状态。它关注事件的最终状态或影响。例如，*He wrote a letter* 这个句子的事件结构是过程——写信的行为，这个句子更多地关注于写信的行为，而不明确信是否写完。及物交替式 *He completed writing the letter* 这个句子的事件结构是过程（写信的行为）→ 结果（信写完了）。这里不仅描述了写信的过程，而且明确表示了结果——信被完整地写完。

此外，一般来说，在及物交替中句法结构的改变，即从及物到非及物，通常伴随着语义重点的转移。在及物结构中，重点通常是动作和它的直接对象；在非及物结构中，重点可能转移到状态的改变或过程本身。就信息焦点的转变来说，及物用法通常强调施事者的作用和意图，而非及物用法可能更强调事件的自然发生或结果。总而言之，通过这种方式，事件结构的不同要素对及物交替的意义产生深刻影响。这种影响体现在语义层面上的焦点转移、句法结构的变化，以及对事件各个阶段的不同表示。这些因素共同决定了动词及其结构在不同语境下如何表达意义。

4.5.4 构式语义

这里所说的及物交替式的生成语义指的是及物交替式的语义总特征。基于 Pinker（1984，1989，2007，2008）的研究，我们假设，词汇入构项的原子语义与及物交替构式相互作用，最终达到平衡，是解决长期困扰学术界的句法替换构式理据问题和儿童语言习得的“贝克悖论”的关键所在。从本质上来说，与 Jackendoff 的概念语言学思想相仿，Pinker 所发展的是一种意义的解构理论。这种理论的核心原则就是说对意义的描写势必牵涉对人类心理表征的描写。正如 Jakendoff（1987:122）所说：“自然语言的意义是指被人类心智符号化了的信息结构。”（Meaning in natural language is an information structure that is mentally encoded by human beings.）也就是说，一个句子的意义就是一个人类所感知到的基本概念的整合。

根据 Kemmerer（2000），越来越多的证据表明，许多语法构式都与某些非常图式化的意义（schematic meanings）直接相关，这些图式化意义所反映的一般都是人类经验，一个动词要想出现在某个特定的句法构式中，它必须具有与该结构意义一致的意义（类似观点得到下列学者的支持，例如：Wierzbicka，1988; Pinker，1989; Langacker，1991; Levin，1993; Goldberg，1995; Michaelis and Lambrecht，1996; Shibatani and Thompson，1996; Jackendoff，1997a; Kay，1997; Van Valin and LaPolla，1997; Verspoor et al.，1997; Tomasello，1998; Kay and Fillmore，1999，等等）。这里提醒注意的是，我们这里所说的与动词和结构之间相互作用有关的图式化意义是相当有限的。它们是与动词所表示的事件类型有关的语义特征。而其他对动词的句法行为不能产生影响的特征不过是这些动词的一个特色语义而已。表 1 是 Kemmerer（2000:998）作出的基于动词和构式特定语义的动词句法属性一览表。我们的观点在这里得到了进一步的验证。

（表 1：基于动词和构式特定语义的动词句法属性）

Verb	Transitive	Middle (+effect)
break (effect)	I broke the glass	This glass breaks easily
cut (motion, contact, effect)	I cut the bread	This bread cuts easily
hit (motion, contact)	I hit the wall	*This wall hits easily
Verb	**Transitive**	**Inchoative (+effect, −contact, −motion)**
break (effect)	I broke the plate	The plate broke
cut (motion, contact, effect)	I cut the rope	*The rope cut
hit (motion, contact)	I hit the car	*The car hit
Verb	**Transitive**	**Part-possessor ascension (+contact)**
break (effect)	I broke Brian's arm	*I broke Brian on the arm
cut (motion, contact, effect)	I cut Brian's arm	I cut Brian on the arm
hit (motion, contact)	I hit Brian's arm	I hit Brian on the arm

表格中列出了句法特征上完全相同的 3 个典型及物动词 *break*，*cut*，*hit* 以及它们的原子语义特征。表格中涉及的 3 个句法结构分别为中动式、

非致使式（作格式）、体位提升式等特殊及物交替构式。我们看到，中动构式的混合语义是“效果”【+effect】（具体来说就是状态改变的效果），基于我们提出的守恒原则，它的生成与解构都必须有【+effect】这一语义特征的参与。这合理地解释了为什么 *break*（+effect）和 cut（+motion, +contact, +effect）能够出现在中动构式中，而 hit 却不能的原因。*Break* 是个单纯表达效果的动词，*cut* 则是一个表达通过运动和接触导致的效果，尽管它们的原子语义不仅相同，但它们的语义中都包含了【+effect】这一语义标记，这也就为它们提供了进入中动式的入门证。再来看看 *hit* 无法进入中动式的原因：*hit*（+motion, +contact）与 *cut*（+motion, +contact, +effect）在“运动”和“接触”这两项语义特征上完全相同，唯一不同的是，前者语义中不包含“效果”这一原子语义，而这一原子语义恰恰又是中动式作为混合物的总质量要求，这解释了 *hit* 无法出现在中动结构中的原因。同时也揭示了 *This glass breaks easily/ this bread cuts easily* 的合法性，和 **This wall hits easily* 的不合法性。我们再来看看非致使式的情况。作为混合物的非致使构式的混合质量是“不通过运动、接触产生的效果”。【+effect，–motion，–contact】基于守恒原则，它的生成与解构不仅必须有【+effect】参与，同时不能有【–motion，–contact】这两种语义特征的参与。而这三个动词中，只有 *break*（+effect）符合条件。这揭示了 *The plate broke* 的合法性，和 **The rope cut/ The car hit* 的不合法性。最后看看体位提升式的情况。体位提升式作为混合物，它的生成与解构必须有原子语义“接触”【+contact】参与。在这三个动词中，除了 *break*（+effect）不具备【+contact】语义特征外，其他两个均包含这一原子语义，因此这解释了为什么 **I broke Brain on the arm* 是不合法句，而 *I cut/hit Brain on the arm* 则是合法句型。下面是其他一些常见的及物交替构式及其图式化语义：

（一）方位格交替式

方位格交替式（Locative Alternations）是语言学中一个非常重要的概念，它涉及动词在表达物体的移动或位置变化时的不同使用方式。这个概念主要用来描述和分析动词如何通过不同的句式结构来强调动作的不同方面，特别是在内容构式（Content Construction）和容器构式（Container Construction）的背景下。内容构式也被称为“结果构式”（Resultative Construction）或“填充构式”（Filling Construction）。这种称呼强调的是动作的结果，即物体（内容）被添加到某个地点或容器中的结果。容器构式（Container Construction）：有时也被称为“方位构式”（Locative Construction）或“目标构式”（Goal Construction）。这些术语更强调的是物体移动的目的地或容器本身。虽然不同的理论或语言学分支可能使用不同的术语，但它们的图式化意义是一致的：“描述动词如何与宾语互动，从而表达动作发生的空间关系（内容格），以及动作对于宾语的影响（容器格）”。这些术语的选择通常取决于研究者的理论取向或分析的具体焦点。

（二）予格交替式

予格交替（Dative Alternations）涉及某些动词如何以不同的句式结构来表达类似的意义，尤其是在涉及“给予”或“传递”动作的对象时。这种交替体现了语言在表达给予或传递行为时的灵活性和多样性。予格交替式的图式化意义在于：动词可以构建两种或多种句式来表达给予或传递的行为，这些句式在语义上相似但在句法结构上有所不同。它主要体现在两种句式上：一种是直接宾语 + 间接宾语结构：在这种结构中，接收者通常作为间接宾语出现，而被给予的对象则作为直接宾语。例如：

（1）*She gave John the book.*

其中*John*是间接宾语（接收者），而*the book*是直接宾语（被传递的对象）。

另一种结构为介词宾语结构。即接收者通过介词短语来表示。例如：

（2）*She gave the book to John.*

其中*to John*是介词宾语短语。予格交替使语言能够根据上下文和说话者的意图灵活选择表达方式。这种交替允许说话者强调交互的不同方面——要么强调接收者（间接宾语结构），要么强调给予的行为和对象（介词宾语结构）。通过理解和运用予格交替，可以更准确地传达信息，并且可以根据语境来选择最合适的句式。这种灵活性是语言表达的一个重要方面，反映了语言在表达复杂人际交往和社会行为时的适应性和多样性。

（三）意动交替式

意向交替（Conative Alternation）涉及某些动词可以在表达针对目标的动作时使用不同的句式结构。这种交替显示了动词在表达动作的目标时的灵活性，尤其是在描述动作尝试影响目标但不一定成功的情况下。在意向交替中，动词可以构建两种主要句式：第一，及物结构。在这种结构中，动作的目标直接作为动词的宾语出现。例如：

（1）*She cut the rope.*

这里“绳子”是动作的直接目标。第二，非及物结构：在非及物结构中，动作的目标通过介词短语来表示，通常涉及一种尝试或针对性的动作，但不一定意味着动作的完成或成功。例如：

（2）*She cut at the rope.*

在这种表达中，“绳子”是动作的尝试性目标。意向交替的一般意义在于展现了说话者如何根据语境选择不同的句式来表达动作对目标的影响。这种交替体现了动词表达的灵活性和精细度，允许说话者区分动作的尝试与动作的完成。在及物结构中，句子通常表达了一种明确的、完成的动作。在非及物结构中，动词与介词短语的结合通常表达了一种“尝试”“针对性”的动作，而这种动作可能没有达到预期的结果。通过理解意向交替，我们可以更准确地理解和表达不同的动作意图和动作对目标的影响程度。这在描绘复杂的人际互动和行为意图时尤为重要，反映了语言在表达细微差别时的能力。

构式语义是我们所提出的语义守恒假设的一个重要组成部分。构式语义的研究不仅揭示了语言表达中的固有模式和规律，而且强调了语义守恒的概念——即在多样的语言形式中维持一致的意义。这种守恒性体现了语言在表达方式上的多样性和灵活性，同时保持了核心意义的稳定性和普遍性。通过分析构式及其图式化的语义，我们更加清晰地理解了语言如何在变化的表达中保持意义的连续性和一致性。这种洞察对理解语言结构和功能至关重要。总结而言，将构式语义纳入语义守恒的讨论中，不仅丰富了我们对语言复杂性的理解，也加强了我们对语言作为沟通工具内在稳定性的认识。这种认识强调了语言的普遍性和适应性，以及我们作为语言使用者在不断变化的沟通环境中寻找意义的连续性和一致性的能力。

在本章中，我们深入探讨了词汇入构项与交替式的语义守恒原理，并从多个角度进行了细致的分析。通过对语义的组合与解构，构式的固定性、可逆性，以及基于词汇入构项的原子语义等方面的探讨，我们展示了语言学中的核心概念和原则如何相互交织、相互影响。

我们讨论了语义标记、原子论概念、及物交替式的各种形式，以及这些元素如何在语义守恒的前提下相互作用。此外，通过类比化学中的原子结构和价电子理论，我们揭示了语言学中词汇入构项与及物交替式之间的深层联系。

本章还着重讨论了配价理论在动词子类中的应用，探讨了动词在句法结构、事件表征和信息结构中的角色，并通过本体论范畴的理论框架分析了语言的客观语义。在探讨及物交替式的语义时，我们特别关注了句法与语义框架的交互，以及直接宾语的受施性、抽象性和可数性。最后，我们分析了事件结构和构式语义，展示了语言的复杂性和多样性。

综上所述，这一章节不仅为理解语言的深层结构提供了丰富的理论基础，而且为语言学研究提出了新的视角和方法。通过对词汇入构项与交替式的深入分析，我们得以更全面地理解语言的内在逻辑和它在人类交际中的复杂作用。本章的研究为相关领域提供了新的视角和深刻洞见，希望在未来的学术探索中产生重要的影响。

第五章 可行性验证

在本章中，我们将进一步深化对“词汇入构项与及物交替式语义守恒”假设的探讨，验证其在语言研究中的可行性及实践价值。本章内容将通过对不同语言结构的具体案例分析，展现该假设在解释语言现象时的广泛适用性和有效性。具体来说，我们将从以下四个关键部分展开讨论：

1. 方位交替的语料分析：这一部分聚焦于对方位交替的英语语料进行深入分析。我们将采用格式塔转换和拓扑视知觉等本体论理论作为分析框架，系统地探究构式生成的语义特征，包括图形性、受施性、介词与宾语的关系，以及词汇入构项的原子语义等关键方面。

2. 其他及物交替式的语义守恒分析：在这一部分，我们将扩展研究范围，探索其他常见的及物交替式，如使役交替、中动交替等，在语义守恒原则下的表现。这将涵盖这些交替式在语义和结构层面的特性，以及它们如何与语义守恒原则相契合。

3. 对可学悖论的解释：这一部分旨在通过对可学悖论的深入分析，展示我们的语义守恒假设对于理解这一悖论的潜在贡献。我们将探讨如何借助语义守恒理论来解释人类如何有效地从有限的语言输入中快速学习和理解复杂的语言结构。

4. 语义守恒假设对高校外语教学的启迪：最后，本部分将探讨该假设对高校外语教学的潜在启示，包括教学方法的创新和教学内容的优化。我们将讨论如何将这些理论概念应用于实际教学场景，以提升教学效果和学习效率。

总体而言，本章旨在通过具体案例和深入分析，全面展现我们提出的“词汇入构项与及物交替式语义守恒”假设的理论深度和应用广度，进而为语言学研究和相关应用领域提供新的视角和方法论参考。

5.1　基于语义守恒假设的方位格交替

关于运动类动词直接宾语论元属性的探讨始于20世纪60年代。早期的语义角色链接理论，例如Fillmore（1968）、Gruber（1965）、Jackendoff（1972），强调句法信息与各种语义角色（如施事者、受事者、主题、工具、位置等）之间的联系。在一个特定动词事件框架中，传统语法中提到的句法链接模式，如主语、直接宾语、斜格宾语，被认为与这些语义角色形成层级关系。然而，这种方法在处理某些特殊结构时显得不够灵活。自20世纪50年代诞生以来（其中包括GB、HPSG、格语法、框架网络等），生成理论一直坚持认为，形式化描述语言要素之间关系是解决这一问题的唯一途径。在这一基础上，原则参数理论将英语母语者的语言知识描述为词汇项的组合规则，严格区分词汇项和句法规则，句法特征和语义特征都由词汇项的信息决定。组合规则主要包括短语移动操作。然而，这种方法使得一些“边缘”结构如方位构式无法得到适当的范畴化，即无法确定它们应该被归类为词汇项还是句法模块的生成项，因此也无法合理解释它们。21世纪初，随着构式语法（简称GxC）的诞生，生成理论将“词汇”和“句法”割裂开的做法遭到挑战。GxC主张“词汇”和“句法”都是以意义匹配为基础的数据结构。尽管GxC继承了生成理论的核心思想，即形式化描述语言要素之间关系是解释语言结构的唯一手段，但与生成理论不同的是，构式语法基于“构式”而不是“词汇”。它不再需要多个独立的深层语言模块来满足形式和意义的需求，而是采用了基于符号的构式语法模型。然而，构式语法对词汇项的描述过于简化，无法充分捕捉词汇项的语义要素，也过于简化了它们的整合过程。举例来说：

（1）*A. He loaded water film into the camera.*（内容格构式）

B.He loaded the camera with film.（容器格构式）

（2）*A. He poured water into the glass.*（内容格构式）

B. He poured the glass with water.*（容器格构式）

（3）*A. He filled the glass with water.*（内容格构式）

*B.*He filled water into the glass with.*（容器格构式）

从上面的例句中可以看成，方位动词 *load*（装填）、*pour*（倾泻）、*fill*（装满）都是描述运动方式和相关的实体，但它们的句法行为却不同。在构式—中心语法中，包括构式—中心路径和词汇—构式路径，这三个动词作为词汇入构项的信息完全相同，它们均是对运动方式的说明，均涉及一个运动发起者、待转移的实体（或称内容）、接受该实体的容器。这些共同的语义成分可能是它们被描述为：*load* <loader>、*pour* <pourer>、*fill* <filler>（参见 Goldberg，2006。这些标记反映了它们在语法中的角色）。对于为什么动词 *load* <loader> 既可以进入内容式，也可以进入容器式，*pour* <pourer> 只能进入内容格构式，而 *fill*<filler> 却只能进入容器格构式。针对这三个动词的不同的方位交替行为，GxC 只能借助于认知因素来进一步作出解释了。如，这三个动词在语法中的句法行为不同，部分可以归因于与认知过程和心理模型有关的因素。动词 *load* 通常可以用于描述将物体从一个容器转移到另一个容器的情况，因此可以进入内容式，也可以进入容器式。这与人们在认知上可以轻松想象将液体从一个容器倒入另一个容器的情境相符。相反，*pour* 更常用于描述将液体从一个容器中倒出，因此更适合进入内容式，而不适合容器式。*fill* 则更适合用于描述将容器装满，因此更自然地进入容器式。词汇—构式模型强调了词项与特定语法结构之间的关联，并强调语言的结构是由词汇项和构式共同塑造的。根据该模型，这种差异可能反映了这些动词在人们的认知中的不同使用习惯和惯例。动词 *load* 似乎更加灵活，它可以适应进入内容式，这可能与它的词项（lexical item）具有更多的语法和语义信息，使其能够适应不同的语法结构。相反，*pour* 的词汇项更倾向于进入内容式，而不适合容器式。最后，*fill* 的词汇项似乎更适合容器式，而不适合内容式。这里我们看到，对于这个动词交替的棘手问题，无论构式语法基于认知因素的解读，还是词汇—构式模型基于习惯和惯例的解读，似乎对词汇入构项的语义要素描写都过于简单和主观了。首先，人类的认知行为不是盲目的，这意味着人类的认知过程和行为受到一系列复杂的认知机制和影响因素的支配。人类的认知行为是一个复杂的综合体，受到感知、记忆、学习、语言、决策、情感、社会和文化等多个认知机制和影响因素的共同塑造。这些因素相互作用，影响我们对世界的感知、理解和应对。而如何将这些影响因素统筹在对语义的识解上，这本身就是一个难题。而习惯和惯例则是一种社会性的、持续存在的、规范性的、传承性的、可变性的、集体性的、多样性的、变迁性的现象。基于它们作出的判断缺乏普遍性，很可能造成混淆和误解。那么，既然人类的认知行为不是盲目的，人们是基于什么作出上述认知判断的？这个问题在上述两个构式路径中，都未找到明确的解答。因此，Boas（2008）等学者指出，构式基于语义角色的描写方法不仅不够充分，而且还过度简化了它们的整合过程。纵观文献，尽管学者们在构式框架下不懈耕耘，但学术界对构式交替的生成机制始终未能达成共识。

鉴于上述情况，我们将以英语方位交替结构为例，来展示在构建这一结构时，输入的基本语义成分与生成的语义成分之间的一致性。本研究将从以下几个方面探讨格式塔转换与方位交替结构的形成和语法化之间的紧密关联：（一）交替构式的生成机制；（二）交替构式中的直接宾语；（三）交替构式中的介词与间接宾语；（四）方位格动词等。我们的目标一方面是揭示语义的本体论观念，即语言源自于“生活经验”和“社会实践”；另一方面验证方位交替式的语义守恒；最后对方位交替对交替动词的授权问题作出合理解释。基于我们的研究成果，我们提出，人类思维活动与语言使用之间的映射关系很可能是语法化模式的关键成因。

5.1.1 本体论结构性思维与格式塔转换和拓扑性

格式塔（Gestalt）是一种心理学和认知科学中的重要概念，来自德国的心理学家 Max Wertheimer，Wolfgang Köhler 和 Kurt Koffka 等人的研究工作。

格式塔一词在德语中意为“形状”或“形态”，在心理学中，它表示一种理论和方法，用于研究人类对感知信息的组织方式和问题解决的方式。本体论研究物体、实体和它们之间的关系，以及如何对它们进行分类和描述。格式塔心理学关注如何在感知中组织和识别这些物体和实体。虽然这两个领域的关注点不同，但它们都涉及对现实世界的理解和描述。因此，一些哲学家和认知科学家认为，格式塔的观点可以与本体论结构性思维相结合。这种结构性思维涉及如何理解和组织现实世界的基本构成元素。在这种视角下，格式塔心理学的观点可以与本体论的一些概念相协调，以帮助理解知觉、认知和对世界的认知方式。举例来说，瑞士心理学家 Piaget（1954）的认知发展理论强调了认知结构和思维的整体性。他认为儿童的认知发展是通过逐渐建立更复杂的认知结构来实现的，这些结构将感知信息整合成有意义的模式。尽管皮亚杰的工作主要集中在儿童认知发展领域，但他的思想可以与格式塔的整体性观点相呼应。法国哲学家 Merleau-Ponty 等（2013）在他的著作中强调感知和知觉的整体性。他认为人类的感知不是被动的，而是主动地将感知元素整合成有意义的整体，以理解世界。他的思想与格式塔的观点有关，强调感知中的整体性和结构性思维。认知科学家 Hofstadter（2018）在他的著作《哥德尔、埃舍尔、巴赫：集异璧之大成》中讨论了思维中的模式识别和整体性思维。他强调了思维中的模式和结构，以及如何将它们组合成有意义的整体。哲学家 Andy Clark（2008）在他的著作中探讨了外部和内部认知过程的互动。他认为，人类思维和感知是通过与环境互动来建立模式和整体性理解的。他的观点强调了认知的分布性和整体性。这些认知科学家和哲学家的思想强调了感知和思维中的整体性、结构性思维和模式识别，这些观点与格式塔心理学的原则相互呼应，为我们理解人类认知过程提供了更深入的洞察。虽然它们并非直接引用格式塔理论，但它们在一定程度上与格式塔的观点相契合，从而促进了对认知过程的理解和哲学思考。

格式塔心理学强调感知和认知的整体性和组织性质，强调人类如何将不同的感知信息整合为有意义的整体。格式塔主要有以下特征：整体性

（Wholeness）：格式塔心理学认为人类倾向于将感知信息组织成整体结构，而不是零散的元素。这意味着我们更容易看到和理解整体，而不是分离的部分。近似性（Proximity）：当元素在空间上彼此接近时，人们倾向于将它们视为一个组合，而不是单独的元素。相似性（Similarity）：具有相似特征的元素（如形状、颜色、大小等）被视为属于同一组，即使它们在空间上分离也是如此。连续性（Continuity）：人们倾向于将具有连续性和流畅性的元素视为一体，而不是分开的部分。这包括线条、曲线和图案的延续性。封闭性（Closure）：当我们看到不完整的图形或形状时，我们会自动地将其补全，使其看起来更完整。对称性（Symmetry）：对称图案被认为更易于理解和吸引人的注意。共同运动（Common Fate）：元素在同一方向上移动时，人们倾向于将它们视为一个组合。从这个意义上来说，任何有内部结构、由离散要素组成的整体，无论视觉形象还是学习、记忆、情绪、思维、运动等，均可以被看成是一种格式塔，而这种结构不能被简化为其各部分的总和。换言之，整体大于其构成要素之和。

就我们所有探讨的方位交替式而言，它们是由同一组信息要素所组成的两种可识别的模式（格式塔），而且它们彼此互不相容、不分主从。这一特殊的句法结构让我联想到了格式塔转换。格式塔转换（Gestalt-switch 或 Gestalt-shift）描述了人类感知和认知过程中的一种现象。它强调了人们如何通过整合和重新组织感知信息来理解世界诠释经验，而不仅仅是将其看作是一组分离的元素。格式塔转换强调人们在感知和理解事物时倾向于看到整体性，而不仅仅是单个元素。这意味着人们倾向于将多个元素组合成一个有意义的整体，而不是将它们视为独立的部分。这种整体性感知有助于人们更好地理解复杂的信息和情境。格式塔转换中的一个关键概念是“重组”（restructuring）。这指的是认知过程中的一种重新组织信息的行为，使之更具意义。人们通过重新排列和整合感知信息，以便更好地理解和解决问题。“重组”是格式塔转换的核心机制。格式塔转换认为，人们不断地进行感知信息的重组和重新解释，以适应不同的情境和任务。这使得人们能够更灵活地应对各种认知挑战，并更好地理解世界。一个经典的例子是“诺伊曼瓷瓶”

（Necker cube），这是一个二维图形，可以被解释为一个透视图或立体图。人们可以在不同的时间点看到不同的解释，这就是格式塔转换的一个示例。当人们的认知系统不断地重新组织图像信息时，他们可以从不同的角度来理解这个图形。著名的 Rubin—花瓶、鸭—兔等幻觉图都验证了人类这一视觉特征的客观存在。当然，格式塔转换并不仅仅表现在物理现象的视觉感知上，研究者使用不同类型的实验和神经影像技术来探索大脑如何进行格式塔转换，以及这个过程与感知、思维和问题解决的关系。“各有利弊”这个成语是一个典型的例子，强调了事物的利与弊是一体的，一个方面的存在可能导致另一个方面的出现。这反映了人类思维的一种独特方式，即通过综合考虑不同的观点来理解同一事件的本质。因此，在人类思维中，同一事件可以被解释为两种截然不同的方式。例如，一场战争可以被视为解放行动，也可以被视为侵略行为；一次婚姻变故可以被看作解脱，也可以被看作不幸。这表明格式塔转换的存在和使用是人类认知过程中最重要的特征之一，它允许我们看待世界的复杂性，同时在不同角度和情境下进行思考和理解。这种能力使我们能够更全面地认识和解释我们所经历的事物和事件。

在格式塔心理学中，心理学家使用“图形—背景”这个双重视觉特征来解释我们是如何理解视觉结构并产生知觉的。根据这个主张，人类的组织倾向是天赋的，这意味着我们天生倾向于在视觉环境中组织事物的位置，以感知和理解环境的整体性和连续性。在这个过程中，“图形”代表突出的、完整的形状，也就是我们直观地看到的格式塔；而“背景”则是尚未分化的、支撑图形的未定形元素。然而，图形和背景并不是绝对的，因为一个图形的背景在另一个背景中可能会变成图形。在观察某个对象时，我们总是倾向于在未分化的背景中辨认出图形。需要强调的是，人类视觉场景中的完整形状是不断变化的，而不是永恒不变的。我们的认知不断在图形和背景之间穿梭，也就是说，当我们持续观察视觉刺激时，不同的对象有时被视为图形，有时则成为背景。这种动态性使我们能够根据不同的视觉信息重新组织和理解世界，以适应不同的情境和需求。

总之，“图形—背景”强调了视觉组织和知觉中的双重性质，以及人类视觉系统在不断变化的视觉场景中的灵活性。这一概念有助于解释我们是如何感知和理解以抽象方式存在的客观语义的。

5.1.2　方位交替式的语义生成

本节我们将基于格式塔转换和拓扑视知觉理论展开对构式的生成质量的探讨。当我们谈论方位格构式时，我们实际上在讨论人类感知和理解世界的方式，这种方式使我们倾向于将事物分为两种主要成分：图形和背景。这种分离有助于我们理解方位格交替，即两种不同的方式来描述同一事件。

方位格交替被视为描述同一事件的两种不同框架，这两种框架被称为方位格的变体形式。其中一种采用介词 *into* 或 *onto* 的变体被称为“内容—方位格构式”，简称为“内容格”或“主题目标格”；另一种采用 *with* 的变体被称为“容器—方位格构式”，简称为“容器格”或“容器目标格”。具体来说，当我们的认知将处于某个位置上的容器视为“图形”时，容器（即 NP container）被概念化为整体，而处于某种运动状态下的实体则被视为这个整体出现的“背景”。这时，我们使用图形—容器事件框架（NP Agent V NP container PP with NP content），表示 NP content 在 NP Agent 的作用力下使 NP container 整体状态发生变化。例如：

（1）*They packed the crack with oakum.*

例（1）中，*the crack* 被视为焦点，成为我们注意的对象，而 *with oakum* 则成为衬托这一焦点的背景。相反，当我们的认知将处于某种状态下的实体（即 NP content）视为“图形”时，位于某个位置上的容器成为背景。这时，我们使用图形—内容事件框架（NP Agent V NP content PP into/onto NP container），表示 NP content 在 NP Agent 的作用力下整体向 NP container 移动。例如：

（2）*They packed oakum into the crack.*

例中，*oakum* 成为焦点，成为我们关注的对象，而 *into the crack* 则自然成为衬托这一焦点的背景。这些不同的构式是基于我们的认知焦点和关注的对象而产生的，它们在本质上并没有严格的派生关系。因此，我们不能说一个构式严格地派生自另一个构式，而是取决于我们如何感知和理解事件。我们主张，方位交替式均是应观察者的心智情景以及关注焦点而生的，本质上并无原生与派生之别。此外，由于对图形与背景的选择不同，它们的意义也不尽相同。

5.1.2.1 图形性

格式塔转换理论不仅有助于解释方位交替现象的可能原因，还为两种不同的句法结构提供了解释基础。在“图形—内容”事件框架（NP Agent V NP content PP into/onto NP container）中，我们可以观察到内容元素（NP content）紧随动词（V）之后，充当直接宾语；而在“图形—容器”事件框架（NP Agent V NP container PP with NP content）中，容器元素（NP container）紧随动词（V）之后，充当直接宾语[①]。由此可见，直接宾语的性质在这两种交替中起着至关重要的作用。下面，我们将从“图形性”和“受事性”两个方面探讨方位交替的直接宾语。

这种现象的原因在于，不论是内容还是容器，在被视为“图形”（figure）时，它们都被概念化为整体受到影响和整体发生变化的实体。在“图形—内容”框架中，我们关注空间变化，例如裂缝外部的麻絮被填充到裂缝内部的变化或移动；而在“图形—容器”框架中，我们关注状态变化，例如枪膛由“空”到“不空”的变化。需要注意的是，就状态变化而言，通常情况下，由于图形被概念化为一个整体，因此变化也是整体性的，例如枪膛被子弹填满了。同样的，心智对“图形”的理解方式与对及物动词的直接宾语的概念识解方式相一致。例如，在句子 *He painted the door* 中，*the door* 作为 *painted* 的直接宾语，被概念化为整体受到影响（being affected）和整体发生变化（change of state）的实体，因此，这句话的意思是“那扇门被全部粉刷上了油漆”。而 *He painted on the door* 这句话中，由于 *the door* 是介词 *on* 的格宾语，而不是动词的直接宾语，因此失去了“整体受影响”和“整体发生变化”的

① 关于方位交替中的主语 NP Agent，它是执行动作或引发改变的实体，对于将其作为主语的说法学术界没有争议，因此我们将不再详细讨论这一参与角色。

含义。在英语中，动词 *painted* 本身隐含了一个宾语，即“油漆”。换句话说，在这个情境中，被认为是“图形”的是“油漆”的位置变化，而不是“门”的状态变化，而“门”只是一个背景元素。因此，这句话的意思是“油漆被粉刷在了门上”。在这里，“油漆”可以是一桶油漆、一把刷子，或其他任何数量的油漆，但无论数量多少，我们关注的是它作为一个整体在空间上的移动，即从桶或刷子等地方移到门上。因此，这句话的含义是某人将（一桶 / 一把刷子等）油漆粉刷在了那扇门上，当然，这个动作可以在任何实体上进行。类似的及物动词用法在英语中很常见，例如：

（1）*A. He climbed the mountain.*（他攀登了那座山）

B. He climbed up the mountain.（他向山顶攀登）

（2）*A. Betty buttered the bread.*（Betty 用黄油涂满了面包）

B. Betty put butter on the bread.（Betty 在面包上抹了黄油）

（3）*A. Polly peeled the apple.*（Polly 削去了苹果皮）

B. Polly removed the peel from the apple.（Polly 削过那个苹果皮）

（4）*A. Moondog drank the glass of beer.*（Moondog 喝光了那杯啤酒）

B. Moondog drank from the glass of beer.（Moondog 喝过那个啤酒杯的啤酒）

这些例子说明，根据动词的不同用法和语境，人们可以将焦点放在整体动作或事件中的某个部分，从而影响了他们对语言的理解。这种感知方式并非局限于方位交替，下面我们再以英语和汉语中普遍存在的作格（ergative）现象为例，这种现象简单来看，是指出现在主语位置上的名词短语不是主语，而是动词的直接宾语。例如：

（5）*The vase shattered.*

（6）*The mirror cracked.*

从格式塔心理学的角度来看，这种现象可以解释为，原本作为动词的直接宾语的非宾格名词短语（如“花瓶”和“镜子”），在句子中被提升到主语的位置。这些名词短语仍然扮演着事件中受到影响和发生变化的焦点图形的角色。通常情况下，当一个句子描述的事件涉及一个明确的因果实施者时，这个实施者往往被优先安排在主语位置上，与事件发生的顺序一致。

但如果施事者没有被明确提及，那么受影响和发生变化的对象就会从直接宾语的位置提升到主语位置上，依然充当焦点图形的角色。因此，关键问题不在于受影响的实体是出现在主语位置还是宾语位置，这只是句子形式的差异。无论在哪个位置，这个实体仍然是受到影响和发生变化的整体，就像直接宾语一样，我们的心智将其整体识别，因此上述例句的含义是“这只花瓶碎了”和“这面镜子裂开了”。

然而，问题似乎并没有这么简单。语料证明，在容器格构式中，有时也可以涉及部分（而非整体）变化，再请看下面例句：

（7）**?Felix loaded the truck with some books.*（引自 Nemoto，1995:262）

（8）*A vandal sprayed the sculpture with paint.*（引自 Gropen et al.，1991:162）

例（7）之所以不合法是因为 *some books* 无法引起整个 *the truck* 从空到满的整体状态变化，因此无法充当直接宾语论元。而例（8）是一个合法的容器式结构，但其中的直接宾语论元 *the sculpture* 并没有经历整体状态的变化，因为它可能只被喷上了几个污点，而没有完全被覆盖。这引发了一个问题，即是什么赋予 *the sculpture* 成为容器式结构中直接宾语的资格。Gropen 等人（1991:162）对此提出了解释，他们认为整体受事性是人们最自然的状态理解方式。此外，如果某物局部表现出被另一物体放置的迹象，也可以被理解为状态发生变化。因此，即使 *the sculpture* 上只被喷上了一滴污渍，它也被视为受到了破坏，从而获得了直接宾语的地位。然而，我们仍然面临一个质疑，那就是如果这种解释成立，那么下面的例子如何解释呢?

（9）**Doug cleared some of dishes from the table.*（引自 Nemoto,1995:264）

（10）*Doug cleared dishes from the table.*

这两个例子的唯一区别在于动词 *clear* 的直接宾语。例（9）是一个不合法的句子，但当我们将例（9）中的“*some dishes*”替换为“*dishes*”时，就得到了合法的句子，即例（10）。按照受事性的解释，这两个最小对立对的合法性表明，“*some dishes*”无法引起“*the table*”的整体状态发生变化。然而，这种解释与 Gropen 等人对例（4）的解释产生了矛盾。

上述两个例子的区别仅仅在于动词 *clear* 的直接宾语。例（5）是个不合法的句式，但当我们把例（5）中的 *some dishes* 换成 *dishes*，就有了例（6）这个合法的句式。按照受事性的解释，这对最小对立对的合法性表明，*some dishes* 不足以造成 *the table* 的状态改变。但问题是，这种解释却与 Gropen 等对例（8）的解释形成了矛盾。

鉴于上述分析，我们在研究中提出了一个观点，即“由空变满”和“由外至内”这些语义结构无法统一解释上述直接宾语的受事属性，因此必定存在某些更为一般的原则。正如 Pinker（2007：42）所指出的，大自然不会违背其内在的客观规律来迷惑人们。如果某个现象似乎毫无意义，无论我们如何观察，那么很可能是因为我们忽略了一些更深层和更普遍的原则。我们认为，这个更为一般的客观规律就是与人类视知觉的拓扑属性相关的。

5.1.2.2 受施性的拓扑基础

针对早期语义角色链接论的这些不足，Gropen 等（1991）提出了一种更为精细化的语义结构理论，也就是被 Pinker 称之为语法关联子系统的假设。该理论反对早期理论仅根据具体物理运动特征来确定各种语义角色，而主张直接宾语论元能够同时扮演物理变化和状态变化两种角色。举例来说：

（1）*Someone went from Beijing to Harbin.*

（2）*Someone went from health to sickness.*

前一句中，斜格宾语论元经历了从北京到哈尔滨的方位变化，而后一句中，介词宾语论元 *health to sickness* 显然不涉及空间方面的变化，但它描述了身体状态的改变。简而言之，不论是物理变化还是状态变化，动词的直接宾语论元都代表受到影响或发生变化的整体实体。因此，“受事性”（affectedness）成为语义结构论中判断直接宾语论元的统一原则。这个概念强调了宾语在一个动作或事件中所扮演的角色，即它是动作的承受者，特别是宾语在动作或事件中所经历的改变或影响的程度。如果一个宾语在动作中发生了明显的改变或受到了显著的影响，我们可以说它具有高度的“受事性”。相反，如果宾语在动作中几乎没有改变或影响，那么它具有较低的“受事性”。就方位交替来说，这里所说的“影响”或“改变”指的是两种情况：一种指的是某种运动方式造成的物理上的方位变化和“纳入”

（accommodating），即整体“移入 / 移出”；另一种指的是由于对某物作出“回应”（reacting to），即整体“置于表面”，而造成的状态变化（Pinker，2007：44）。我们的文献分析表明，现有概念未对状态变化的受施性及其辨别依据等问题作出明确说明。下面，我们将从拓扑知觉论入手，对上述问题作出回答。

在物理学中，方位变化指的是物体在空间中随着时间变化其相对位置的过程，而状态变化通常指物质的物态变化，如融化、凝固、蒸发和沸腾等。这两者与语义结构论中关于“纳入”和“回应”等受事性特征似乎并不直接相关，至少在物理变化的典型情境下，它们并不属于同一类。那么，这种与“容纳”和“反应”相关的状态变化应该被归类到何种范畴呢？根据我们的研究，这两种特征与视知觉属性有关，尤其与陈霖（1982）提出的拓扑知觉论中所定义的知觉对象属性非常相似。

陈霖的早期拓扑知觉论是20世纪80年代提出的，它是关于视知觉和心理学领域的一种理论框架，旨在解释人类感知和理解物体、空间和形状的方式。拓扑知觉理论建立在数学拓扑学的基础上，该学科研究空间的形状和结构如何相互关联。该理论主张，人类感知物体和空间的方式涉及拓扑属性，而不仅仅是几何属性。拓扑学关注的是空间的“连通性”、“相对位置”和“变换”，而非具体的度量和几何属性。陈霖强调了知觉对象的概念。他认为，我们在感知世界时，不仅仅是感知单独的物体，还感知它们与周围环境的关系。知觉对象是一个整体，它包括了物体之间的拓扑关系和连接性。这意味着我们在感知物体时，同时感知到它们在空间中的位置、相对位置和连通性。陈霖的理论还涉及形状知觉。他认为，人类对物体形状的知觉是基于拓扑属性的，而不仅仅是基于几何属性。这意味着我们可以通过物体的连通性和边界来识别它们的形状（相当于我们说的语法关联语义），而不一定需要精确的测量或几何特征（相当于我们所说的语法非关联语义）。陈霖的理论提出，知觉是一种层次结构，包括了不同级别的知觉对象。较低级别的知觉对象是局部的，包括物体的局部部分和它们之间的拓扑关系。较高级别的知觉对象是整体的（global nature），包括整个物体和它们在空间中的排列。陈霖进行了一系列实验来支持他的拓扑知觉理论。这些实验涉及了物体的形状识别、相对位置感知以及连通性的知觉。他的研究发现，人们在感知物体时确实考虑了拓扑属性，并且这些属性对于形状和空间知觉至关重要。总的来说，陈霖的早期拓扑知觉论强调了拓扑属性在人类视知觉和感知中的重要性。他的理论提供了一种新的方式来理解人类感知世界的方式，强调了物体之间的连通性和拓扑关系对于我们对于形状和空间的感知有着重要影响。

陈霖的早期拓扑知觉论与早期特征分析法和整体注册法有所不同[①]。早期特征分析法认为感知加工是从局部到整体的过程，将感知对象分解成特征和组成成分，然后再将它们组合起来形成最终的识别对象。整体注册法则认为感知加工是从整体到局部的过程，首先识别整体，然后再逐渐关注局部特征。而陈霖的拓扑知觉论则建立在拓扑不变性的基础上，强调了拓扑结构在知觉中的重要性。具体来说，陈霖的理论有以下几个重要观点。

（一）拓扑不变性

拓扑不变性是认知心理学和知觉心理学中的一个重要概念，尤其在陈霖的理论中得到了强调。这一概念涉及我们如何感知和认识周围的物体，特别是在物体经历某些变化时。拓扑不变性指的是物体的某些基本属性或特征在经历变换（如移动、扭曲或拉伸）时仍然保持不变。这些属性通常是与物体的整体结构或连续性有关的，而非细节特征如颜色、大小或精确形状。在知觉过程中，拓扑不变性的理论表明我们首先关注于物体的整体属性或拓扑结构。这意味着我们的大脑更倾向于识别和理解物体的基本结构特征，如连续性、闭合性或孔隙的存在，而不是立刻

① 早期特征分析（early feature analysis）知觉组织论主张，知觉加工是从局部到整体的过程（local-to-global）。感知对象被首先分解成分开的特征和组成成分，然后再基于这些特征加工成最终识别出来的对象。与此相反，以格式塔心理学为代表的早期整体注册论（early holistic registration）则主张，知觉加工是一个从整体到局部的过程（global-to-local）。拓扑早期知觉论的立场与后者基本相同，不同的是，前者对知觉组织加工的解释主要基于模棱两可的直觉或者唯心概念（参见陈霖，1982）。

注意到具体的尺寸、颜色或其他细节。拓扑不变性的概念强调了在多种变换下保持不变的物体的拓扑性质的重要性。例如，无论一个杯子是大是小，颜色如何，只要它保持着一个中空的容器结构，我们的大脑就能识别它为“杯子”。这种识别不受那些可变的几何属性（如形状、大小、颜色）的影响。拓扑不变性的概念在视觉知觉、对象识别以及更广泛的认知心理学领域都有着重要的应用。它帮助我们理解人类如何在复杂和不断变化的环境中有效地识别和分类物体。通过研究和理解拓扑不变性，我们能够更深入地了解人类知觉的基本机制，以及我们如何处理和解释视觉信息。这一理论提供了一个框架，用于探索我们大脑如何在处理众多视觉刺激时保持效率和一致性。

（二）拓扑不变性的优先性

陈霖的理论强调了在知觉过程中，拓扑性质的变化比其他几何性质更为关键和先行。拓扑不变性的优先性指的是在知觉处理过程中，我们的大脑优先识别和处理物体的拓扑属性，如连续性、边界和孔隙等，而不是立即注意到大小、形状、颜色等具体的几何属性。这意味着拓扑性质被视为感知对象识别和状态变化判断的首要依据。根据这个理论，即使一个物体的其他几何属性（如形状、大小、颜色）发生了变化，我们的知觉对这些变化的反应也可能不如对拓扑性质变化的反应那么敏感或明显。换句话说，当一个物体的拓扑属性发生变化时，如从一个单一实体变成两个分离的实体，我们更可能察觉到这个物体发生了一个显著的状态变化。这一理论的重要性在于，它提供了一个框架来理解我们如何处理复杂的视觉信息，以及为什么某些类型的视觉变化比其他类型更容易被我们注意到。拓扑不变性的优先性是理解人类视觉知觉和处理视觉信息的重要部分，它揭示了我们感知世界的深层机制，对多个领域的研究和应用都有深远的影响。

（三）拓扑不变性和同胚

陈霖的理论使用了拓扑学的概念，特别是同胚（homomorphorism）。从拓扑学的角度来看，如果两个空间之间存在同胚，那么它们就是相同的。

因此，如果一个知觉对象的拓扑性质发生了变化，我们可以认为这个对象已经发生了状态变化，而不再是之前的对象。

简而言之，陈霖的早期拓扑知觉论强调了拓扑不变性在知觉中的重要性，并认为拓扑性质在确定知觉对象是否发生状态变化方面扮演关键角色。这个理论提供了一种全新的方式来理解人类的感知过程，尤其是在涉及物体和空间的感知中。拓扑不变性，或简称拓扑性，是一种抽象的、无形的属性，它在不同的变化中保持不变。根据拓扑知觉论，视觉加工可以分为不同的层面。第一层，也是视觉加工的起点，是拓扑不变性知觉。这一层涉及感知平面图形的整体属性，这些属性在连续的局部变化下保持不变。其他几何不变性加工，如方位、大小、形状等，发生在后续层面上，并且都以拓扑不变性为基础。回到方位格交替问题，动词的直接宾语的受事性涵盖了两种不同层面的变化，其中状态受事性是基于拓扑性质的变化，而方位受事性是基于拓扑不变性的变化。这些变化在视觉加工过程中发生，并且根据拓扑知觉论，状态受事性的变化首先发生，然后是方位受事性的变化。

（一）大范围优先性

回到我们前面提到方位交替式。根据 Rappaport & Levin（1988）以及 Pinker（1989）的研究，方位交替式是人类心智认知怪癖的体现，其中内容格构式聚焦于动词宾语论元的方位变化，即将直接宾语论元整体视为方位变化图形，将容器整体视为图形方位变化的背景；容器格构式则主要聚焦动词宾语论元的状态变化，即将直接宾语论元整体状态变化视为图形，将被移动的内容整体视为图形状态变化的背景。格式塔转换思想的引入澄清了方位交替式的理据性，是句法理据性研究的一大进步。但仔细分析后我们发现，这种解释存在着自身理据不足的问题，因为格式塔整体注册观（holistic registration）本身就存在现象化、经验化，缺乏恰当的理论支撑的问题。

鉴于上述思考，我们提出，陈霖的大范围优先性恰恰为这一问题的解决提供了实验心理学的理论支撑。大范围优先性（global precedence）是关于人类感知系统如何组织和处理视觉信息的重要观点之一。这一概念强调了在视知觉过程中，人类大脑倾向于首先处理整体信息，然后再处理局部信息。

研究表明，在视觉处理中，人们更容易先注意到整体特征，然后再关注局部细节。这意味着，当人们观察复杂的视觉场景时，他们首先会感知到全局信息，然后才会逐渐关注细节部分。这一观点与传统的特征分析模型（先处理局部特征，然后再整合为整体）形成鲜明对比。陈霖的研究依赖于一系列实验来验证大范围优先性。在这些实验中，参与者通常被要求观察一些复杂的视觉刺激，例如字母、数字、形状或图案，然后识别其中的特定元素。实验结果显示，人们更容易首先注意到整体，而忽略局部，即使他们的任务是识别局部特征。大范围优先性还表现为全局上下文对局部信息的影响。这意味着整体环境或上下文可以影响个体局部元素的感知和识别。例如，当一个字母或数字嵌入一个具有特定排列的图案中时，人们更容易识别这个元素，而不是它被孤立呈现时。神经学研究也支持了大范围优先性的存在。脑部成像研究发现，人脑中的特定区域，如背侧胶质纤维束（dorsal stream）和腹侧胶质纤维束（ventral stream），在处理整体和局部信息时扮演不同的角色。背侧胶质纤维束负责处理空间位置和全局信息，而腹侧胶质纤维束则更专注于对象的细节特征。简而言之，陈霖的大范围优先性理论强调了视知觉中整体信息的重要性，以及大脑如何在处理视觉信息时倾向于先处理全局特征，然后再逐渐处理局部细节。

就方位交替而言，大范围优先性不仅验证了方位交替式格式塔识解的合理性（大范围视知觉辨别早于小范围视知觉辨别），还为这一识解方法提供了视知觉依据。“优先性”在这里有两个层面的含义：首先，它指的是基于拓扑性的大范围知觉组织是小范围几何特征知觉组织的基础。大范围知觉组织是指我们对整个场景或对象的感知处理。它关注的是对象的全局特征，例如整体形状、轮廓、结构和空间布局。大范围知觉组织不依赖于对象的具体细节特征，而是基于拓扑不变性，即在不同情况下保持不变的物体属性，来组织和识别感知对象。小范围和细节特征：相反，小范围知觉组织关注的是对象的局部细节和特定属性，如颜色、纹理、方向、大小等。这些特征通常是在大范围知觉组织之后才进行处理的。其次，它指的是在视知觉中，大范围的处理会早于小范围的处理。大范围知觉组织是视知觉的早期阶段。

当我们看到一个物体或场景时，首先我们注意到的是整体形状和布局，而不是细节特征。这种大范围优先性有助于我们快速地理解和识别感知对象。大量的心理学实验证明，图形与其背景的分离是一种最基本的视知觉加工，而且它发生在知觉的早期阶段，不需要依赖于细节特征的属性，比如方向、位置、大小、对称性、平行性等，这些特性均属于我们所说的语法不可见特征，它们的作用相当于辩义成分，使一个词汇微类集合内部的词汇相互区别开来。例如，在模糊的夜晚或雾天，我们仍然可以分辨出可见物体的轮廓。因此，我们有理由假设，格式塔转换理论所指的“整体注册”并不是指直觉上的完整客观对象，而是指该对象的大范围时空知觉组织，即基于贯通性的拓扑不变性。

（二）贯通性

拓扑不变性（topological invariance）和贯通性（connectivity）是视知觉中的两个重要概念，它们在陈霖的拓扑知觉理论中扮演关键角色。拓扑不变性是指物体在不同情境下保持不变的属性或性质。这些属性与对象的整体形状和结构有关，而不受具体细节特征的影响。例如，一个圆在旋转、缩放或移动时仍然是一个圆，因为它的拓扑性质保持不变。拓扑不变性在视知觉中起到重要作用，因为它使我们能够识别和理解物体，而不受其具体细节特征的影响。当我们看到物体或场景时，我们首先注意到的是其拓扑属性，这有助于我们迅速理解它们。贯通性是指物体或形状的某一部分可以穿越另一部分而不改变它们的拓扑属性。简而言之，这意味着一个物体可以在不破坏其整体拓扑结构的情况下通过另一个物体或形状。贯通性概念有助于解释我们在视觉场景中如何感知对象之间的关系。例如，当我们看到一个圆环时，我们知道内部的空间与外部的空间是相连通的，因为我们可以想象一个对象（如手指）可以穿越内部而不破坏圆环的整体拓扑结构。这两个概念在陈霖的拓扑知觉理论中相互关联，拓扑不变性提供了识别物体的基础特征，而贯通性则有助于我们理解物体之间的相互关系。这些概念有助于解释为什么我们在感知世界时更关注物体的整体形状和拓扑属性，而不是其细节特征。它们为我们理解视知觉的方式提供了重要的认知基础。

简而言之，根据拓扑知觉论，物体的贯通性是拓扑不变性的基础，同时也是视知觉的基本表征（朱滢，2005：1031）。贯通性是一种无形视觉对象的特性，它指的是即使视觉对象的局部特征属性发生变化，但只要其整体轮廓没有断开、重叠或超出原有界限，那么人类的视觉加工系统就会将其视为同胚的（徐盛桓，2014:9）。相反，如果视觉对象的贯通性被破坏，那么我们可以认为该对象发生了状态变化。以橡胶片（rubber-sheet）为例，无论橡胶片如何变形，只要没有发生断开或熔化等情况，它仍然被看作是同一块橡胶片。但一旦橡胶片断开或熔化，就不再被认为是原来的对象，因为它的贯通性遭到了破坏，表明发生了状态变化。回到直接宾语受事性问题。Levin（1993:9）将 *touch* 类动词的语义结构定义为“单纯接触”，*hit* 为“通过移动而接触”，*cut* 为“通过移动某物与另一实体发生接触而导致这一实体发生状态改变”，*break* 为“单纯状态改变”。借助上述语义结构，Levin 对这 4 个运动类动词的不同句法表现作了如下解释：

（1）*The bread cuts easily.*

（2）*Crystal vase breaks easily.*

（3）**Cats touch easily.*

（4）**Door frames hit easily.*

上面 4 个例句均属于中动构式。中动构式通常表达一般性、抽象性或泛指性的概念，而不是具体的、特定的情况。它强调动作或状态与受施论元之间的内在关系，而不强调特定的动作执行者或详细的情境信息。这使得中间结构在语言中可以用来表示一般性观念，增加了表达的抽象性和通用性。此类构式的特点是其主语位置上的论元是由受施论元角色（而非施事论元角色）扮演的。中动式通常聚焦于“状态改变”，根据上述 4 个动词的语义结构，*cut* 和 *break* 在例（1）和例（2）中所描写的主要事件与中动式事件框架吻合，因此它们是合法句，即达成了语义守恒。而动词 *touch* 和 *hit* 的语义结构中没有“致使发生状态变化”这个语义要素，因此它们无法提供与中动式相吻合的事件框架，导致例（3）和（4）不合法。这种解释的问题在于：我们基于什么断定 *cut* 和 *break* 的语义结构中有状态变化义素，而 *touch* 和 *hit* 中没有？换言之，为什么 *cut* 和 *break* 施加力于面包和水晶花瓶就能使它们发生状态变化，而 *touch* 和 *hit* 同样施加力于猫和门，却不能使它们发生状态改变呢？关于上述这个问题，我们没有在现有理论中找到答案。鉴于此，我们提出，“拓扑贯通性”可以给出这个问题的答案。

拓扑贯通性强调了物体的整体性质，即它们的外形、内部结构、边界等在连续变化中保持不变的特性。在第一个句子中，*The bread cuts easily*，即面包从一个整体状态变为两个或更多块面包。根据拓扑贯通性，尽管面包在被切割前后的整体形状和内部结构没有发生明显的改变，但它在一个或多个位置上发生了断裂，即拓扑几何体断裂，也就是说它们的物理贯通性遭到了破坏。在第二个句子中，*Crystal vase breaks easily*，即受施水晶花瓶在破碎前后的整体性质发生了改变，外形和内部结构都发生了破裂，贯通性被破坏。这里我们看到，Levin（1993）所说的中动结构聚焦状态改变，还不够微观。我们认为，准确地说，中动式聚焦的是“拓扑几何学断裂”（topological geometric rupture）。因为 Levin 所说的“状态变化”实质上包括两种不同的类型：一种是受施物性质不变，但发生物理断裂，如 *cut* 导致的变化；另一种是受施物性质发生彻底的改变，如 *break* 导致的变化。因此，尽管对于中动式来说，*break* 和 *cut* 属于一类动词，但它们在导致受施物状态改变方面的语义并不完全相同。换言之，“状态改变”并非它们的原子语义，它还可以进一步分解为拓扑几何断裂变化——导致受施物的整体性质在连续变化中保持不变的变化和拓扑贯通性变化——整体性质在连续变化中的发生变化的变化。拓扑几何断裂是一个拓扑学和几何学领域的概念，用于描述在“形状”或“结构”的变化。在拓扑学中，拓扑几何断裂可以用于说明形状的不连续性或拓扑性质的突变。这通常发生在物体上的某些点或区域发生了不连续的拓扑性质变化，如从一个区域到另一个区域的连接性、连通性或其他拓扑性质的改变。下面我们再来看看 *touch* 和 *hit* 的情况。例（3）中的 *touch* 的原子语义为“接触”，例（3）中的 *hit* 的原子语义为“移动”“接触”，它们所描写的主要事件既不能造成受施猫和门框的拓扑几何断裂，也不能造成它们拓扑贯通性的破坏。也就是说，受施的猫和门框并未受到任何影响，因此也就无法在中动构式中达到语义守恒。这解释了它们不合法的原因。

此外，基于大面积优先和贯通性这两个相辅相成的属性，还可以用于合理地解释前面提到的这样的情况：在 *Felix loaded the truck with some books* 这个句子中，将介词宾语 *some books* 换成 *books* 后变得合法，*Felix loaded the truck with books.* 其原因很可能在于，无论是图形还是背景的辨别，都是基于大范围优先的拓扑贯通性进行处理的。在这个句子中，不合法性的问题在于以下几点：首先，*some books* 打破了原本应该作为背景的 *books* 的贯通性（*some books* 从 *books* 中分离出来）；其次，对 *some books* 的几何属性的处理并不是此句所描述事件的视知觉起点（*books* 的贯通性才是视觉起点），因此它应该发生在 *books* 的拓扑不变性表征之后，而这与它在本句中所实际扮演的背景角色不相符；最后，*some books* 作为背景身份的不合法性导致动词的直接宾语 *the truck* 的拓扑不变性并未受到任何影响，即它并未发生状态改变。我们在文献梳理过程中，还注意到 Nemoto（1995:263）提到的这样一个例句：

（5）*Harry load the truck with some really heavy books.*

为什么在句子（5）中添加一个限定短语（DP）"*really heavy*"后，这个句子就变成了合法句呢？这个问题同样可以用拓扑性来解释：在这个句子的主事件框架中，*some really heavy books* 被视为拓扑不变性的一部分，并在早期的大范围视知觉加工中被处理。与 *some books* 不同，*some really heavy books* 的辨识不是基于 *books* 的小范围不变性。相反，它是相对于另一大范围拓扑不变性的知觉对象，例如 *some ordinary books* 或 *some really thick books* 等。因此，它是本句视知觉的起点，与它在句子中所扮演的背景角色完全一致。

（三）孔洞性

既然拓扑性变化决定着状态改变的性质，那么拓扑性变化又是由什么导致的呢？拓扑孔洞性（topological hole）就是导致拓扑性变化的一个重要原因。所谓拓扑不变性是指一种特定的空间属性，它在连续形变下保持不变。

这意味着无论如何拉伸、压缩、弯曲或扭曲一个物体，只要其拓扑不变性保持不变，那么它在拓扑学的意义上仍然是相同的对象。但当一个物体的拓扑孔洞性发生变化时，它的拓扑不变性也会随之发生变化。例如，考虑一个实心球体和一个环，它们的拓扑不变性是不同的。实心球体没有拓扑孔洞性，因为它内部没有空洞。然而，环具有一个拓扑孔洞，因为它的中间部分是空的。如果将环压扁成一个实心圆盘，它的拓扑孔洞性就会消失，因此它的拓扑不变性发生了变化。根据拓扑论，拓扑性变化通常涉及物体的整体性质，如断开、重叠、附加等，而这些变化可以影响我们对物体状态的认知。当物体发生拓扑性变化时，我们通常会认为它经历了状态改变。因此，拓扑性变化可以决定状态改变的性质，特别是在视知觉和感知中。下面，我们来探讨拓扑贯通性变化的可能条件。拓扑知觉论主张，由于橡胶片（rubber-sheet）变形无法创生或者消除孔洞（孔洞的创生或者消除会破坏贯通性），因此中间有洞的环状物（如手镯、轮胎龙骨等）和无洞的环状物（如盘子、饼等）在拓扑学上是不同状态的。简而言之，无论作为图形的孔洞怎样变形（如旋转、导致、改变大小、形状、颜色，等），只要其孔洞数量不变，它就是一个同胚对象。反之，如果孔洞数量变了，那么拓扑性就变了。举例来说，对于视觉系统来说，一个戒指和一个面包圈是等价的，因为它们都有一个洞。但它们与由多个孔洞构成的轮胎骨架或者没有孔洞的糖饼就是非等价的，因为它们拥有的孔洞数量不等。

孔洞数量通常被认为是一个拓扑不变量，意味着在连续形变下这个数量保持不变。这是因为拓扑学关注的是物体的基本结构，而不是它们的精确形状。如果一个对象的孔洞数量发生变化，那么它的拓扑性质也会随之改变。也就是说，在拓扑学中，孔洞数量是一种基本的不变量，它是用来区分不同拓扑空间的重要特征的。如果一个形状通过连续变换（如弯曲、拉伸）发生了孔洞数量的改变，那么它就变成了一个完全不同的拓扑对象。例如，一个没有孔洞的球体和一个有孔洞的甜甜圈在拓扑上是完全不同的。如果你在球体上创建一个孔洞，它就会从一个拓扑上的球面变成一个类似甜甜圈的环面。这种变化意味着原本的拓扑性质已经发生了根本的改变。

因此，在不破坏或重新连接任何部分的前提下，改变一个形状的孔洞数量是不可能的，因为这样的操作会改变其拓扑本质。拓扑孔洞性为格式塔图形－背景的区分提供了理论依据。回到内容格构式的直接宾语受施性问题。例如，*Joan filled the glass with whiskey.* 语义结构论所说的容器 *the glass*“由空至满”的状态变化实质上就是拓扑不变性的孔洞数量问题：*the glass* 由“一个洞（空瓶）到无洞（满瓶）”的变化。再请看下面例句：

（1）*He emptied the tank of water.*（引自 Nemoto,1995:257）

（2）*We tried to clear the mine of the fumes.*（引自 Nemoto,1995:265）

与 *Joan filled the glass with whiskey.* 正相反，在例（1）和例（2）中，容器 *the tank* 和 *the mine* 发生了由无洞（满）至一个洞（空）的拓扑不变性转换。换言之，由于孔洞数量的变化，致使它们的拓扑贯通性发生了变化，清理后的水箱和矿井与原来的水箱和矿井不再同胚。

（四）覆盖

在陈霖的拓扑视知觉理论中，“覆盖”指的是物体在视知觉中的某种拓扑特性，如由于知觉对象表面被另一个物体大范围遮盖 / 掩盖 / 辐射而造成的物理贯通性变化。这影响了我们对其空间属性的感知。这可能包括理解物体的边界、识别物体间的相互关系（如遮挡、相邻或重叠），以及如何从这些关系中推断出空间的结构和组织。视知觉理论强调视知觉中的连续性和邻接性等重要的拓扑概念。例如，在视觉知觉中，我们可能会识别出一个物体的连续边界，即使它的部分被其他物体遮挡。这种能力反映了我们大脑处理视觉信息时的拓扑直觉。举例来说（引自 Nemoto,1995:261–264）：

（1）*Jack smeared the wall with paint.*

（2）*Doug cleared the table of dishes.*

例（1）和例（2）中，*the wall* 和 *the table* 分别被 *paint* 和 *dishes* 所覆盖，因此，它们分别在各自动词所描写的主要事件中发生了拓扑性变化。换言之，*paint* 和 *dishes* 的覆盖致使它们的拓扑贯通性发生了变化，粉刷过的墙和收拾后的餐桌与原来的墙和餐桌不再同胚。

（五）附件性

陈霖在视知觉理论中提出的“附件性”（Attachment）概念，主要是指在视觉知觉中，由于知觉物体边界外被另一个物体所依附而造成的拓扑贯通性变化。这个概念是从拓扑学的角度出发，强调物体之间的空间关系和连接方式对于我们理解和解释视觉场景的重要性。在这种理论框架下，附件性涉及物体如何在我们的感知中被视为相互连接或相互依赖。例如，当我们看到一张桌子上放着一些物品时，我们不仅仅看到独立的物体，还会感知到这些物体与桌面之间的空间关系，如物体放置在桌面上，这种关系在我们的感知中表现为一种“附件”。这种感知上的附件性帮助我们理解物体在空间中的布局，以及物体之间的相互作用。它是理解视觉场景中物体组织和空间关系的重要方面，特别是在处理复杂场景或动态环境时。通过识别和解释这些附件关系，我们可以更好地理解我们视觉环境的结构和动态。

回到前面提到的这个例子：*A vandal sprayed the sculpture with paint.*（引自 Gropen et al.，1991:162）。附加性为这个例句提供了合理的解释。一个公共财产的破坏者出于破坏的目的往雕塑上喷洒了油漆，按照常理，这尊雕像不可能被油漆完全覆盖。因此 Gropen 他所说的，“将某种物质置于一个物体的某一部位上导致的状态改变”，从视知觉“附件性”的角度看可能是这样的：尽管几点污渍不能以覆盖的方式破坏直接宾语位论元 *the sculpture* 的贯通性，但它们却成了 *the sculpture* 的“界外附加物”。而恰恰是这一个或者几个附加物造成了 *the sculpture* 拓扑性变化，使这座雕塑遭到毁坏，*the sculpture* 因此不再是原来的同胚雕塑。

综合上述观点，人们通常基于直观理解，认为世界由具有大小、形状、颜色和位置等局部属性的物质组成。据此，人们往往自然而然地假设视觉处理就是对这些特征属性的表示。但这种看法可能并不准确。若直觉属实，那么融合了多种特征的物质整体将何去何从？反之，如果直觉有误，那么知觉系统如何表征多变的世界呢？简言之，我们认为像“移入 / 移出”“置于表面”这样的概念并未充分揭示“状态受事性”的本质。这些概念需要更深入地科学论证。只有对这些概念进行了准确的定义，受事性的假设才能得到全面的验证。本研究借鉴了拓扑不变性、大范围优先、连通性以及孔洞数量等视觉科学概念，这些概念不仅为受事性假设提供了理论支持和验证方法，而且还揭示了人类心智视野中运动动词描述事件的基本范畴。正如徐盛桓（2014:15）所指出的，“拓扑学是研究自然界中变与不变的一个非常有用的工具”。我们希望这些见解能为类似研究贡献一份启发。

5.1.2.3 介词—宾语

根据 Pinker（2007）的研究，介词或其他空间术语限定了图形与方位（或地点）间的关系。一般来说，在人类的心智中，作为一个完整的图形只是一个极其小的点或者一个难以名状的团。比较而言，作为背景的参照物则要更大一些、突出一些。为了给图形的移动和定位提供准确的参照，心智往往会给参照物指定一些细节的几何概念，例如，维度概念（包括：一维，细长的实体；二维，有较大面积的实体；三维，有较大体积的实体）以及与相应维度相连接的轴、组件、腔体以及边界等概念。也就是说，语言对图形与被限定的位置采取了不同的处理方法：前者被当成了一颗内部几何体被视而不见的微粒，而后者则被图解化了。

在一个整体视域中，背景参照物（即介词宾语）所起的作用是为图形的运动（或变化）提供一个归宿。而介词或其他表述空间的术语则为图形向这一归宿的运动（或变化）界定了一种特殊的关系。举例来说，内容格构式采用了两种介词形式：一种是“*into*”，意为“*to in*”，其中“*to*”指定了内容朝向作为背景末端的容器进行整体运动时的空间路径；“*in*”指定了一种特定的内容空间变化与容器填充之间的关系，即“进入到容器体内”。另一种介词形式是“*onto*”，意为“*to on*”，其中“*on*”指定了另一种特定内容空间变化与容器填充之间的关系，即“进入到容器体表”。举例来说，*He poured water into the glass / The farmer scattered seeds onto the field.*，在这两个场景中，介词 *into* 和 *onto* 在格宾语 *the glass* 和 *the field* 的协助下，分别为 *water* 和 *seeds* 这两个“图形”的运动界定了终点：前者进入了杯体，后者落在了地表。再来看看容器格构式，容器格所采用的介词形式是“*with*”，同样，该介词与其宾语一起为图形—容器提供了整体状态改变的背景，即“致使容器整体状态改变的改变物”，例如 *The farmer scattered the field with seeds.* 在这两个情景中，介词 *with* 与介词宾语 *seeds* 为图形—容器 *the field* 由“荒芜”到被“播种”这一状态改变指定了具体的改变物，即种子。

5.1.3　方位交替动词微类

从上述的分析中我们看到，所谓方位格动词（locative），实质上就是“图形 / 背景”交替动词，它们所呈现的场景是，一种物质或一组物体（即内容，也称主题，即方位或状态的改变物）移入或者移至一个实体（即容器，也称目标，或即方位或状态的变体）内部或者表面。现在回到我们前面提出的那个问题，即某些动词，如 *load*，*brush*，*smear* 等，可以在两个交替式中自由出入；而有一些动词则不能，这其中包括：一些动词，如 *pour*，*drop*，*drip* 等，只能用于内容格构式，而另一些动词，如 *fill*，*block*，*bind* 等，则只能用于容器格构式。那么，动词的这些截然不同的句法表现是否也与格式塔转换有关呢？ Pinker（2015）主张，这一问题的答案是化学反应（Chemistry），即位置格构式的意义与动词的词义之间的整合的是一种化学反应。我们认为，更准确地说，它是一种基于质量守恒（law of conservation of mass）的化学反应，即“参加”构式加工的各个词汇入构项的特征总和（包括句法、语义两方面特征）等于加工后所生成构式的特征总和。也就是说，一个词汇入构项能否进入一个构式，完全取决于它能否为心智提供一个对于某一构式的语义特征总和来说必要且充分的原子语义特征。

传统意义上的实义动词是个句法概念，它们的一个重要共性就是在句中充当谓语，因此它们的及物属性或配价能力决定着其他参与者的入构情况以及它们所出现的句式的谓价结构（argument structure）。这种看法的局限性在于，由于它无法对语言中的一些特殊构式（其中包括我们所讨论的位置格构式）作出合理的解释，因此将它们打入了“边缘结构”的冷宫。鉴于此，20 世纪 60 年代以来，Katz & Fodor（1963），Katz & Postal（1964），Jackendoff（1987，1990），Levin（1993）以及 Pinker（2015）等学者掀起了一场对语义成分特征的深入研究，旨在警醒学术界，意义要素的组合和重组对句法操作的制约作用是不容忽视的。

仔细观察这三类动词，我们会发现，尽管它们都是关于事件变化的，但心智借助它们去观察事件变化的焦点却是不尽相同的。以交替式动词 *load* 为例，牛津字典将其界定为："to put a large quantity of things or people onto or into something."（将大量的东西或人放入 / 在某物中 / 之上）从这个定义中我们可以看到，*load* 所先设的运动方式是被动的、人为的，而非主动的，因此被其移动的内容的归宿也是事先人为设定的，而非顺其自然的。换言之，*load* 既可以引导我们的心智将"大量的东西或人"（即内容）的移动方式概念化为焦点（即图形），也可以引导我们的心智将"某物"（即容器）接收了"大量的东西或人"后的状态变化概念化为焦点。这恰恰满足了内容格和容器格两种构式的意义要求。因此，当心智关注容器变化时，就有了 *They loaded her with gifts* 等诸如此类的容器格构式；而当我们关注内容的位置变化时，就有了 *Sacks were being loaded onto the truck* 等诸如此类的方位格构式。与 *load* 一样，动词 *brush*，*smear*，*spread* 均表示"*to put sth. on sth.*"这一层涵义，它们均以被动的、人为的因果关系为其运动方式的先设。而正是这一原子特征使它们获得了心智所授予的两种构式的合法性。

让我们再来看看内容格动词 *pour* 的情况。牛津字典将其界定为："to flow quickly in a continuous stream"（倒出、倾泻）从定义中不难看出，它将心智的关注点引向一种运动方式，即"朝下方流淌"。由于 *pour* 将心智的关注点引导至运动方式，因此它可以被用于关于内容整体运动的构式中，所以我们可以说 *He poured water into the glass* 不同于其他运动方式动词，如 *load*（装填）、*spray*（喷射）、*splash*（喷洒），"朝下方流淌"这种运动方式先设的因果关系是主动的，而非被迫的。也就是说，对于这种运动方式，我们的心智只关注其施动者，即谁 / 什么液体 / 自何处让该液体倾泻而下，例如：

（1）*I've poured you a cup of tea.*

（2）*Tears poured down his cheeks.*

（3）*Pour the sauce over the pasta.*

这种主动的因果关系导致了我们的心智并不关注其倾泻/倒出的归宿，因此也就无法顾及其最终受动者（即容器）的状态改变。这解释了为什么 *pour* 类动词无法进入容器格构式的原因，即它无法提供“容器状态发生了改变”这一原子特征，结果导致心智无法将这一原子特征视为图形，因此它也就无法获得容器格构式的准入证（例如，**He poured the glass with water.*）。

最后再来看看容器格动词 *fill*. 牛津字典中 fill 被定义为：“to make sth. full of sth. / to become full of sth.”意思是“致使某物变满”。不难看出，它引导心智关注的焦点是容器状态改变的结果（*full*）：由“未满”至“满”。换言之，与 *pour* 类动词恰恰相反，*fill* 对造成（*make*）状态改变的方式和过程并无特定要求，无论什么方式，只有能带来容器状态改变，使其由“不满”到“满”即可。这一原子特征使其合法的进入了容器格动词的范畴，因此我们可以说 *He filled the glass with water*（他用水装满了玻璃杯）。同样，由于它无法引导心智将图形定位于导致容器形状发生变化的填充物的运动方式上，因此它也就无法与一个关于运动的构式相匹配，这就是我们不能说 **He filled water into the glass* 的原因。

Levin（1993）归纳了一个全面的列表，尽管她没有明确指出这个列表的分类标准，但仔细观察不难发现，这里潜在着两个基本标准：第一，也就是本项目研究提出的词汇入构项与句法交替式的语义守恒。第二，每一类动词都共享着交替式所传达的图式化语义，而这些共享的原子语义的判定均是基于本体论概念结构的映射。以列表中的 PUT 类动词为例，*PUT: arrange, immerse, install, lodge, mount, place, position, put, set, situate, sling, stash, stow.* 这个动词类共享的一个区别性语义特征是“允许”去某处（letting），而非“致使”去某处（causing）。这一特征与内容格构式的语义要求一致，因此与其达成语义守恒。而容器格的图式化语义是通过“致使”某物去某处而使得某处（容器）发生整体状态改变。这决定了 PUT 类动词无法与之达成平衡，因此也就无法进入其中。相反，FILL 类动词 *adorn, anoint, bandage, bathe, bestrew, bind, blanket, block, blot, bombard, carpet* 所共享的恰恰是"致使"这个语义要素，但缺少的是"允许"这个语义要素，因此这类动词只能进入容器格构式。而 LOAD 类 *brush, cram, crowd, cultivate, dab, daub, drape, drizzle, dust, hang, heap, inject, jam, load, mound, pack, pile* 等所共享的是"致使"和"允许"两个原子语义，因此它们可以同时进入两种交替。

总的来说，Levin（1993）动词微类列表里的动词分类的标准基本符合我们提出的本体论范畴映射。Levin（1993:51–55）提出的方位交替的五个子类型，即 Spray/load- 交替（例句参看上面两句），clear- 交替（及物），例如：

（11）*John cleared dishes from the table.*

（12）*John cleared the table of dishes .*

clear- 交替（不及物），例如：

（13）*The clouds cleared from the sky*

（14）*The sky cleared* （*?of clouds*）.

wipe- 交替，例如：

（15）*John wiped the fingerprints off the table.*

（16）*John wiped the table* （**of fingerprints*）.

swarm- 交替，例如：

（17）*Mosquitoes are swarming in the garden.*

（18）*The garden is swarming with mosquitoes.*

并列出了可以和不能进行交替的动词。出于本研究目的，我们只介绍第一种类型，Spray/load- 交替。例如：

（19）*John loaded potatoes*（locatum 移位）*into the truck*（方位 location）.（方位变体）

（20）*John loaded the truck*（方位）*with potatoes*（移位）.（with 变体）

下面是交替动词列表：

① 可交替动词包括：*brush, cram, crowd, cultivate, dab, daub, drape, drizzle, dust, hang, heap, inject, jam, load, mound, pack, pile,* 等等

② * 只能出现在 with- 交替式中的动词。FILL 类动词：*adorn, anoint,*

bandage, bathe, bestrew, bind, blanket, block, blot, bombard, carpet, 等等。

③ * 只能出现在 into- 交替式中的动词：

a. * Put 类动词 : *arrange, immerse, install, lodge, mount, place, position, put, set, situate, sling, stash, stow.*

b. * 置于一个空间构型的动词（除 hang 外）: *dangle, lay, lean, perch, rest, sit, stand, suspend.*

c. * Funnel 类动词 : *bang, channel, dip, dump, funnel, hammer, ladle, pound, push, rake, ram,* 等等。

d. * 按特定方向放置的动词：*drop, hoist, lift, lower, raise.*

e. * Pour 类动词 : *dribble, drip, pour, slop, slosh, spew, spill, spurt.*

f. * Coil 类动词 : *coil, curl, loop, roll, spin, twirl, twist, whirl, wind.*

对于一个母语使用者来说，语言的使用似乎只是一种机械行为，人们往往意识不到那些复杂语法规则的存在。然而，语句的生成机制事实上并非我们所想象的那么简单。语言的表达形式与意义水乳交融，相互依存、相互制约，时而让人觉得不言而喻，有时又变得扑朔迷离。对此，我们的观点是，语言受创于人，服务于人，因此它与人类的社会实践与心理活动息息相关。正如马克思主义语言实践论所主张的那样，语言是人们在社会劳动中为了能够相互协动而产生的（创造出来的）。这样看来，当代认知语言学所倡导的“体验观”其实是马克思主义语言实践论的一种升华。不同于其他物种，人类心智一个最重要的区别性特征就是，它具有将对世界的物理体验隐喻地延伸至心理层面的潜能。就像我们在方位交替式中所看到的，对于心智来说，不仅空间运动是运动，状态改变也同样是一种运动。我们的研究从方位交替式入手，揭示了格式塔转换在句法生成机制中所起的主导作用。从某种意义上说，我们的主张，即如果说人类有什么是天赋的，那么它很可能是对客观现实，包括抽象的语义现实的感知能力。这种假设与符号学创始人 Peirce 关于人类对任意性符号的独特识解能力的天赋主张有些相似。人类心智与生俱来的灵动潜能（如，它在事件框架间的自由翻转、在图形—背景间的格式塔转换，以及它对事件的识解与再识解能力）是其他生物所望尘莫及的。事实上，也正是天赋异禀的作祟，才使得人类的一些语言现象扑朔迷离、妙趣横生。

5.2 基于语义守恒假设的其他及物交替

在我们即将展开的研究中，我们的焦点将集中在探索其他及物交替式，如中动交替、予格交替、意动交替的生成机制，目的是验证我们提出的语义守恒原则的有效性。这一原则认为，在语言的不同及物交替式中，尽管表面形式可能发生变化，但其携带的核心语义内容保持不变。我们的研究旨在深入分析这些交替式的结构和功能，以揭示语言在表面多样性背后的一致性和规律性。通过对不同及物交替式的细致考察，我们期望能够更好地理解语言如何在保持语义连续性的同时，展现出形式上的灵活性。这不仅是对语言理论的一个重要贡献，也为语言的认知和社会功能提供了深刻的洞见。接下来，让我们一同探索这一领域，揭示及物交替现象的奥秘。

5.2.1 中动式

生成语法主张，及物动词应该出现在中动构式的深层表征中，因为这些动词具有被动的意义。在此基础上，学者们从不同角度出发，对这些动词的出现条件作了相应的限制，这方面的研究主要包括以 Fellbaum & Zribi-Hertz（1989）为代表的“影响限制条件”（主张进入中动的动词或者谓词的内域论元必须受到动词所指称的那个事件或者行为的影响）、以 Vendler（1967）为代表的“体特征限制条件”（主张只有完成动词和活动动词可以进入中动）、Van Oosten（1986）为代表的“首要责任限制条件”（主张中动构式的主语对动词所描述的事件负首要责任），以及以 Chung（1996）为代表的“致使限制条件”（主张只有当域内论元承载着“致使人”这一特征时，及物动词才能进入中动构式）。

中动式（middle construction）是由“NP1 V NP2”转化的“NP 2V”的另一种常见的不及物构式，它指的是这样一种类型的句式：由于受到影响而发生变化的 NP 2（如受事者或者主题、工具、目标、体验者）以主动语态的形式转换成为一般现在时态的谓词 V 的主语。此外，该构式常常会带有一个副词或者情态要素[①]。根据 Chung（1996）的中动使役条件（Causative Condition），即"除非存在一个事件的致使者（causer），否则这个致使事件是不会发生的"，这说明，1）就 V 而言，它必须具有致使改变的意义；2）就 NP 2 而言，它必须具有能被谓词所致使并发生状态改变的意义；3）尽管中动在句法上是个单论元的谓价结构，但在语义上却是一个双论元结构谓价结构，它的施事论元是个隐形论元，而这个隐形论元不是充当主语的 NP 2，而是 NP 2 的特质特征，这一特质特征必须通过作为受事论元的 NP 2 得以体现。从某种程度上来说，中动聚焦的是 NP 2 的特质特征。举例来说：

（1）*The bread cut easily.*（面包很容易变成切开的状态）

（2）**The cat touched easily.*（* 猫很容易被摸的状态）

（3）**The wall hits easily.*（* 墙很容易被撞的状态）

（4）*The glasses break easily.*（眼镜很容易被打碎的状态）

下面我们先以例句（1）为例，分析在中动条件下，作为一个意为"通过移动某物使其接触到一个实体，并致使这一实体发生状态改变"的不及物动词，*cut* 是如何与 *bread* 这个名词短语的特质相融合的：首先，它将从其一般语义中分裂出一个特质语义（即"致使改变"），然后，该特征与受事 *bread* 特质特征（"能够被切开"）进行重组，最后，生成致使改变的表达式。其词汇入构项它应表述为：*bread*：（CUT-able）（下标 -able 表示受事的可致使特质）；*cut*（*NP*）：*CAUSE*（*NP*（*BECOME*（*NP*（*CHANGE*

---

① 根据 Oosten（1986）和 Iwata（1999）的研究，英语中动式应该分为两种类型：通类（generic）和非通类（non-generic）。前者预设着 AffectedNP 2 所固有的特性对谓词所表述的事件负主要责任，后者不预设这种关系。此外，前者的时态仅限于一般现在时，后者的时态可以延伸至过去时和进行体。例如，This car handles smoothly.（这车行驶平稳）This car is handling smoothly.（这车很平稳的行驶着）This car handled smoothly.（这车行驶得很平稳）第一种情况属于通类中动，这类中动是典型中动，它预设着一个通类的施事者，而后两种例句属于非通类中动，它们先设一个外在负责人对动词所致使的行为负责。非通类中动的合法性主要受语用语境的限制，因此不在本研究范畴。

(*NP*)))))(致使NP成为改变后的状态),其语义守恒式可以表述为:

VP(*NP*):*CAUSE*(*NP*(*BECOME*(*NP*(*CHANGE*(*NP*)))))⇌*BECOME*(*NP*,(*VP*(*NP*)))

基于上述质量守恒式,任何由致使及物动词派生而来的不及物动词,如果它可以分裂为"致使成为"这特质特征的话,那么它就可以进入中动式。这解释了例句(2)和(3)不合法的原因。因为*touch*只能分裂出接触(CONTACT)这一个原子意义,*hit*只能分裂出通过运动接触(CONTACT BY MOTION)它们均不符合中动所要求的*CAUSE*(*NP*(*BECOME*(*NP*(*CHANGE*(*NP*)))))这一特征。就例句(4)而言,我们前面提到,作格构式中的*break*类动词属于单论元动词,单纯指称状态改变的不及物动词,也就是说,此类不及物动词并无"致使"的含义,不具备出现在中动式中的基本条件。但为什么(4)是合法的呢?我们认为,其原因就在于中动式中的主语NP2的那个特质特征上,即它预设着一个隐形的"致使者",而正是这个作为隐形施事的"致使者"为*break*类动词提供了"致使"的含义。

5.2.2 始动式

致使交替(causative alternation)是学术界探讨主—宾格语言(nominative-accusative languages)中的始动(也称作格)现象的核心概念[①]。请看下面的例句:

(1)*The driver broke the car window.*〔司机打(破/碎)了车窗〕

① 施格语言(ergative-absolutive language),也称作格语言,指的是在动词的论元方面有着共同区别性模式的语言,如巴斯克衫语、格鲁吉亚语、玛雅语等以及印欧语系中的库尔德方言和格兰尼语。尽管汉语和英语(以及绝大多数印欧语系的语言)等主一 宾格语言(nominative-accusative languages)不属于作格语言,但作格的语言现象却并不罕见。在作格语言中,不及物动词的单论元的表现与及物动词的宾语论元表现相仿。而对于绝大多数主一 宾语言的动词来说,不及物动词的单论元与及物动词的实施论元的语法表现是一样的。例如Someone walksvi和Someone findsvt it. Someone在这两个句子中均为做主语的实施论元。在有语法格的作格语言中,施格(absolutive)被授予不及物动词的单论元和及物动词的施事论元。而在主一宾格语言中,主格(nominative)被授予不及物动词的单论元和及物动词施事论元,宾格(accusative)被授予及物动词的直接宾语。Levin(1993)将作格式命名为始动式(inchoative)。

（2）*The car window broke.*〔车窗玻璃都（撞）碎了〕

（3）**The bread cut.*（* 面包切了）

（4）**The cat touched.*（* 猫摸了）

（5） **The ball hit.*（* 球打了）

这里我们看到动词 *break* 的两种及物性交替用法：（1）它们作为一个及物动词的致使用法；（2）它们作为一个不及物动词的用法，即作格用法。正如我们所了解的那样，语言中，绝对同义的语义单位是不存在的，词素如此，词、句子、语篇等较大的表达式更是如此。那么问题是，这两个交替式的意义差别究竟在什么地方？仔细体会这两个句子我们就会发现，例句（1）旨在交流“致使”这个行为事件本身的信息，它并非意在传达受事所发生的状态变化信息（即使受事发生了状态改变）。就内容而言，*break* 在及物构式中的一般意义是“某人用致使力导致某物发生一个‘材料的完整性’（material integrity）的改变”（参见 Hale and Keyser, 1987），这正是它进入（1）的句法加工过程的参加意义（参加质量）。而在作格句中，*break*：［+ CHANGE OF STATE#］的参加语义并不是这个一般意义，而是它区别于其他动词类的特质语义，这个特征不在于“致使力”及其“致使力的来源”（如施事）和“致使力的具体形式”（如一击、一震、一拉、一拽等形式），而完全在于“致使力给受影响论元所带来的状态（‘材料的完整性’）改变或称后果”（如，破、碎、断，等等）（参见 Levin，1993）。这一点与 *cut* 形成对比，尽管 *cut* 和 *break* 同样都表示“材料的完整性”改变，但 *cut* 同时还提供造成这一改变的方式信息。我们对这两个例句的语感可以从 *cut*，*touch* 和 *hit* 这三个动词不能出现在此类交替式这一事实中得到验证。我们在前面提到，*Someone touched / hit / cut / broke something* 均合法，说明这四个动词都有使役用法，但 *The *thing cut / *touched / *hit* 却不合法。根据 Levin（1993）的研究，当这三个词转换为不及物动词时，它们的特质语义分别为：*cut*：［+CHANGE OF STATE + CONTACT + MOTION ］，*touch*：［+ CONTACT#］（#下标表述唯一，CONTACT 为唯一特质特征），*hit*：［+CONTACT+ MOTION］。这说明，*cut* 不能出现的原因是其特质特征过量，而 *touch* 和

hit 则不具备参加此句式所必备的参加质量——单纯的状态变化（即后果）。

下面，我们来分析在作格条件下，*break* 作为一个由致使及物动词派生而来的不及物动词是如何参与这个句法加工的：首先，它将分裂出一个原子语义（“致使力给受事带来的结果”），然后，该语义与受事特征重组，最后，生成结果表达式。其词汇入构项应表述为：*window*：［Affected BREAK-ee］（下标“-ee”表述受事，即 BREAK 的承受者）；*break*：［CHANGE OF STATE#］（下标“#”表述唯一，RESULTANT 为唯一特质特征）。其语义守恒式为：［Affected V-ee］+［Idiosyncratic RESULTANT］⇌［state Being V-ed］（下标“state”表述状态，“-ed”表述被动）。这个守恒式可以泛化地表述为：

CAUSE（NP（CHANGE（NP）））⇌ BEING CHANGEED（NP）

基于上述词汇入构项和质量守恒式，任何由致使及物动词派生而来的不及物动词，如果它可以分裂为“致使力给受事带来的后果”这一唯一特质特征的话，那么它就可以进入作格式。基于动词这一行为方式，我们可以将它们范畴化为一个作格动词集合，或称作格微动词类。常见的此类动词包括：

1.*BREAD*（打破）类：*crack*（爆裂），*rip*（裂开），*shatter*（损坏），snap（折断），*smash*（粉碎），*tear*（撕破）等表示破坏结果的动词。

2.*START*（出发）类：*stop*（停止），*begin*（开始），*finish*（结束），*increase*（提高），*decrease*（降低）等表示改变结果的动词；*spin*（旋转），*shake*（摇晃），*move*（移动），*bounce*（弹起），*skid*（打滑），*turn*（转弯）等表示运动结果的动词。

3.*ROAST*（烘烤）类：*freeze*（冻结），*burn*（烧毁），*fry*（油炸），*bake*（烘焙），*boil*（煮沸），*warm*（加热）等表示烹饪结果的动词。

4.*BLACKEN*（变黑）类：*whiten*（变白）等表示颜色变化的动词。

简而言之，上述由及物动词衍生的不及物动词均以单纯的状态改变为其特质特征。根据 Guerssel et al.（1985）的研究，此类表述单纯状态变化的动词本身都是单论元动词，该论元指称一个发生了状态改变的实体。而当它们以双论元出现在致使构式中时，另外一个施事论元是派生于“致使”这个额外的概念。这解释了为什么当一个新动词出现的时候，一个母语会很自然地判读它的句法行为。母语使用者不需要一个个动词去学得，他们所掌握的质量守恒式 enable 可以合法地使用新动词。

5.2.3　意动式

学术界对于意向交替式的定义尚未达成一致。基本观点是意动式（Conative Alternation）包括两种形式：［verb + preposition + object］和［verb + object］。前者也被称为 at- 构式，是一种典型的意向交替式。目前从谓价结构的角度对意动结构展开的研究主要包括以 Goldberg （1996）为代表的自上而下的构式语法研究和以 Levin & Rappaport（1991）为代表的自下而上的基于动词微类的研究。此外，还有一些词汇理论模型也将意动作为验证其有效性的一个重要的实例，如 Guerssal et al.（1985）的词汇概念模型（LCS），Hale & Keyser（1987，1993，1998）的句法参数模型，以及 Van der Leek（1996）和 Dixon（1991）成分语义学视角的研究。

Levin（1993:42）将意动定义为，及物变体的动词宾语被体现为 at 的介词宾语。与及物构式变体不同，意动交替将其动词限定为“一种不具体说明其所描述行动是否被实施的‘尝试行为’（attempt）”。此外，根据 Riemer（2010：354）的研究，意动式还传达一种受事受影响程度的降低。我们认为，at- 构式中的动词属于非及物动词的用法，这对构式的交替属于及物—非及物的转换。如果这种看法成立，那么 at- 构式动词只要表述有目的性后者针对性的动作即可。从本体论范畴来看，所谓的动作属于运动（MOTION）的范畴。因此，MOVE 是 at- 构式达到平衡的基本语义。换言之，它对意动运动的授权就是［ ±MOTION］。请看下面例句：

（1）*John cut at the break.*

（2）*John hit at the door.*

（3）**John broke at the vase.*

（4）**John touched at the cat.*

与作格和中动不同，意动并不聚焦“材料的完整性”改变，它所聚焦的是为导致某种“材料的完整性改变”而做出的“动作”，至于动作的结果如何，不在它的关注范围内。因此，“移动”（motion）是意动的必要特质特征。这解释了例句（3）例（4）不合法的原因，例句（3）中的 *break*［（+CHANGE OF STATE）］恰恰只能表示“材料的完整性”改变，而缺少“移动”这个必要的特征。也就是说，*break* 类单纯表示状态改变的动词均不符合意动的生成的语义守恒的要求。例（4）中的 *touch*（［+CONTACT#］）也同样不符合移动要求。例（1）中 *cut*：［+CHANGE OF STATE + CONTACT + MOTION］，例（2）中 *hit*:［+CONTACT+ MOTION］，都能分裂出［+MOTION］，因此它们被授权进入 at- 构式。

Levin（1993:41）基于相关研究，归纳出了一个词汇列表，列出了可以和不能进行意向交替的动词。下面是部分列出的动词类，具体内容如下：

1. 接触冲击动词（Verbs of Contact by Impact）：

A. 能交替的动词（Alternating Verbs）：

a. 打击动词（Hit Verbs）: *bang, beat, hammer, hit, kick, slap*

b. 挥打动词（Swat Verbs）: *bite, claw, paw, peck, punch, scratch, shoot*

B.* 不能交替的打动词（Non-alternating Spank Verbs）:

* *belt, birch, bludgeon, bonk, brain*［*head*］, *cane, clobber, club, conk*［*head*］, *cosh, cudgel, cuff*［*with the palm of the hand*］, *flog, knife, paddle, paddy whack,* 等等

2. 戳动词（Poke Verbs）：*dig, jab, poke, stick*

3. 切割动词（Verbs of Cutting）：

A. 能交替的动词 :

切动词（Cut Verbs）: *chip, clip, cut, hack, hew, saw, scrape, scratch, slash, snip*

B.* 不能交替的动词：

* 雕刻动词（Carve Verbs）: *bore, carve, chop, dent, drill, bore, carve, chop, dent, drill, grate, grind, slice, spear*

4. 喷 / 装 载 动 词 （Spray/Load Verbs）：*dab, rub, splash, spray, squirt, swab*

5.* 不能交替的状态改变的交替动词（ALTERNATING VERBS OF CHANGE OF STATE）：

a.* 打 破 类 动 词（Break Verbs）: *break, chip, crack, crash, crush, rip, shatter, smash, split, tear*

b.* 弯 曲 类 动 词（Band Verbs）: *bend, crease, crinkle, crumple, fold, rumple, wrinkle*

6. * 不能交替的触摸类动词 （Touch Verbs）：**caress, graze, kiss, lick, nudge, pat, peck （=kiss）, pinch, prod, sting, stroke, tickle, touch*

7. 推 / 拉 动 词（Push/Pull Verbs）：*draw, heave, jerk, press, pull, push, shove*，*Thrust*

8. * 不 能 交 替 的 摧 毁 动 词 （Destroy Verbs）：**annihilate, demolish, destroy, devastate, ravage,wreck*

9. 摄取动词 （Verbs of Ingesting）：

A. 交替类动词：

a. 吃动词 （Eat Verbs）: *drink, eat*

b. 嚼动词 （Chew Verbs）: *chew, chomp, crunch, gnaw, munch, nibble, sip, slurp, suck*

B. * 不能交替动词：

c. * 贪食动词（Gobble Verbs）: *bolt, gobble, gulp, guzzle, quaff, swallow, swig, wolf*

d. * 吞噬动词（Devour Verbs）: *consume, devour, imbibe, ingest, swill*

10. * 不能交替的发送和携带动词 （Verbs of Sending and Carrying）：

a. * 发送动词 （Send Verbs）: *deliver, hand, mail, pass, send, ship, smuggle*

b. * 滑动动词 （Slide Verbs）: *bounce, float, move, roll, slide*

Levin 的动词分类主要基于句法，而不是语义。尽管在大多数情况下，我们可以得到在基本语义内容上相似的分类（如 BREAK verbs、BEND verbs、DESTROY verbs 等），但 Levin 的分类方法导致了如 *bite*，*shoot* 和 *scratch* 这样的不同动词被归入同一类（即 SWAT verbs），这在语义上看起来是反直觉的。

5.2.4　予格构式

予格构式（Dative Construction）在语言学中是指一种句子结构，其中一个动词直接连接两个宾语。通常，这种构式涉及一个动词、一个直接宾语（通常是被动作作用的对象），和一个间接宾语（通常是动作的受益者或目标）。Dative（予格）在拉丁语中的意思为“Give”（给予），这也是它为什么被汉译为“予格”的原因。汉语中“予”的意思为给予。请看下面例句：

（1）*She give a gift to her brother.*

（2）*She give her brother a gift.*

例（1）为介词与格（prepositional dative），例（2）为双宾语语与格（ditransitive or double-object dative）。传统语法将这两个短语分别称为“间接宾语”和“直接宾语”，而当代语言学家则通常将它们简称为“第一宾语”和“第二宾语”。从上面的例句中，我们看到，予格构式通常涉及 3 个主要参与者（论元）——行为的执行者 *She*（主语论元）、行为的接受者 *her brother*（间接宾语论元）以及行为的对象 *a gift*（直接宾语论元）。通常用于予格构式的动词表示转移或交换，如“给”“送”“告诉”等。在这种构式中，间接宾语通常扮演受益者、受体或目标的角色。直接宾语则是被转移或交换的实体。予格构式在不同语言中的句法表现可能有所不同。在一些语言中，间接宾语可能出现在直接宾语之前，而在其他语言中，则可能相反。例如，在汉语中，我们说：

（3）她给了胡安一本书。

（4）*Ella le dio un libro a Juan.*

在例（4）这个西班牙语中，*le dio* 是动词短语，其中 *le* 指向间接宾语（Juan），而（一本书）作为直接宾语出现在前面。这里的结构强调了 *Ella*（主语）将 *un libro*（直接宾语）转移给 *Juan*（间接宾语）。这种构式强调动词与其两个宾语之间的关系，这种关系通常涉及某种形式的交换或转移。予格构式是研究语言句法和语义学的重要方面，尤其在分析动词与其宾语之间的复杂关系时尤为重要。通过理解这种构式，可以更深入地掌握语言表达中的细微差别和复杂性。

Pinker（2015:68）将予格构式的图式化意义归结为“使去”（causing-to-go），还是“使得”（causing-to-have）。表面上看，与其他交替动词一样，那些两种予格构式都能进入的动词与那些只能参与一种构式的动词所传达的意思似乎是同一种类型的。于是那个可学性悖论再次凸显出来：儿童到底是怎么做到的既能归纳出授权动词又能鬼使神差地避开那些未被授权的动词的，即使那些未授权的动词看上去与授权动词并无两样。

我们对于这个问题的看法是，与方位交替式生成机制一样，予格现象同样也是一个本体论概念结构映射的结果——一个格式塔转换的心智本能的语言映射问题的特例。与方位交替式不同的是，予格式的图形—背景的转换发生在“致去”和“致得”之间。具体来说，例（1）中的 *give a gift to her brothers* 所传达的概念结构是“致使一件礼物离开她而转移去她兄弟的那里”，而例（2）中的 *give her brother a gift* 所传达的概念结构则是“致使她的兄弟拥有了一件礼物”。在这个隐喻中，“拥有物”即“东西”（*things*）、“拥有者”即“位置”（*location*）、“给予”即“移动”（*moving to*）。这解释了即使一所公寓是不可能在空间上移动到任何其他地方去，但我们却仍然可以这样表达这个意思：

（5）*The hall went to Marv.*（那个大厅归了 *Marv*）

（6）*Marv kept the hall.*（*Marv* 坐拥那个大厅）

不过，尽管我们的心智具有将所有事件都识解为“占有的改变”（changes of possession）的潜力，但我们需要对它看待“占有的改变”（changes of possession）的方式作出解释。具体来说：

（7）*He throws someone a box.*

（8）**She lift him the box.*

（9）*She tell him the news.*

（10）**She mutters him the news.*

这里我们看到，动词予格构式对这些及物动词 *throw*，*lift, tell, mutter* 的授权并不一样。现在的问题是：为什么一个英语母语者会判断 *throw someone a box* 合法，而 *lift him the box* 不合法呢？同样，为什么 *tell him the news* 合法，而 *mutter him the news* 却不合法呢？ Pinker（同上）认为，这个问题涉及人类心智识解现实的独特方式上（这种方式被他称为怪癖），而又是什么赋予了我们心智的这种“怪癖”呢？我们的回答是本体论范畴映射，其中包括几何物理学、动力物理学、人类意志概念等在人类心智和语言中的映射。这也是为什么我们主张本体论语义观的根本原因所在。我们认为，正是它们授权了我们的心智只将某些类型，而不是其他类型的“发送”（sending）和“交流”（communicating）理解为“使有”（causing- to-have）。它们包括（参见 Pinker，2007：61–65）：

GIVEING 类动词：*feed*，*give*，*hand*，*lend*，*loan*，*pay*，*sell*，*serve*，*trade*，另一类动词微类表示“将作用力‘迅速地’分配给一个物体，将其沿着弹道（trajectory）发送给一个接受者”的动词，我们将其称为 SLAPPING 类动词。它们包括（参见 Pinker，同上）：

SLAPPING 类动词：*bash*，*bat*，*bounce*，*bunt*，*chuck*，*flick*，*fling*，*flip*，*heave*，*hit*，*hurl*，*kick*，*lob*，*pass*，*pitch*，*punt*，*roll*，*shoot*，*shove*，*slam*，*slap*，*slide*，*sling*，*throw*，*tip*，*toss.*

这里我们看到支配人类心智活动的正是物理学。对于那些表示对一个物体“持续”施力以使其保持运动的动词（而不是表示将物体猛弹出去的动词）则不被心智识解为“使有”。因此它们也无法进入予格构式。这类动词包括：

“非使用”类动词：*carry*，*drag*，*haul*，*hoist*，*lift*，*lower*，*lug*，*pull*，*push*，*schlep*，*tote*，*tow*，*tug.*

这解释了例（8）的语法性问题。由于 *lift* 属于持续施力动词，因此它们不被授权。即刻发生事件（例如，投掷）与延迟发生事件（例如，拖拉）间的差别在语言中起着十分重要的作用。语言学家将这一普通意义领域——

即状态和事件在时间上的分布方式——称为“体”（aspect）。“体”的差别在语言和推理的许多领域中都发挥着举足轻重的作用，而不只在我们当前所谈论的予格构式中。针对例（10）的交流（communicating）问题，予格构式仅给明确指定信息种类或目的的动词授权，如 tell，ask，read 等，而那些限定说话方式的动词却不被授权。这解释了例（10）不合法的原因。

ASKING 直截了当类动词：*cite*，*pose*，*preach*，*quote*，*read*，*show*，*teach*，*tell*，*write*

MUTTERING 含糊其辞类动词：*babble*，*bark*，*bawl*，*bellow*，*bleat*，*boom*，*bray*，*burble*，*cackle*，*call*，*carol*，*chant*，*chatter*，*chirp*，*cluck...*

当讨论予格构式时，我们深入探讨了予格动词在语法结构中的灵活性，特别关注了动词与其宾语之间的交换和转移关系。这不仅仅是语法上的变化，更揭示了本体论范畴映射的事实。予格构式的存在突显了语言的丰富多样性，以及人们如何通过不同的结构来表达交流。这种灵活性不仅仅是语法学上的一个观点，更是对语言背后的认知和交际模式的深刻洞察。通过研究予格构式，我们深入理解了语言的复杂性，以及语法结构与概念映射之间的深刻关系。

5.3　语义守恒假设视角下的构式习得

在语言学的探索中，语义守恒假设为我们打开了一扇通向构式习得深层次理解的大门。这一假设的核心概念是，语言学习者在习得不同构式和句法结构时，努力维持语义信息的一致性。这意味着构式习得不仅仅是关于学习表面层次的语法规则，更涉及如何在不同的语言结构中传递并保持特定的语义含义。

从本项目提出的语义守恒假设的角度来看，构式习得被看作是一种在语言学学习者心智中进行的精密平衡行为。学习者需要适应不同的语法形式，同时确保在这个过程中所传递的语义信息保持一贯性。这一观点引导我们深入思考语言习得的本质，揭示了语言学习者如何处理语法结构和语义之间的紧密关系。因此，通过语义守恒假设的视角，我们将深入研究构式习得的机制，关注语言学习者如何在学习过程中解决语义的传递和保持问题。这一深度探索将有助于我们更全面地理解语言习得的复杂性，揭开构式习得背后的认知机制的奥秘。

5.3.1 构式习得的逻辑问题

根据 Pinker（1989）的研究，通常来说，语言习得，尤其是动词论元结构习得，可以从以下几个方面进行考虑：在语言学习期间，儿童从父母那里听到的句子数量是有限的，用符号 X 在图 7 中表示。然而，语言是一个开放的集合，而非一个固定的列表，因此孩子需要将这些有限的输入泛化到一个无限的句子集合，其中包括之前的输入样本但不局限于它们。图 7 中用由箭头指向的圆圈表示了这种泛化过程。与所有归纳问题一样，这个问题的难点在于有无数的假设与输入样本一致，但它们之间存在着细微差异，并且它们与正确的假设（实际的目标语言）也不完全相同。而这种不一致之处仅仅通过输入样本是无法检测到的。在图 7 中，那些没有箭头指向的圆圈表示一些可能的错误假设。

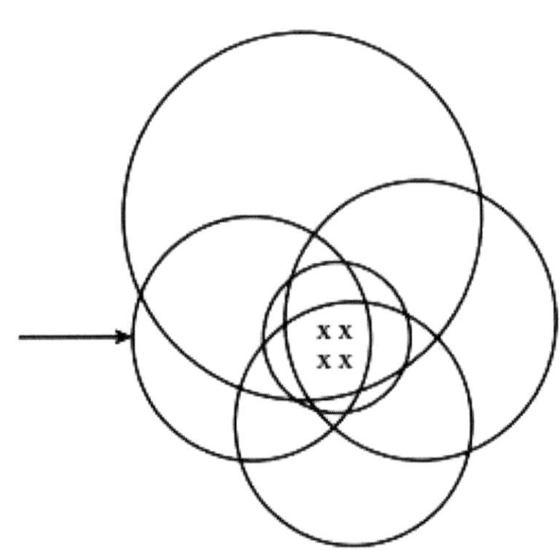

（图 7：儿童语言学习逻辑图　Pinker，1989:6）

解决这个（或者其他）学习问题的方法如下。由于学习者受到限制，他必须在尝试的过程中限制假设的数量，这其中包括正确的假设，同时排除许多其他可能的假设。在这个前提下，学习者可以利用已输入的语料与自己的一个假设的预测（即它会生成哪个句子）进行比对，从而筛选出那些不正确的假设。

有四种方法（a，b，c，d）可以验证儿童在成功习得语言之前的某个假设是否正确。参见图 8：

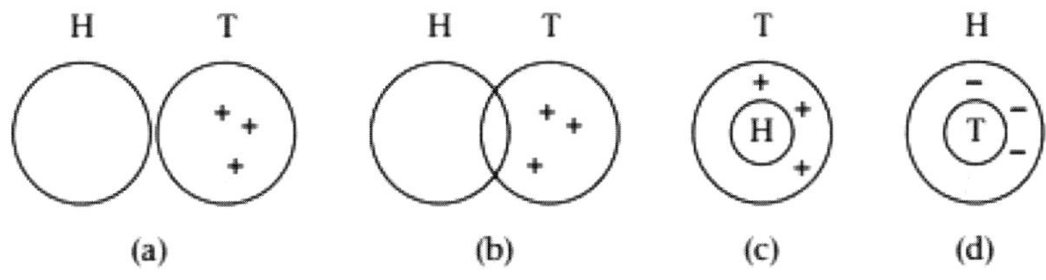

（图 8：儿童成功习得语言前的假设验证图）

（a）儿童语言与目标语言脱节，如图（a）所示。在这种情况下，输入中的任何一个句子都不足以让孩子意识到这是一个错误的假设。这样的句子通常被称为积极证据，用符号“+”表示。

（b）如果通过儿童的假设语法所产生的语言与目标语相交，如图（b）所示，或者是目标语言的一个子集，如图（c）所示，那么由处于不重叠目标语区域的输入句组成的积极证据足以促使孩子拒绝那个假设。

（c）然而，如果孩子利用某种语法生成了一个大于目标语的超集，如图（d）所示，那么没有足够的积极证据可以严格否定这个假设。在这种情况下，孩子需要否定证据，即关于哪些是不合语法的证据（即，那些不在目标语中）。否定证据在图（d）中表示为“—”。

这些方法基本上构成了成功学习的解释，说明学习者能够揣测并坚持正确的假设，同时能够否定任何不正确的假设（参见例如，Osherson，Stob & Weinstein，1985；Pinker，1979；Wexler & Culicover，1980）。

关于儿童语言习得的第一个重要问题是是否存在可用的否定证据。很显然，没有人会为孩子提供一份用星号标记的非语法句子清单。从心理学角度来看，最有可能的否定证据可能来自于孩子们从父母那里得到的关于他们语言表达是否符合语法的反馈，例如父母的纠正和赞许的表情。然而，研究表明，父母并不总是会对孩子的前语言表现是否符合语法表示支持或反对，他们也不会只理解符合语法的提问而不理解不符合语法的问题。因此，人们普遍认为儿童并不是依赖否定证据来习得语言。这意味着他们不太可能致力于图（d）中描述的伪证假说（hypothesis falsification）；他们也不会揣测作为目标语超集的假设，或者如果他们这样做了，某些内在力量必定会迫使他们放弃，因为现实世界不会强迫他们放弃。另一方面，孩子也不可能简单地固守他们听到的那些句子，因为他们必须将这些句子泛化到他们所处社区的无限语言。泛化的需求与不能泛化到超集的需求之间的冲突成为许多人类语言习得解读问题中的难题。相关研究者对这些问题进行了深入讨论。

5.3.2 可学性悖论

在语义守恒假设下，我们不仅关注构式习得的复杂性，还需考虑到其与可学性悖论的关系。可学性悖论涉及学习者如何在语法结构的复杂性和可学性之间取得平衡。在这个视角下，语义守恒假设强调了学习者在构式习得过程中对语义信息的保持。学习者通过注重语义的一致性，有可能更有效地处理语法结构的复杂性，从而解决可学性悖论。这意味着，尽管语法结构可能非常复杂，但学习者通过保持语义的稳定性，能够更轻松地理解和应对这种复杂性。因此，语义守恒假设不仅为构式习得提供了一种解释框架，而且为解决可学性悖论提供了一种可能性。通过关注语义信息的保持，学习者能够在学习语法结构时更好地适应复杂性，实现对语言系统的更全面、深入的习得。这一综合的视角为我们深入理解语言学习的复杂性和学习者面临的挑战提供了有益的线索。下面，我们先来介绍一下可学性悖论的具体内容。

Pinker（1989）在其著作 *Learnability and Cognition* 中提到的“贝克悖论”（可学性悖论）是指语言学学习者在接触的语言输入中似乎缺乏足够信息

的情况下，仍然能够习得并掌握语言的复杂结构。Pinker 在这个文献中对贝克悖论进行了讨论，他认同了 Chomsky 关于可学性悖论的观点。具体而言，他指出语言学学习者在语言输入中并没有直接暴露于所有语法规则的情况下，但他们却能够习得并表达出复杂的语法结构。这一现象挑战了传统的行为主义语言学观点，即语言学习完全受制于外在刺激。因此，Pinker 在这个文献中对贝克悖论的讨论突出了语言学习的奇妙之处，强调了学习者内在语言能力的角色，这对后来认知语言学的发展产生了深远的影响。

现在，我们可以将论元结构的事实与学习问题的逻辑合并起来讨论了。动词句法特征的习得是一个最明显的无否定证据案例。尽管 Green（1974：199）最早指出了基于这一点的学习悖论，但引起广泛关注的是 Baker（1979）对其在更大背景下所进行的讨论。想象一个孩子听到了下面的句子（Pinker，1989:8），并建构出与其相关的论元结构。这一过程中，孩子需要在句子中识别动词的句法特征，例如主语、宾语等。这种学习情境中缺乏直接的否定证据，即孩子难以通过父母的纠正或反馈来判断自己的句法结构是否正确。

（1）*John gave a dish to Sam.*　　（give: NP1 ___ NP2 to－NP3）

（2）*John gave Sam a dish.*　　（give: NP1 ___ NP3 NP2）

（3）*John passed the salami to Fred.*（pass: NP1 ___ NP2 to－NP3）

（4）*John passed Fred the Salami.*　　（pass: NP1 ___ NP3 NP2）

（5）*John told a joke to Mary.*　　（tell: NP1 ___ NP2 to－NP3）

（6）*John told Mary a joke.*　　（tell: NP1 ___ NP3 NP2）

这似乎是一个合理的泛化观点，即任何一个以 NP1 ___ NP2 to-NP3（介词与格）为论元结构的动词也可以以 NP1 ___ NP3 NP2 为论元结构（双宾与格）。这意味着学习者可能认为具有介词结构的动词在句法上也可以表达为双宾语结构。这种泛化观点可以通过引入一个词汇规则来解释，如下所示:

$$\frac{\text{NP1 V NP2 to-NP3}}{\text{NP1 V NP3 NP2}}$$

这个词汇规则允许学习者为任何一个以介词为论元结构的新动词（例如，send）创建一个双宾语论元与格，即使这个孩子之前从未听说过双宾语形式的动词。这种泛化反映了学习者在构建论元结构时可能进行的合理推断和泛化，以适应语言中的多样性和变化。不过，问题是，并不是所有动词都可以以介词予格为论元结构（就是同时出现于两个交替构式），请看下面的例子（Pinker，1989：9）：

（7）*John donated a painting to the museum. / *John donated the museum a painting.*

（8）*John reported the accident to the police. / *John reported the police the accident.*

由于没有可及的否定证据，儿童根本没有办法了解到这一点。事实上，孩子们可能从来没听过例（7）和例（8）中不合语法的句子。这一事实只能表明，成人们根本就没有机会在孩子面前那样讲话（要知道，孩子永远都没机会听到的符合语法的句子的数量数不胜数）。如果真是这样的话，那么孩子们就应该一生都在说着不符合语法的话语，而且我们的语言也应该在一代人期间发生演变，以便将例（7）和例（8）中的那些不符合语法规则的动词变成规则动词。换言之，这一观点强调了儿童语言习得中缺乏否定证据的挑战。如果儿童从未接触到不合语法的句子，那么他们就无法通过比较错误和正确的例子来纠正他们的语法假设。这也涉及语言演变的问题，即为什么语言在一代人之间没有出现明显的变化，将不符合语法规则的动词转变为规则动词。这一问题突显了儿童语言习得中的复杂性和对否定证据的需求。

这也就是所谓的“贝克悖论”（Baker's paradox）。简而言之，它指的是儿童在语言习得过程中面临的悖论。这一悖论源于缺乏可及的否定证据，儿童通常只接触到符合语法的句子，而几乎没有机会听到不合语法的句子。因此，他们难以纠正可能存在的语法错误，也无法获取对错误假设的否定证据。贝克悖论强调了儿童语言习得中缺乏否定证据的挑战，以及在这种情况下，他们如何解决构建准确语法的问题。“贝克悖论”引起了许多语言习得研究者的极大关注，比如，Berwick 和 Weinberg（1984），Bowerman（1983a，1987a，1987b），Clark（1987），Fodor（1985），Fodor 和 Crain（1987），

Maratsos，Gudeman，Gerard-Ngo 和 De Hart（1987），MacWhinney（1987），Mazurkewich 和 White（1984），Pinker（1981a，1982,1984,1986,1989），Pinker，Lebeaux 和 Frost（1987），Randall（1987）和 Roeper（1981）。

总之，贝克悖论突出了语言习得中的一个关键矛盾，即如何在有限的输入和复杂的语言规则之间找到平衡。它不仅挑战了传统的语言学理论，也为理解人类语言能力的发展提供了重要的理论基础。

5.3.3 现有解释方案的不足

这里我们仍然借助 Pinker 在 1989 年的研究成果。在《可学性与认知》中，他对可学性悖论提出了一系列的反思，特别是针对这个悖论的六个简单解决办法。这些解决方法试图解释语言是如何在缺乏完美模型的情况下被习得和传承的。下面，我们简要地对这些解决办法及 Pinker 的反思进行归纳和总结：

1. 提供更多的语言输入，以补偿输入中的不完整性。提供更多的语言输入被认为是解决可学性悖论的一种直观方法，因为更多的语言数据理论上能够帮助语言学习者更好地理解语法和建立语言模型。然而，Pinker 在他的反思中提出了一些深刻的洞见：

（1）质量而非数量：Pinker 指出，提供更多的数据并不能仅仅依靠数量来解决语言习得的难题。关键在于语言输入的质量，而非简单地增加数据量。语言学习者需要接触到具有清晰语法结构和语义含义的高质量语言输入，而不仅仅是更多的噪声性数据。学习者并非被动地接收所有输入，而是通过自己的认知过程主动筛选和理解信息。因此，即使提供了大量输入，学习者仍需通过内在的认知机制进行筛选、分析和归纳，这涉及更为复杂的认知过程。此外，不同个体对于语言输入的处理方式存在差异，因此并非所有学习者都会在相同的语言输入下达到相似的语言水平。这表明解决可学性悖论需要考虑到学习者个体的差异性和多样性。

（2）上下文的重要性：提供更多语言输入并不能完全忽视学习者所处的语境。语境对于语言习得的影响至关重要，因为它可以为学习者提供额外的信息、语境和意义。因此，尽管提供更多语言输入是有帮助的，但这并非解决可学性悖论的唯一途径。Pinker 的反思突显了解决这一悖论需要更全面、深入的考虑，包括语言输入的质量、学习者主动性、个体差异和上下文的综合影响。

2. 改善语言输入的质量，使其更规范、更清晰。Pinker 对改善语言输入质量的反思主要强调了语言输入的现实挑战和复杂性。他指出，儿童在现实生活中接收到的语言输入存在许多不完美之处，这包括语言环境的差异、语言使用者之间的差异以及语言表达的多样性。

（1）语言环境的差异：Pinker 认为，不同的语言环境可能呈现出巨大的差异，包括方言、口音、社会背景等。这使得儿童接触到的语言输入具有多样性和复杂性，不同于理论上“完美”的语言输入。

（2）语言使用者之间的差异：Pinker 强调了不同语言使用者之间的差异，包括年龄、教育水平、文化背景等因素。这些差异导致了儿童可能接收到的语言输入的差异，使其难以从中获得一致性和规范性的信息。

（3）语言表达的多样性：Pinker 指出，语言是一种富有表达多样性的工具，而儿童面临的语言输入中存在各种各样的表达方式。这种多样性增加了儿童理解和学习语法规则的挑战，因为输入中可能存在许多变化和特例。

综合来看，Pinker 认为依靠更好的数据来改善语言输入的质量在实际中变得不切实际，主要是因为现实生活中的语言使用是复杂、多样的。因此，他的观点强调了语言输入的现实复杂性，以及儿童在这种环境下需要应对的挑战。

3. 直接指导：通过教育或直接指导来教授语言规则。Pinker 在对直接指导这一语言习得方法的反思中强调了儿童在日常生活中主要是在缺乏直接教育的情境中学习语言。具体来说：

（1）缺乏直接教育的环境：Pinker 指出，大多数语言习得并非发生在有意识的、直接教育的情境中，而是在儿童自然生活的环境中。儿童在与家庭成员、同伴和社会互动的过程中自发地学习语言，而非通过正式的教育过程。

（2）自然语言习得过程：Pinker 特别强调了儿童通过自然语言习得的过程。这包括儿童在日常交流、听取他人谈话、参与各种语境中学习语法和词汇的经验。这种过程中，直接的教育并非主导因素，而是通过身临其境的体验进行的。

（3）儿童的语言创造性：Pinker 认为，儿童在语言习得中并不仅仅是在模仿，而是具有创造性。他们能够产生从未直接听过的句子，表现出对语言规则的内在理解和创造性运用。

（4）环境中的间接学习：Pinker 的观点暗示着儿童更多地通过环境中的间接学习来习得语言规则。这包括通过上下文理解、语言环境的丰富性和参与真实交流情境来吸收语言知识，而非通过直接的课堂教育。

总体而言，Pinker 的反思强调了儿童语言习得主要发生在自然环境中，而不是通过有意识的、直接的教育。他强调了儿童通过参与实际语言使用的经验来习得语法和词汇，而这种学习方式更符合自然、创造性的语言发展过程。

4. 模仿：孩子通过模仿大人的语言来学习。在对模仿这一语言习得方法的反思中，Pinker 强调了儿童在语言习得中不仅仅是简单的模仿，而是表现出内在的语言创造性。以下是对这一观点的详细说明：

（1）超越简单模仿：Pinker 反思了传统观念中儿童语言习得是简单地通过模仿大人的语言来完成的观点。他指出，儿童并不仅仅是简单地模仿成人的表达方式，而是在这个过程中展现了更深层次的语言理解和创造性。

（2）内在的语言创造性：Pinker 强调儿童具有内在的语言创造性，即他们能够产生从未直接听过的句子。这表明儿童在模仿的过程中并不仅限于复制已有的语言结构，而是能够运用自己的语言能力创造新的表达方式。

（3）语言创新的能力：儿童通过模仿成人的语言，不仅学到了语法和词汇，还展现出对语言的灵活运用和创新。他们能够结合已有的语言元素，创造出符合语法规则的全新表达，这反映了他们在语言习得中的主动性和创造性。

（4）理解语言结构：Pinker 的观点暗示着儿童通过模仿成人的语言并

不仅仅是为了模仿表面的语言形式，而是在深层次理解语言结构和规则的基础上进行模仿。这种理解能力超越了简单的模仿行为。

总体而言，Pinker 的反思强调了儿童在模仿过程中展现出的内在语言创造性，强调了他们不仅仅是被动地复制成人的语言，而是通过理解和创造来主动参与语言习得的过程。这一观点突显了儿童在语言习得中的主动性和智慧。

5. 纠正错误：通过纠正儿童的语言错误来提高语言习得的质量。在对纠正错误这一语言习得方法的反思中，Pinker 指出了实际上大人很少系统地纠正儿童的语法错误，并提到儿童在没有显著纠正的情况下也能学会语言。以下是对这一观点的详细说明：

（1）大人对错误的纠正：Pinker 反思了传统观念中大人通过纠正儿童的语法错误来促进语言习得的看法。他指出，实际上，大人在日常交流中很少对儿童的语法错误进行系统性的纠正。这挑战了过去认为纠正错误是促进语言学习的有效手段的观点。

（2）儿童无须显著纠正：Pinker 观察到儿童在学习语言的过程中，并不需要大人进行显著而系统性的纠正。即便在语法表达上出现错误，儿童仍能逐渐习得正确的语法结构，而这过程并不受到大人持续性的纠正的影响。

（3）自主修正能力：儿童表现出自主修正的能力，即在语言使用中发现错误并逐渐修正这些错误。这表明儿童在语言习得中具有自主学习和调整的能力，而并非完全依赖外部纠正。

（4）语言学习的自然性：Pinker 的反思强调了语言学习的自然性，即儿童在与语言环境交互的过程中能够自发地学会语法规则，而不必依赖大人的系统性纠正。

总体而言，Pinker 的观点突显了儿童在语言习得中的自主学习和修正能力，而不仅仅是依赖外部的系统性纠正。这一认识挑战了传统上关于通过纠正错误促进语言习得的观点，强调了语言学习的自然过程。

6. 遗传编码的语言规则：某些语言规则可能是遗传编码的，不需要通过经验来学习。

在对遗传编码的语言规则这一语言习得方法的反思中，Pinker 提到了 Chomsky 的普遍语法理论，并对其进行了评价。以下是对这一观点的详细说明：

（1）普遍语法理论：Pinker 指出，Chomsky 的普遍语法理论认为，人类天生具有一套内在的语法规则，这种语法规则是遗传编码的，而非通过经验学习得到的。这一理论提出了语言习得的遗传基础，即儿童天生就具有理解和产生语法的能力。

（2）遗传编码的语言规则：Pinker 在反思中指出，某些语言规则可能是通过基因遗传编码的，而不需要儿童通过经验学习。这一观点意味着语言习得的基础在于遗传传递的语法规则，而不仅仅是通过与语言环境的交互学习得到的。

（3）证据不足的问题：Pinker 同时提到，尽管遗传编码的语言规则是一个有力的解释，但目前还缺乏足够的具体证据来支持这一理论。他认为需要更多的研究和实验证据，以确定是否存在确切的遗传编码的语言规则。

（4）语言习得的复杂性：Pinker 在反思中也强调了语言习得的复杂性，即使有遗传编码的语言规则，儿童仍然需要通过与语言环境的互动来逐步习得具体语法结构。遗传编码并不是唯一决定语言习得的因素。总体而言，Pinker 对遗传编码的语言规则提出了一定的保留态度，认为这是一个有待更多研究证实的观点。他同时强调了语言习得的复杂性，认为经验学习仍然在语言习得中扮演着重要角色。

在总结这六个方面的反思时，我们深入探讨了语言习得的多个维度。从可学性悖论到不同的语言习得方法，以及对普遍语法理论和遗传编码的讨论，我们在探索语言习得的奥秘过程中获得了丰富的见解。可学性悖论引发了对语言输入的质量和数量的思考，Pinker 指出提供更多语言输入并非解决所有问题的保障，而数据的质量同样至关重要。在语言习得方法方面，我们思考了直接指导、模仿和纠正错误等因素，Pinker 的反思揭示了儿童在自然语言习得过程中的独特之处。遗传编码的语言规则被提出为一种解释语言习得的可能性，但 Pinker 强调了目前缺乏确切证据的现状。他对 Chomsky

的普遍语法理论保持谨慎态度，认为需要更多研究来验证这一理论。这些讨论不仅为我们提供了对语言习得机制的深入理解，也突显了这个领域尚需进一步研究的问题。语言习得是一个错综复杂的过程，涉及多个因素的相互作用。通过对这些问题的思考，我们更好地认识到了语言习得背后的挑战和机遇，为未来的研究提供了有益的方向。

5.3.4 基于语义守恒假设的解决方案

语言的可学性与语义守恒之间的关系是一个相对复杂的概念。在这里，语言的可学性指的是人类能够学习和掌握一种或多种语言的能力，而质量守恒，虽然本是物理学中的一个原理，但如果我们将其比喻性地应用于语言学，可以理解为在特定的交流或信息传递过程中，信息的基本语义或“质量”保持不变。下面，我们试探性地在我们提出的语义守恒假设的基础上对可学性悖论进行解释：

（一）原子语义结构的共通性

在探讨语言学的深奥领域时，我们不可避免地被引导至语义结构的微妙细节。作为这一系列研究的开篇，我们将聚焦于语言学中的一项基本原则：原子（基本）语义结构的共通性。这个概念超越了特定语言的边界，引领我们探寻不同语言之间共享的基本语义特征，为理解儿童语言习得、及物交替式、词汇入构项等现象提供了深刻的启示。随着我们深入挖掘这一主题，或许我们能够揭示语言习得的奥秘，并拓展对语言共性的理解。

1. 语义的共通性。不同语言共享有限数量的普遍的语义原则，这使它们能够在表达基本概念和关系时采用相似的结构。这些基本概念可能涉及对象、动作、关系等本体论概念。共通性为儿童提供了通用的语义基础，使他们能够更轻松地适应不同语言的语义系统。例如，大多数语言都有表达“上”“下”“大”“小”等基本方向和大小概念的方式。尽管每种语言的表达方式可能不同，但这些基本概念的存在为儿童学习新语言提供了一种框架。这种通用性允许儿童在学习新语言时利用已有的语义知识。此外，共通的语义结构使儿童能够更容易地理解和学习不同语言的复杂性。例如，虽然不同语言的语法结构和词汇可能有所不同，但基本的语义原则如因果关系、时间顺序等在大多数语言中都是相似的。这为儿童提供了一种认知基础，帮助他们理解和适应新语言的结构。此外，一些来自物理学、几何学的跨语言的基本、有限数量的共通概念结构，如：实体、属性 / 性质、种类 / 类别、关系、事件、过程、状态、量、空间和时间、可能性和必然性、本质和存在等，以及这些概念的整合方式，构成了儿童和成人语言感知能力的基础（参见 Pinker，1989，2007）

2. 简化学习过程。共通的语义结构在儿童语言习得中的作用是多方面的，尤其是在简化学习过程方面。这种结构不仅帮助儿童在不同语言之间建立通用的语义联系，还减少了他们在学习新语言时的认知负担。儿童在学习第一种语言时已经建立起一套基本的语义框架。这个框架包括了理解世界的基本方式，如分类、因果关系、时间和空间关系等。当他们接触新语言时，这个已有的框架使得他们能够快速对新语言的基本概念进行映射和理解。由于不需要从头开始建立每种新语言的语义系统，儿童可以更有效率地学习新语言。他们能够快速识别并利用新语言中的相似语义结构，从而加速学习过程。

总之，可学性悖论是指儿童在有限的时间和信息条件下如何能够学会复杂的语言系统。共通的语义结构提供了一种解决这一悖论的机制，因为它减少了必须从环境中学习的信息量，使儿童能够利用已有的知识框架来解释新的语言输入。在理解儿童语言习得过程中，共通的语义结构是一个关键概念。它帮助语言学家和认知科学家解释为什么不同文化和语言背景的儿童在学习语言时表现出相似的模式和速度。对于学习第二语言的儿童或成人来说，这种共通性也同样重要。它使得他们能够在学习新语言时迅速建立起语义的联系，尤其是在那些与他们母语有共通语义结构的领域。

（二）直觉和语言习得的自然性

在深入探讨共通语义结构对语言习得的影响时，我们强调了儿童天生具有理解和使用这些共通语义结构的直觉能力。这一观点突显了语言习得的自然性和儿童在学习过程中表现出的惊人适应性。儿童天生对语义结构具有一种直觉感知能力。这种感知能力使得他们能够敏锐地捕捉和理解共通的语义原则，而无须经过系统的教育或训练。通过天生的语义感知，儿童在语言习得过程中展现出自然而然的学习过程。他们能够自发地应用共通的语义结构，构建语言知识，而不需要过多的外部干预。具备天生语义感知的儿童表现出惊人的适应性和学习速度。他们能够快速适应不同语境中的语言结构，因为他们的直觉使他们更容易理解和运用这些结构。举例来说，根据 Clark（2007）的研究，儿童在非常小的时候就能区分和学习名词（通常指代事物）和动词（通常指代行为）。例如，即使在不同语言中名词和动词的形式可能完全不同，儿童仍能迅速掌握这一基本的语义区分，显示出他们天生的语义感知能力。根据 Piaget（1954）的研究，即使没有明确的教学，儿童也能很早就理解因果关系的基本概念。例如，在多种语言中，他们能够通过语境理解哪些句子表示因果关系，如“因为……所以……”。在很小的年龄，儿童就能开始理解和使用表示时间顺序的语言结构，比如“先……然后……”。这种能力跨越了不同的语言和文化，表明他们对时间这一普遍语义概念有天生的理解。此外，语言习得和心理语言学研究成果表明，尽管不同语言描述空间关系的方式各不相同，儿童却能迅速学会使用他们的母语来表达这些关系，如“上”“下”“里面”“外面”等。这表明他们对于空间关系这一普遍的语义概念有直觉上的理解。还有儿童语言发展研究表明，儿童很早就能表达自己的情感和欲望，比如使用“喜欢”“想要”等词汇。这显示了他们对于表达个人情感和欲望这一普遍语义概念的天生理解。这些例子说明了儿童如何利用他们天生的语义感知能力来快速学习和适应不同的语言结构。他们的这种能力不依赖于系统的教育或训练，而是一种自然而然的、直觉式的学习过程。具备语义直觉的儿童更倾向于成为主动的学习者。他们能够通过自主探索和应用语义结构，更加主动地参与语言习得过程。天生的语义感知减少了对外部指导的依赖。儿童能够在相对独立的情境中学习语言，展现出对语义信息的敏感性。具备语义直觉的儿童展现出自发性的语言创造性。他们能够产生新的语言表达，超越他们直接接触到的语言输入，体现出对语义结构的灵活理解。通过这一观点，我们强调了儿童在语言习得中天生具备的直觉和自然性，这使得他们能够更轻松、更高效地习得语言系统。这对解释儿童在有限时间内如何学会复杂的语言系统提供了重要的认知基础。

（三）预设的语言能力

本研究假设，语义是可以被人类感知，但不依赖人的心智而独立存在的抽象的客体。人类感知客体语义的能力是天赋。这一能力对于他们理解和学习语言至关重要。这种预设能力包括几个关键方面（以下内容均基于Piaget 1954，Nelson 1981, Clark 2007 等研究成果，后面不再赘述）：

1. 对抽象语义客体的感知：这种能力指的是儿童天生就能感知和理解抽象的语义概念，有研究表明，儿童很早就能够识别和理解指代具体事物和抽象概念的名词、区分各种动作和行为，这些动作通常通过动词表达、事物属性或行为方式的词汇，如形容词和副词。这种能力意味着儿童在语言学习的早期阶段就具有对这些基本语义单元的直觉理解。这不仅体现在他们对单词的理解上，还包括他们如何将这些单词组合成有意义的短语和句子。此外，这种能力也是儿童能够在不同语言环境中迅速适应和学习的基础。通过对这些基本语义元素的理解，儿童能够构建复杂的语言结构，并逐渐掌握更高级的语言功能。

2. 对基本语义结构的敏感性：儿童对基本语义结构的敏感性是指他们能够迅速识别和理解语言中的基本概念和关系，并将适当的词汇与这些类别联系起来。有研究表明，即使在很小的时候，儿童就能开始理解简单的因果关系，例如认识到某个动作会导致特定的结果。儿童能够理解时间顺序的概念，比如什么事件先发生，什么事件后发生。能够理解空间位置和方向的概念，如“上”“下”“里”“外”。这种对基本语义结构的敏感性是儿童语言习得过程中的核心组成部分，在此基础上，他们能够快速学习和理解语言，构建复杂的语言表达。

3. 早期语言输入的理解：儿童在早期对语言输入的理解主要体现在他们能够快速地把握和处理周围环境中的语言信息。相关研究表明，这种能力包括：语音和语调的辨识能力。即使在婴儿阶段，儿童就能区分不同的语音和语调模式，这是语言理解的基础。词汇的识别和理解。儿童能够逐渐辨认和理解基本词汇，特别是那些与日常生活密切相关的词汇。句子结构的理解。随着年龄的增长，儿童开始理解句子结构，包括主语、谓语和宾语的基本构成。语境中的语义理解。儿童能够根据语境理解语言的含义，即使是在复杂或模糊的语境中。这种能力的存在使得儿童能够在早期就开始有效地处理和理解语言输入，为他们日后的语言学习和使用打下基础。

4. 对复杂语言系统的快速学习和构建：儿童对复杂语言系统的快速学习和构建能力归功于他们先天的语言感知能力。这种能力使得儿童能够理解和使用各种语法规则，即使这些规则在不同语言中有所不同。儿童能够快速学习新词汇，并理解这些词汇在不同语境中的使用方式。随着年龄的增长，儿童能够构建更复杂的句子结构，包括多种从句和复合句。儿童不仅能学习语言规则，还能灵活地在不同语境中应用这些规则。通过这些能力，儿童能够有效地构建和使用复杂的语言系统，这是他们语言发展的重要组成部分。

5. 对语义信息的敏感性：儿童对语义信息的敏感性是他们语言习得能力的关键组成部分。儿童能够根据语境把握语言的具体含义，即使在含义不明确的情况下。儿童逐渐学会理解比喻、双关语等语言的隐含意义。随着年龄的增长，儿童能够处理更加复杂的语义关系，如因果、对比、递进等。这种敏感性使得儿童能够在日常交流中使用更准确、丰富的语言表达。这些能力的发展对于儿童建立有效的沟通和理解语言的复杂性至关重要。

6. 创造性的语言使用：先天的语言感知能力使得儿童能够灵活运用语义结构，产生新颖的语言表达，展现出对语言系统的深刻理解。儿童常常创造新词来描述他们的体验或感受，显示出对语言的灵活运用。他们可能会以独特的方式组合单词和短语，创造新的语法结构。儿童能够使用隐喻和比喻来表达复杂或抽象的概念。儿童在讲述故事时，经常会展现出极高的创造性，无论是在情节构建还是角色创造上。这种创造性表明儿童不仅理解语言的基本规则，还能以创新的方式使用语言来表达自己的思想和情感。这种观点强调了儿童在早期如何能够有效地学习和构建语言系统，提供了理解语言习得过程的关键视角。这种先天的语言感知能力被认为是儿童在语言学习过程中显示出的高度适应性和创造性的基础。

在总结这一系列关于语言的可学性与基于语义守恒假设的探讨时，我们可以看到一个清晰的图景：语言习得不仅是一个技能的获得过程，更是一个深刻理解和创造性表达的旅程。儿童天生具备的对语义信息的敏感性和直觉感知能力，不仅使他们能够迅速掌握基本的语言结构，还使他们能够灵活运用这些结构来构建复杂的语言系统。这种能力的存在不仅对儿童语言习得的研究提供了深刻的洞见，也对理解成人学习第二语言的过程提供了重要启示。通过强调共通的语义结构，我们不仅能更好地理解语言的普遍性，还能够更深入地探究不同语言和文化之间的联系。最终，这些认识有助于我们更加全面地理解人类语言能力的奇妙之处，以及它如何在我们与世界的交流和认知中发挥关键作用。

5.4　对外语教学的启示

在深入探究语义守恒假设及其对语言习得的影响之后，我们不禁要思考这一理论对现代外语教学的深远意义。语义守恒假设揭示了一个核心真理：尽管不同语言在表达形式上存在差异，但它们在传达基本概念和意义上展现出惊人的一致性。这一发现对外语教学具有重大启示，特别是在设计教学策略和课程内容时。通过挖掘和利用不同语言间共通的语义结构，我们可以开发出更加高效、更符合人类天然语言习得机制的教学方法。在这个框架下，外语教学不仅仅是简单地传授语言知识，更是引导学生发掘、认识并应用这些跨语言的共通语义原则，从而在学习新语言的同时，深化对自身母语和世界的理解。

（一）教学方法的创新

在当今多元化和互联的全球环境中，高校外语教学不能仅仅局限于传统的单一学科知识传输模式。随着社会的发展和科技的进步，外语教育的目标不应仅仅停留在语言技能的掌握上，而应拓展到培养学生的跨文化沟通能力、批判性思维以及跨学科的综合素养。高校外语教学应该融入多学科的知识和理念，将语言学习与哲学、逻辑学、符合学等社会科学，以及心理学、数学、物理、化学等自然科学等领域相结合，从而为学生提供一个更加全面和深入的学习体验。

课题探究期间，笔者曾有幸拜读过美国学者 JD McCawley （1993）写的一本关于语言逻辑的书籍，这本书的命名很是令人深思：*Everything that linguists have always wanted to know about the logic but were ashamed to ask*（《语言学家总想了解却羞于讨教的全部逻辑问题》）（2008 年，浙江大学出版社已经出版了该书的汉译本，译者将该译本的书名定为：《语言的逻辑分析——语言学家关注的逻辑问题》。笔者注意到，不知道出于什么考虑，译本封面上的原著书名的后半部分：*but were ashamed to asked* 也被删掉了）。作为一名高校英语语言学的专业教师，McCawley 这个书名，尤其是 *but were ashamed to asked* 引起了我内心的共鸣和波澜。在当前的教育环境下，部分教师，尤其是高校教师的知识体系单一的普遍情况是一个值得关注的问题。在快速发展和日益复杂的全球化时代，学科间的界限变得模糊，各领域知识的交叉和融合成为常态。专业课教师如果仅限于自己的专业领域，不仅难以适应教育和社会发展的需要，也可能无法为学生提供全面、多元的学习体验。这必将导致以下几个问题：首先，教学内容的局限性。教师可能无法将课程内容与现实世界的多元方面联系起来，这可能降低课程的实用性和相关性。其次，创新能力的限制。跨学科知识有助于创新思维的培养。如果教师的知识局限于单一领域，可能难以激发学生的创新潜能。最后，学生视野的限制。教师的单一知识背景可能不足以帮助学生建立跨学科的思维方式，这在某种程度上限制了学生全面发展的潜力。因此，高校专业课教师需要拓展自身的知识范围，不断学习和融合其他学科的理论和方法，以更好地适应教育领域的发展趋势，提升教学质量。同时，这种跨学科的教学方式对于学生的全面成长和未来职业生涯的成功具有重要意义。例如，教师可以在外语教学中结合学生在初、高中阶段所学的数理化基础知识，展示及物交替构式与词汇入构项原子语义之间的平衡关系。这种方法不仅增加了外语学习的实用性和相关性，而且能够激发学生贯通自身已掌握知识的能力，进一步激发他们探索和发现语言科学奥秘的兴趣和积极性。这样的教学方法有助于帮助学生认识到，语言理论并非抽象晦涩，而是可以通过实际例证和跨学科的视角来深入理解和应用。教师的这种教学方法有助于打破学科壁垒，培养学生的综合思维能力，使他们能够在未来的学习和职业道路上更加灵活和有更强的适应性。

当然，要做到这一点，教授首先应该自己跨出舒适区，不断地扩展自己的知识边界，并积极寻求与其他学科的融合点。这意味着教师需要不断学习新的领域知识，了解最新的教育理念和教学技术。同时，教师还应该在教学实践中不断尝试，勇于创新，将理论与实践相结合，以提供更富有启发性和吸引力的课程内容。例如，在外语教学中，可以通过具体案例、实验或项目来展示语言和数理化之间的联系，从而使学生在实际应用中理解理论。此外，教师应鼓励学生采取主动学习的态度，通过项目、讨论和研究等方式，使学生能够自主探索跨学科的知识。在这个过程中，教师的角色更多是引导者和协助者，而不仅仅是信息的传递者。教师应鼓励学生提出问题，进行批判性思考，以及在不同学科之间建立联系。总之，教师的跨学科教学方法不仅对学生的学术成长至关重要，也对其终身学习能力和未来职业生涯的发展具有深远影响。通过这种教学方式，学生能够获得更全面的知识体系，培养解决复杂问题的能力，为未来的挑战做好准备。

（二）深化学生对及物交替现象的理解

在及物和不及物交替中，尽管句子结构发生变化，但动词的基本意义保持不变。这有助于学生理解即使在不同语法结构下，如何保持句子的基本意义。通过质量守恒的类比，学生可以更好地理解这种变化的意义。

在我们的语义模型中，动词入构项的原子语义与及物交替式生成语义之间的平衡，类似于化学中可逆反应的反应物与生成物之间的化学平衡。这种平衡遵循质量守恒原则，即动词的原子语义在转化为及物交替式的语义时，其总体意义保持不变。这一观点将语言学与自然科学原理相结合，为理解语义组合和及物交替式提供了新视角，深化了对语言现象的理解。具体而言，本项目成果为如何确定语法关联的语义成分这一难题提供一个基于本体论的参考。

类似于化学质量守恒，语义的守恒可以确保句子在生成过程中不会丢失关键的语法或语义成分。从句法上讲，这意味着句子的主要结构，如主语、谓语和宾语，在生成过程中必须保持完整，以确保句子的语法正确性和意义清晰。从语义上讲，这意味着在句子构造过程中，必须保留所有关键的意义信息，以保证句子所传达的内容是完整和准确的。在句子的转换和变化过程中，例如从主动语态到被动语态的转换，语义守恒原则要求转换后的句子必须保留原句的所有关键信息。虽然句子的表面结构可能改变，但其基本的意义和信息内容应保持不变。在语言理解和处理的过程中，语义守恒原则对于听者或读者来说至关重要。它确保了即使在复杂的语言表达中，基本的语义内容仍然可以被正确解读和理解。在语言学习过程中，语义守恒的概念有助于学习者理解句子结构的重要性，并帮助他们在学习新知识时保持语法和语义的一致性。总之，语义守恒在语言学中的应用类似于化学中的质量守恒原理，强调在语言生成和变换过程中保持关键信息的完整性和连贯性。举例来说，直接宾语结构：

（1）*Tom gave the book to Mary.*

（2）*Tom gave Mary the book.*

很多人认为例（1）和例（2）属于同义异形句。事实上，它们并不是同一种意义的两种表达方式，它们是两个独立的句子。基于我们对动词直接宾语论元受事性的研究，例（1）中，*the book* 是受施性宾语，受事性决定了它的图形性，因此它成为 *gave* 所描写的主事件的焦点。*Mary* 作为介词 *to* 的宾语，获得了背景性。*CAUSE* 这里动词的原子语义可以表述为：*give =CAUSE{tom*［*HAVE*（*tom, the book*）］*}*。由于 *the book* 成为语义焦点，因此例（1）的生成语义结构为“*Tom CAUSE the book to go to Mary from him*”。而例（2）中，*Mary* 成为受事性宾语，并获得了图形性。而 *the book* 依然是直接宾语，但位置发生了改变，因而其受事性也随之降低了。因此它也失去了本该有的图形性，进而被赋予了背景性，并最终导致例（2）的生成语义：“*Tom CAUSE Mary to have the book from him*”。上述分析遵循了语义守恒的原则，展示了即使在句法结构变换的情况下，核心语法和语义成分如何得到保留，确保了信息在语言处理和理解过程中的准确性和完整性。再比如关于直接宾语的受事性问题。在构式语言学领域，直接宾语的“受事性”与及物交替式之间的关系被视为一项新的研究成果。所谓的“受事性”是指直接宾语在动词所描述的动作中经历的影响或变化的程度。这种程度上的差异影响着句子的结构和整体意义，可分为不同的类别，从宾语未受影响到完全受影响不等。在高受事性的情况下，宾语在动作中经历了显著的改变或影响。例如：*He broke the window.* 作为直接宾语，*the window* 状态从完整变为碎裂，显示出高受施性。例（2）中 *an apple* 被完全消耗，表现出高受事性。在低受事性的情况下，宾语在动作中的改变非常小或根本没有改变。例如：*She saw the bird.* 宾语 *the bird* 仅被观察，其状态没有改变，显示出低受事性。中度受事性是指宾语受到一定的影响，但没有根本改变。例如：*He brushed the jacket.* 宾语 *the vase* 虽受到触摸，但其本质和状态并未发生显著变化。以上例子展示了直接宾语的“受事性”与及物交替式之间的复杂关系，这是构式研究中的一个重要发现。不同程度的受事性影响了动词与宾语之间的互动关系，从而影响句子的结构和意义。高受事性宾语通常涉及宾语状态的显著改变，如破坏、消耗或转变，而低受事性宾语则往往涉及动作的经历或知晓，而不改变宾语的基本状态。中度受事性则介于两者之间，宾语受到一定的影响，但未发生根本改变。这些发现不仅丰富了我们对语言结构和意义的理解，还为外语教学和语言学习提供了新的视角。通过探索宾语的受事性，学习者可以更深入地理解动词与宾语之间的关系，以及这种关系如何影响句子的整体意义。总之，这种分析方法有助于提升语言敏感性和理解能力，特别是在学习复杂语言结构和构式时，我们的研究成果让学习者了解到，构式并不等于其组成要素的简单相加，它的本质是基于语义守恒定律的互动加工。构式是一个储存着概念——语义、句法、语用、认知的有机整体。哪些动词出现在哪种构式中、哪些构式出现在哪种语境下都是有理据性的，都是遵守语义守恒定律的。不仅如此，相关研究表明，英语是由大比例的构式组成的，也就是说大部分语言是由构式构建起来的，可见，构成英语交际的直接单位是广义“构式”，而非词汇。

（三）促进语言习得理论的发展

在当今日益全球化的世界中，对语言习得理论的深入理解和持续发展变得尤为重要。本项目在这一领域取得的创新性研究成果不仅丰富了我们对语言习得的认识，也为这一学科带来了新的发展方向。通过综合运用构式语法理论、跨学科方法论以及实证研究，本项目成功地探索了语言习得的多维性和复杂性。在此，我们将详细讨论这些研究成果如何促进了语言习得理论的发展，并对教学实践产生了深远的影响。

本项目的研究结果和创新对促进语言习得理论的发展做出了重要贡献，主要体现在以下几个方面：

1. 构式语法的应用与发展。构式语法的应用与发展在本项目中占据了核心地位，为我们理解语言习得过程提供了新的视角。构式语法的基本理念是，语言不仅由孤立的词汇单元构成，而且由固定的、意义完整的词汇组合（即构式）组成。这种观点转变了传统的语言学习和教学方法，从单纯的词汇记忆转向了更为复杂的语言结构理解。在教学实践中，这意味着更加强调对语言模式和结构的学习，而不是仅仅依赖于词汇本身。例如，通过分析和练习不同的句型结构，学生可以更好地理解语言的语法和语义功能。习语和固定搭配的教学则有助于学生理解语言的习惯用法和文化内涵。此外，构式语法的应用还为理解第二语言习得提供了新的理论支持。在第二语言学习过程中，学习者往往面临着如何将新语言的结构和意义与母语的知识相结合的挑战。构式语法通过提供一个框架来理解和比较不同语言的构式，使得学习者能够更有效地理解和适应新语言的结构和用法。总之，构式语法的应用与发展不仅在理论上拓展了我们对语言习得的认识，还为实际的教学实践带来了显著的变革。它鼓励了一种更为动态和整体的语言教学方法，有助于学生更深入地理解语言，提高他们的语言运用能力。

2. 跨学科方法的融合。跨学科方法的融合是本项目的另一大亮点，它打破了传统学科间的界限，为语言习得研究带来了新的维度和深度。通过将语言学习与哲学、逻辑学、符合学等社会科学，以及心理学、数学、物理、化学等自然科学等领域相结合，本项目不仅深化了我们对语言习得机制的认识，还为探索语言习得的多元因素提供了更为全面的分析框架。

例如，结合哲学和逻辑学可以帮助学习者更深入地理解语言的抽象概念和逻辑结构，从而提高语言理解和表达的准确性。符号学的融入有助于学习者理解语言的符号特性和符号系统，增强对语言符号及其意义的分析能力。融合心理学可以深化对语言习得过程中认知机制的理解，如记忆、注意力、情感等对语言学习的影响。将数学和逻辑学应用于语言学习，可以帮助学习者掌握语言的结构规律，培养逻辑思维和解决问题的能力。物理和化学等自然科学的知识可以促进学习者在语言学习中运用科学方法和实验思维，提高实验和研究能力。将语言学习与各学科领域结合，有助于学习者构建跨学科知识体系，拓展思维视野，促进创新思维的发展。在日益复杂和全球化的社会环境中，跨学科的语言学习有助于学习者适应多元文化和多学科背景，提高沟通和协作能力。将语言学习与各学科领域相结合，不仅可以丰富语言学习的内容和方法，还可以促进学习者在多方面的能力提升，为他们在未来的学术和职业发展打下坚实的基础。

3. 对教学实践的影响。在探索语言教学的最佳实践中，本项目的研究成果提供了关键的洞见和工具，帮助教育者更深入地理解语言学习的复杂性。这些研究成果不仅增强了我们对于语言习得过程的认识，还对改进现代语言教学方法提供了实际指导，特别是在增强学习者对语言多层面现象的理解方面。下面，我们将详细探讨这些成果如何在语言教学实践中被应用，以及它们如何帮助教师和学习者更有效地掌握语言技能。首先，我们的研究成果鼓励教师在教学中融入跨学科知识，使得学习者能够在实际语境中应用所学的语言。通过将语言学习与学生的日常生活、兴趣爱好以及其他学科知识相结合，教学内容更加生动、实用和相关。其次，我们的研究成果强调了构式语法和跨学科方法在语言习得中的重要性。这有助于学生理解复杂的语言现象，如语义多样性、语法结构的变化等。教师可以利用这些理论框架，帮助学生深入理解语言的多维性和动态性。再次，通过在教学中应用本项目的研究成果，教师可以激发学生的批判性思维和创造性。例如，通过鼓励学生探索语言中的规律和模式，教师可以帮助学生发展解决问题的能力，以及在新情境中灵活运用语言的能力。最后，本项目的研究成果不仅对学生有益，也对教师的专业发展具有重要意义。教师可以通过这些研究成果不断更新自己的教学理念和方法，提高自身的专业水平。

（四）提高语言运用的灵活性

通过深入探索及物和不及物动词的转换、及物交替构式等复杂语言现象，我们旨在帮助学生掌握在不同语境和风格下灵活运用语言的能力。下面，我们将详细讨论如何通过这些理论和实践创新，提升学生的语言理解能力、批判性思维和创造性表达能力，从而使外语教学变得更加生动、有趣和有效。

1. 多样化的语法结构练习。多样化的语法结构练习在语言学习中起着至关重要的作用，尤其是对于及物和不及物动词的转换的深入研究。这种练习不仅促进了学生对语法结构的深层理解，还增强了他们在实际语境中应用这些知识的能力。以及物交替为例，及物交替的概念在语言学习中扮演着关键角色，尤其是在提高语言使用的灵活性方面。及物交替指的是动词在及物和不及物形式之间的转换，这种转换通常伴随着语义和语法结构的变化。了解及物交替可以帮助学习者更好地把握动词及其宾语之间的关系，以及如何通过改变动词的使用方式来调整句子的意义。以动词 *sell* 为例，假设学生想表述这样一个情况：“这种书畅销”，绝大多数学生会将这句话用英语表述为：

（1）*This book is a bestseller.*

（2）*This type of book sells fast.*

（3）*This book is highly popular, and it was sold out in no time.*

（4）*This kind of book flies off the shelves.*

（5）*The book is in high demand.*

（6）*This book is a hot seller.*

但很少学生会想道：

（7）*The book sells well.*

掌握及物交替使学习者能够创造出更多样化的句式。这对于写作和口语表达尤其重要，可以帮助学习者根据上下文需要灵活地调整句子结构，从而更准确、更有效地传达信息。在不同的交流情境中，及物和不及物形式的使用可以根据语境进行调整。例如，在更正式的写作中，可能更倾向于使用及物结构，而在非正式的对话中，不及物形式可能更常见。了解及物交替能够帮助学习者更好地适应不同的语言环境。综上所述，对及物交替概念的理解是提高语言使用灵活性的关键。它不仅增强了学习者对语言结构和语义的掌握，而且提高了他们在不同语境下运用语言的能力。

2. 语境中的应用。语境中的应用对于理解及物和不及物动词的使用至关重要。在实际的语言使用中，同一动词根据不同的语境可能需要采用不同的句子结构。这种变化不仅反映了动词的语法特性，还体现了其语义上的多样性。某些动词在不同的语境中可能会表现出不同的及物或不及物特性。例如：

（8）*The sun melts the ice.*

（9）*The ice melts.*

动词 *melt* 这个动词在例（8）中是及物使用，因为太阳（主语，它扮演了外力的语义角色）对冰（宾语，扮演了外力的承受者的角色）有一个明确的作用。在不刻意强调外力的情况下，这句话的焦点在谓语部分，即“融化冰雪”这一述位信息上；而在例（9）中则是不及物使用，因为这里没有明确的作用者。它暗示的冰发生了一个固态—液态的“状态改变”。由此可见，及物和不及物结构的选择不仅影响句子的语法结构，还会影响句子的整体意义。及物动词通常强调一个动作的执行者及其对宾语的影响，而不及物动词则更多地强调状态的变化或动作本身。为了帮助学生理解这些概念，教师可以设计情景模拟和角色扮演活动。例如，在课堂上，教师可以设置一个场景，让学生扮演不同的角色，使用及物或不及物动词来描述他们的动作或状态。这样的活动不仅增加了学习的趣味性，还有助于学生更好地理解语境对动词使用的影响。另外，教师还可以利用现实生活中的例子，如新闻报道、故事情节或日常对话，来展示及物和不及物动词在实际语境中的使用。通过分析这些真实的语言样本，学生可以更深入地理解动词在不同上下文中的运用及其对意义的影响。总之，通过对及物与不及物动词在不同语境下应用的细致探讨和实践练习，学生可以更全面地掌握动词的使用，并能够在真实的语言环境中更加灵活和准确地运用这些知识。使他们能够根据听众的需要、语境的特点以及交流的目的，选择最合适的表达方式。

总之，我们的研究表明，尽管不同语言在表达形式上存在差异，但在传达基本概念和意义上却展现出惊人的一致性。这一发现对外语教学提出了新的挑战和机遇，尤其在教学策略和课程内容的设计上。首先，本项目强调了教学方法创新的重要性，特别是在多元化和互联的全球环境中。高校外语教学应超越传统的单一学科知识传输模式，要融入多学科的知识和理念。通过将语言学习与哲学、逻辑学、符号学等社会科学，以及心理学、数学、物理、化学等自然科学相结合，教学将更全面、深入，为学生提供丰富的学习体验。例如，通过结合数理化知识来展示及物交替构式与词汇入构项原子语义之间的平衡关系，不仅增强了外语学习的相关性，还激发了学生的跨学科思维能力和对探索语言科学奥秘的兴趣。其次，本项目在深化学生对及物交替现象的理解方面做出了贡献。通过探究及物和不及物动词的转换，我们发现，尽管句子结构可能变化，动词的基本意义保持不变。这种理解有助于学生在不同语法结构下保持句子的基本意义。特别是，我们将语言学与自然科学原理相结合，为理解语义组合和及物交替式提供了新视角。此外，本项目的研究成果对促进语言习得理论的发展做出了显著贡献。通过构式语法的应用与发展，我们不仅在理论上拓展了对语言习得的认识，而且为实际教学实践带来了变革。此外，跨学科方法的融合为语言习得研究带来了新的维度和深度，使得语言学习不再局限于单一学科的框架。最后，本项目的研究成果对外语教学实践产生了显著影响。我们鼓励教师在教学中应用这些研究成果，以促进学生对语言多层面现象的理解。这包括多样化的语法结构练习和语境中的应用，使学生能够根据听众的需要、语境的特点以及交流的目的选择最合适的表达方式。

综上所述，本项目的研究成果对现代外语教学提供了重要的启示，不仅在理论上丰富了我们对语言习得的理解，还在实践上指导了更有效的教学方法和策略。通过这些创新，外语教育不仅能够帮助学生掌握一门语言，还能够培养他们成为跨学科的思考者，适应未来复杂多变的世界。回顾本章的研究内容，在这一章中，我们深入探讨了“词汇入构项与及物交替式的语义守恒”假设的可行性，并通过一系列的理论分析和实证研究，对该假设进行了全面的论证。通过本章的研究，我们不仅加深了对方位格交替、中动构式、作格构式、意动构式和予格构式等语言现象的理解，而且为语言习得，特别是对可学悖论的深刻洞察，提供了新的视角和解释方案。通过分析方位格交替式的生成语义，特别是图形性、受施性的拓扑基础和介词—宾语关系，我们揭示了构式在语言表达中的复杂性和微妙性。我们还对中动构式、作格构式、意动构式和予格构式进行了深入的探讨，从而丰富了对语义守恒假设在不同语言结构中的应用和解释能力。在解释构式习得方面，本章提出的基于语义守恒假设的解释方案，为理解可学悖论和语言习得的复杂性提供了全新的理论支持。最后，本章还探讨了基于语义守恒假设的外语教学方法和策略，为语言教学领域带来新的思考和实践方向。

总体而言，本章的研究成果不仅丰富了我们对语言结构和语义的理解，也为语言学、认知科学和外语教学领域提供了宝贵的理论和实践指导。通过这些综合分析，我们可以更深刻地理解语言的内在规律，以及人类如何通过语言来表达和理解复杂的世界。

第六章 结论

虽然化学的质量守恒原理和语言学的句法结构生成在本质上并不完全相同，但这种跨学科的类比可能提供了一种全新的视角来理解和分析语言结构的复杂性和多样性。当然，我们也承认，这种方法更多地依赖于创新的思维模式，而非直接的科学对应关系。在本项目对及物交替式生成机制的分析中，这种类比更多的是指向"语义守恒"。即在生成一个复杂的句子时，基本的句法单位（如主语、谓语、宾语），在谓词的支配下，组织或重组成一个完整的结构，但在这个过程中，它们所包含的基本信息量保持不变。

作为对本项目研究的最后章节，我们的结论旨在提供一个更全面的视角，不仅概括了我们在前面章节中提出的理论和发现，也对这一研究方法的局限性和未来的发展方向进行了探讨。本研究通过将化学中的质量守恒原理与语言学中的句法结构生成进行类比，展示了一种创新的思考方式。这种跨学科的方法提供了一个独特的框架，用于理解和分析语言结构的复杂性和多样性。通过这种类比，我们能够从一个新的角度看待语言现象，这有助于深化我们对语言本质的认识。在分析及物交替式生成机制时，我们特别关注了"语义守恒"这一概念。我们发现，在生成复杂的句子时，尽管句法单位（如主语、谓语、宾语）在谓词的支配下进行组织或重组，但它们所包含的基本信息量保持不变。这一发现为理解句子结构的生成和解析提供了新的理论支持，并揭示了语言表达中信息处理的一致性。

虽然本研究的方法依赖于创新的思维模式，但我们也承认这种方法更多的是一种理论上的探索，而非基于直接的科学对应关系。这种方法的局限性在于它可能无法涵盖所有语言现象的复杂性，也可能存在理论上的推广难度。本研究为未来的跨学科语言研究开辟了新的道路，提供了理论和方法论的新思路。未来的研究可以进一步探索这种类比方法在其他语言现象中的应用，或者寻找其他学科之间的类比关系，以促进我们对语言学的深入理解。

总之，这一章的结论不仅要强调我们研究方法的创新性和有效性，更要对其局限性进行坦诚的讨论，为未来的研究指明方向。通过这种跨学科的探索，我们期望能够为理解人类语言的复杂性和丰富性提供新的视角和理论工具。

6.1　研究回顾

在语言学的发展历程中，不同理论流派虽各执一端，却共同关注一个核心议题——语言基本元素和单位的整合方式。本研究项目深入探索此议题，尤其聚焦于及物交替式的生成逻辑。该研究位于句法与语义的交界，旨在揭示及物交替式在结构与意义上的对应关系及其平衡机制。本研究聚焦于三大关键问题：语义的本质属性，词汇入构项与及物交替式间的本质关系，以及同一句法类别动词在及物交替中句法行为的差异。本项目研究基于可逆反应质量守恒原则，采取了多元化的研究方法。包括文献分析、理论建构以及案例研究。我们的主要发现如下：

1. 研究路径发现：识别了及物交替现象研究的三种主要路径，即管约论框架、构式语法框架、认知语法框架。

2. 语义本体论的确立：反思 Katz 的语义本体论立场，主张语言意义的客观性，为及物交替构式的理解提供新视角。

3. 原子语义概念的提出：原子语义成为研究的核心，强调其在语义生成中的重要性。

4. 语义组合原则的重新定义：提出基于原子论的语义组合原则，强调语义元素的稳定性和不可分割性。

5. 语义守恒假设：提出动词入构项的原子语义与及物交替式生成语义间的平衡，遵循质量守恒原则。

6. 本体论框架的构建：探讨语法可见语义元素与构成复合意义的最小语义单位之间的关系。

7. “受事性”原则的完善：对直接宾语的“受事性”原则进行深入分析，提出新的理论支持。

8. 方位交替“特例”现象的解释：通过心理学理论框架验证“语义守恒”假设，为方位交替中的特例现象提供合理解释。

本研究不仅丰富了语言学理论，也为理解及物交替式提供了新视角，将语言学与自然科学的原理相结合。此外，研究成果的普遍适用性为语言学习、翻译及跨文化交流等领域提供了新的理论支持。研究的深入可能开启对语言现象更全面、更细致的理解，尤其是在语义生成和理解的机制上。未来的研究可继续探索及物交替式在不同语言和文化背景下的表现，从而进一步验证和丰富本研究的理论框架。

综上所述，《词汇入构项与及物交替式语义守恒研究》不仅是一项语言学的理论探索，更是对语言本质理解的贡献。通过跨学科的研究方法和深入的理论分析，本研究为语言学界提供了新的视角和理论工具，为理解语言的复杂性和多样性提供了坚实的基础。

6.2 研究不足

在呈现我们的研究成果时，我们认识到任何学术探索都不可能是完美无缺的。每项研究都是建立在现有知识的基础上，努力向未知领域迈进，同时不可避免地面临着限制和挑战。在这部分内容中，我们将诚实地反思我们研究的局限性，并探讨这些不足所揭示的未来研究方向。自我反思不仅是为了表达我们的学术诚信，更是为后续研究提供了明确的路径和潜在的改进空间。下面是本研究结果可能存在的问题和不足。

（一）理论与实证研究的结合问题

尽管我们提出了创新的视角和假设，如将质量守恒的概念应用于语言学，但这些理论假设可能尚未得到足够的实证研究支持。而为了验证理论假设，可能需要进行大量的语料库研究、实验设计和数据分析，这些都是目前可能尚未充分开展的。在缺乏实证研究支持的情况下，理论可能在实际语言学研究和应用中受到限制，因为缺乏数据来支持其有效性和普遍性。没有充分的实证研究，理论的精细化和完善也会受阻，限制了其深入发展。

（二）理论的普遍适用性问题

我们提出的理论可能在不同语言体系中的适用性有限。由于世界各地的语言在语法和语义结构上存在巨大差异，一种语言中有效的语义组合原则可能在另一种语言中完全不适用。例如，某种基于英语数据开发的语义组合原则可能无法直接应用于像汉语这样的分析语，因为两种语言在词序、语法标记和意义表达方式上有根本的不同。

理论的这种局限性可能导致其推广和应用的范围受到限制，特别是在跨语言或多语种的语言学研究和实践中。研究者可能需要在不同的语言环境中对理论进行修改和适应，这可能会导致理论的核心观点和应用在不同语言中有所偏差。

（三）复杂性和可解释性问题

将物理学概念，如质量守恒，引入语言学研究增加了理论的复杂性。这种跨学科的融合虽然创新，但也可能导致理论难以为非专业人士所理解。对物理学和语言学都需要一定程度的理解，这可能使得理论难以被广泛传播和应用于教育和普及活动。复杂的理论可能难以普及，尤其是在教育领域，它可能需要专门的培训和解释才能被教师和学生所理解。在语言学和物理学等多个学科之间的交流可能面临障碍，因为每个领域的专业人士可能对其他领域的概念和方法不够熟悉。

总而言之，本项目的探索虽然取得了一定的理论突破和创新，但我们清楚地看到了其理论框架的普适性、实证研究的缺乏以及复杂性和可解释性方面的局限。我们的研究提出了许多有待进一步验证的假设，这些假设在不同语言和文化背景下的普适性尚未得到广泛测试。此外，理论的深度和广度也需要通过更多实证研究来加以丰富和细化。同时，我们的研究可能对非专业人士来说难以理解，需要进一步简化和阐释。

6.3 后续展望

我们前面说到，虽然该项目在理论上具有创新性，但它面临着在不同语言体系中的普遍适用性、理论与实证研究结合以及复杂性和可解释性方面的挑战。为了应对这些挑战，未来的研究可以着重于理论的实证验证和扩展、深入研究概念要素与认知模式的联系，以及探索理论在实际应用中的潜力。

1. 理论验证和扩展。通过更广泛的跨语言实证研究来验证和扩展理论。例如，研究不同语言中的及物交替构式是否遵循相似的语义守恒原则。这可以帮助提高理论的普遍适用性和准确性，使其更有说服力。

2. 深入探索概念要素与认知模式的关联。研究人类心智中的概念要素如何与语言结构和意义相联系。这可以揭示语言学和认知科学之间更深层次的联系，有助于理解语言习得和使用的内在机制。

3. 实践应用的探索。探索如何将理论应用于语言教学、翻译学和跨文化交流等领域。这可以提高理论的实用价值，帮助学习者更好地理解和使用语言，特别是在理解语义复杂性和多义性方面。

四年多的研究工作，此刻即将画上一个圆满的句点，回顾这段旅程，每一步都充满了挑战和收获，其中的苦与乐、波折与成就，只有我们自己最为清楚。这些年来，我们在追求知识的道路上经历了无数的尝试和努力，面对过疑惑和困惑，也享受过顿悟和成功带来的喜悦。每一个深夜的努力，每一次构思的失败，每一个理论的推敲，都铸就了我们今天的成就。这段研究生涯不仅是对学术领域的探索，更是一次自我发现和成长的旅程。我们在其中学会了如何面对困难，如何坚持信念，以及如何在看似无尽的挑战中寻找到前进的动力。虽然这段研究工作已经结束，但它所带来的经验和教训将伴随我们走向未来，继续指引我们在学术和人生道路上探索和前行。

本项目在跨学科语言研究领域迈出了创新的步伐，提出了一系列引人深思的理论观点，为这一领域增添了新的维度。然而，正如许多领先的研究工作常见，我们的探索也揭示了若干研究方向上的潜在不足和所面临的挑战。首先，这些理论观点虽具普遍性的潜力，但其在不同的语言体系中的广泛适用性还有待进一步验证和探究。鉴于语言的丰富多样性和深邃复杂性，我们迫切需要在更广泛的语言样本和多元化的语境中测试、修正和完善我们的理论框架。其次，尽管我们的理论假设具有前瞻性和创新性，但这些假设仍然需要依靠实证研究的进一步验证和支撑。这些实证研究不仅是对理论有效性的一种检验，更是促进理论细化和发展的重要途径。最后，理论的复杂性对于其在教育和普及应用方面提出了不小的挑战。为了更好地传播这些理论并使其易于被广泛理解和接受，我们需要寻找更为直观和通俗的解释方法以及创新的教学工具。

尽管我们的研究在某些方面仍有待完善，但其理论创新和研究前景已经为未来的研究工作奠定了坚实的基础。未来的研究将围绕目前的挑战展开，通过跨学科的合作、更多实证研究以及对现有理论的细化和调整，进一步增强和完善我们的理论体系。这不仅将深化我们对语言学理论的理解，还可能为语言教学、跨文化交流和翻译实践等领域带来新的见解和启发。我们的研究虽处于初级阶段，但其创造性和激励性为后续的研究工作铺平了道路，为探索语言学的新领域提供了全新的视角和思考的出发点。

我们充满期待地看向未来，相信基于及物交替式生成机制的研究将继续前进，不断开拓和深化我们对人类最基本能力——语言——的理解。在这一探索的征途上，挑战与机遇并存，每一步尝试和探索都是富有意义和价值的。我们将继续坚定不移地走在这条探索之路上，持续地探求和追寻，期望为揭示语言的奥秘贡献我们的一份力量。

参考文献

［1］Anderson, J. M. *The Grammar of Case: Towards a Localistic Theory*［M］. New York: Cambridge University Press, 1971.

［2］Baker, C. L. Syntactic theory and the projection problem［J］. *Linguistic Inquiry*, 1979, 10：533－581.

［3］Berlin, B., Kay, P. *Basic Color Terms: Their Universality and Evolution*［M］. Berkeley & Los Angeles: University of California Press, 1969.

［4］Berwick, R. C., Weinberg, A. *The Grammatical Basis of Linguistic Performance*［M］. Cambridge, Mass. MIT Press, 1984.

［5］Boas, H. C. Resolving Form-Meaning Discrepancies in Construction Grammar［A］. In: Leino J., eds. *Constructional Reorganization*［C］. Amsterdam and Philadelphia: John Benjamins, 2008：11-36.

［6］Boas, H. Determining the Structure of Lexical Entries and Grammatical Constructions in Construction Grammar［J］. *Annual Review of Cognitive Linguistics*, 2008, 6：113-144.

［7］Bohannon, J. N., Stanowicz, L. The issue of negative evidence: Adult responses to children' s language errors［J］. *Developmental Psychology*, 1988, 24：684－689.

［8］Borer, H., Wexler, K. The maturation of syntax［J］. In: Roeper T., Williams E., eds. *Parameter-Setting and Language Acquisition*［C］. Dordrecht, Netherlands: Reidel, 1987.

［9］Bowerman, M. Reorganizational Processes in Lexical and Syntactic

Development [M] . In: Wanner E., Gleitman L. R., eds. *Language Acquisition: The State of the Art* [C] . New York: Cambridge University Press, 1982.

[10] Bowerman M. How do children avoid constructing an overly general grammar in the absence of feedback about what is not a sentence? [J] . *Papers and Reports on Child Language Development*, 1983, 22: 23–35.

[11] Bowerman, M. Commentary: Mechanisms of language acquisition [A] . In: MacWhinney B., eds. *Mechanisms of Language Acquisition* [C]. Hillsdale, N.J.: Erlbaum, 1987.

[12] Bowerman, M. The "no negative evidence" problem: How do children avoid constructing an overly general grammar? [A] . In: Hawkins J. A., eds. *Explaining Language Universals* [C] . Oxford: Basil Blackwell, 1987.

[13] Brown, G., Yule, G. *Discourse analysis* [M] . Cambridge: Cambridge University Press, 1983.

[14] Bybee, J. *Phonology and Language Use* [M] . Cambridge: Cambridge University Press, 2002.

[15] Chomsky, N. *The Science of Language* [M] . Cambridge: Cambridge University Press, 2012.

[16] Chomsky, N. *On Nature and Language* [M] . Cambridge: Cambridge University Press, 2002.

[17] Chomsky, N. *The Architecture of Language* [M] . Oxford: Oxford University Press, 2000.

[18] Chomsky, N. *Knowledge of Language: Its Nature, Origin and Use* [M] . Westport, CT: Praeger, 1986.

[19] Chomsky, N. *Knowledge of Language: Its Nature, Origin, and Use* [M] . New York: Praeger, 1985.

[20] Chomsky, N. *Lectures on Government and Binding* [M] . Dordrecht: Foris, 1981.

[21] Chung, T. On English middle formation [J] . *Studies in Generative*

Grammar, 1996, 6： 281–317.

［22］Clericuzio, A. *Elements, Principles and Corpuscles: A Study of Atomism and Chemistry in the Seventeenth Century*［M］. Springer Science & Business Media, 2013.

［23］Comrie, B. Causative verb formation and other verb–deriving morphology［A］. In: Shopen T., eds. Language Typology and Syntactic Description, vol. 3: *Grammatical Categories and the Lexicon*［C］. New York: Cambridge University Press, 1985.

［24］Clark, A. *Supersizing the mind: Embodiment, action, and cognitive extension*［M］. New York: Cambridge University Press, 2008.

［25］Clark, E. V., Clark, H. H. Young Children's Uptake of New Words in Conversation［J］. *Language in Society*, 2007, 36:157–182.

［26］Clark, E. V. The Principle of Contrast: A constraint on language acquisition［A］. In: MacWhinney B., eds. *Mechanisms of Language Acquisition*［C］. Hillsdale, N.J.: Erlbaum, 1987.

［27］Clark, E. V. The Principle of Contrast: A constraint on language acquisition［A］. In: MacWhinney B., eds. *Mechanisms of Language Acquisition*［C］. Hillsdale, N.J.: Erlbaum, 1987.

［28］Chen, L. Topological structure in visual perception［J］. *Science*, 1982, 218:699–700.

［29］Chen, L. The topological approach to perceptual organization［J］. *Visual Cognition*, 2005, 4: 553–637.

［30］Croft, W. *Radical Construction Grammar: Syntactic Theory in Typological Perspective*［M］. Oxford: Oxford University Press, 2001.

［31］Croft, W. Lexical Rules vs. Constructions: A False Dichotomy, Motivation in Language［A］. In: Cuyckens H., Berg T., Dirven R., Panther K.–U., eds. *Motivation in Language*［C］. Amsterdam: John Benjamins, 2003:49–68.

［32］Croft, W., Cruse, A. *Cognitive Linguistics*［M］. Cambridge:

Cambridge University Press, 2004.

[33] Dijksterhuis, E. J. *The Mechanization of the World Picture* [M] . Oxford: Oxford University Press, 1961.

[34] Dixon, R. M. W. *A New Approach to English Grammar, on Semantic Principles* [M] .Oxford: Oxford University Press, 1991.

[35] Fellbaum, C., Zribi–Hertz, A. *The Middle Construction in French and English* [M] . Indiana University Linguistics Publications, 1989.

[36]Fillmore, C. J. The Grammar of Hitting and Breaking [A]. In: Jacobs R. A., Rosenbaum P. S., eds. *Readings in English Transformational Grammar* [C] . Ginn, Waltham, MA, 1970: 120–133.

[37] Fillmore, C. J. The Case for Case [A] . In: Bach E., Harms R. J., eds. *Universals in Linguistic Theory* [C] . New York: Holt, Rinehart and Winston, 1968:1–90.

[38] Flood, G. Eastern Philosophy and Idealism [J] . *The Routledge Handbook of Idealism and Immaterialism*, 2021:13–23.

[39] Fodor, J. A. Three Reasons for Not Deriving "Kill" from "Cause to Die" [J] . *Linguistic Inquiry*, 1970, 1: 429 – 438.

[40] Fodor, J. D. *Why Learn Lexical Rules?* [D] . Paper presented at the Tenth Annual Boston University Conference on Language Development, Oct. 25 – 27. Written up as The Procedural Solution to the Projection Problem, unpublished manuscript, City University of New York, 1985.

[41] Fodor, J. D., Crain, S. Simplicity and Generality of Rules in Language Acquisition [A] . In: MacWhinney B., eds. *Mechanisms of Language Acquisition* [C] . Hillsdale, N.J.: Erlbaum, 1987.

[42] Frost, R., Katz, L., Bentin, S. Strategies for Visual Word Recognition and Orthographical Depth: A Multilingual Comparison [J] . *Journal of Experimental Psychology: Human Perception and Performance*, 1987, 13 (1) : 104.

[43] Gergely, G., Bever, T. G. Relatedness in Tuition and the Mental Representation of Causative Verbs [J] . *Cognition*, 1986, 23: 211 - 277.

[44] Goldberg, A. R., Jackendoff, R. The English Resultative as a Family of Constructions [J] . *Language*, 2004, 3: 68 - 75.

[45] Goldberg, A. *Constructions at Work: The Nature of Generalization in Language* [M] . Oxford: Oxford University Press, 2006.

[46] Goldberg, A. Making One' s Way Through the Data [J] . *Grammatical Constructions: Their Form and Meaning*, 1996: 29–53.

[47] Goldberg, A. *Constructions: A Construction Grammar Approach to Argument Structure* [M] . Chicago: The University of Chicago Press, 1995.

[48] Goldberg, A. *Argument Structure Constructions, Doctoral Dissertation* [M] . Berkeley, University of California, 1992.

[49] Goldberg, A. *Constructions at Work: The Nature of Generalization in Language* [M] . Oxford: Oxford University Press, 2006.

[50] Gordon, P. Learnability and feedback: A commentary on Bohannon and Stanowicz [J] . *Developmental Psychology*, 1990, 26: 215 - 220.

[51] Green, G. M. *Semantics and Syntactic Regularity* [M] . Bloomington: Indiana University Press, 1974.

[52] Grimshaw, J. & Pinker, S. Positive and negative evidence in language acquisition [J] . *Commentary on D. Lightfoot's "The child's trigger experience: 'Degree-0' learnability"*. Behavioral and Brain Sciences, 1989, 12: 341 - 342.

[53] Gropen, J., Pinker, S., Hollander, M., & Goldberg, R. Affectedness and direct objects: the role of lexical semantics in the acquisition of verb argument structure [J] . *Cognition*, 1991, 41: 153 - 196.

[54] Guerssel, M. K., Hale, M., Laughren, B., Levin, J., & White, E. A Cross–linguistic Study of Transitivity Alternations [C] . *Papers from the Parasession on Causatives and Agentivity, CLS21, Part 2*, Chicago, IL, 1985: 48 - 63.

[55] Hale, K. L., & Keyser, S. J. The basic elements of argument structure [A] .In: Heidi H., eds.*MIT Working Papers in Linguistics* (Papers from the UPenn/MIT Roundtable on Argument Structure and Aspect) [C] . 1998, 32: 73–118.

[56] Hale, K. L.,& Keyser, S. J. On argument structure and the lexical expression of syntactic relations [J] . *An Annotated Syntax Reader*, 1993: 312 – 327.

[57] Hale, K. L., & Keyser, S. J. A view from the middle [J] . *Lexicon Project working papers*, 1987,10:36.

[58] Hern á ndez, R. M. The locative alternation: On the symmetry between verbal and prepositional locative paradigms [J] . *Probus*, 2010, 22: 211–239.

[59] Hofweber, T. Logic and ontology [A] . In: Zalta, E. N., eds. *The Stanford Encyclopedia of Philosophy*. Stanford, CA: Metaphysics Research Lab, Stanford University, 2018. Available online at https://plato.stanford.edu/archives/sum2018/entries/logic–ontology/.

[60] Iwata, S. *Locative Alternation: A Lexical-Constructional Approach* [M] . Amsterdam: John Benjamins Publishing Company, 2008.

[61] Jackendoff, R. S. *Semantic Interpretation in Generative Grammar* [M] . Cambridge: Mass. MIT Press, 1972.

[62] Jackendoff, R. *Consciousness and the Computational Mind* [M] . Cambridge: MIT Press, 1987.

[63] Katz, J. J. *Sense, Reference, and Philosophy* [M] . New York: Oxford University Press, 2004.

[64]Katz, F., & Katz, J. J. The problem in twentieth–century philosophy [J]. *The Journal of Philosophy*, 1998, 95 (11) : 547 – 575.

[65] Katz, J. J. The new intensionalism [J] . *Mind New Series*, 1990, 101 (404) : 689 – 719.

[66] Katz, J. J. *Cogitations* [M] . Oxford: Oxford University Press, 1986.

［67］Katz, J. J. Common sense in semantics ［J］. *Notre Dame Journal of Formal Logic*, 1982, 23（2）: 174 - 218.

［68］Katz, J. J. *Language and Other Abstract Objects* ［M］. Totowa: Rowman and Littlefield, 1981.

［69］Katz, M., & Katz, J. J. Is necessity the mother of intension? ［J］. *The Philosophical Review*, 1977, 86（1）: 70 - 96.

［70］Katz, J. J. The real status of semantic representations ［J］. *Linguistic Inquiry*, 1977, 8（3）: 559 - 584.

［71］Katz, J. J. A hypothesis about the uniqueness of natural language ［J］. *Annals of the New York Academy of Sciences*, 1976, 280: 33 - 41.

［72］Katz, J. J. Logic and language: An examination of recent criticisms of intensionalism［A］. In: Gunderson. K., eds. *Language, Mind and Knowledge*［C］. Minneapolis: University of Minnesota Press, 1975.

［73］Katz, J. J. *Semantic Theory* ［M］. New York: Harper & Row, 1972.

［74］Katz, J. J. *The Underlying Reality of Language and its Philosophical Import* ［M］. New York: Harper & Row, 1971.

［75］Katz, J. J. The Semantic Component of a Linguistic Description ［A］. In: Lehrer. A. & K., eds. *Theory of Meaning* ［C］. Englewood Cliffs: Prentice-Hall, 1970:176 - 198.

［76］Katz, J. J. The Logic of Questions ［A］. In: Rootselaar B. V. & J. F. Staal, eds. *Logic, Methodology and Philosophy of Science III* ［C］. Amsterdam: NorthHolland, 1968a: 463 - 493.

［77］Katz, J. J. Recent issues in semantic theory ［J］. *Foundations of Language*, 1967, 3（2）: 124 - 194.

［78］Katz, J. J. *The Philosophy of Language* ［M］. New York: Harper & Row, 1966.

［79］Katz, J. J. The Relevance of Linguistics to Philosophy ［J］. *The Journal of Philosophy*, 1965, 62（20）: 590 - 602.

［80］Katz, J. J., & Fodor, J. A. The Structure of a Semantic Theory ［A］. In: Fodor J. A. & J. J. Katz, eds. *The Structure of Language: Readings in the Philosophy of Language* ［C］. Englewood Cliffs: Prentice–Hall, 1964: 479 - 518.

［81］Katz, J. J., & Postal, P. M. *An Integrated Theory of Linguistic Descriptions* ［M］. Cambridge, MA: The MIT Press, 1964.

［82］Katz, J. J. Semantic Theory and the Meaning of "Good" ［J］. *The Journal of Philosophy*, 1964, 61（23）: 739 - 766.

［83］Katz, J. J., & Fodor, J. A. The Structure of a Semantic Theory ［J］. *Language*, 1963, 39（2）: 170 - 210.

［84］Kay, P., & Fillmore, C. J. Grammatical constructions and linguistic generalizations: The "What's X doing Y?" construction ［J］. *Language*, 1999, 1: 1 - 33.

［85］Kay, P. *Argument structure constructions and the argument-adjunct distinction* ［M］ In Grammatical constructions: Back to the roots. John Benjamins Publishing Company, 2008: 71–98.

［86］Kemmerer, D. Grammatically relevant and grammatically irrelevant features of verb meaning can be independently impaired ［J］. *Aphasiology*, 2000, 14: 997 - 1020.

［87］Lakoff, G. *Women, Fire, and Dangerous Things: What Categories Reveal About the Mind* ［M］. Chicago: University of Chicago Press, 1987.

［88］Langacker, R. *Foundations of Cognitive Grammar* ［M］. Vol. 2: Descriptive Applications, Stanford: Stanford University Press, 1991.

［89］Langacker, R. *Grammar and Conceptualization* ［M］. Berlin: Mouton de Gruyter, 1999.

［90］Levin, B. *Resultatives and Causation* ［M］. Stanford: Stanford University Press, CA, 2018.

［91］Levin, B. Argument Structure ［A］. In: Aronoff, M., eds. *Oxford Bibliographies in Linguistics* ［C］. New York: Oxford University Press, 2018.

［92］Levin, B. *Verb Classes Within and Across Languages*［A］. In: Comrie, B.& A. Malchukov, eds. *Valency Classes: A Comparative Handbook*［C］. Berlin: De Gruyter, 2015: 1627 – 1670.

［93］Levin, B. *The Elasticity of Verb Meaning Revisited*［J］. *Proceedings of SALT*, 2017, 27: 571 – 599.

［94］Levin, B. *English Verb Classes and Alternations: A Preliminary Investigation*［M］.Chicago: University of Chicago Press, 1993.

［95］Levin, B., & Hovav, M. R. Wiping the slate clean: A lexical semantic exploration［J］. *Cognition*, 1991, 41（1–3）: 123 – 151.

［96］Levin, B. *Lexical Semantics in Review: An Introduction*［C］. In: Levin, B., eds. *Lexical Semantics In Review*［C］. Lexicon Project Working Papers No. 1, MIT Center for Cognitive Science, 1985: 1 – 62.

［97］MacWhinney, B. Applying the competition model to bilingualism［J］. *Applied Psycholinguistics*, 1987（4）: 315–327.

［98］Maratsos, M. R., Gudeman, P., Gerard–Ngo, and G. DeHart. A study in novel word learning: The productivity of the causative［A］. In: MacWhinney, B., eds. *Mechanisms of Language Acquisition. Hillsdale*, N.J.: Erlbaum, 1987.

［99］Mazurkewich, I., & White, L. The acquisition of the dative alternation: Unlearning overgeneralizations［J］. *Cognition*, 1984, 16: 261 – 283.

［100］McCawley, J. D. Prelinguistic syntax［A］. In: O' Brien, R. J., eds. *Linguistics: Developments of the Sixties—Viewpoints for the Seventies.* 22nd Annual Georgetown University Round Table on Languages and Linguistics. Washington, D.C.: Georgetown University Press, 1971.

［101］Morgan, J. L., & Travis, L. L. Limits on negative information in language learning［J］. *Journal of Child Language*, 1989, 16: 531 – 552.

［102］Nelson, K. Individual differences in language development: Implications for development and language［J］. *Developmental Psychology*, 1981, 17: 170 – 187.

[103] Nemoto, N. State change and location change: A study of the locative alternation and related phenomena [J] . *Tsukuba English Studies*, 1995, 14: 257 - 269.

[104] Oehrle, R. T. *The Grammatical Status of the English Dative Alternation* [D] . Ph.D. Dissertation, MIT, 1976.

[105] Osherson, D. N., Stob, M., & Weinstein, S. *Systems That Learn* [M] . Cambridge, Mass.: MIT Press, 1985.

[106] Partee, B. Compositionality [A] . In: Landman, F., Veltman, F., eds. *Varieties of Formal Semantics*. Dordrecht: Foris, 1984: 281 - 311.

[107] Penner, S. Parental responses to grammatical and ungrammatical child utterances [J] . *Child Development*, 1987, 58: 376 - 384.

[108] Pinker, S. *The Stuff of Thought: Language as a Window into Human Nature* [M] . Lindon: Penguin Books, 2007.

[109] Pinker, S. *The Blank Slate: The Modern Denial of Human Nature* [M] . London: Penguin Books, 2002.

[110] Pinker, S. *How the Mind Works* [M] .New York, W. W. Norton & Company, 1997.

[111] Pinker, S. *The Language Instinct: How the Mind Creates Language* [M] . New York: Harper Collins, 1994.

[112] Pinker, S. *Learnability and Cognition: The Acquisition of Argument Structure* [M] . Cambridge, MA: MIT Press, 1989/2013.

[113] Pinker, S. Resolving a learnability paradox in the acquisition of the verb lexicon [A] . In: Rice, M. L., Schiefelbusch, R. L., eds. *The Teachability of Language*. Baltimore: Paul H. Brookes, 1987. Also appeared as Lexicon Project Working Papers. Cambridge, Mass.: MIT Center for Cognitive Science.

[114] Pinker, S., Lebeaux, D. S., & Frost, L. A. Productivity and constraints in the acquisition of the passive [J] . *Cognition*, 1987, 26: 195 - 267.

[115] Pinker, S. Productivity and conservatism in language acquisition [A] .

In: Demopoulos, W., Marras, A., eds. *Language Learning and Concept Acquisition: Foundational Issues*. Norwood, NJ: Ablex, 1986.

[116] Pinker, S. *Language Learnability and Language Development* [M]. Cambridge, Mass.: Harvard University Press, 1984.

[117] Pinker, S. A theory of the acquisition of lexical interpretive grammars [A]. In: Bresnan, J., eds. *The Mental Representation of Grammatical Relations*. Cambridge, Mass.: MIT Press, 1982.

[118] Pinker, S. Comments on the paper by Wexler [A]. In: Baker, C. L., McCarthy, J. J., eds. *The Logical Problem of Language Acquisition*. Cambridge, Mass.: MIT Press, 1981a.

[119] Pinker, S. Formal Models of Language Learning [J]. *Cognition*, 1979, 7: 217 - 283.

[120] Popper, K. *Unended Quest: An Intellectual Autobiography* [M]. London: Fontana, 1976.

[121] Quirk, R., Greenbaum, S., Leech, G., & Svartvik, J. *A Grammar of Contemporary English* [M]. London: Longman, 1971.

[122] Randall, J. H. *Indirect Positive Evidence: Overturning Overgeneralizations in Language Acquisition* [M]. Unpublished Manuscript, Indiana University Linguistics Club, Bloomington, 1987.

[123] Rappaport, M., & Levin, B. What to do with theta-roles [A]. In: Wilkins, W., eds. *Thematic Relations*. New York: Academic Press, 1988: 7 - 36.

[124] Rappaport, M., & Levin, B. *A case study in lexical analysis: The locative alternation* [M]. Unpublished Manuscript, MIT Center for Cognitive Science, 1985.

[125] Riemer, N. *Introducing Semantics* [M]. Cambridge: Cambridge University Press, 2010.

[126] Roeper, T. On the deductive model and the acquisition of productive morphology [A]. In: Baker, C. L., McCarthy, J. J., eds. *The Logical Problem of*

Language Acquisition. Cambridge, Mass.: MIT Press, 1981.

[127] Russell, B. *The Philosophy of Logical Atomism* [M] . Lulu Press, Inc, 2015.

[128] Schalley, A. C., Musgrave, S., & Haugh, M. *Accessing phonetic variation in spoken* [M] . Cambridge: Cambridge University Press, 2014.

[129] Shibatani, M. The grammar of causative constructions: A conspectus [J] . In: Shibatani, M., eds. *Syntax and Semantics*, vol. 6. New York: Academic Press, 1976.

[130] Tarski, A. The concept of truth in formalized languages [J] . *Logic, Semantics, and Metamathematics*. Clarendon Press, Oxford, 1956: 164.

[131] Talmy, L. Semantic causative types [A] . In: Shibatani, M., eds. *Syntax and Semantics*, vol. 6: The Grammar of Causative Constructions. New York: Academic Press, 1976.

[132] Talmy, L. Force dynamics in language and cognition [J] . *Cognitive Science*, 1988, 12: 49 - 100.

[133] Van Der Leek, F. C. The English conative construction: A compositional account [J] . In : Dobrin, L., Singer, K. & L. McNair, eds. CLS 32: *The Main Session. Papers from the 32th Meeting of the Chicago Linguistic Society*, Chicago, 1996: 363 - 378.

[134] van Oosten, J. The nature of subjects, topics, and agents: A cognitive explanation [M] . Bloomington, IN: Indiana University Linguistic Club, 1986.

[135] Vendler, Z. Facts and events [J] . *Linguistics in Philosophy*, 1967: 122 - 146.

[136] Wexler, K., & Culicover, P. *Formal Principles of Language Acquisition* [M] . Cambridge, Mass.: MIT Press, 1980.

[137] Wasow, T. Comments on the paper by Baker [A] . In: Baker, C. L., McCarthy, J. J., eds. *The Logical Problem of Language Acquisition*. Cambridge, Mass.: MIT Press, 1981.

[138] [英] 波普尔 . 客观知识：一个进化论的研究 [M]. 舒炜光，译 . 上海：上海译文出版社 , 2001.

[139] 曹一轩 , 张旭红 . 方位交替式中的格式塔转换 [J]. 外语学刊 , 2021（6）: 43–48.

[140] 程琪龙 . 试论 Fillmore 格语法 1971 模式 [J]. 解放军外语学院学报 , 1995（06）: 16–20.

[141] 陈霖 . 大范围优先对象形成的神经关联 : 前颞叶 [J]. 生命科学 , 2008（5）: 718–721.

[142] 邓云华 , 石毓智 . 论构式语法理论的进步与局限 [J]. 外语教学与研究 , 2007（05）: 323–330.

[143] 邓小凤 , 袁颖 , 李富洪 , 等 . 拓扑几何在知觉组织与空间概念形成中的运用——拓扑知觉理论与拓扑首位理论概述 [J]. 心理科学 , 2013（03）: 571–575.

[144] 侯国金 . 对构式语法八大弱点的诟病 [J]. 外语研究 , 2013（03）: 1–12.

[145] 黄正德 . 汉语动词的题元结构与其句法表现 [J]. 语言科学 , 2007（04）: 3–21.

[146] 梁君英 . 构式语法的新发展 : 语言的概括特质——Goldberg《工作中的构式》介绍 [J]. 外语教学与研究 , 2007（01）: 72–75.

[147] 刘丹青 . 语法化中的更新、强化与叠加 [J]. 语言研究 , 2001（02）: 71–81.

[148] 刘国辉 . 构式语法的“构式”之辩 [J]. 外语与外语教学 , 2007（08）: 1–5.

[149] 刘宇红 . 从格语法到框架语义学再到构式语法 [J]. 解放军外报 , 2011（01）: 5–9+62.

[150] 刘玉梅 . 认知语法研究的新概括——《认知语法入门》述介 [J]. 外国语文 , 2010（04）: 142–144.

[151] 陆俭明 . “句式语法”理论与汉语研究 [J]. 中国语文 , 2004（05）:

412–416.

［152］老子．道德经［M］．北京：中华书局，2021.8.

［153］［美］斯蒂芬·平克．思想本质：语言是洞察人类天性之窗［M］．张旭红，梅德明，译．杭州：浙江人出版社，2015.8.

［154］王文斌，吴可．论动结式中的两类典型构式［J］．西北师大学报（社会科学版），2019（04）：64–70.

［155］王寅．国外构造语法研究最新动态［J］．现代外语，2006（02）：197–202.

［156］王寅．后现代哲学视野下的构式语法研究——兼论体认语言学［J］．上海师范大学学报（哲学社会科学版），2018（05）：132–139.

［157］王中祥．从构式互动看汉英致使性动结式的论元表达［J］．外语教育研究，2016（02）：1–5.

［158］文旭．从构式语法到构式语用学［J］．外国语文，2017（05）：51–55.

［159］徐盛桓．视觉隐喻的拓扑性质［J］．山东外语教育，2014（01）：8–15.

［160］严辰松．构式语法论要［J］．解放军外国语学院学报，2006（04）：6–11.

［161］张春玲．英语句法构式习得研究［J］．英语广场：学术研究，2021（26）：64–66.

［162］张焕香，高平．从格语法到构式语法［J］．哈尔滨师范大学社会科学学报，2011，2（01）：89–94.

［163］张克定．英语非现实空间位移关系构式的认知机制与限制条件［J］．现代语，2018（05）：596–607.

［164］张韧．认知语法视野下的构式研究［J］．外语研究，2007（03）：35–40.

［165］张旭红，曹一轩．“概念主义”背景下的语义客体反思［J］．外语学刊，2023（6）：115–119.

［166］张旭红，曹一轩．“状态受事性”的拓扑知觉研究［J］．外语学刊，2020（6）：35-39.

［167］张旭红，曹一轩．关于“结构二重性”的反思［J］．学习与探索，2021（3）：166-171.

［168］赵琪．英汉动结式的共性与个性［J］．外语教学与研究，2009（04）：258-265.

［169］赵金刚．格物与天理——朱熹如何认识这个世界［J］．国际儒家论丛，2019（2）：75-90.

［170］朱滢．陈霖的拓扑性质的知觉理论［J］．心理学报，2005（5）：1031-1034.